普通高等教育"十二五"系列教材（高职高专教育）

国家骨干院校重点建设专业教材

U0657916

电厂汽轮机

主　编　吕红缨　向　上
副主编　张卫东　卢建林
编　写　何东霖
主　审　杨　晨

中国电力出版社
CHINA ELECTRIC POWER PRESS

内 容 提 要

本书以当今火力发电主力机组的原理、结构、特性及运行和维护为编写重点，突出大容量、高参数、高自动化机组的技术特点。编写过程中，理论阐述力求通俗易懂、够用为度，注重运用任务驱动来实现学生操作技能的提高，以培养学生的职业能力和职业素质。

本书设置了六个项目，包括汽轮机的工作，汽轮机的本体结构，汽轮机调节、保护及供油系统的工作，汽轮机凝汽设备的运行，汽轮机的变工况运行，汽轮机的运行与维护等内容，每个项目的实施均由多个适于教学的任务来完成。

本书可作为高职高专电厂热能动力装置专业和火电厂集控运行专业的教材，也可作为高等院校应用本科、成人教育、函授相应专业的教材，可供有关专业技术人员和技术管理人员参考。

图书在版编目（CIP）数据

电厂汽轮机/吕红缨，向上主编. —北京：中国电力出版社，2013.5（2024.6重印）

普通高等教育"十二五"规划教材. 高职高专教育
ISBN 978-7-5123-4236-1

Ⅰ.①电… Ⅱ.①吕… ②向… Ⅲ.①火电厂－蒸汽透平－高等职业教育－教材 Ⅳ.①TM621.4

中国版本图书馆 CIP 数据核字（2013）第 060511 号

中国电力出版社出版、发行
（北京市东城区北京站西街 19 号　100005　http://www.cepp.sgcc.com.cn）
固安县铭成印刷有限公司印刷
各地新华书店经售

＊

2013 年 5 月第一版　2024 年 6 月北京第八次印刷
787 毫米×1092 毫米　16 开本　18.5 印张　450 千字
定价 48.00 元

前　言

　　本书为国家骨干高职院校建设项目、市级示范高职院校建设项目特色教材，经中国电力教育协会和中国电力出版社组织评审，列为普通高等教育"十二五"系列教材，作为高等职业教育电力技术类专业教学用书。

　　本书可供高职高专电厂热能动力装置和火电厂集控运行专业学生使用，也可供电力生产人员、技术管理人员作岗位培训教材之用。

　　本书由重庆电力高等专科学校吕红缨、向上主编，吕红缨编写前言、绪论、项目三和项目四、项目二的任务七、项目六的任务六，张卫东编写项目一和项目二，向上编写项目五和项目六，重庆发电厂卢建林和贵州习水电厂何东霖编写项目六中的部分内容。吕红缨负责全书的统稿工作。

　　本书由重庆大学杨晨教授担任主审，主审老师对本书进行了认真的审阅，提出了大量宝贵意见和建议，在此致以诚挚的谢意。

　　本书在编写过程中，参阅了相关电厂、制造厂、设计院和高等院校的技术规程、说明书、图纸等技术资料，并得到了有关同行和同事的大力支持，在此一并表示感谢。

　　由于编者水平有限，书中不妥之处在所难免，恳请读者批评指正。

编　者

2013 年 6 月

目　　录

绪　　论

一、汽轮机在动力工业中的地位

汽轮机是一种将蒸汽热能转变为机械能的外燃式高速旋转原动机。与其他类型的热力原动机（如燃气轮机、柴油机等）相比，由于汽轮机具有单机功率大、效率高、运转平稳以及可利用多种燃料和使用寿命长等优点，因而广泛应用于常规火力发电厂和核电站中，驱动发电机发电。燃气轮机是一种内燃式高速旋转原动机，它虽具有设备组装程度高、系统简单、辅助设施及土建工程量小、启动速度快等突出优点，但又有对燃料要求高、变工况运行时效率急降、高温部件腐蚀严重、工作寿命短等一系列缺点，因此，在电厂中燃气轮机的应用一直没有汽轮机普遍。

在热力发电厂中，汽轮机的排汽或中间抽汽可用来满足生产和生活供热的需要，这种既用于供热又用于发电的热电合供式汽轮机，在能源的综合利用方面具有更高的经济性，对节约能源和环境保护具有重要意义。由于汽轮机也能设计成变速运行，用于直接驱动泵、风机、压气机和船舶螺旋桨等，所以在冶金、化工、船舶运输等方面也得到了广泛应用。汽轮机是现代化国家中重要的动力机械设备。

综上所述，汽轮机在火力发电厂中的应用仍占统治地位，而且在现代工业中作为动力机械被广泛采用。

二、汽轮机的发展概述

自 1883 年瑞典工程师拉瓦尔（Laval）和 1884 年英国工程师帕森斯（Parsons）分别创造出世界上第一台实用的轴流单级冲动式汽轮机和轴流多级反动式汽轮机以来，各国工程师相继创造出单级复速级汽轮机、多级冲动式汽轮机、辐流式汽轮机、背压式和调节抽汽式汽轮机、回热循环式汽轮机、中间再热式汽轮机。汽轮机的发展主要表现在以下几个方面。

1. 增大单机功率

世界上第一台汽轮机的单机功率仅为 3.7kW，20 世纪 60 年代世界工业发达国家的汽轮机生产已达到 500～600MW 等级水平。1972 年瑞士 BBC 公司制造的 1300MW 双轴全速汽轮机（24MPa/538℃/538℃，$n=3600$r/min）在美国投入运行；1976 年德国 KWU 公司制造的单轴半速（$n=1500$r/min）1300MW 饱和蒸汽参数汽轮机投入运行；1982 年世界最大1200MW 单轴全速汽轮机（24MPa/540℃/540℃）在前苏联投入运行；目前，俄罗斯正在全力推进 2000MW 的高参数全速汽轮机的开发工作。增大单机功率不仅能迅速发展电力生产，而且具有下列优点：

（1）单位功率投资成本低。大功率机组单位功率用的材料、人工等相应减少，降低了成本。如前苏联 800MW 机组的单位功率成本比 500MW 机组的低 17%，而 1200MW 机组的单位功率成本又比 800MW 机组的低 15%～20%。

（2）单机功率越大，机组的热经济性越好。如法国 600MW 机组的热耗率比 125MW 机组的热耗率降低了 276.3 kJ/（kW·h），即每年可节约标煤 4 万 t。

（3）加快电厂建设速度，降低电厂建设投资和运行费用。我国自 1955 年制造第一台

6MW 汽轮机以来，现在已经能生产 1000MW 汽轮机，逐步赶上了世界先进水平。目前，300MW 和 600MW 机组已成为我国的主力运行机组，单机容量 1000MW 的发电机组已有多台并网发电。

2. 提高蒸汽参数

增大单机功率后宜采用较高的蒸汽参数，以提高机组的热经济性。当今世界上 300MW 以上容量的机组均采用亚临界或超临界参数机组，甚至采用超超临界参数的机组。在一定范围内，新蒸汽温度或再热蒸汽温度每提高 10℃，机组的热耗就可下降 0.25%～0.3%。与同容量亚临界参数机组相比，超临界参数机组可提高效率 2%～2.5%，超超临界参数机组可提高效率约 5%；与常规超临界参数机组相比，超超临界参数机组至少可节约燃料 4%～5%。因此，采用大容量超超临界参数机组是降低发电煤耗的主要途径，符合国家节能减排的需要。

3. 提高效率

采用中间再热和燃气—蒸汽联合循环，可以提高电厂热效率。如果增加再热次数，例如采用二次再热，在同样蒸汽参数下热效率可高于一次再热。例如，丹麦 Skaebaek 发电厂 1998 年投产的 400MW 亚临界机组采用了二次中间再热，其热效率高达 49%，是当今世界上效率最高的机组。目前，采用了回热、再热和余热锅炉等措施后，燃气—蒸汽联合循环总效率已达 42%（燃煤）～55%（燃油、气），不久即可超过 60%，而且在调峰、启动灵活性、环保等方面具有明显优势。例如 600MW 燃气—蒸汽联合循环机组效率已达 46% 以上，而同等级的蒸汽轮机机组效率仅为 40% 左右。

4. 提高机组的运行水平

随着电网容量的不断增大，大机组在结构、系统上应能满足变工况运行的性能要求，以适应调峰任务的需要。因此，经常保持主辅设备和系统的优化运行、提高机组运行的经济性、保证规定的设备使用寿命是评价大容量机组技术水平的重要标尺。近年来，我国 300MW 和 600MW 机组的等效可用系数明显增长，反映了发电设备健康状况在不断改善、运行管理水平在不断提高。1999 年 300MW 机组的等效可用系数平均为 89%，比 1990 年提高超过 11 个百分点；1999 年 600MW 机组的等效可用系数为 84.77%，比 1998 年提高 3.6 个百分点。我国 1949～2000 年间平均供电煤耗从约 800g/(kW·h) 降到 389g/(kW·h)，至 2010 年我国 600MW 及以上机组的平均供电煤耗下降到 330g/(kW·h)，达到了世界先进水平。

为了提高机组的运行、维护、检修水平，以增强机组运行的可靠性，现代大型机组增设和改善了保护、报警和状态监测系统，甚至配置了智能化故障诊断系统。随着计算机及网络技术的迅速发展，出现了以计算机为基础的数字电液调节系统。目前，我国火力发电厂中大多数 300MW 和 600MW 汽轮机都采用数字电液调节系统，特别是近十年以来，几乎所有新建的大容量汽轮机均采用数字电液调节系统，它可以满足汽轮机安全运行和启停的要求。

目前，世界上生产多级轴流冲动式汽轮机的主要制造企业有美国通用电气公司（GE）、英国通用电气公司（GEC）、日本东芝公司和日立公司，以及俄罗斯列宁格勒金属工厂、哈尔科夫透平发动机厂和乌拉尔透平发动机厂等。制造反动式汽轮机的企业有美国西屋公司（WH）、欧洲 ABB 公司、日本的三菱公司、英国帕森斯（Parsons）公司、法国电气机械公司（CMR）等。另外，法国阿尔斯通——大西洋公司（AA），既生产冲动式汽轮机，也生产反动式汽轮机。我国生产汽轮机的主要企业有哈尔滨汽轮机厂、上海汽轮机厂、东方汽轮机厂，其次有北京重型电机厂、青岛汽轮机厂和武汉汽轮发电机厂等，还有以生产工业汽轮机为主的杭州汽轮机厂和以生产燃气轮机为主的南京汽轮发电机厂等。

三、汽轮机的分类和型号

（一）汽轮机的分类

汽轮机的用途广泛、类型多，可以从不同的角度进行分类。

1. 按工作原理分类

近代火力发电厂采用的都是由不同级依次串联构成的多级汽轮机，来自锅炉的蒸汽逐次通过各级，将热能转换成机械能。级是汽轮机中最基本的做功单元，在结构上，它由喷嘴（静叶）和与它配合的动叶组成；在功能上，它完成将蒸汽热能转变为机械能的能量转换过程。蒸汽在汽轮机级中以不同方式进行能量转换，便构成了不同工作原理的汽轮机——冲动式汽轮机和反动式汽轮机。

（1）冲动式汽轮机。主要由冲动级组成，蒸汽主要在喷嘴中膨胀，在动叶中只有少量膨胀，主要依靠冲动作用原理做功。

（2）反动式汽轮机。主要由反动级组成，蒸汽在喷嘴和动叶中都进行了膨胀，且膨胀程度相同，同时依靠冲动和反动作用原理做功。

冲动式汽轮机和反动式汽轮机在电厂中都获得了广泛应用。这两种类型汽轮机的差异不仅表现在工作原理上，而且还表现在结构上，冲动式汽轮机为隔板形，反动式汽轮机为转鼓形（或筒形）。隔板形汽轮机动叶片嵌装在叶轮的轮缘上，喷嘴装在隔板上，隔板的外缘嵌入隔板套，隔板套嵌装在汽缸内壁的凹槽内。由于反动级不能做成部分进汽结构，所以喷嘴调节反动式汽轮机第一级（调节级）常采用单列冲动级或双列速度级。

2. 按热力特性分类

（1）凝汽式汽轮机。蒸汽在汽轮机中膨胀做功后，进入高度真空状态下的凝汽器凝结成水。

（2）背压式汽轮机。排汽压力高于大气压力，直接用于供热，无凝汽器。当排汽作为其他中、低压汽轮机的工作蒸汽时，称为前置式汽轮机。

（3）调整抽汽式汽轮机。从汽轮机中间某几级后抽出一定参数、一定流量的蒸汽（在规定的压力下）对外供热，其排汽仍排入凝汽器。根据供热需要，有一次调整抽汽和二次调整抽汽之分。

（4）中间再热汽轮机。蒸汽在汽轮机内膨胀做功过程中被引出，再次加热后返回汽轮机继续膨胀做功。

背压式汽轮机和调整抽汽式汽轮机统称为供热式汽轮机。目前凝汽式汽轮机均采用回热抽汽和中间再热方式。

3. 按主蒸汽参数分类

汽轮机的主蒸汽参数是指进汽的压力和温度。按不同的压力等级可分为：

（1）低压汽轮机：主蒸汽压力小于 1.5MPa。

（2）中压汽轮机：主蒸汽压力为 2～4MPa。

（3）高压汽轮机：主蒸汽压力为 6～10MPa。

（4）超高压汽轮机：主蒸汽压力为 12～14MPa。

（5）亚临界压力汽轮机：主蒸汽压力为 16～18MPa。

（6）超临界压力汽轮机：主蒸汽压力大于 22.15MPa。

（7）超超临界压力汽轮机：主蒸汽压力大于 25MPa。

对于超超临界压力汽轮机目前没有完全统一的定义，超超临界参数实际上是在超临界参数的基础上向更高的压力和温度提高。通常认为，超超临界参数是指蒸汽压力达到30～35MPa，温度达到 593～600℃或更高的参数，并具有二次再热。还有一种观点认为，566℃是超临界参数的准则，任何新蒸汽温度或再热蒸汽温度超过这一数值时，也被划为超超临界参数范畴，或者称为提高参数的超临界参数机组。在国外的技术资料上，通常用 ultra supercritical（USC）来代表这类参数的机组，中文译成超超临界，也可理解为优化的或高效的超临界机组。

近十年，国际上超超临界参数机组已采用的进汽压力为 25、28、31MPa。当机组进汽采用 31MPa 时，为了降低其排汽湿度，通常需采用二次再热，所以在采用一次中间再热循环的机组上难以应用。虽然采用二次再热可进一步提高机组的热效率（一般二次再热比一次再热可进一步降低机组热耗 1.5%～2%），但有两个再热器，使锅炉结构复杂，管道布置及控制、保护系统也复杂化，机组造价增加，国外制造、运行业绩少，所以短期内不适合我国国情。25MPa 和 28MPa 相比，额定负荷下的热耗相对降低 0.2%～0.3%，但由于锅炉、汽轮机设备及管道的质量增加，电厂投资约增加 1%～2%；而且主蒸汽温度达到 600℃的条件下，主蒸汽压力大多在 25MPa 以下，因此，国内外超超临界机组采用 25MPa 进汽压力的相对较多。

此外，按汽流方向不同，可分为轴流式汽轮机、辐流式汽轮机、周流式汽轮机；按用途不同，可分为电厂汽轮机、工业汽轮机、船用汽轮机；按汽缸数目不同，可分为单缸汽轮机、双缸汽轮机和多缸汽轮机；按机组转轴数目不同，可分为单轴汽轮机和双轴汽轮机；按工作状况不同，可分为固定式汽轮机和移动式汽轮机等。

（二）国产汽轮机产品型号组成及蒸汽参数表示法

为了便于识别汽轮机的类别，常用一些符号来表示它的基本特性或用途，这些符号称为汽轮机的型号。我国生产的汽轮机所采用的系列标准及型号已经统一，主要由汉语拼音和数字组成。

1. 汽轮机产品型号组成

汽轮机产品型号组成如图 0-1 所示。

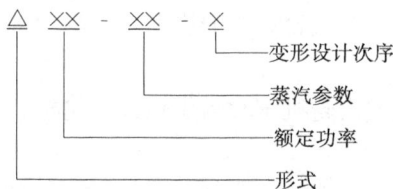

图 0-1 汽轮机产品型号组成

2. 汽轮机形式及代号

汽轮机的形式及代号见表 0-1。

表 0 - 1　　　　　　　　　　　　　汽 轮 机 形 式 及 代 号

代号	N	B	C	CC	CB	H	Y
形式	凝汽式	背压式	一次调整抽汽式	二次调整抽汽式	抽汽背压式	船用式	移动式

3. 汽轮机型号中蒸汽参数的表示方法

汽轮机型号中蒸汽参数的表示方法见表 0 - 2。

表 0 - 2　　　　　　　　　　　汽轮机型号中蒸汽参数的表示方法

形　式	蒸汽参数表示方法	示　　例
凝汽式	主蒸汽压力/主蒸汽温度	N100－8.83/535
中间再热式	主蒸汽压力/主蒸汽温度/中间再热温度	N600－24.2/566/566
抽汽式	主蒸汽压力/高压抽汽压力/低压抽汽压力	CC50－8.83/0.98/0.118
背压式	主蒸汽压力/背压	B50－8.83/0.98
抽汽背压式	主蒸汽压力/抽汽压力/背压	CB25－8.83/0.98/0.118

注　功率单位为 MW，压力单位为 MPa，温度单位为℃。

四、汽轮机有关功率的定义

电力行业标准 DL/T 892—2004《电站汽轮机技术条件》对汽轮发电机组功率（或出力）等术语的一般定义如下：

1. 额定功率（TRL，又称铭牌功率）

汽轮机的额定功率是指在额定的主蒸汽及再热蒸汽参数、背压 11.8kPa 绝对压力（湿冷机组，空冷机组背压与大气温度有关），补给水率为 3% 及回热系统正常投入条件下，考虑扣除非同轴励磁、润滑及密封油泵等的功耗，供方能保证汽轮机在寿命期内安全连续地在额定功率因数、额定氢压（氢冷发电机）下发电机端输出的功率。此时，调节汽阀应仍有一定裕度，以保证满足一次调频等需要。在所述额定功率定义条件下的进汽量称为额定进汽量。

2. 最大连续功率（TMCR）

汽轮机的最大连续功率是指在额定的主蒸汽及再热蒸汽参数下，主蒸汽流量与额定功率的进汽量相同，考虑年平均水温等因素规定的背压，补给水率为 0% 及回热系统正常投入，扣除非同轴励磁、润滑及密封油泵等的功耗，在额定功率因数、额定氢压（氢冷发电机）下发电机端输出的功率。该功率为供方的保证功率，并能保证在寿命期内安全连续地运行。

3. 热耗率验收功率（THA）

汽轮机的热耗率验收功率是指在额定的主蒸汽及再热蒸汽参数下，主蒸汽流量与额定功率的进汽量不相同，考虑年平均水温等因素规定的背压，补给水率为 0% 及回热系统正常投入，扣除非同轴励磁、润滑及密封油泵等的功耗，在额定功率因数、额定氢压（氢冷发电机）下发电机端输出的功率，其值与额定功率相同，并且供方能保证在寿命期内安全连续地运行。该热耗率一般作为汽轮机验收保证值。

4. 阀门全开功率（VWO）

汽轮机的阀门全开功率是指汽轮机在调节汽阀全开时的进汽量以及在最大连续功率（TMCR）定义的条件下发电机端输出的功率。在此定义下的进汽量为额定功率（TRL）进汽量的 1.05 倍，该进汽量一般作为锅炉最大连续蒸发量（BMCR）。

5. 最经济连续功率（ECR）

汽轮机的最经济连续功率是指在规定的终端参数下能达到最低热耗率或汽耗率时的功率。

锅炉的蒸发量应根据汽轮机的工况和出力下所需的进汽量来规定，汽轮机的出力或工况与锅炉蒸发量的关系见表 0 - 3。

表 0 - 3　　　　　　　　　汽轮机的出力或工况与锅炉蒸发量的关系

序　号	汽轮机的工况或出力	相应的锅炉蒸发量
1	汽轮机的额定工况（TRL）	锅炉额定蒸发量
2	汽轮机最大连续出力（TMCR）	锅炉额定蒸发量
3	汽轮机阀门全开工况（VWO）	锅炉最大连续出力（BMCR）

项目一　汽轮机的工作

汽轮机是火力发电厂的三大主机之一。汽流在汽轮机中流过的通道称为汽轮机的通流部分，主要由喷嘴（静叶）和动叶组成的级构成，广义的通流部分还应包括进汽管、调节阀和排汽缸。作为实现能量转换的原动机械，汽轮机工作的过程就是蒸汽在其通流部分膨胀做功的过程。汽轮机通流部分的性能直接影响机组经济、安全运行，因此，通流部分应具有良好的汽动、热力特性。

任务一　认识汽轮机的级

【任务描述】

认识汽轮机的基本组成。从汽轮机最基本的做功单元——级的角度，分析汽轮机做功的基本原理，认识级的类型和特点。

能力目标

（1）认识汽轮机的基本结构组成。
（2）能分析级的工作过程和做功原理。
（3）认识级的类型及特点。

任务实施

一、汽轮机的基本结构组成

汽轮机是以蒸汽为工质，将蒸汽热能转换为转子旋转机械能的动力机械，汽轮机应用广泛，在发电厂中作为拖动发电机的原动机。汽轮机本体由静止部分和转动部分组成。

图1-1是冲动式多级汽轮机通流部分示意图。冲动式汽轮机的转动部分是轮盘式转子，主要由动叶、叶轮、主轴及联轴器等部件组成。动叶安装在叶轮上，形成动叶栅，叶轮固定在主轴上。静止部分主要由汽缸、隔板、喷嘴（静叶）以及轴承等部件组成。静叶按一定距离和角度排列，形成静叶栅，构成的蒸汽通道称为喷嘴。喷嘴叶栅装在隔板外缘上，隔板固定在汽缸上，构成各级间壁。

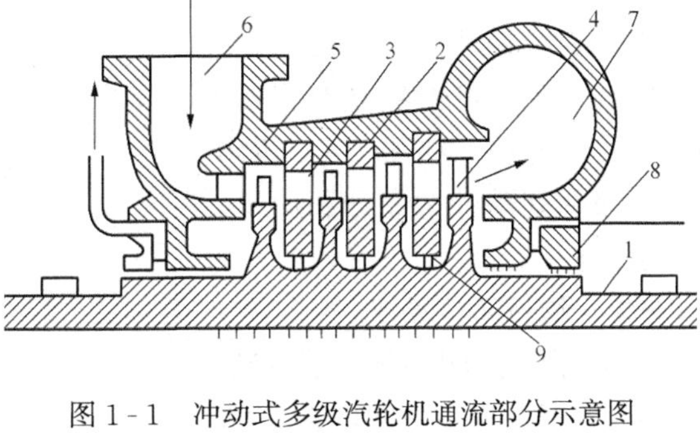

图1-2是反动式多级汽轮机通流部

图1-1　冲动式多级汽轮机通流部分示意图
1—转子；2—隔板；3—喷嘴；4—动叶；5—汽缸；
6—蒸汽室；7—排汽室；8—轴封；9—隔板汽封

分示意图。反动式汽轮机采用鼓式转子，取消叶轮，动叶直接固定在主轴上。静止部分的静叶通过静叶持环固定在汽缸上。

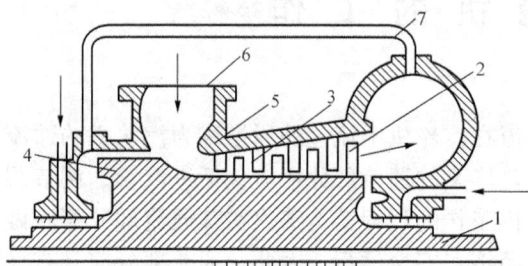

图 1-2　反动式多级汽轮机通流部分示意图
1—鼓形转子；2—动叶；3—静叶；4—平衡活塞；
5—汽缸；6—蒸汽室；7—连通管

汽轮机动、静部件的配合，构成了汽轮机一系列串联的基本工作单元——汽轮机的级，它由一列喷嘴与它后面相应的动叶组成，在级中完成从蒸汽热能到转子旋转机械能的完整转换。电厂汽轮机都是由若干个级串联构成的多级汽轮机，汽轮机各级的喷嘴和动叶流道相互配合构成从高压端向低压端逐渐增大的平滑的通流面。汽轮机本体中做功汽流的通道称为汽轮机的通流部分，它包括主汽阀、调节汽阀、蒸汽导管、进汽室、各级喷嘴和动叶流道及汽轮机排汽管。蒸汽在汽轮机的通流部分流动，逐级降压，膨胀做功。

大型再热式汽轮机均采用多缸汽轮机，蒸汽在高压缸做功后送到锅炉再热器中重新加热，再回到汽轮机中压缸和低压缸中做功。

二、级的工作过程和做功原理

级是汽轮机的最基本做功单元，级的工作过程在一定程度上反映了整个汽轮机的工作过程，所以分析汽轮机的工作过程总是从级的工作过程开始。

（一）级的工作过程

图 1-3 是一个单列级的结构和通流部分示意图，单列级在级的叶轮上只装一列动叶。级的工作过程分为两步：①具有一定压力和温度的蒸汽先在级的喷嘴中膨胀、降压、增速（即图 1-3 中蒸汽压力由 p_0 降至 p_1，蒸汽流速升至绝对速度 c_1），使蒸汽热能转换成蒸汽动能；②从喷嘴出来的高速汽流（绝对速度为 c_1）以一定方向进入动叶流道，对动叶产生作用力，推动转子转动（蒸汽流速降至绝对速度 c_2），使蒸汽的动能转换成转子的旋转机械能。单列级蒸汽动能转换为机械能的过程在级内只进行一次。

在单列级动叶之后增加一列转向导叶和一列动叶的级是双列速度级，又称复速级，如图 1-4 所示。在速度级两列动叶中充分利用了汽流速度能做功。

（二）级的做功原理

汽轮机级的动叶流道中蒸汽动能转变为转子机械能，通常是通过冲动作用原理和反动作用原理两种方式来实现的。

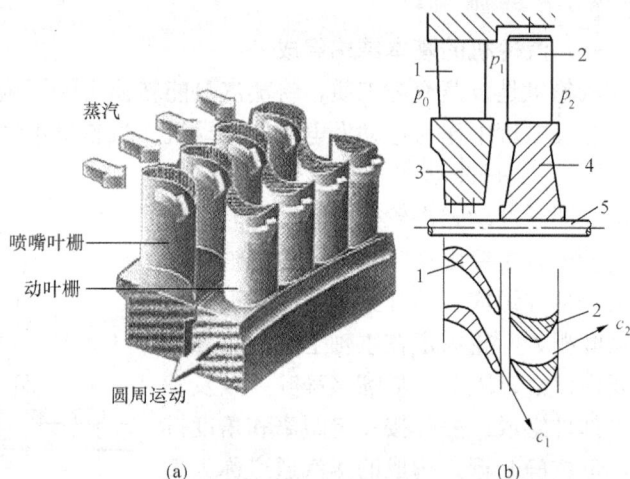

图 1-3　单列级的结构和通流部分示意图
（a）单列级结构；（b）单列级通流部分
1—喷嘴栅；2—动叶栅；3—隔板；4—叶轮；5—轴

　　喷嘴中喷出的高速汽流进入弯曲的动叶流道流动，产生汽流离心力，而弯曲流道中的蒸汽微团受到动叶内弧壁面的弹力（与汽流离心力互为反作用力）作用，从而使汽流速度改变。如图 1 - 5 所示，由力学冲动原理可知，相应汽流离心力的作用构成了对动叶的冲动力 F_i，冲动力的大小决定于动叶流道中蒸汽流量和绝对速度的变化。当蒸汽流经渐缩形动叶流道时会继续膨胀加速（动叶进口相对速度 w_1 升高到出口相对速度 w_2），给动叶一个与汽流方向相反的反动力 F_r，就如同燃料燃烧气体从火箭尾部高速喷出，产生反动力推动火箭上天。伴随着反动力做功的过程，蒸汽在动叶中完成了两次能量转换，即蒸汽膨胀将热能转换成动能，同时，随着蒸汽加速又给动叶一个反动力做功。反动作用转变成机械功的能量来源于汽流在动叶流道进、出口的相对速度能之差。

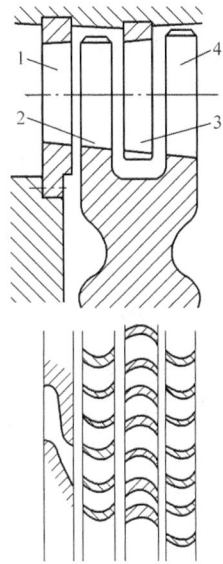

图 1 - 4　复速级的通流部分示意图

1—喷嘴；2—第 1 列动叶；

3—导叶；4—第 2 列动叶

　　冲动力 F_i 与反动力 F_r 构成了对动叶的汽流作用力 F，汽流力在轮周方向上的分力称轮周力 F_u，F_u 使动叶旋转而产生机械功。

　　由于动叶在做匀速圆周运动，级的轮周速度 u 可用式（1 - 1）计算，即

$$u = \frac{\pi d_b n}{60} \tag{1 - 1}$$

式中　d_b——$\frac{1}{2}$ 动叶片高度处的叶轮平均直径，m；

　　　　n——汽轮机的转速，r/min。

三、级的反动度及类型和特点

（一）级的反动度

　　蒸汽在级中膨胀的基本热力过程线如图 1 - 6 所示，0 点是级前蒸汽状态点，0^* 点是假想汽流等熵滞止到初速为零时的状态点，称为蒸汽进口滞止状态点，相应的参数称滞止状态参数。

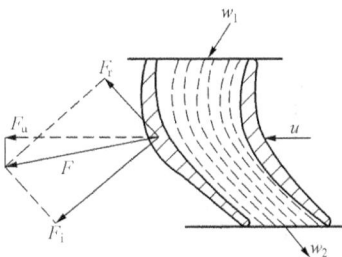

图 1 - 5　蒸汽在动叶通道内
膨胀时对动叶的作用力

　　p_0、p_1 分别为喷嘴进口和出口压力，p_2 为动叶出口压力。不考虑损失，蒸汽在级中从 0 点等熵膨胀到 p_2 的理想焓降为 Δh_t，Δh_t 称为级的理想焓降。考虑级进口的初始动能，级的滞止理想焓降为 Δh_t^*，$\Delta h_t^* = \Delta h_t + \frac{1}{2} C_0^2$。蒸汽在喷嘴中的滞止理想焓降为 Δh_n^*，在动叶中的理想焓降为 Δh_b。$\Delta h_b'$ 为 Δh_t^* 扣除 Δh_n^* 的部分，可认为 $\Delta h_b' \approx \Delta h_b$。因级内损失的影响，级的实际过程线向熵增加的方向偏移。0 点到 1 点之间的过程为汽流在喷嘴中的实际热力过程，1 点到 2 点之间的过程为汽流在动叶流道中的实际热力过程。

　　为了改善蒸汽在动叶流道中的流动状态，减少流动损失，常让蒸汽在动叶流道中有一定

的膨胀，通常用级的反动度 Ω_m 来衡量蒸汽在动叶栅中膨胀的程度。它等于蒸汽在动叶栅中膨胀时的理想焓降 Δh_b 与整个级的滞止理想焓降 Δh_t^* 之比，即

$$\Omega_m = \frac{\Delta h_b}{\Delta h_t^*} \tag{1-2}$$

根据图 1-6 和式（1-2）可得

$$\Delta h_b = \Omega_m \Delta h_t^* \tag{1-3}$$

$$\Delta h_n^* = (1 - \Omega_m)\Delta h_t^* \tag{1-4}$$

由式（1-3）可知，Ω_m 越大，Δh_b 越大，则蒸汽对动叶栅的反动力也越大。实际上蒸汽参数沿动叶高度是变化的，因此反动度沿动叶高度也不相同。用 Ω_m 表示动叶平均直径截面上的反动度，称为平均反动度。

（二）级的类型和特点

1. 冲动级和反动级

根据反动度的不同可将级分为纯冲动级、冲动级和反动级三种。

（1）反动度 $\Omega_m = 0$ 的级称为纯冲动级，纯冲动级示意图如图 1-7 所示。纯冲动级能量转换的特点是蒸汽只在喷嘴中膨胀，在动叶中不膨胀，动叶进、出口压力相等，即 $p_1 = p_2$，$\Delta h_{2t} = 0$，故级的焓降 Δh_t^* 等于喷嘴中的焓降 Δh_{1t}^*。纯冲动级的结构特点是动叶叶型对称弯曲，动叶通流截面近似相同。纯冲动级仅作为理论分析的模型。

图 1-6 蒸汽在级中膨胀的热力过程线

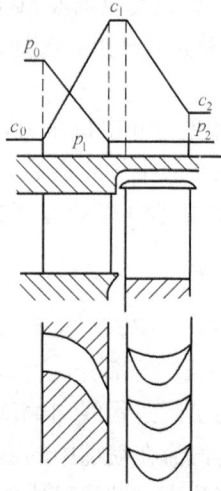

（2）反动度 $\Omega_m = 0.5$ 左右的级称为反动级，反动级示意图如图 1-8 所示。反动级能量转换的特点是蒸汽在喷嘴和动叶中的膨胀程度相同，喷嘴和动叶的焓降相等，$p_1 > p_2$，$\Delta h_{2t} = \Delta h_{1t}^* = 0.5\Delta h_t^*$。反动级的结构特点是喷嘴和动叶叶型相同，流道渐缩。这种级用于反动式汽轮机和大型冲动式汽轮机的最末几级。

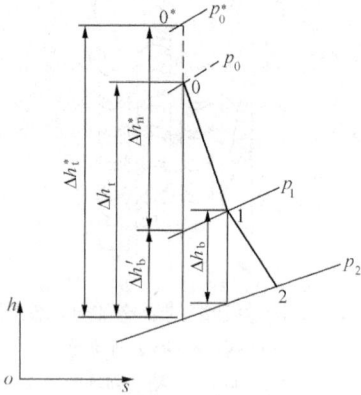

图 1-7 纯冲动级示意图

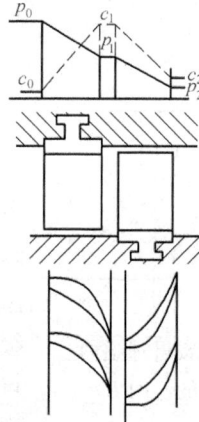

图 1-8 反动级示意图

（3）一般冲动级的反动度 Ω_m 为 0.05～0.2。冲动级的特点是蒸汽膨胀大部分在喷嘴中进行，只有小部分在动叶中进行，因此，$p_0 > p_1 > p_2$，$\Delta h_n > \Delta h_b$。级带有一定反动度，让汽流在动叶中适度膨胀，可提高级效率。冲动级喷嘴和动叶叶型介于纯冲动级和反动级之间，根据反动度的大小，动叶流道适度收缩。冲动式汽轮机高压级反动度较小，低压级反动度较大，可达到 0.4。

2. 压力级和速度级

按蒸汽动能转换为转子机械能的过程不同，汽轮机的级可分为压力级和速度级。

（1）压力级。蒸汽动能转换为转子机械能的过程在级中只进行一次的级称为压力级。这种级以利用级组中合理分配的压力降或焓降为主，级的效率较高。压力级可以是冲动级，也可以是反动级。

（2）速度级。蒸汽动能转换为转子机械能的过程在级中进行一次以上的级称为速度级，较常用的是双列速度级（复速级）。复速级的焓降大，但因流程长，级的效率比单列级低。通常在一级中承担较大焓降时，采用复速级。为提高效率，复速级设计成带有一定反动度。

3. 调节级和非调节级

按级的通流面积是否随负荷大小而变化，可将级分为调节级和非调节级。

（1）调节级。通流面积随负荷大小而变化的级称为调节级。汽轮机采用喷嘴调节时，其第一级为调节级。在机组运行时，可通过改变调节级进汽面积来控制汽轮机的进汽量，达到调节机组功率的目的。调节级可以是复速级，也可以是单列级。中小容量汽轮机采用复速级作为调节级；大容量汽轮机采用单列级作为调节级，以保证汽轮机的高效率。

（2）非调节级。通流面积不随负荷大小而变化的级称为非调节级。多级汽轮机除了第一级可能是调节级外，其他各级均为非调节级，非调节级都是单列级。

任务验收

（1）分析级的部件组成和工作过程。

（2）画出一个单缸六级冲动凝汽式汽轮机的示意图，并完成下列要求：

1）在图中标注汽轮机部件的名称；

2）表述该汽轮机的基本部件组成关系；

3）分析该汽轮机的工作过程。

（3）画出冲动级和反动级的示意图，并完成下列要求：

1）标注喷嘴和动叶进、出口的汽流压力和速度；

2）标注汽流轮周力的合成和轮周速度的方向；

3）比较两种级在做功原理和叶型上有何区别；

4）分析级工作过程中的汽流参数变化关系。

（4）认识以下专业术语：级的滞止理想焓降、级进口滞止参数、级的反动度、速度级、调节级。

（5）根据级的分类及特点，搜集各种级的应用情况。

（6）画出汽流在级喷嘴和动叶中的基本热力过程线，正确标注各状态点和各段理想焓降。

任务二　级内的流动和能量转换分析

【任务描述】

　　分析级叶栅的流动膨胀特点。明确蒸汽流动的基本方程，分析级的热力过程和能量转换的数量关系。

能力目标

（1）认识级叶栅的结构特点和流动膨胀特点。
（2）依据基本方程，进行级喷嘴和动叶的热力过程分析。
（3）会绘制级喷嘴和动叶的热力过程线。

任务实施

一、汽流在级叶栅中的流动特点

（一）级叶栅的流道特点

　　为保证动叶进口的良好汽流方向，汽轮机一般采用渐缩斜切喷嘴，同样动叶流道也是渐缩斜切结构。渐缩斜切喷嘴示意图如图 1-9 所示。

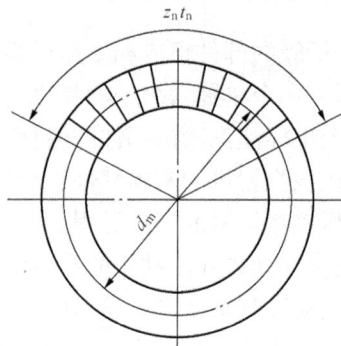

　　渐缩斜切喷嘴流道弯曲渐缩，喷嘴出口中心线与动叶运动方向的夹角 α_{1g} 为喷嘴出口角。α_1 为喷嘴出口射汽角，a_n 为喷嘴宽度，l_n 为喷嘴出口高度，t_n 为喷嘴节距，b_n 为喷嘴弧长。喷嘴的最小截面 AB 称为喉部，喷嘴计算中取喉部截面为喷嘴出口截面，AC 为喷嘴斜切出口截面，ABC 为出口带斜切部分。

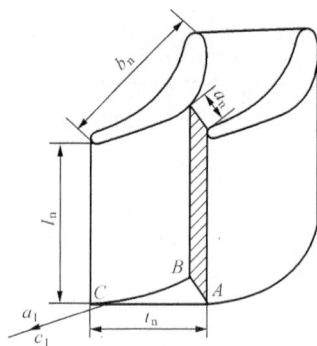

图 1-9　渐缩斜切喷嘴示意图　　　　　　图 1-10　喷嘴在圆周上的分布

　　需要说明的是，在隔板上可能只有部分弧段装有喷嘴，或者只有部分喷嘴在工作，这称为部分进汽（如图 1-10 所示）。用部分进汽度 e 表示部分进汽的程度，它是喷嘴弧段与隔板平均直径圆周长的比值，即

$$e = \frac{z_n t_n}{\pi d_m} \tag{1-5}$$

式中　d_m——1/2 叶高处的隔板平均直径，m。

$e=1$，表示隔板在整个圆周上都装有喷嘴，或者全圆周上的喷嘴都在工作，称为全周进汽；$e<1$，即为部分进汽。

设一个级中有 z_n 个喷嘴，则级喷嘴叶栅的出口总面积 A_n 可用式（1-6）计算

$$A_n = z_n t_n l_n \sin\alpha_1 = e\pi d_n l_n \sin\alpha_1 \tag{1-6}$$

由式（1-6）可以看出，一个级的喷嘴总面积较小时，若隔板的整个圆周都安装喷嘴，则 l_n 过低，喷嘴损失将急剧增大，因此，通常只将喷嘴布置在隔板的部分弧段内，即 $e<1$。也就是说，减小部分进汽度 e 必然使喷嘴出口高度 l_n 增大，e 起到了调整 l_n 的作用；但也要注意调整的限度，e 不能小于 $0.15 \sim 0.3$。

叶栅的结构（几何）参数见任务拓展内容。

（二）渐缩斜切喷嘴中蒸汽的流动膨胀特点

根据热力学分析可知：亚音速汽流在喷嘴渐缩段降压增速，在喷嘴最小截面处汽流最大速度可达音速（即临界速度 c_{cr}）。根据喷嘴压比 $\varepsilon_n = \dfrac{p_1}{p_0^*}$ 与临界压比 ε_{cr} 的比较，确定汽流在喷嘴中的流动状态是临界工况还是亚临界工况。过热蒸汽的临界压比 $\varepsilon_{cr}=0.546$。

渐缩斜切喷嘴的出口截面 AB 的汽流最大速度等于临界速度 c_{cr}，出口斜切部分 ABC 相当于一个渐扩段。当喷嘴背压小于临界压力，即喷嘴压比小于临界压比时，汽流会继续膨胀加速。下面分述不同工况下喷嘴斜切部分的膨胀特点。

（1）当喷嘴压比 $\varepsilon_n \geqslant \varepsilon_{cr}$ 时，其膨胀过程只在渐缩部分进行，斜切部分只起导流作用，汽流不膨胀加速，射汽角 $\alpha_1 = \alpha_{1g}$。

（2）当喷嘴压比 $\varepsilon_n < \varepsilon_{cr}$ 时，汽流在最小截面 AB 上保持临界压力和临界速度。由于 $p_1 < p_{cr}$，汽流在斜切部分继续膨胀加速，压力则由 p_{cr} 降至 p_1，流速由临界速度 c_{cr} 继续增大，同时汽流发生偏转，偏转角 $\delta = \alpha_1 - \alpha_{1g}$。

汽流偏转是因为喷嘴斜切部分是一个不完全的渐扩段。如图 1-11 所示，汽流在斜切部分膨胀时，最小截面 AB 上的压力为 p_{cr}，斜切出口截面 AC 上的压力为 p_1，A 点之后因无喷嘴壁面，其压力由 p_{cr} 骤降至 p_1，然后保持 p_1 压力流动，而 BC 侧压力则由 p_{cr} 逐渐降至 p_1。在斜切部分内部，蒸汽膨胀等压线 AB'、AB''、$\cdots$、AC 等呈辐射形分布，因此，BC 壁面作用于汽流的压力大于斜切出口 AC 作用于汽流的压力，两侧的压力不均导至汽流偏转。汽流膨胀程度越大，偏转越厉害，偏转角越大。汽流偏转角的具体计算方法见任务拓展内容。

（3）当背压 p_1 小于极限压力 p_{1l} 时，汽流只能膨胀到极限压力 p_{1l}，再降低背压 p_1，汽

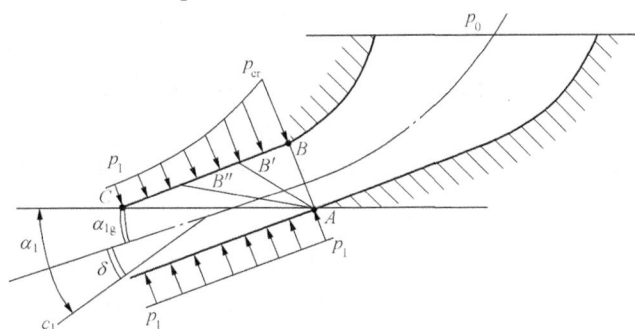

图 1-11 汽流在喷嘴斜切部分的膨胀

流将在喷嘴外自由膨胀，造成能量损失。

汽流在斜切喷嘴中所能膨胀到的最低压力称为极限压力，对应的压力比称为极限压比 ε_{nl}。对于一定的汽流，极限压比 ε_{nl} 只与喷嘴的射汽角 α_1 有关，并随着 α_1 的增大而增大。设计时，一般取 $\varepsilon_{nl}=0.3$。当 $\varepsilon_n \geqslant \varepsilon_{nl}$ 时，采用渐缩斜切喷嘴；当 $\varepsilon_n < \varepsilon_{nl}$ 时，采用缩放斜切喷嘴。在实际应用中应尽量避免采用缩放斜切喷嘴，因为渐缩喷嘴与缩放喷嘴相比，具有变工况时工作稳定且制造工艺简单的优点。

汽流在动叶流道中膨胀特点的分析与结论和喷嘴相同，故不再赘述。

二、蒸汽流动的基本方程

蒸汽在级叶栅通道中的流动，是黏性可压缩流体的非定常三元流动，流动情况非常复杂。为简化分析，将蒸汽在级喷嘴和动叶中的流动视为一元绝热稳定流动，借助可压缩流体一元绝热稳定流动的基本方程来分析级的能量转换，并进行级的热力计算。

这些基本方程主要有以下几种：

（1）状态方程。其反映某一截面上汽流各状态参数之间的关系。水蒸气主要采用水蒸气图表来确定其状态，在简要分析时可借用理想气体状态方程。

（2）过程方程。其反映在热力过程中汽流状态参数的变化规律。主要采用绝热过程方程和多变过程方程进行分析。

（3）能量方程。其反映汽流在热力过程中能量转换守恒关系。借助稳定流动热力学第一定律的表达式对级的工作进行分析。

（4）连续性方程。其反映汽流在流动中的各截面流量的平衡关系。流道某一截面上的流量与该截面面积和流速成正比，与汽体的比体积成反比。在稳定流动中，流经任一截面的流量相同，一般取流道最小截面的参数计算流量。

（5）运动方程。其反映作用于汽流上的力与汽流速度变化的关系。在深入分析中将用到运动方程。

上述各方程在相关课程中已有详细介绍，它们的表达式不再列述。实践证明，这种一元流动模型对于大多数级，特别是相对高度较小的高、中压级，可以说明汽轮机级的能量转换过程和变工况特性，并获得足够精确的计算结果，但对叶片较长的级误差较大，这时应采用二元或三元流动模型。考虑到实际汽流的不均匀性，在分析和计算时各个参数均用平均直径处的数值表示。

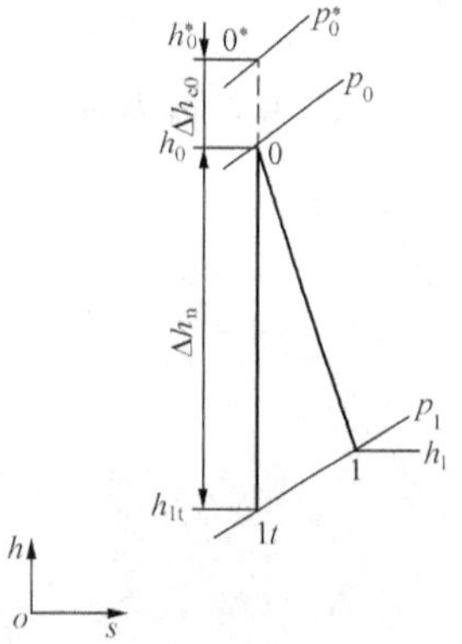

三、级的热力过程分析

（一）蒸汽在喷嘴中的流动

蒸汽在喷嘴中绝热降压、膨胀、增速，将蒸汽热能转变为蒸汽动能。蒸汽在喷嘴中的热力过程线如图 1-12 中所示，0^* 为喷嘴的进口滞止状态点，0 为喷嘴的进口状态点，1t 为喷嘴的理想出口状态点，1 为喷嘴的实际出口状态点（即动叶的进口状态点），不考虑损失的喷嘴理想工作过程为等熵过程 0—1t，喷嘴实际工作过程为 0—1，1 点在 h-s 图上的准确位置取决于喷嘴损失的大小。若喷嘴进口的初速度为 c_0，因为喷嘴是不动的短管，汽流经喷嘴时不对外做功，故喷嘴理想过程的能量方程可写为

图 1-12　蒸汽在喷嘴中的热力过程线

$$h_0 + \frac{1}{2}c_0^2 = h_{1t} + c_{1t}^2 \tag{1-7}$$

在已知喷嘴进口状态参数和出口压力及出口面积 A_n（或喷嘴流量 G_n）时，对喷嘴进行计算，基本计算项目有喷嘴出口速度 c_1、喷嘴损失 Δh_n 和喷嘴流量 G_n（或出口面积 A_n）。

1. 喷嘴出口速度

依据喷嘴能量方程式（1-7），确定喷嘴理想出口速度 c_{1t}，即

$$c_{1t} = 1.414 \sqrt{(h_0^* - h_{1t})} \tag{1-8}$$

再用喷嘴速度系数 φ 来修正确定喷嘴出口速度 c_1，即

$$c_1 = \varphi c_{1t} \tag{1-9}$$

由于喷嘴流动损失使汽流获得的动能减小，因此，喷嘴出口实际速度 c_1 小于理想速度 c_{1t}，喷嘴速度系数 φ 反映了因喷嘴损失导致喷嘴出口速度降低的程度。喷嘴速度系数 φ 通过查试验线图确定。图 1-13 为一渐缩喷嘴的速度系数 φ 与喷嘴出口高度 l_n 的关系曲线。它是喷嘴宽度 B_n 在 55～88mm 范围内，在不同叶高条件下试验绘制的曲线。通过喷嘴出口高度查取图中阴影带中对应的 φ 值（带中值均可）。

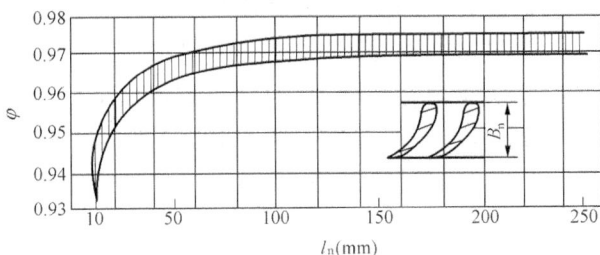

图 1-13 渐缩喷嘴速度系数 φ 随喷嘴高度 l_n 的变化曲线

2. 喷嘴损失

在喷嘴中发生的动能损失称为喷嘴损失 Δh_n。这部分损失转变为热能并被蒸汽吸收，故喷嘴出口焓 h_1 大于喷嘴理想出口焓 h_{1t}。

喷嘴损失计算式为

$$\Delta h_n = h_1 - h_{1t} = \frac{1}{2}c_{1t}^2 - \frac{1}{2}c_1^2 \tag{1-10}$$

由此得喷嘴损失 Δh_n 与喷嘴速度系数 φ 的关系为

$$\Delta h_n = (1-\varphi^2)\frac{1}{2}c_{1t}^2 = (1-\varphi^2)\Delta h_{1t}^* \tag{1-11}$$

喷嘴高度、叶型、流道形状、表面粗糙度和流动速度都要影响喷嘴损失。由图 1-13 可见，当喷嘴高度 $l_n < 15mm$ 时，φ 值明显下降，即喷嘴损失大；在 $l_n > 100mm$ 后，φ 值基本不变化。设计时，应尽量使喷嘴高度大于 15mm。在计算中为了方便可取 $\varphi = 0.97$。通常把与 l_n 有关的损失另计为叶高损失，用经验公式计算。

3. 喷嘴流量

通过喷嘴的蒸汽流量 G，根据连续流动方程并用喷嘴流量系数 μ_n 来修正确定，即

$$G = \mu_n G_t = \mu_n \frac{A_n c_{1t}}{v_{1t}} \tag{1-12}$$

式中　v_{1t}——喷嘴出口处蒸汽理想比体积，m^3/kg；

　　　G_t——喷嘴的理想流量，kg/s。

实际流动过程中由于存在着损失，因此，流过喷嘴的实际流量 G 不等于理想流量 G_t。

喷嘴和动叶的流量系数 μ_n，根据蒸汽的过热度或湿度查试验线图 1-14 确定。蒸汽在过

热区膨胀时喷嘴流量系数 μ_n 小于 1，且基本不变。在此区域内由于喷嘴损失所引起的比容变化较小，喷嘴流量系数 $\mu_n = \dfrac{\varphi v_{1t}}{v_1}$，因此，近似认为 $\mu_n = \varphi$，一般取 $\mu_n = 0.97$。而在湿蒸汽区膨胀时，由于一部分蒸汽来不及凝结，出现蒸汽过冷现象，使实际比容 v_1 小于理想比体积 v_{1t}，出现 μ_n 可能大于 1 的情况。可取 $\mu_n = 1.02$。

　　蒸汽在喷嘴中流动时，随着蒸汽的降压、增速，可能出现蒸汽流速与当地音速相等的临界状态。由热力学可知：当喷嘴压比 $\varepsilon_n \leqslant \varepsilon_{cr}$ 时，汽流在缩放喷嘴的喉部为临界状态，在渐缩喷嘴的出口也可能为临界状态。临界状态下的汽流速度称为临界速度，临界状态下的喷嘴流量称为临界流量。

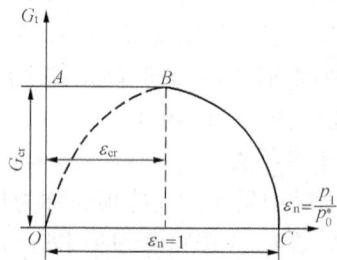

　　喷嘴流量与喷嘴压比的关系曲线如图 1-15 所示。当 $\varepsilon_n = 1$ 时，喷嘴前、后压力相等，$G_n = 0$，若压比逐渐减小，流量则逐渐增加；当 $\varepsilon_n = \varepsilon_{cr}$，即背压为临界压力时，流量达临界流量 G_{cr}，此为喷嘴的最大流量；再继续减小 ε_n 值，即 $\varepsilon_n < \varepsilon_{cr}$ 时，喷嘴出口速度已达音速，继续降低背压并不能改变喷嘴出口的临界状态，所以流量保持为临界流量不变，如图中 AB 线所示，此为实验修正结果。

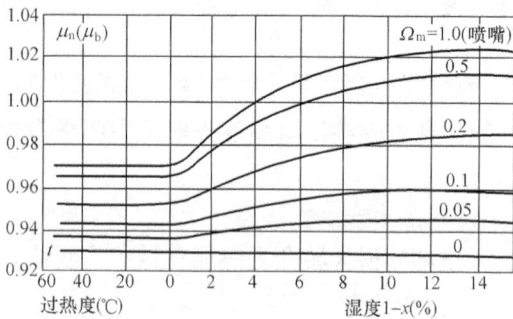

图 1-14　喷嘴和动叶的流量系数　　　　　　　图 1-15　喷嘴流量与喷嘴压比的关系曲线

　　无论是过热蒸汽还是饱和蒸汽，可证明喷嘴临界流量 G_{cr} 均可用式（1-13）确定，即

$$G_{cr} = 0.648 A_n \sqrt{\frac{p_0^*}{v_0^*}} \tag{1-13}$$

式中　p_0^*——喷嘴进口滞止状态的蒸汽压力，Pa；

　　　v_0^*——喷嘴进口滞止状态的蒸汽比体积，m^3/kg。

　　由式（1-13）可知：当喷嘴出口面积 A_n 一定时，喷嘴临界流量仅决定于喷嘴进口的蒸汽初参数。

　　当喷嘴压比 $\varepsilon_n > \varepsilon_{cr}$ 时，喷嘴为亚临界工况，流量随压比增加而减少，流量小于临界流量。引入彭台门系数 β，则喷嘴实际流量 $G = \beta G_{cr}$。

　　（二）蒸汽在动叶中的能量转换

　　由于级都带有一定的反动度，汽流在动叶中会继续降压、膨胀、增速，在完成做功的同时伴随将蒸汽热能转变为蒸汽动能的过程。$h-s$ 图上蒸汽在动叶中的热力过程如图 1-16 所示，1^* 为动叶的进口滞止状态点，$2t$ 为动叶的理想出口状态点，2 为动叶的实际出口状态点，动叶的实际工作过程为 1—2，动叶的理想工作过程为等熵过程 1—2t。

　　动叶可视为旋转着的喷嘴，因此，喷嘴热力过程的关系式同样适用于动叶。所不同的是，由于动叶旋转工作，其热力过程关系式中要采用相对速度 w。

1. 动叶能量方程和动叶出口相对速度

仿照喷嘴能量方程形式，动叶理想过程能量方程可写为

$$\frac{1}{2}w_{2t}^2 - \frac{1}{2}w_1^2 = h_1 - h_{2t} \tag{1-14}$$

借助动叶能量方程和动叶速度系数 ψ 修正，可求得动叶实际出口相对速度，即

$$w_2 = \psi w_{2t} = \psi 1.414\sqrt{(h_1^* - h_{2t})} \tag{1-15}$$
$$(h_1^* - h_{2t}) = \Delta h_{2t}^*$$

式中　Δh_{2t}^*——动叶的滞止理想焓降。

动叶速度系数 ψ 由试验确定，通常取 $\psi=0.85\sim0.95$。它与叶型、叶高、反动度及叶片表面粗糙程度有关，受叶高和反动度影响较大。图 1-17 给出了动叶速度系数 ψ 与反动度 Ω_m 和动叶出口相对理想速度 w_{2t} 的关系曲线。

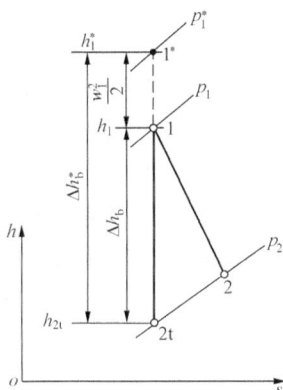

图 1-16　蒸汽在动叶中
的热力过程线

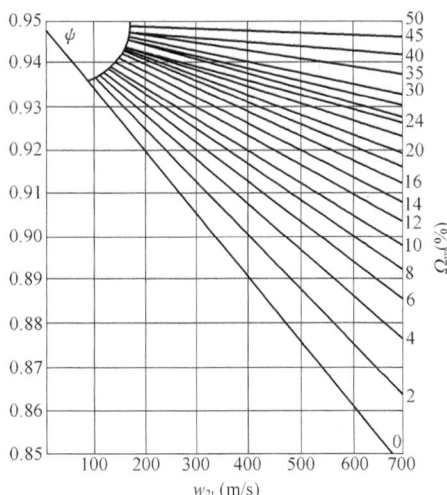

图 1-17　动叶速度系数 ψ 与反动度 Ω_m
和动叶出口相对理想速度 w_{2t} 的关系曲线

2. 动叶损失

动叶损失 Δh_b 使动叶出口相对速度降低。动叶损失与动叶速度系数 ψ 的关系式为

$$\Delta h_b = (1-\psi^2)\Delta h_{2t}^* \tag{1-16}$$

在热力计算中为了方便，一般将 ψ 值中随动叶高度 l_b 变化的有关损失和喷嘴损失一起作为级的叶高损失。

3. 动叶流量

借助动叶连续性方程和动叶流量系数修正可求得动叶流量 G_b，即

$$G_b = \mu_b G_{bt} = \frac{\mu_b A_b w_{2t}}{v_{2t}} \tag{1-17}$$

式中　A_b——动叶的出口总面积；

v_{2t}——动叶出口的蒸汽理想比体积；

w_{2t}——动叶出口的蒸汽理想相对速度；

μ_b——动叶的流量系数。

动叶流量系数 μ_b 可根据蒸汽的过热度或湿度并按动叶的反动度，查试验线图 1 - 14 确定。

4. 动叶的速度三角形

要确定动叶中蒸汽动能转变成机械功的份额，必须明确动叶进、出口速度之间的关系。在不同的参照系上观察同一汽流的速度，其大小和方向均不同。相对于静止的喷嘴，蒸汽在动叶中的速度称为绝对速度，用 c 表示；相对于具有轮周速度 u 的动叶，蒸汽在动叶中的速度称为相对速度，用 w 表示。它们之间的关系用向量三角形表示，即 $c = w + u$。因此，动叶进出口的绝对速度 c、相对速度 w 和轮周速度 u 三者的向量关系用动叶速度三角形来反映。

单列级的动叶进、出口速度三角形如图 1 - 18 所示，利用三角形边角关系可确定出未知的蒸汽速度的大小和方向角。速度三角形中各量的确定方法见任务拓展内容。

由于复速级有两列动叶，所以有两对进、出口速度三角形，第一列动叶的进、出口速度三角形与单列级的表示方法一样，第二列动叶进、出口速度三角形中各量均在相应的符号上加一上标 "'" 以示区别。为了避免在导叶的进口处发生碰撞，导叶的进口角必须等于第一列动叶的出汽角 α_2；同样，第二列动叶的进口角必须等于其进汽角 β_1'。复速级动叶的速度三角形如图 1 - 19 所示。

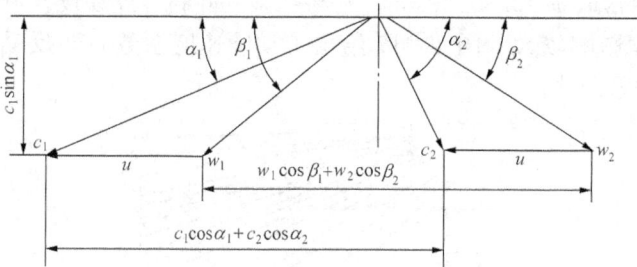

图 1 - 18　动叶的进出口速度三角形

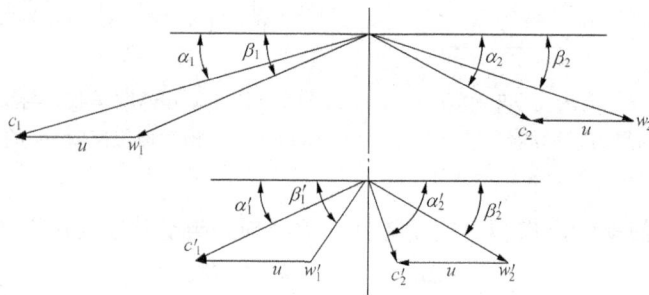

图 1 - 19　复速级动叶的速度三角形

🎓 任务拓展

一、叶栅的结构参数

反映叶栅结构几何特性的主要参数如图 1 - 20 所示，主要有叶栅平均直径 d_m、叶片高度 l、叶栅节距 t、叶栅宽度 B、叶型弦长 b、出口边厚度 Δ、进口边和出口边的宽度 a_1 与 a_2 等，还有与叶栅通道形状和汽流方向有关的汽流角和叶型角。α_1 和 β_2 为喷嘴叶栅和动叶栅的出口汽流角，α_0 和 β_1 为进口汽流角。α_{1S} 和 β_{2S} 为叶栅的安装角，它是叶栅额线与弦长之间的夹角，对一定的叶型，安装角直接影响叶栅汽道的形状和出口汽流角 α_1 和 β_2 的大小。α_{0g}

和 β_{1g} 为叶型进口角，它是叶型中弧线在前缘点的切线与叶栅前额线之间的夹角，它只随安装角变化，与汽流无关。叶型几何进口角与汽流进口角之差称为汽流冲角，用 δ 表示，当叶型几何进口角大于汽流角时，称为正冲角，反之称为负冲角。这些参数都由制造厂家设计时确定，有些通过对级的热力计算确定，有些根据标准叶型的参数选取。

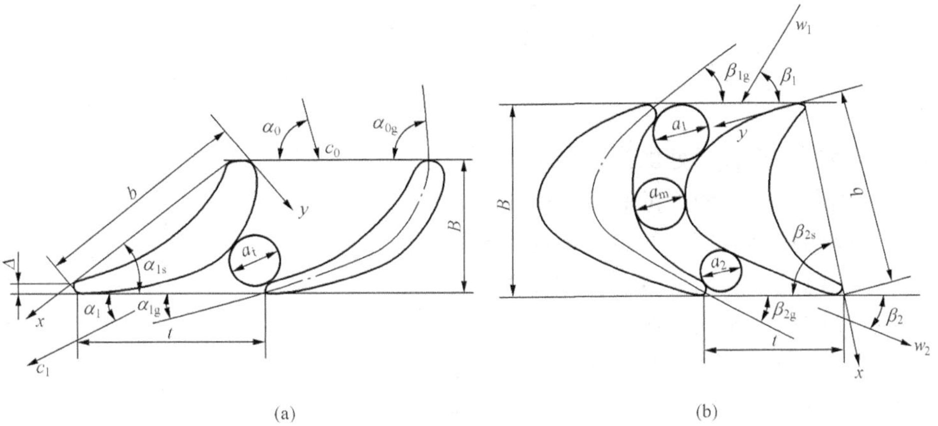

图 1-20　叶栅结构几何特性的主要参数示意图
（a）喷嘴叶栅；（b）动叶栅

当进、出口参数相同时，在几何相似的叶栅中汽流保持近似的特性，所以反映叶栅几何形状的参数可以用无因次的相对值表示。常用的相对参数有相对节距、相对高度、径高比等。常用喷嘴叶栅和动叶栅的几何特性见表 1-1 和表 1-2。

表 1-1　　　　　　　　　　　　常见喷嘴叶栅的几何特性

项目	叶型编号	相对节距 t_n	进汽角 α_0 (°)	出汽角 α_1 (°)	备注
喷嘴	HQ—2	0.74～0.90	70～100	11～13	A：亚音速 B：近音速 T：汽轮机 C：喷嘴
	TC—1A	0.74～0.90	70～100	10～14	
	TC—2A（B）	0.70～0.90	70～100	13～17	
	TC—3A	0.65～0.85	70～100	16～22	

表 1-2　　　　　　　　　　　　常用动叶叶型的基本几何特性

项目	叶型编号	进汽角 β_0 (°)	出汽角 β_1 (°)	安装角 β_s (°)	相对节距 t_b	备注
动叶	HQ—1	22～23	19～21	76～79	0.60～0.80	A：亚音速 B：近音速 T：汽轮机 P：动叶片
	TP—0A	14～15	13～15	76～79	0.60～0.75	
	TP—1A（B）	18～33	16～19	76～79	0.60～0.70	
	TP—2A（B）	25～40	19～22	76～79	0.58～0.65	
	TP—3A	28～45	24～28	77～80	0.56～0.64	
	TP—4A	35～50	28～32	74～78	0.55～0.64	
	TP—5A	40～55	32～36	76～79	0.52～0.60	

二、斜切喷嘴汽流偏转角的近似计算

汽流偏转角 δ 可近似地由连续方程求得。假设在斜切部分中汽流的流动是一元稳定流动，且近似为等熵过程，则通过喷嘴最小截面处的临界流量和通过喷嘴出口截面处的流量相等，得

$$G = \frac{A_n c_{cr}}{v_{cr}} = \frac{t_n c_{cr} l_n \sin\alpha_1}{v_{cr}} \tag{1-18}$$

$$G' = \frac{A_n' c_{1t}}{v_{1t}} = \frac{t_n c_{1t} l_n' \sin(\alpha_1 + \delta)}{v_{1t}} \tag{1-19}$$

式中　l_n——喷嘴最小截面处的高度，m；

　　　l_n'——喷嘴出口截面处的高度，m；

　　　c_{cr}——喷嘴最小截面处的汽流速度，m/s；

　　　v_{cr}——喷嘴最小截面处蒸汽的比体积，m^3/kg；

　　　c_{1t}——喷嘴出口截面上的汽流速度，m/s；

　　　v_{1t}——出口截面上蒸汽的比体积，m^3/kg。

在一般情况下，$l_n = l_n'$，又由于 $G = G'$，则

$$\sin(\alpha_1 + \delta) \approx \frac{\sin\alpha_1 v_{1t} c_{cr}}{v_{cr} c_{1t}} \tag{1-20}$$

式（1-20）是汽流偏转角的近似计算式，称为贝尔公式。利用式（1-20）计算时，需查 h—s 图。

三、速度三角形各量的确定

为了方便起见，常将叶片的进口、出口速度三角形绘制在一起，如图 1-17 所示。根据速度三角形关系，可在已知喷嘴出口绝对速度 c_1 和 u 的条件下求得动叶进口相对速度 ω_1 的大小和它的方向角 β_1。在已知动叶进口相对速度 w_2 和 u 的条件下，求出动叶出口绝对速度 c_2 及排汽角 α_2。求解未知量的过程有两种：一种是图解法，就是按比例绘图量取，图解法不够精确；另一种是解析法，利用三角形边角关系计算出未知量。动叶速度三角形各量的确定方法如下：

（1）喷嘴出口绝对速度 c_1，由喷嘴能量方程计算。

（2）c_1 的方向角（即喷嘴出口射汽角）$\alpha_1 = \alpha_{1g}$（喷嘴出口角）$+\delta$（汽流偏转角），α_1 在设计时选取确定，通常取 $\alpha_1 = 11° \sim 20°$，α_1 又称为动叶的绝对进汽角。

（3）动叶相对进汽速度 w_1 由进口速度三角形的余弦定理关系确定，即 $w_1 = c_1^2 + u^2 - 2c_1 \cos\alpha_1$。

（4）ω_1 方向角 β_1 的大小由进口速度三角形的正弦定理关系确定，即 $\sin\beta_1 = \frac{c_1}{w_1 \sin\alpha_1}$。$\beta_1$ 称为动叶的相对进汽角。

（5）动叶出口相对速度 w_2 由动叶能量方程计算。

（6）w_2 的方向角 β_2（即动叶相对射汽角），在级反动度不大时通常取 $\beta_2 = \beta_{2g} = \beta_{1g} -$（3°～5°）。$\beta_{2g}$ 和 β_{1g} 分别为动叶结构出口角和进口角。为了蒸汽流动无撞击，一般要求动叶的结构角和汽流角相等。反动度越大，β_{2g} 越小，故 β_2 也越小。反动级取 $\beta_2 = \beta_{2g} = \alpha_{1g}$。

（7）动叶出口绝对速度 c_2 由出口速度三角形的出口速度三角形余弦定理关系确定，即 $c_2 = w_2^2 + u^2 - 2w_2 u \cos\beta_2$。

（8）c_2 方向角 α_2（即动叶的绝对射汽角）由出口速度三角形的正弦定理关系确定，即 $\sin\alpha_2 = \dfrac{w_2}{c_2\sin\beta_2}$。为了充分利用余速，设计时要尽量使 α_2 接近 $90°$。

任务验收

（1）标注图 1-9 中各参数的名称，分析渐缩斜切喷嘴的结构特点和工作特点。

（2）画出并标注冲动级的基本热力过程线，并写出喷嘴和动叶热力过程中能量转换的关系式。

（3）画出纯冲动级和反动级的速度三角形示意图，要求 α_1 为 $15°$，α_2 为 $90°$。

任务三　级的工作与级内损失分析

【任务描述】

对比分析级的轮周功率和内功率、级的轮周效率和内效率。分析级内各损失的形成、特点，找寻减少级内损失的具体措施。对比分析各类级的工作性能。明确级热力计算的步骤及方法。

能力目标

（1）定性区别级的轮周功率和内功率、级的轮周效率和内效率。

（2）认识级内各损失的形成和减少措施。

（3）对比分析各类级的作功能力和效率特性。

（4）能正确绘出反映级损失的级热力过程线。

（5）能进行级功率和效率的计算。

任务实施

一、级的轮周功率和轮周效率

（一）级的轮周功率

1. 动叶轮周力（周向分力）的确定

如图 1-21 所示，由于蒸汽的流动方向与动叶的运动方向成一定角度，因此，蒸汽对动叶的作用力可分解为沿叶片运动方向的周向分力 F_u 和与其运动方向垂直的轴向分力 F_z。周向分力 F_u 就是冲动力和反动力在圆周方向的分力，它推动叶轮旋转做功，故又称为轮周力；轴向分力 F_z 将转子推向低压端，使转子产生轴向位移。

根据动量定理或牛顿第二定律，结合速度三角形关系，可导出轮周力及轴向力的关系式，具

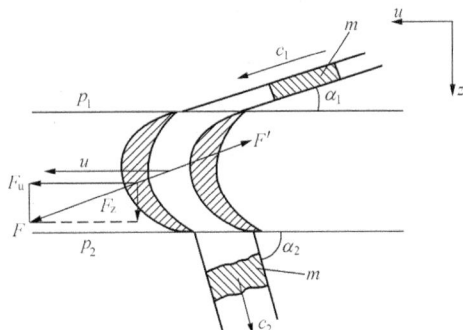

图 1-21　动叶中蒸汽流动受力图

体分析见任务拓展内容。

2. 级的轮周功率 P_u

单位时间内轮周力 F_u 在动叶片上所做的功，称为级的轮周功率，用 P_u 表示，即

$$P_u = F_u \times u \tag{1-21}$$

轮周功率 P_u 有以下三种表达式：

(1) 根据动量定理，结合速度三角形关系，确定轮周分力 F_u 的关系式，进而确定轮周功率。则

$$P_u = F_u \times u = G(c_1 \cos\alpha_1 + c_2 \cos\alpha_2) = G(w_1 \cos\beta_1 + w_2 \cos\beta_2) \tag{1-22}$$

式中　G——质量流量（假定在 δt 时间内有质量为 m 的蒸汽流经动叶，则 $G = m/\delta t$），kg/s。

(2) 根据动叶能量转换关系确定轮周功率。则

$$P_u = \frac{1}{2} G[(c_1^2 - c_2^2) + (w_2^2 - w_1^2)] \tag{1-23}$$

式（1-23）还可根据动叶速度三角形的边角关系导得，该式反映了轮周功由两部分构成：$\frac{1}{2} G(c_1^2 - c_2^2)$ 可理解成冲动力所做的功（$\frac{1}{2} c_1^2$ 为 1kg 蒸汽带入动叶的动能，$\frac{1}{2} c_2^2$ 为 1kg 蒸汽带出动叶的动能），$\frac{1}{2} G(w_2^2 - w_1^2)$ 可理解成反动力所做的功，即蒸汽在动叶中膨胀而增加的动能。

(3) 级的理想焓降扣除级喷嘴损失、动叶损失和余速损失后，全部转换为轮周功。将 1kg 蒸汽的轮周功 W_u 折合为轮周焓降 Δh_u，则

$$W_u = \Delta h_u = \Delta h_t^* - \Delta h_{n\xi} - \Delta h_{b\xi} - \Delta h_{c2} \tag{1-24}$$

式中　$\Delta h_{n\xi}$、$\Delta h_{b\xi}$、Δh_{c2}——喷嘴损失、动叶损失和余速损失。

图 1-22 所示是只考虑喷嘴、动叶、余速三项损失，且本级余速被下级部分利用的级热力过程线，图中热力过程线上标注了轮周焓降 Δh_u。

考虑本级余速被下级利用的情况，引入级的理想能量 E_0，则

$$E_0 = \Delta h_t^* - \mu_1 \Delta h_{c2} \tag{1-25}$$

式中　μ_1——本级余速被下级利用的系数；

Δh_{c2}——本级的余速动能。

在级的理想能量表达式中，因被下级所利用的本级余速动能 $\mu_1 \Delta h_{c2}$ 是下一级喷嘴的进口初速动能，并没有在本级消耗掉，故应扣除，否则就会重复计算。

复速级的轮周功率 P_{u1} 是指单位质量蒸汽通过复速级时，在两列动叶上所产生的机械功之和。复速级的轮周功率可由式（1-26）计算，即

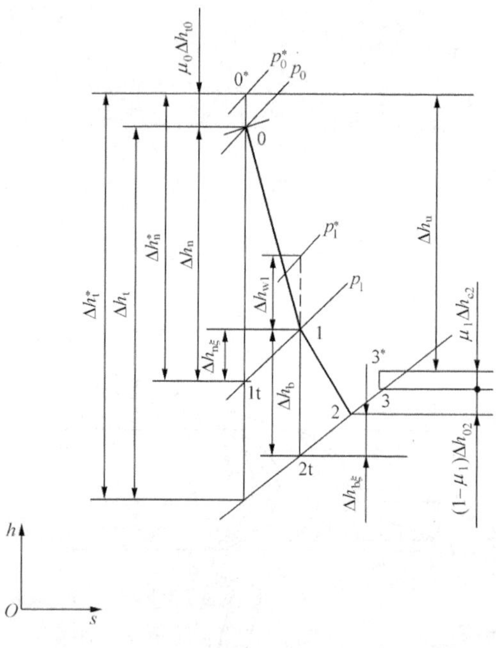

图 1-22　反映主要损失的级热力过程线

$$P_{u1} = P_{u1}^1 = P_{u2}^2 = u[(c_1\cos\alpha_1 + c_2\cos\alpha_2) + (c_1'\cos\alpha_1' + c_2'\cos\alpha_2')] \qquad (1-26)$$

式中 P_{u1}^1——第 1 列动叶上所产生的机械功；

P_{u2}^2——第 2 列动叶上所产生的机械功。

其余各量如图 1-19 所示。

（二）级的轮周效率

1kg 蒸汽在级中所做的轮周功 W_u 与该级理想能量 E_0 之比，称为级的轮周效率 η_u，即

$$\eta_u = \frac{W_u}{E_0} \qquad (1-27)$$

当本级余速不被下级利用时，轮周效率的表达式为

$$\eta_u = \frac{\Delta h_t^* - \Delta h_{n\xi} - \Delta h_{b\xi} - \Delta h_{c2}}{\Delta h_t^*} \qquad (1-28)$$

为方便分析，还引入了喷嘴损失系数 ζ_n、动叶损失系数 ζ_b 和余速损失系数 ζ_{c2} 三项损失指标，它们是相应损失和级理想能量的百分比。

可得，级的轮周效率为

$$\eta_u = 1 - \zeta_n - \zeta_b - (1-\mu_1)\zeta_{c2} \qquad (1-29)$$

轮周效率考虑了级的喷嘴、动叶、余速三种主要损失和余速利用系数 μ_1，是衡量级工作经济性的重要指标。减小这三项损失系数和提高 μ_1，就能够提高轮周效率。而喷嘴和动叶的叶型选定后，φ 和 ψ 值基本上就确定了，为此提高轮周效率应从减小动叶出口绝对速度 c_2 和提高余速利用系数 μ_1 两方面入手。反动式汽轮机级效率高的一个主要原因就是级与级之间的间隙较小，级的余速可以得到充分利用。

二、级的内功率和内效率

级的轮周效率只考虑了级的三大基本损失，是粗略的、方便的设计指标。而级的内效率则考虑了级的全部损失，是全面反映级内能量转换效果的最终指标。

1. 级的有效焓降 Δh_i

级的有效焓降是 1kg 蒸汽在级内的理想能量扣除级的全部损失后，转变为机械功的实际能量。

2. 级的内效率 η_{ri}

级的内效率是级的有效焓降与级的理想能量之比，即

$$\eta_{ri} = \frac{\Delta h_i}{E_0} \qquad (1-30)$$

3. 级的内功率 P_i

级的内功率是蒸汽在级中实际转换的机械功，即

$$P_i = G\Delta h_i \qquad (1-31)$$

三、级内损失

在汽轮机级的工作中，与流动、能量转换有直接联系的损失称为级内损失。级内损失主要有喷嘴损失、动叶损失和余速损失；在不同的工作条件下，还将产生叶高损失、扇形损失、鼓风摩擦损失、漏汽损失和湿汽损失等。为了提高汽轮机级的内效率，必须了解产生这些损失的原因以及减小损失的方法。

（一）叶栅损失

叶栅损失即前面提到的喷嘴损失 $\Delta h_{n\xi}$ 和动叶损失 $\Delta h_{b\xi}$，它是蒸汽在喷嘴和动叶流道中

流动时，因附面层摩擦和涡流消耗能量造成的动能损失。叶栅损失由叶片的叶型损失、叶端的叶高损失和缩放喷嘴的冲波损失组成。叶栅损失形成的具体原因见任务拓展内容。减少叶栅损失的主要措施是采用优良的叶栅型线、保证叶栅的合理节距、叶片的足够高度和降低叶片粗糙度等。

级效率的大小与所选用叶片的高度、叶型、速比、反动度等有密切关系，也与蒸汽的性质和级的结构有关。只有正确选择、最优选择这些参数，才能使级具有较大的做功能力和较高的效率。级叶栅的几何结构参数、特性参数的合理选择和叶栅尺寸的确定原则见任务拓展内容。

（二）余速损失 Δh_{c2}

离开动叶流道的排汽余速 c_2 的动能损失，称为余速损失 Δh_{c2}。减少余速损失的主要措施是保证级的最佳速比和改善结构，提高级余速利用程度。

（三）叶高损失 Δh_l

叶高损失是指汽流在喷嘴、动叶端部形成二次流涡流所造成的损失，其形成的具体原因见任务拓展内容。叶片高度较小的短叶端部旋涡对主流影响大，叶高损失就大。通常控制叶高 $l > 15\text{mm}$，必要时采用部分进汽方式，保证叶片高度。进行喷嘴计算时，若喷嘴速度系数取 0.97，则叶端的叶高损失部分要单独计算。

（四）扇形损失 Δh_{θ}

由于汽轮机级的叶栅是环形叶栅，环形叶栅沿叶高方向汽流参数和几何参数变化较大。沿叶高汽流速度和压力变化引起汽流产生撞击损失和径向流动，所消耗的能量称为扇形损失。沿叶高汽流速度变化产生撞击损失的原因见任务拓展内容。

汽轮机的设计计算是以平均直径处的参数为基准的，对于较短的等截面叶片级计算较为准确，而长叶片沿叶高参数变化偏离设计值造成的影响大，因此，长叶片必须考虑减小扇形损失的措施。减小扇形损失的有效办法是：径高比（动叶平均直径与动叶高度之比）$\theta < 8 \sim 12$ 的长叶片采用叶片型线沿叶高变化的扭曲叶片，以适应汽流变化的规律。通常当 $\theta = 8$ 时，较好的扭叶片比直叶片提高效率约 1.5% ~ 2.5%；当 $\theta = 6$ 时，提高效率约 3% ~ 4%。随着加工水平的提高和制造成本的下降，扭叶片的使用范围越来越广泛，最初扭叶片只用在 $\theta < 5$ 的末几级，目前，大功率汽轮机的高中压部分级也采用扭叶片。

（五）鼓风摩擦损失 Δh_{vf}

鼓风摩擦损失 Δh_{vf} 由叶轮摩擦损失 Δh_f 和鼓风损失 Δh_v 两部分组成。叶轮的轮周速度越大，动叶的平均直径越大，动叶片越长，蒸汽比容越小，部分进汽度 e 越小，则鼓风摩擦损失就越大。

1. 叶轮摩擦损失 Δh_f

叶轮摩擦损失是叶轮两侧汽流的摩擦耗功和离心涡流耗功造成的损失。叶轮两侧汽室的涡流示意如图 1-23 所示。叶轮摩擦损失减少措施：一是减少叶轮两侧轴向间隙，二是降低叶轮粗糙度。

2. 鼓风损失 Δh_v

在采用部分进汽方式的级中，未装喷嘴的弧段称为非工作弧段，安装喷嘴的弧段称为工作弧段。图 1-24 是部分进汽时的蒸汽流动示意图，动叶旋转交替进入工作弧段和非工作弧段。动叶旋转至非工作弧段时，像鼓风机叶片一样将轴向间隙中停滞的蒸汽从动叶一侧鼓到另一侧，从而消耗了部分轮周功，产生鼓风损失 Δh_v。减少鼓风损失的措施：一是合理选择部分进汽度，二是在非工作弧段加装护罩装置。

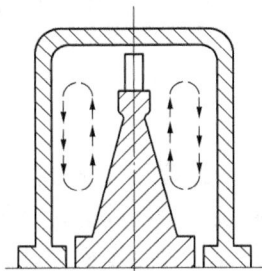

图 1-23 叶轮两侧汽室的涡流示意图

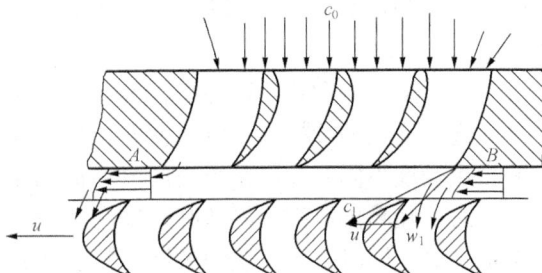

图 1-24 部分进汽的蒸汽流动示意图

部分进汽护罩示意如图 1-25 所示，把处在不装喷嘴弧段部分的动叶两侧用护罩将叶片罩住，这时叶片只在护罩内少量蒸汽中转动，有效地减少了鼓风损失。在工作弧段还会产生斥汽损失 Δh_s。斥汽损失的形成，一是因为动叶旋转到进汽弧段时，喷嘴出来的蒸汽首先要吹走和加速动叶流道中的停滞蒸汽而消耗蒸汽动能；二是由于叶轮高速旋转和压差力作用，在图 1-24 中喷嘴组出口端 A 点的轴向间隙处将产生很大的漏汽，而在喷嘴组进口端 B 点将产生吸汽，将一部分停止蒸汽吸入叶流道，扰乱主流而形成损失。斥汽损失较小，可忽略。鼓风损失 Δh_v 和斥汽损失 Δh_s 之和，称为部分进汽损失 Δh_e。

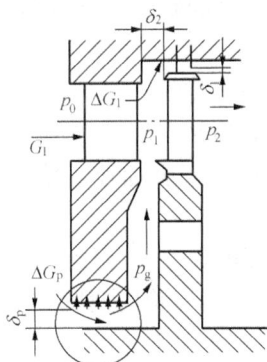

图 1-25 部分进汽护罩示意图

1—叶片；2—护罩

叶轮的轮周速度越大、动叶的平均直径越大、动叶片越长、蒸汽比容越小、部分进汽度越小，则鼓风摩擦损失就越大。

（六）漏汽损失

通过冲动级的隔板内缘与转轴间的间隙（反动级持环内缘与转轴间的间隙），在压差作用下一部分蒸汽不经喷嘴流道绕到隔板（或持环）后，就形成了隔板漏汽损失。通过动叶叶顶与汽缸间的间隙，在压差作用下一部分蒸汽不经动叶流道绕到级后；此外，在叶根处的动、静间隙，也可能发生吸汽进入叶道主流，扰乱主流，从而形成了叶顶及叶根的漏汽损失。

图 1-26 为冲动级漏汽示意图，图 1-27 为反动级漏汽示意图。

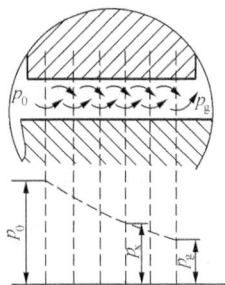

图 1-26 冲动级漏汽示意图

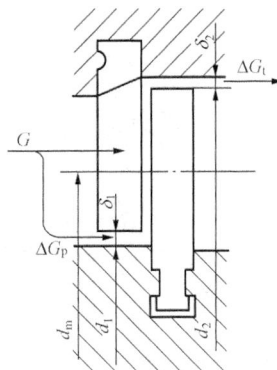

图 1-27 反动级漏汽示意图

减少漏汽损失的措施主要有：

（1）通过在动、静间隙加装梳齿形汽封，来减小动、静间隙的环形面积和压差。梳齿形汽封的间隙很小，依靠节流作用，汽流通过每个齿隙时产生一个小压降，而漏汽量是正比于漏汽环形面积和齿前、后的压差的，齿数越多，漏汽量就减少得越多，这就是汽封的工作原理。

（2）叶轮上开平衡孔，疏导隔板漏汽，避免漏汽扰乱主流。

（3）选取适当的叶根反动度，使叶根处不吸汽也不漏汽。

叶根反动度不同时蒸汽在级内的流动情况如图1-28所示。试验及实践表明，当根部反动度较大时，喷嘴出口汽流将从叶根轴向间隙处漏出，并与隔板漏汽一起通过平衡孔流到级后，造成损失。同时，动叶顶部的漏汽量也随叶顶反动度增加而增加。当根部反动度为负值时，动叶根部进口压力低于出口压力，隔板漏汽可能通过动叶进口侧轴向间隙吸入动叶通道。级后蒸汽也将通过平衡孔倒流，经轴向间隙从叶根吸入汽道，叶根吸汽干扰主流，吸汽的损失比漏汽更为严重。

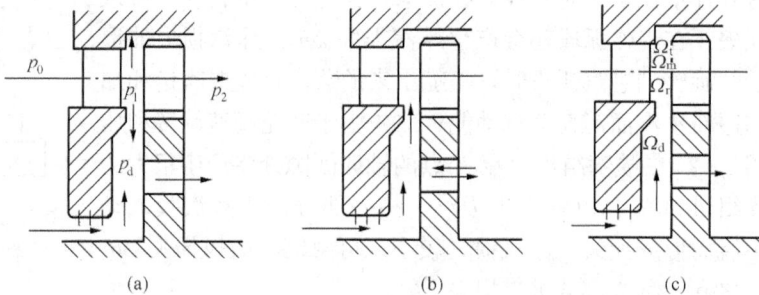

图1-28　根部反动度不同时蒸汽在级内的流动情况
（a）根部漏汽；（b）根部吸汽；（c）根部不吸不漏

反动度对汽轮机级效率有很大影响，存在一个使级效率最高的反动度，一般先选定一个合理的根部反动度 Ω_r，然后计算出平均反动度 Ω_m 和叶顶反动度 Ω_t。压力级合理的根部反动度 $\Omega_r=0.03\sim0.05$，如图1-28（c）所示，它能保证叶根处不吸不漏，提高了级效率。隔板汽封处漏汽通过平衡孔漏到级后，以提高级效率。

（七）湿汽损失

多级凝汽式汽轮机的最末几级常在湿蒸汽区域内工作，湿蒸汽中水分的影响将导致湿汽损失。这是因为：

（1）湿蒸汽在喷嘴中膨胀时，部分蒸汽凝结成水，使做功的蒸汽量减少。

（2）蒸汽中的水滴不膨胀加速，依靠蒸汽带动而消耗动能。

（3）水滴流出喷嘴的速度 c_{1x} 只能达到蒸汽速度 c_1 的 $10\%\sim13\%$，在同样轮周速度 u 下，水滴进入动叶时的入口角 β_{1x} 远大于蒸汽入口角 β_1，水珠对动静叶冲击示意图如图1-29所示。这时水滴

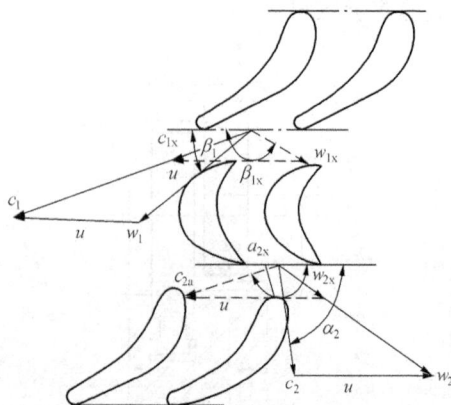

图1-29　水珠对动静叶冲击示意图

正好撞击在动叶进口背弧上,阻止了叶轮的旋转而造成损失。同理,在动叶出口,水珠只能撞击在喷嘴叶片的背弧上,扰乱了主流而造成损失。

(4)湿蒸汽膨胀时,部分蒸汽来不及凝结,即不能释放汽化潜热,造成蒸汽做功、焓降减少,形成过冷损失。

末几级湿蒸汽中的水分不仅会造成湿汽损失,而且水滴对叶片金属有冲蚀作用,尤其在动叶进汽侧背弧顶部冲蚀严重,形成密集的细毛孔。为确保安全,汽轮机排汽湿度不能超过 $12\%\sim15\%$,并规定必须安装去湿装置。主要的去湿装置有末级设置的捕水室去湿(见图1-30)和采用具有吸水缝的空心静叶(见图1-31)。为提高动叶的抗冲蚀能力,还应在动叶进汽边背弧顶部上镶焊硬质司太立合金(见图1-32),也可采用局部高频淬硬、电火花强化及氮化等方法。

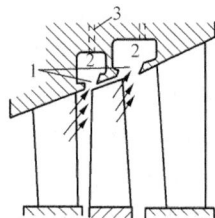

图1-30 去湿装置示意图
1—捕水口槽道;2—捕水室;
3—流水通道

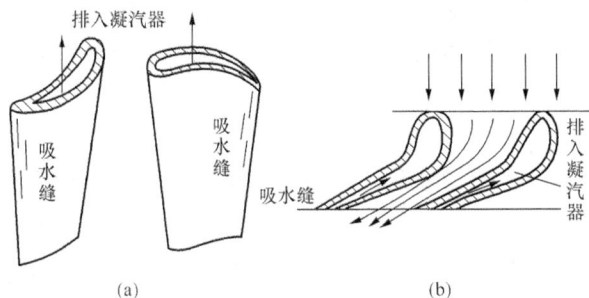

图1-31 喷嘴静叶片的吸水缝
(a)吸水缝在静叶片弧面;(b)吸水缝在出汽边

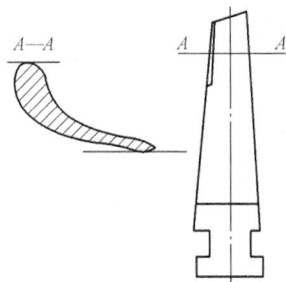

图1-32 焊有贴边的动叶

需要说明的是,各项损失并不是在每个级中都同时存在,如全周进汽的级没有鼓风损失,在非湿汽区工作的级没有湿汽损失,采用扭曲叶片的级没有扇形损失。例如,某工作于过热蒸汽区的部分进汽扭叶片调节级,显然该级没有湿汽损失和扇形损失,除轮周损失(即喷嘴、动叶、余速三项损失)之外,该级还有叶高损失、叶轮摩擦损失、鼓风损失、斥汽损失和漏汽损失。

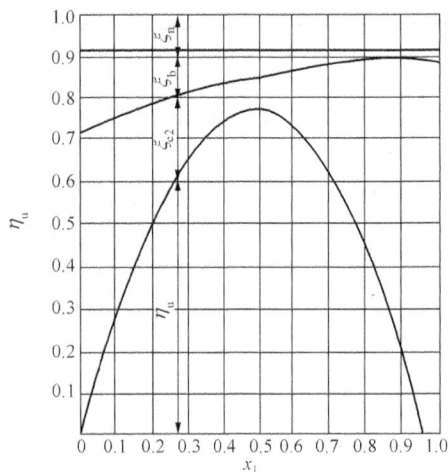

图1-33 纯冲动级 $x_1-\eta_u$ 关系曲线

对各项损失的计算多用经验或半经验公式,这些公式在专业设计的手册中可查取。

四、级的工作性能

(一)级的最佳速比

寻求级效率最高的设计条件是非常重要的,速比就是反映级的效率特性的设计指标,其大小对级的效率和做功能力有很大影响。轮周速度 u 与喷嘴出口汽流速度 c_1 之比称为速比,用 x_1 表示,即 $x_1=u/c_1=0\sim1$。我们把对应轮周效率最高时的速比称为最佳速比 x_{1oP}。

1. 速比与损失的关系

图1-33为纯冲动级 $x_1-\eta_u$ 关系曲线,直接反映了速比变化时喷嘴损失系数、动叶损失系数、余

速损失系数的变化，从而可知速比变化时级轮周效率的变化，以及速比对喷嘴损失、动叶损失和余速损失的影响。

当 $x_1 = 0$ 时，即 $u = 0$，轮周效率等于零；当 $x_1 = \cos\alpha_1$ 时（$\alpha_1 = 11° \sim 20°$），即 $u = c_1 \cos\alpha_1$ 时，汽流作用在动叶片上的轮周力等于零，轮周效率也为零。在 x_1 由 0 变化到 $\cos\alpha_1$ 的过程中，必然存在一个使轮周效率达最大值的速比，即最佳速比 x_{1oP}。

轮周效率对应三项级损失，即喷嘴损失、动叶损失、余速损失。利用级分析中提出的损失关系式，可知速比增大时，对喷嘴损失没有影响，动叶损失稍有减小。速比变化对余速损失影响特别大。由动叶速度三角形法分析可知，实现级的轴向排汽（即级排汽角 $\alpha_2 = 90°$）时，可保证级的余速损失最小，此时，级的轮周效率最高，对应的速比为最佳速比。同时，余速利用对速比和效率也有明显影响。

最佳速比概念是针对轮周效率提出的，但只有获得最大级内效率的速比才是真正的最佳速比。速比不仅影响余速损失，而且对叶轮摩擦损失、部分进汽损失、叶高损失等也有影响。分析级内各损失对最佳速比的影响，可知级内效率最高时的最佳速比小于级轮周效率最高时的最佳速比。

2. 各类级的最佳速比

通过数学解析法和速度三角形法可确定级的最佳速比。速度三角形法确定级最佳速比的具体分析见任务拓展内容。

纯冲动级的最佳速比 $x_{op}^{im} = \dfrac{u}{c_1} = 1/2 \cos\alpha_1$，其值在 $0.4 \sim 0.5$ 范围。反动级的最佳速比 $x_{op}^{re} = \dfrac{u}{c_1} = \cos\alpha_1$，其值是纯冲动级的两倍。双列复速级的最佳速比 $x_{op}^{ve} = 1/4 \cos\alpha_1$，其值为纯冲动级的 $1/2$。带有一定反动度的最佳速比介于纯冲动级和反动级之间，用经验公式 $x_{1op} = \dfrac{\cos\alpha_1}{2(1-\Omega_m)}$ 估算。

3. 速比与级焓降和平均直径的关系

速比的定义将速比 x_1 与级焓降和级平均直径 d_m 联系在一起，三者相互制约。

（1）设计汽轮机时，要求级在最佳速比下工作，即保证速比为一定值。要增加级的做功能力（级的理想焓降），则必须增加轮周速度，而轮周速度的增加受叶片材料强度制约，因此，一个级的做功能力是有限的。

（2）多级汽轮机各级压力逐级降低，比体积逐级增大，各级直径逐级增大，若设计要求各级在最佳速比下工作，必然要求各级焓降逐级增大。

（3）当级的焓降确定后，轮周速度近为定值，由轮周速度与级直径和转速的关系式可知，提高转速，级的平均直径可减小，所以小型工业汽轮机常常提高转速，以求结构紧凑。

（二）级的工作性能比较

在最佳速比下比较各种级的工作性能，有如下重要结论：

1. 级的做功能力比较

当 d_m、α_1、u 和 φ 相同，且均在最佳速比下工作时，根据纯冲动级和反动级的最佳速比关系，则

$$x_{op}^{im} = \frac{1}{2} x_{op}^{re} \tag{1-32}$$

代入速比 x_1 的定义式,则

$$c_1^{re} = \frac{1}{2}c_1^{im} \qquad (1-33)$$

即

$$\sqrt{\frac{1}{2}\Delta h_t^{re}} = \frac{1}{2}\sqrt{\Delta h_t^{im}} \qquad (1-34)$$

则

$$\Delta h_t^{im} : \Delta h_t^{re} = 2:1 \qquad (1-35)$$

式(1-35)说明,纯冲动级的做功能力(能承担的理想焓降)是反动级的两倍。若整机的理想焓降相同,则反动式汽轮机的级数要比冲动式汽轮机多1倍。

同法可证,在相同的 d_m、α_1、φ 以及 u 的条件下,速度级能承担的做功能力是单列纯冲动级的 4 倍,反动级的 8 倍,也就是说速度级的焓降最大。

2. 级的轮周效率比较

比较纯冲动级和反动级轮周效率与速比的关系曲线(见图1-33和图1-34)可知:在最佳速比下,反动级的轮周效率比纯冲动级高。反动级轮周效率高的原因是动叶中蒸汽膨胀,汽流不易脱壁,动叶损失小,且反动级的级间间隙小,余速利用好。在最佳速比附近,反动级轮周效率变化比冲动级平缓,故反动级的变工况特性优于冲动级。

如图1-35所示,复速级在最佳速比下轮周效率最低,但工况相对变化小,故变工况效率变化小。复速级轮周效率最高值低于单列级,因此,只有在一级中要求利用很大焓降时才采用复速级。例如中、小型汽轮机的调节级采用复速级,其经济性虽然低一些,但调峰时变工况效率变化相对较小,并可使机组结构紧凑,汽缸内的最高压力和温度有较多降低,利于机组的运行和降低金属材料等级。

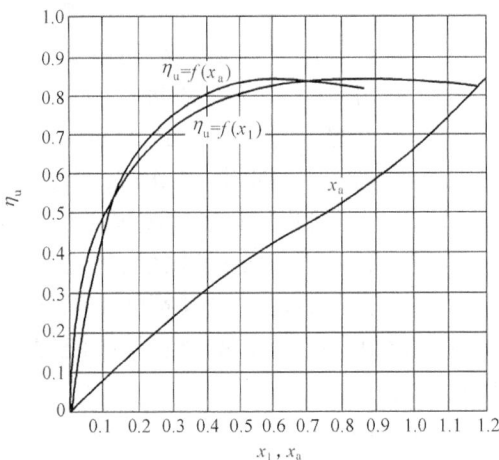

图1-34 反动级轮周效率曲线

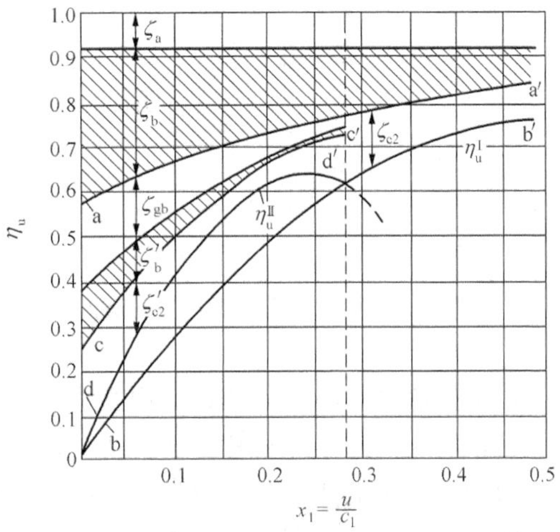

图1-35 复速级和纯冲动级轮周效率曲线

目前,300MW 以上的汽轮机既有冲动式也有反动式。采用冲动式汽轮机可使级数大大减小,节省投资;冲动级带有一定反动度,可提高效率,改善变工况特性。采用反动式汽轮机经济效益高,为了减少汽轮机级数,设计时常选用小于最佳速比的速比值,这样既不会使反动级效率下降较多,又提高了级焓降,弥补了反动式汽轮机级数多的缺点。反动式汽轮机的调节级多采用做功能力大的冲动级，以减少整机级数。

五、级的热力计算

（一）级热力计算的基本步骤

通常情况下，已知级前蒸汽参数 p_0、t_0 和级后压力 p_2、蒸汽流量 G、进入本级的蒸汽初速 c_0、级的平均直径 d_m 和汽轮机转速 n，根据这些条件选定级的反动度 Ω_m、喷嘴和动叶的叶型及节距，可得到喷嘴和动叶汽流出口角 α_1 和 β_2，再选定速度系数 φ、ψ，然后进行计算。

级热力计算的基本步骤如下：

（1）计算喷嘴和动叶出口汽流速度。

（2）绘制动叶进、出口速度三角形。

（3）绘制级的热力过程线。

（4）计算级的轮周功率和轮周效率。

（5）计算喷嘴和动叶的出口面积和叶高。

（6）计算级内各项损失。

（7）计算级的相对内效率和内功率。

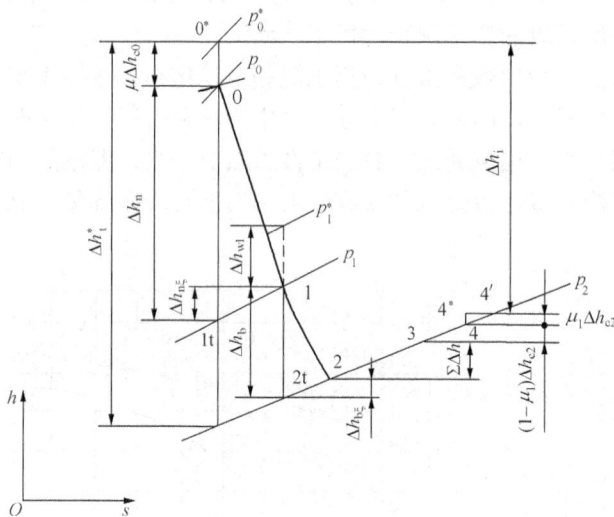

图 1 - 36　考虑全部级损失的级的热力过程

进行级的热力过程分析，是汽轮机热力设计和变工况分析的基础。借助前面对级工作的分析方法，通过级的热力计算可确定级的热力过程线。考虑全部级损失的级的热力过程如图 1 - 36 所示，为单列级的热力过程线，图中 0^* 代表级前滞止状态点，1^* 代表动叶进口的滞止状态点，若这一级余速动能被下级部分利用，则 4^* 为下级进口的滞止状态点。图 1 - 36 中 $\sum \Delta h$ 表示除喷嘴损失 $\Delta h_{n\xi}$、动叶损失 $\Delta h_{b\xi}$、余速损失 Δh_{c2} 之外的级内各项损失之和。蒸汽在级内进行能量转换时，绝热过程中所有的能量损失都将重新转变成热能，加热蒸汽本身，因此，级内损失使动叶出口排汽焓值升高。考虑扣除了级内各项损失后，1kg 蒸汽所具有的理想能量在级中转换为有效功的焓降为有效焓降 Δh_i。

双列复速级的热力过程线见任务拓展内容。

级热力计算各步骤的基本方法在前面已进行描述，下面说明级通流部分主要尺寸的确定方法。

（二）通流部分主要尺寸的确定

1. 叶栅形式的选择

由相同叶片构成的汽流通道的组合体称为叶栅。喷嘴叶片组成的叶栅称为静叶栅（喷嘴叶栅），动叶片组成的叶栅称为动叶栅。叶栅通道分为渐缩和缩放两种形式。

喷嘴叶栅形式根据喷嘴压比 ε_n 选择。当 ε_n 大于或等于临界压比 ε_{cr} 时，应采用渐缩斜切喷嘴；当 $\varepsilon_n < \varepsilon_{cr}$ 但还大于极限压比 ε_{1d} 时，仍采用渐缩斜切喷嘴（设计时取 $\varepsilon_{1d} = 0.3$），此时，汽流在斜切部分将继续膨胀加速；当 $\varepsilon_n \leqslant 0.3$ 时才采用缩放斜切喷嘴。因为缩放斜切喷嘴加工较困难，在变工况时效率较低，在汽轮机中应尽量避免采用。选用动叶叶型时，除了要根据动叶压比判断动叶中的流动是否为超临界外，还应考虑动叶的型线与喷嘴型线配对的要求。

计算喷嘴和动叶尺寸主要是为了确定叶栅出口面积和叶片高度。计算时一般已知蒸汽流量、级前压力和温度、级后压力、汽轮机转速和级的平均直径。当叶型确定后，便可根据连续方程来确定动、静叶的出口截面和叶片高度。

图 1-37 渐缩斜切喷嘴示意图

2. 喷嘴叶栅尺寸的确定

渐缩斜切喷嘴的出口截面就是喉部的最小截面，喷嘴出口高度是指最小截面处的高度。

（1）当 $\varepsilon_n \leqslant \varepsilon_{cr}$ 时，喷嘴斜切部分无膨胀，汽流方向垂直于喷嘴叶栅出口截面积 A_n，喷嘴出口面积可由连续方程求出，即

$$A_n = \frac{G_{v_{1t}}}{\mu_n c_{1t}} \tag{1-36}$$

渐缩斜切喷嘴示意图如图 1-37 所示，一个渐缩斜切喷嘴的喉部宽度为 $a_n = t_n \sin\alpha_1$，喉部面积为出口面积。设一个级有 z_n 个喷嘴，则喷嘴叶栅出口总面积 A_n 为

$$A_n = z_n t_n l_n \sin\alpha_1 \tag{1-37}$$

当级为部分进汽时，喷嘴出口高度 l_n 为

$$l_n = \frac{A_n}{e\pi d_n \sin\alpha_1} \tag{1-38}$$

（2）当 $0.3 < \varepsilon_n < \varepsilon_{cr}$ 时，汽流在喉部为临界流动状态，在斜切部分发生膨胀偏转，此时除计算 A_n 外，还需计算出汽流偏转角 δ。可借助喷嘴临界流量计算式 $G_c = 0.648 A_n \sqrt{\dfrac{p_0^*}{v_0^*}}$，计算出喷嘴叶栅出口面积 A_n，进而计算出喷嘴出口高度。

图 1-38 缩放斜切喷嘴流道示意图

（3）缩放斜切喷嘴流道示意如图 1-38 所示，A_n 为喷嘴出口宽度，$a_n = t_n \sin\alpha_1$，A_{min} 为喷嘴喉部宽度，而喷嘴出口面积已不是喉部面积。

缩放喷嘴叶栅的出口截面积和出口高度仍可按式（1-37）和式（1-38）计算。喷嘴喉部面积由式（1-39）计算，即

$$(A_n)_{min} = \frac{G_{cr}}{0.648 \sqrt{\dfrac{p_0^*}{v_0^*}}} = z_n (l_n)_{cr} a_{min} \tag{1-39}$$

若 $(l_n)_{min} = l_n$，则从式（1-39）可确定喉部宽度 a_{min}。

在缩放喷嘴中，为了防止在渐扩部分汽流从汽流通道壁面脱离而引起涡流损失，要求喷嘴扩张角 γ 不要过大，通常采用 $\gamma = 6° \sim 12°$。根据图示几何关系可求出扩张部分长度 L，即

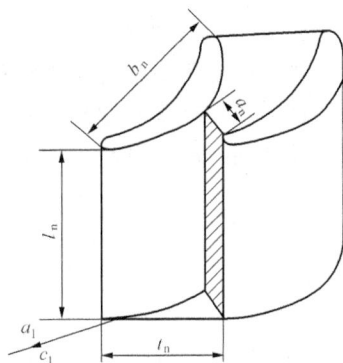

$$L = \frac{a_n - a_{min}}{2\tan\frac{\gamma}{2}} \tag{1-40}$$

3. 动叶栅尺寸的确定

前面已说明动叶可视作旋转的喷嘴，采用同样的分析方法可进行动叶栅尺寸的计算，其计算式基本与喷嘴叶栅尺寸计算式形式一样。由于汽流在动叶栅内多半是亚临界流动，因此，计算动叶栅出口面积常用式（1-41）～式（1-43）。

$$A_b = \frac{G_b v_{2t}}{\mu_b w_{2t}} \tag{1-41}$$

$$A_b = z_b t_b l_b \sin\beta_{2t} \tag{1-42}$$

$$A_b = l_b e\pi d_b \sin\beta_{2t} \tag{1-43}$$

进而求出动叶出口高度 l_b 为

$$l_b = \frac{A_b}{e\pi d_b \sin\beta_{2t}} \tag{1-44}$$

动叶进口高度 l_b' 无需计算，由喷嘴高度 l_n 加盖度 Δ 来确定，即 $l_b' = l_n + \Delta l_t + \Delta l_r$，式中 Δl_t 为叶顶盖度，Δl_r 为叶根盖度。当蒸汽的比体积 v_{2t} 与 v_{1t} 差别不大时，为了制造方便，可使动叶进、出口高度相等。但在汽轮机的末几级中，蒸汽压力较低并且反动度较大，比体积增加较快，所以动叶片出口高度 l_b' 比进口高度 l_b' 大得多，容易使动叶顶部形成扩散形。一般应使扩散角 γ 不大于 15°～20°，否则易形成涡流损失。

🎓 任务拓展

一、动叶的汽流力

如图 1-21 所示，在时间 t 内，有质量为 m 的蒸汽流经动叶流道，其速度由 c_1 变成 c_2，动叶流道中汽流冲动力和反动力的合力 F 作用于动叶片上。将蒸汽对动叶的作用力 F 分解，其沿动叶运动方向的周向分力 F_u 使叶轮旋转做功，而轴向分力 F_z 与运动方向垂直，不做功而只引起转子的轴向推力。

由于动叶流道中汽流的速度发生改变，因此说明蒸汽受到了动叶的作用力 F'。根据牛顿第三定律，汽流对动叶的作用力 F 与 F' 是一对大小相等、方向相反的力，汽流对动叶的周向力 F_u 也等于反方向上动叶对汽流的周向分力 F_u'。

1. 周向力 F_u

为了分析方便，以图示坐标方向为正方向。假设在 δt 时间内有质量为 δm 的蒸汽以速度 w_1 进入动叶，以速度 w_2 流出动叶。根据动量定理，蒸汽在圆周速度方向的动量改变量应等于圆周方向的动叶对汽流的作用冲量，即

$$F_u'\delta t = \delta m(w_{2u} - w_{1u}) = \delta m(-w_2\cos\beta_2 - w_1\cos\beta_1) \tag{1-45}$$

或

$$F_u' = G(-w_2\cos\beta_2 - w_1\cos\beta_1) \tag{1-46}$$

$$G = \delta m/\delta t$$

式中　G——单位时间通过的蒸汽流量，kg/s。

则蒸汽对动叶的作用力为

$$F_u = F_u' = G(w_2\cos\beta_2 + w_1\cos\beta_1) \tag{1-47}$$

根据速度三角形关系

$$w_2\cos\beta_2 + w_1\cos\beta_1 = c_2\cos\alpha_2 + c_1\cos\alpha_1$$

可得

$$F_u = G(c_2\cos\alpha_2 + c_1\cos\alpha_1) \tag{1-48}$$

周向力 F_u 是对动叶片做功的力，此力越大，汽轮机转换的机械功率越大。

2. 轴向力 F_z

汽流对动叶的轴向力包括汽流轴向分力和动叶进、出口压差轴向力两部分。同理，根据动量定理，则

$$[F_z' + A_z(p_1 - p_2)\delta t] = \delta m(w_2\sin\beta_2 - w_1\sin\beta_1) \tag{1-49}$$

或

$$F_z' = G(w_2\sin\beta_2 - w_1\sin\beta_1) - A_z(p_1 - p_2) \tag{1-50}$$

式中　p_1、p_2——动叶进、出口的压力；

A_z——动叶流道的轴向投影面积。当为全周进汽时，$A_z = \pi d_m l_b$；部分进汽时，$A_z = e\pi d_m l_b$。

则汽流对动叶的轴向力为

$$F_z = -F_z' = G(w_1\sin\beta_1 - w_2\sin\beta_2) + A_z(p_1 - p_2) \tag{1-51}$$

或

$$F_z = G(c_1\sin\alpha_1 - c_2\cos\alpha_2) + A_z(p_1 - p_2) \tag{1-52}$$

二、几种级内损失的形成

1. 叶型损失

叶型损失是蒸汽流过叶型表面时产生的能量损失。蒸汽具有黏性，在叶栅表面流动时会形成附面层，从而产生了附面层的摩擦损失、附面层分离时的涡流损失及尾迹损失。图1-39是叶型上附面层分布示意图。叶型损失受以下因素影响：

（1）采用一定反动度使汽流相对速度增加，会使叶栅附面层厚度减薄。减少流道表面积，合理减少叶栅叶片数并降低表面粗糙度，可以减小摩擦阻力。

（2）叶型弯曲程度越大，附面层越容易分离产生涡流。反动式叶型由于汽流在流道中膨胀，不易脱壁，故速度系数比冲动式高。

（3）在尾迹区充满涡流造成尾迹损失。减小叶栅出口厚度，增加喉部宽度可减小尾迹区。叶栅的安装角、节距、进汽角和排汽角、出口形状等都对尾迹损失有影响。

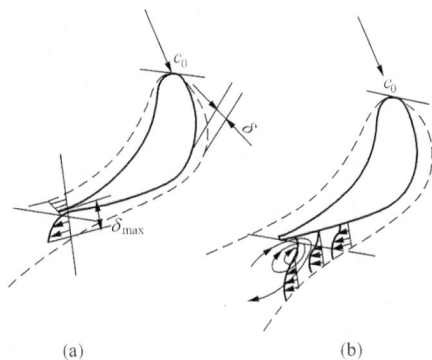

图 1-39　叶型上附面层分布示意图
(a) 没有分离的流动；(b) 有分离的流动

2. 冲波损失

冲波损失是叶栅汽流在跨音速流动和超音速流动中可能产生冲波，汽流突然被压缩（即压力升高、流速下降），同时，附面层加厚、脱离，造成能量损失。

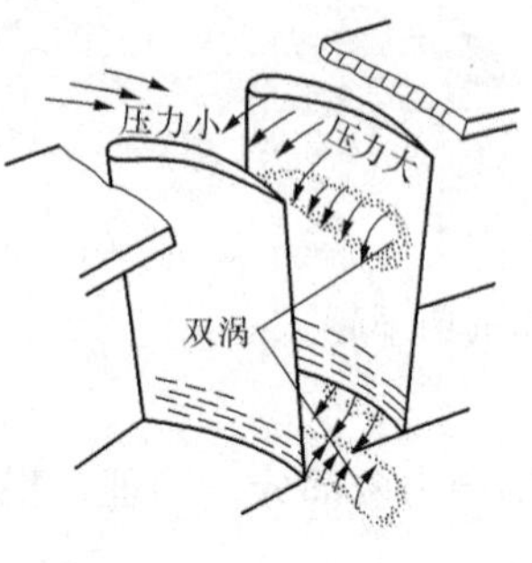

图 1-40 叶栅中汽流
的二次流损失

3. 叶端二次涡流损失

叶端损失由端部二次流损失和端部附面层摩擦损失构成。如图 1-40 所示,二次流损失是汽流在叶栅端部由于内弧压力大于背弧压力,附面层汽流产生由内弧向外弧的横向运动而形成涡流产生的损失。叶端二次流损失与叶片高度密切相关,叶栅高度较小的短叶,端部旋涡对主流影响大,使二次流损失剧增。因此,二次流损失又称为叶高损失。调节级采用部分进汽方式保证叶片高度,另外,可采用减小叶栅平均直径的办法,以增加叶片高度,减少叶高损失。

4. 撞击损失

沿叶高产生撞击损失的分析如图 1-41 所示,用速度三角形法分析轮周速度沿叶高变化带来的影响。假定喷嘴出口汽流速度 c_1 和汽流角 α_1 沿叶高不变,按比例作出叶根、叶顶和平均直径处的速度三角形,可见由于轮周速度沿叶高逐渐增加,汽流进入动叶的进汽角 β_1 沿叶高逐渐增大,这时若动叶按平均直径 d_m 处的参数设计,采用等截面直叶片,则其他直径处的汽流在进入动叶通道时,将产生不同程度的撞击。在 $d > d_m$ 处,汽流撞击动叶背弧;在 $d < d_m$ 处,汽流撞击动叶内弧,从而造成能量损失。动叶汽流出口绝对速度 c_2 及其方向角 α_2 沿叶高也将发生很大的变化,造成级后汽流扭曲,使下一级汽流进口条件恶化,产生附加损失。

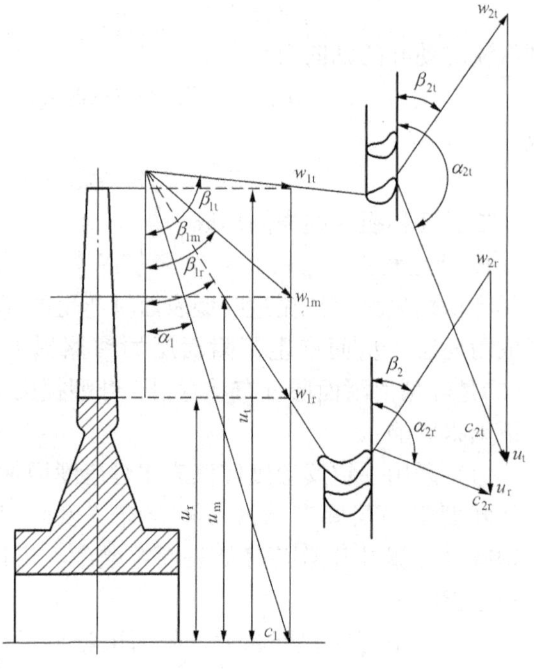

三、最佳速比的确定

最佳速比可通过数学解析法和速度三角形法确定。数学解析法就是建立级轮周效率与速比关系式,利用求极值法确定级的最佳速比。这种方法数学推导较繁。速度三角形分析简单直观,下面举例说明用速度三角形法确定级的最佳速比 x_{1oP}。

1. 纯冲动级的最佳速比

以纯冲动级为分析对象,根据纯冲动级

图 1-41 沿叶高产生撞击损失的分析

的特点,在不考虑动叶损失时,$w_1 = w_2$,$\beta_1 = \beta_2$。在相同的 α_1 和 c_1 下,取不同的轮周速度 u,作出纯冲动级当速比增大时的速度三角形变化的三种情形(见图 1-42)。为了便于分析,将出口速度三角形反向和进口速度三角形画在一起。

由图 1-42 可见,速比增大时,级的排汽余速 c_2 先增大,后减小,当实现级的轴向排汽($\alpha_2 = 90°$)时 c_2 最小[见图 1-42(b)],余速损失最小,此时,级轮周效率为最高,对应的速比为最佳速比。在最佳速比下 $\alpha_2 = 90°$,根据速度三角形的几何关系可求得纯冲动级的最佳速比为

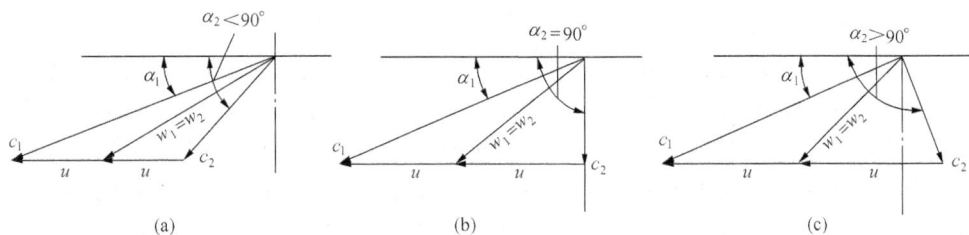

图 1 - 42　不同速比下纯冲动级的速度三角形
(a) $\alpha_2 < 90°$; (b) $\alpha_2 = 90°$; (c) $\alpha_2 > 90°$

$$x_{op}^{im} = \frac{u}{c_1} = \frac{1}{2}\cos\alpha_1 \qquad (1 - 53)$$

这与解析法得出的结论一样。

2. 反动级的最佳速比

反动级在最佳速比下的速度三角形如图 1 - 43 所示。反动级的喷嘴和动叶型线相同,在不考虑动叶损失时,$w_2 = w_1$,$\beta_2 = \alpha_1$,在最佳速比下 $\alpha_2 = 90°$,根据速度三角形的几何关系可求得反动级的最佳速比为

$$x_{op}^{re} = \frac{u}{c_1} = \cos\alpha_1 \qquad (1 - 54)$$

当 $\alpha_1 = 11° \sim 20°$ 时,纯冲动级的最佳速比值在 $0.47 \sim 0.49$ 范围,反动级的最佳速比是纯冲动级的 2 倍。

四、理想速比 x_a

速比是汽轮机级效率的重要特性参数。在级直径一定的条件下,速比还和汽轮机级数有关。

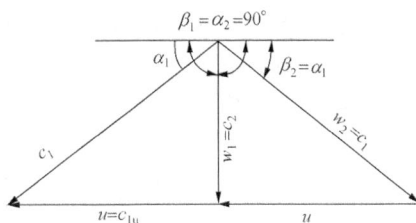

图 1 - 43　反动级在最佳速比下的速度三角形

在汽轮机设计中,速比选择是否恰当,不仅影响汽轮机热经济性,还影响汽轮机的制造成本。

在汽轮机的设计和试验研究中,由于喷嘴出口速度 c_1 未知,在实用中往往采用理想速比 x_a,理想速比 $x_a = \dfrac{u}{c_a}$,c_a 为假想汽流级理想焓降全部发生在喷嘴中计算出的喷嘴出口假想速度。经简单推导,可得理想速比 x_a 和速比 x_1 的关系。理想速比 x_a 的合理范围为:复速级 $x_a = 0.22 \sim 0.26$;冲动级 $x_a = 0.46 \sim 0.52$;反动级 $x_a = 0.65 \sim 0.70$。

五、复速级的热力过程

图 1 - 44 为具有一定反动度的双列复速级的热力过程线。蒸汽在各叶栅通道中的膨胀是有损失的绝热过程。0 点

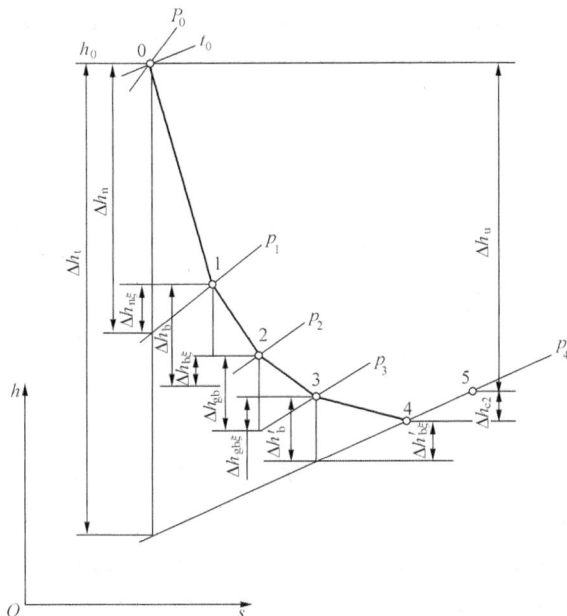

图 1 - 44　具有一定反动度的双列复速级的热力过程线

是级的进口点，喷嘴、第一列动叶、导叶和第二列动叶的膨胀过程线沿 0—1—2—3—4 线进行，4 点是出口点。复速级通常被作为调节级，因调节级后汽室空间较大，汽流余速无法被下级利用而全部损失，余速损失加热了蒸汽本身，使出口焓值由 4 点升到 5 点。

为了改善叶片通道内的流动状况，双列复速级在动叶和导叶内采用适当的反动度，反动度不宜过大，因为复速级一般都是部分进汽的，反动度过大会使通过不进汽的动叶通道的漏汽损失增大，反而使效率降低。目前，复速级反动度值约在 5% ～ 15% 之间。至于各列叶片中反动度的分配，则应按复速级各列叶片高度平滑变化来确定。

任务验收

（1）对比认识级的轮周功率和内功率、轮周效率和内效率。

（2）画出反映级损失的冲动级热力过程线示意图，并标注。

（3）列表小结各损失的形成机理、影响因素、损失分布特点和减少损失的措施。

（4）对比分析冲动级和反动级的做功能力和效率特性。

（5）以国产 N200 - 12.75/535/535 型汽轮机的某高压级为例，进行热力计算。已知数据：级前压力 $p_0 = 4.187 \text{MPa}$，温度 $t_0 = 398℃$，级后压力 $p_2 = 4.247 \text{MPa}$，级流量 $G = 165.833 \text{kg/s}$，初速 $c_0 = 48.5 \text{m/s}$，余速利用系数 $\mu_0 = 1$，转速 $n = 3000 \text{r/min}$。该级通流部分结构如图 1 - 37 所示。

任务四　多级汽轮机的热力特性分析

【任务描述】

认识典型多级汽轮机的主要技术参数。分析多级汽轮机的热力过程，认识余速利用和重热现象对其效率的影响。分析多级汽轮机通流部分的工作特点及其轴向推力的形成和减小措施。认识汽轮发电机组的内外损失、效率和热经济指标。

能力目标

（1）能图示和分析多级汽轮机的热力过程。

（2）认识余速利用、重热现象对汽轮机内效率的影响。

（3）分析汽轮机的轴向推力形成、危害和平衡措施。

（4）认识机组能量转换各环节的功率、效率和热经济指标。

任务实施

随着电力负荷增长，要求汽轮机向大功率、高效率的方向发展。从功率方程可知，要增大汽轮机功率，只有增大汽轮机的流量和焓降。前面已说明，一个级要保证在最佳速比下高效率工作，级能承担的焓降是有限的；而增加级的流量就要求增大通流面积，即增加叶轮平均直径或叶片高度，这将受到材料强度的限制。因此，要增大汽轮机的单机功率就必须采用多级汽轮机。多级汽轮机是由很多级叠加而成，蒸汽在多级汽轮机中一级一级依次膨胀做功，直至最末级排出。多级汽轮机各级均按照最佳速比选择适当的焓降，根据整机焓降分配，确定汽轮机的级数。这样既能利用很大的焓降，又能保持较高的效率。

一、典型多级汽轮机概况

某厂超临界 600MW 汽轮机剖视图如图 1-45 所示，它是一台超临界、一次中间再热、三缸四排汽、冲动凝汽式汽轮机。该机高中压合缸，高压缸有 8 个级（1 个单列调节级和 7 个压力级），中压缸有 8 个级，两个对称分流的低压缸，布置有 2×2×7 个级，全机共44 个级。该机中部有 8 级回热抽汽。该机主要技术参数见表 1-3。

图 1-45　某厂超临界 600MW 汽轮机剖视图

表 1-3　　　　　某厂超临界 600MW 汽轮机主要技术参数

名　称	单　位	数　值
形式		超临界、一次中间再热、冲动式、单轴、三缸四排汽、双背压、凝汽式
铭牌功率	MW	600
额定主蒸汽压力	MPa（a）	24.2
额定主蒸汽温度	℃	566
额定主蒸汽进汽量	t/h	1697.62
额定高压缸排汽口压力	MPa（a）	4.343
额定高压缸排汽口温度	℃	313.7
额定再热蒸汽进口压力	MPa（a）	3.995
额定再热蒸汽进口温度	℃	566
给水温度（TRL 工况）	℃	287.7
转向		逆时针（从汽轮机向发电机看）
抽汽级数	级	8
汽轮机允许最高背压	kPa（a）	＜25.3
冷态启动从空负荷到满负荷所需时间	min	173
冷态冲转到额定转速	min	90
轴系临界转速（一阶）	r/min	1692/1724/1743/984
轴系临界转速（二阶）	r/min	≥4000/2676
发电机转子临界转速（一阶/二阶）	r/min	933/2665
汽轮机外形尺寸	m	27.9×10.1×6.6
高压转子级数	级	8
中压转子级数	级	6
低压转子级数	级	2×2×7
末级叶片长度	mm	1016
高中压转子脆性转变温度（FATT）	℃	≤100
低压转子脆性转变温度（FATT）	℃	-6.6

二、多级汽轮机的热力过程

多级汽轮机将蒸汽热能转变为机械功的过程是蒸汽逐级降压膨胀做功的叠加过程，其热力过程也是逐级叠加的。为简化分析，以一个五级汽轮机来说明多级汽轮机热力过程线的表示方法。

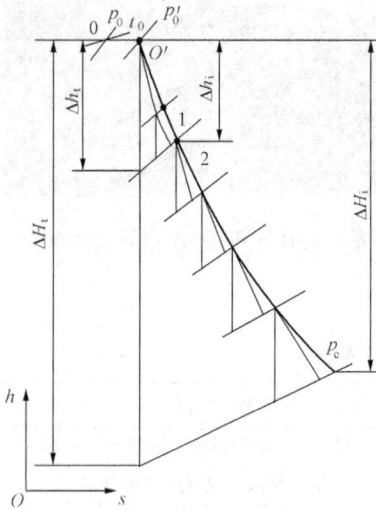

图 1-46　五级汽轮机的热力过程线

五级汽轮机的热力过程线如图 1-46 所示，主汽阀前的进汽压力/进汽温度为 p_0/t_0，蒸汽通过主汽阀和调节汽阀时，受汽阀的节流作用，压力由 p_0 降为 p'_0。进汽机构的流动过程根据节流前后等熵的特点绘制。根据第一级的热力计算，计算出第一级级内各损失，确定第一级的排汽状态点（图 1-46 中的 2 点），再用光滑的曲线连接 $0'$ 点和 2 点，得出第一级的热力过程线；而第一级的排汽点为第二级的进汽点，同样可绘出第二级的热力过程线，以此类推可绘出以后各级的热力过程线。把各级热力过程线光滑串接起来就是整机热力过程线。图 1-46 中 p_C 为汽轮机的排汽压力（背压），末级动叶出口压力为 p'_C，排汽管的压力损失使汽流压力从 p'_C 降为 p_C。排汽管的压力损失过程线也用等熵方式画出（因过程能量守恒）。

由于汽轮机各内部损失的影响，h—s 图上实际热力过程线向熵增的方向倾斜。图 1-46 中 ΔH_t 为整机理想焓降，ΔH_i 为整机有效焓降。汽轮机进、排汽参数决定了整机理想焓降的大小。实际转变为功的焓降为整机有效焓降。整机理想焓降扣除整机的内部损失即为整机有效焓降。

在级和整机热力过程分析计算的基础上得到的热力性能数据及热力过程线，是制定运行规程和考核指标的依据，是分析事故的基础。根据分析的需要，热力过程线的表示详略程度各不相同。

（一）多级汽轮机的内部损失

蒸汽在汽轮机内部将热能转变为机械功的过程中，不仅要产生级内的各种损失，还要产生进汽机构节流损失、排汽管压力损失和中间再热管道的压力损失，它们都属于汽轮机的内部损失。其中，进汽机构节流损失和排汽管压力损失又称为汽轮机的端部损失。汽轮机的端部损失分析见任务拓展内容。

1. 进汽机构的节流损失 Δp_0

蒸汽流经主汽阀、调节汽阀和蒸汽室的过程中，受汽阀的节流作用，压力由 p_0 降为 p'_0。节流前、后虽焓值不变，但整机的理想焓降下降，做功焓降减少，这就是进汽机构节流造成的焓降损失。一般用压降 Δp_0 表示，即

$$\Delta p_0 = (0.03 \sim 0.05)p_0 \tag{1-55}$$

进汽机构节流损失与汽流速度、阀门型线、蒸汽室形状及管道长短等因素有关。一般限制蒸汽流过阀门和管道的速度不超过 $40 \sim 60\text{m/s}$；同时，选用流动性能好的阀门对减小进汽机构节流损失是很重要的。

2. 排汽管的压力损失

汽轮机做完功的乏汽经排汽管引至凝汽器，乏汽在排汽管中流动时会因摩擦和涡流而造成压力降低，使汽轮机末级排汽压力 p_c' 高于凝汽器压力 p_c，整机的理想焓降下降，做功焓降减少，从而形成损失。一般用压降 Δp_c 表示。有

$$\Delta p_c = p_c' - p_c = (0.02 \sim 0.06) p_c \qquad (1\text{-}56)$$

排汽管压力损失主要取决于排汽管的结构型线和汽流速度。凝汽式汽轮机的排汽余速一般小于或等于 $80 \sim 120\text{m/s}$。为了减少排汽管压力损失，通常采用具有良好扩压效果且压力损失很小的扩压形的排汽管，利用扩压的方法将乏汽本身的动能转换为压力势能，以补偿排汽管中的压力损失，从而相对增加了汽轮机的做功焓降。此外，汽轮机内部还设置一些导流板，使排汽均匀通畅，减少动能消耗。

3. 中间再热管道的压力损失

蒸汽流经再热器和再热冷段、热段管道及中压汽阀时产生的压力损失取为

$$\Delta p_r = (8\% \sim 12\%) p_r$$

（二）多级汽轮机的相对内效率 η_{ri}

从热力过程线图示分析中可见，在初、终参数（p_0、t_0、p_c）一定的条件下，汽轮机能够转变为机械功的最大焓降就是汽轮机的理想焓降 ΔH_t。但由于内部损失的存在，汽轮机的做功焓降减小为有效焓降 ΔH_i，内部损失越大，有效焓降就越小。整机有效焓降 ΔH_i 等于各级有效焓降之和 $\sum \Delta h_i$，即

$$\Delta H_i = \Delta h_{i1} + \Delta h_{i2} + \Delta h_{i3} + \cdots + \Delta h_{im} = \sum \Delta h_i \qquad (1\text{-}57)$$

式中 $m = 1, 2, 3, \cdots, m$。

多级汽轮机有效焓降 ΔH_i 与整机理想焓降之比，称为多级汽轮机的相对内效率，即

$$\eta_{ri} = \frac{\Delta H_i}{\Delta H_t} \qquad (1\text{-}58)$$

η_{ri} 反映了汽轮机热力过程的完善程度，考虑了汽轮机的全部内部损失。

再热式汽轮机的热力过程分析见任务拓展内容。

三、多级汽轮机的优点

（1）多级汽轮机可以采用高蒸汽参数，设计成回热式或中间再热式汽轮机，从而提高了循环热效率和汽轮机的相对内效率。

（2）多级汽轮机各级的焓降较小，能保证按其最佳速比要求设计。由于汽轮机级数多，整机焓降大，但每级焓降却较小，因而降低了喷嘴出口蒸汽流动速度，即使动叶轮周速度 u 不大，也能保证级在最佳速比下工作，使级有较高的效率，也为制造大功率机组创造了一定条件。

（3）多级汽轮机有高度充分的动、静叶栅和较大的部分进汽度。由于级的焓降小，喷嘴出口蒸汽速度低，在保证最佳速比的前提下，可使级的直径减小，这样可相对地提高动、静叶栅高度，减小了叶高损失。对于部分进汽的级，级的直径减小，还可以增大部分进汽度 e，减小了部分进汽损失，从而提高了级的效率。

多级汽轮机蒸汽流量大，再加上前述原因，级很容易保证全圆周进汽和充分高的叶栅高度，这是提高汽轮机相对内效率的重要因素。

（4）多级汽轮机可以实现余速利用。当汽轮机通流部分设计得较好时（流程平滑、级间

结构紧凑），上一级余速动能可以全部或大部分被下级利用。这样将使汽轮机实际热力过程线向熵减小的方向移动（左移），汽轮机内部损失减小，增大了汽轮机的有效焓降，提高了汽轮机的相对内效率；同时，汽轮机各级的内效率也提高。余速利用对汽轮机级效率和内效率影响的分析见任务拓展内容。

（5）多级汽轮机内有重热现象。多级汽轮机每一级的损失引起了后面各级的进汽温度、焓值等增加，使得进入下一级的理想焓降增大，从而使各级理想焓降之和 $\sum \Delta h_t$ 大于整机理想焓降 ΔH_t 的现象称为多级汽轮机的重热现象。

重热现象实际上反映了前一级的能量损失变为热量被后级所利用，从而提高了多级汽轮机的相对内效率。需要指出的是：重热作用只能部分回收前一级的热损失，它不能完全补偿由于级的损失而引起的整个汽轮机效率的降低。重热对汽轮机级效率和内效率影响的分析见任务拓展内容。

（6）多级汽轮机单位功率可以很大，降低了单位功率的金属消耗和成本，也降低了运行费用等。

多级汽轮机也存在结构复杂、制造工艺和运行技术要求高、需要使用较多优质合金钢等缺点，但由于它的优点显著，故仍然得到了广泛应用。

四、多级汽轮机通流部分的工作特点

（一）调节级

调节级是指汽轮机采用喷嘴调节进汽方式时的第一级。中、小型汽轮机采用双列调节级，双列级的焓降大，但效率低。为了保证经济性，大机组第一级采用单列级，并适当增大级的平均直径，以提高级焓降。但调节级由于部分进汽，余速不能利用，其效率低。

（二）非调节级

通常按级内压力高、低，沿蒸汽流动方向把多级汽轮机分为高压级段、中压级段和低压级段三部分。由于各部分所处条件不同，因此各段具有不同的特点。

1. 高压级段

由于高压级段的蒸汽压力、温度很高，比体积较小，因此，通过该级段的蒸汽容积流量较小，所需通流面积较小。为了增大喷嘴和动叶高度，减小叶高损失，故喷嘴的出口汽流角较小，叶轮平均直径较小，相应轮周速度较小；为保证级在最佳速比附近工作，喷嘴出口汽流速度也较小，故高压级焓降不大。由于高压级比体积变化小，因此，各级直径变化不大，焓降变化也不大。由于高压级段蒸汽容积流量较小，叶轮摩擦损失、叶高损失和漏汽损失较大，故高压缸各级效率相对较低。冲动式汽轮机高压级叶根反动度较小，且高压级叶高较小，因此，高压级平均反动度也不大。

2. 低压级段

低压级段蒸汽容积流量很大，所需通流面积大，因此，叶片长，叶轮直径大，相应轮周速度大；为了保证级在最佳速比附近工作，故低压级焓降增加较快。由于最后几级工作在湿汽区，湿汽损失的影响使级效率降低较多。低压级的反动度明显增大，其原因是：一方面低压级叶片长，为保证叶根不出现负反动度，则平均直径处的反动度较大；另一方面低压级的焓降大，为避免喷嘴出口汽流速度超过声速过多而采用缩放喷嘴，只有增加级的反动度，以减小喷嘴中承担的焓降。

3. 中压级段

中压级段的情况介于高压级段和低压级段之间。为了保证通流部分畅通，各级喷嘴叶高和动叶叶高逐级增大，级的反动度也逐级增大。

多级汽轮机通流部分的结构配合见任务拓展内容。

五、多级汽轮机的轴向推力及其平衡

（一）轴向推力的形成

蒸汽在汽轮机级内流动时，除了产生推动转子转动的周向力外，还产生与轴线平行的轴向力，其方向与蒸汽在级内的流动方向相同，由高压端指向低压端。轴向推力是不做功的有害力，它使转子发生轴向位移，轴向动、静间隙减小，严重时将发生动静摩擦事故。因此，必须将轴向推力加以平衡，剩余未被平衡的轴向推力由推力轴承来承担。

为了确定推力轴承的尺寸，校核推力轴承工作负荷的大小，确保其可靠地工作，应进行转子轴向推力的计算和分析。

1. 蒸汽作用在动叶上的轴向力 F_{z1}

蒸汽作用在动叶上的轴向力 F_{z1} 由两部分组成，一是蒸汽轴向分速度变化产生的汽流轴向力，其值很小；二是动叶前、后压差产生的轴向力。

动叶压差轴向力＝动叶栅轴向面积×动叶压差（$p_1 - p_2$）

冲动级构造图如图1-47所示，若忽略汽流轴向力，则作用在动叶上的轴向力 F_{z1} 可用式（1-55）表示，即

$$F_{z1} = \pi d_{\mathrm{b}} l_{\mathrm{b}} e \Omega_{\mathrm{m}} (p_0 - p_2) \tag{1-59}$$

对反动度不大的冲动级，级进口汽流速度不大时，可近似认为

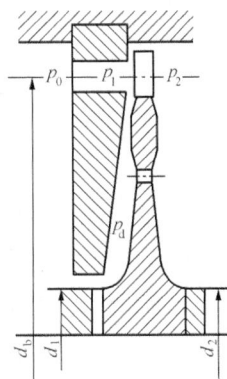

图1-47 冲动级构造图

$$p_1 - p_2 \approx \Omega_{\mathrm{m}} (p_0 - p_2) \tag{1-60}$$

即动叶前、后压差近似等于级反动度和级压差乘积。

由此可近似得知，作用在动叶上的轴向力 F_{z1} 正比于该级的反动度或级压差。

2. 蒸汽作用在叶轮轮面上的轴向力 F_{z2}

蒸汽作用在叶轮轮面上的轴向力 F_{z2} 的计算式为

$$F_{z2} = 叶轮前、后的压差（p_{\mathrm{d}} - p_2）\times 叶轮轮面面积$$

冲动级叶轮后的压力一般与动叶后的压力相等，均为 p_2；但叶轮前的压力 p_{d} 并不一定等于动叶前（喷嘴后）的压力 p_1。当叶轮上没有平衡孔，动叶根部与隔板间隙较大时，可认为叶轮前的压力 p_{d} 等于动叶前的压力 p_1；当叶轮上开有平衡孔，而且有足够的面积时，可认为 p_{d} 与级后压力 p_2 相等，此时，$F_{z2} = 0$。显然，平衡孔面积不够或运行中隔板汽封漏汽量增大时，将使 F_{z2} 增大，引起轴向推力增大。

3. 作用在轮毂上或转轴凸肩上的轴向力 F_{z3}

$$F_{z3} = \frac{\pi (d_1^2 - d_2^2) p_{\mathrm{d}}}{4} \tag{1-61}$$

式中 d_1、d_2——叶轮两侧轮毂直径，m。

4. 作用在转轴凸肩上的轴向压差力 F_{z4}

隔板汽封如图1-48所示，采用高、低齿形式隔板汽封的机组，其转子汽封体也相应做

成凸肩结构，由于每个汽封凸肩前、后存在压差，因此产生轴向推力 F_{z4}。则

$$F_{z4} = \pi d_p h \sum \Delta p \qquad (1-62)$$

式中 d_P——汽封凸肩的平均直径；

h——汽封凸肩高度；

Δp——每个汽封齿的前、后压差。

多级汽轮机的轴向推力由各级轴向力叠加构成，也可以说主要由各级压差轴向力及动叶汽流轴向力构成。

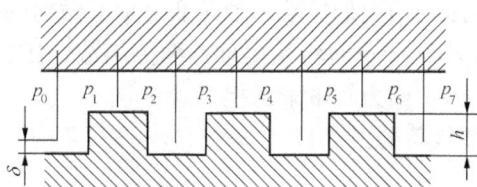

图 1-48 隔板汽封

一般冲动式汽轮机轴向推力可达 1MN，反动式汽轮机轴向推力可达 2～3MN。因此，在汽轮机结构设计中必须采取措施平衡轴向推力。

(二) 轴向推力的平衡方法

轴向推力是蒸汽作用于转子上的外力，对它的平衡就是将其转变为转子的内力，或者直接减小轴向推力本身。平衡轴向推力的常见方法有以下几种：

1. 叶轮上开设平衡孔

在叶轮上沿某一圆周开设 5～7 个平衡孔，以均衡叶轮前、后的压差，减小叶轮上的轴向力。反动式汽轮机由于动叶前、后压差大，通过将叶片直接安装在轮毂上，尽量减小作用面积来减小轴向推力。

2. 采用平衡活塞

平衡活塞示意图如图 1-49 所示，将汽轮机高压端轴的第一段轴封套直径 d_x 适当加大，由于平衡活塞上装有齿形轴封，所以蒸汽压力由活塞高压侧的压力 p_1 降低到低压侧的 p_x，这样在平衡活塞两侧压差 $(p_1 - p_x)$ 的作用下，在端面上产生与轴向推力相反的轴向力，起到平衡轴向力的作用。

3. 采用相反流动布置

为了平衡轴向推力，可使蒸汽在汽轮机内按相反方向流动，使其产生的两轴向推力方向相反。如图 1-50 所示，高、中压汽缸相互对置，低压缸分流布置，使蒸汽在对置布置的高、中压汽缸内相反流动，在分流布置的低压缸中，汽流流动方向相反，各缸产生的轴向推力相互抵消。这种汽缸的对置布置在大容量机组中得到了普遍的应用。

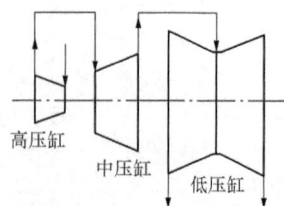

图 1-49 平衡活塞示意图

中间再热机组高、中压缸在工况变动时，受再热中间容积影响，使高、中压缸进汽压力不能同步改变，简单采用这种相对布置的方法，在变工况瞬间无法使轴向推力平衡抵消，可能给推力轴承造成很大的推力载荷。这时，要求高、中压缸各自单独平衡，或者单独采用平衡活塞或各自采用分流布置。

对于反动式汽轮机，由于其动叶前、后压差比冲动式大，其轴向推力比同容量冲动式汽轮机要大得多。反动式汽轮机无一例外采用转鼓式转子和大直径的平衡活塞，并充分利用汽缸

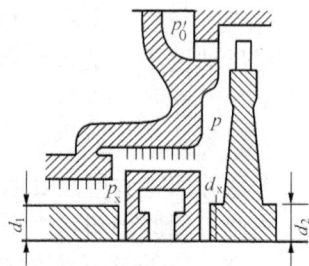

图 1-50 汽缸对置排列

高压缸
中压缸
低压缸

或同一缸中级组对置排列来减少轴向推力。

4. 采用推力轴承

汽轮机结构设计中未完全平衡的剩余轴向推力指向发电机端，而变工况时轴向推力也会发生变化，因此汽轮机设置了推力轴承，来承担剩余的轴向推力，并保证转子正确的轴向位置。一般要求推力轴承应承受适当的推力，以保证在变工况下推力方向不变，使机组不发生窜轴现象。

六、汽轮发电机组的效率和经济指标

(一) 汽轮机的外部损失

多级汽轮机的损失分为内部损失和外部损失两大类。内部损失是指直接影响蒸汽状态的损失，前面已做详细介绍。外部损失是指不直接影响蒸汽状态的损失，包括机械损失和轴端漏汽损失。

1. 机械损失

汽轮机运行时，要克服轴承摩擦阻力、带动主油泵等而消耗部分有用功造成的损失称为机械损失 Δp_m。由于存在机械损失，汽轮机轴端功率 p_e 将小于汽轮机内功率 p_i，汽轮机的机械效率为 $\eta_m = P_e/P_i$。机械效率一般为 $96\% \sim 99\%$，大功率机组的机械效率可达 99% 以上。

2. 轴端漏汽损失

由于主轴穿过汽缸两端有轴向间隙，在高压端蒸汽会向外漏出，致使做功蒸汽量减小；低压端则有空气漏入，使真空受到影响。为了防止轴端漏汽 (气)，汽轮机两端加装了前、后轴封，并配置了轴封供汽系统，密封汽缸两端，并回收轴封漏汽，因此在计算汽轮机轴端功率时，不计入轴端漏汽损失的影响。

(二) 汽轮发电机组的效率

汽轮发电机组将蒸汽热能转变成电能各环节的输出功率如图 1-51 所示。汽轮机理想焓降 ΔH_t 对应的功率为理想功率 P_t；考虑了汽轮机内部损失后，转换成机械功的焓降为汽轮机有效焓降 ΔH_i，对应的功率为内功率 P_i；从内功率中扣除机械损失后的功率称之为轴端功率 P_e；再扣除发电机损失之后的功率才是发电机输出的电功率 P_{el}。

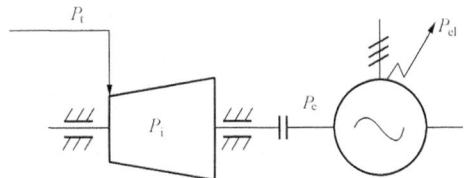

图 1-51 汽轮发电机组将蒸汽热能转变成电能各环节的输出功率

各环节的输出能量 (功率) 与输入能量 (功率) 之比是各环节的效率，它们分别是反映汽轮机内部损失的汽轮机相对内效率 η_{ri}，反映轴端机械损失的汽轮机机械效率 η_m，反映发电机损失的发电机效率 η_g。

热力分析中还需确定各环节的相对效率和绝对效率。相对效率是以汽轮机的理想功率为基准计算的效率；绝对效率则是考虑发电厂整个热力循环时，以锅炉的输入热量 Q_0 为基准计算的效率。

1. 汽轮机相对内效率 η_{ri}

汽轮机内功率 P_i 与理想功率 P_t 之比，称为汽轮机的相对内效率 η_{ri}，即

$$\eta_{ri} = \frac{P_i}{P_t} = \frac{\Delta H_i}{\Delta H_t} \tag{1-63}$$

其中　　$P_i = G\Delta H_i$

$$P_t = G\Delta H_i$$

式中　G——汽轮机的进汽流量，kg/s。

目前，大功率汽轮机的相对内效率已达到 $78\% \sim 90\%$。对于再热式汽轮机，还需要确定各汽缸的相对内效率。例如，东方汽轮机厂生产的某 600MW 汽轮机的总内效率为 92.36%，高压缸内效率为 86.55%、中压缸内效率为 92.7%、低压缸内效率为 93.5%。

2. 汽轮机相对有效效率 η_{re}

汽轮机的轴端功率 P_e（或称有效功率）与理想功率 P_t 之比，称为汽轮机相对有效效率，即

$$\eta_{re} = \frac{P_e}{P_t} \tag{1 - 64}$$

可证，串联环节的效率为各环节效率的积，则

$$\eta_{re} = \eta_{ri}\eta_m \tag{1 - 65}$$

3. 汽轮发电机组相对电效率 η_{el}

将汽轮机和发电机的工作合为一个整体考虑，则整个机组的输入能量为理想功率，输出能量为电功率。电功率与理想功率之比，称为机组的相对电效率 η_{el}，则

$$\eta_{el} = \frac{P_{el}}{P_t} = \eta_r\eta_m\eta_g \tag{1 - 66}$$

其中，η_g 为发电机效率，是发电机损失与发电机的输入能量为 P_e 之比，一般可达 $97 \sim 99\%$。发电机损失是发电机中存在磁滞、涡流而造成的耗功，与发电机容量和冷却方式有关。

4. 汽轮发电机组绝对电效率 η_{ael}

当考虑发电厂整个热力循环时，以 1kg 蒸汽在锅炉中吸收的热量 Q_0 作为输入能量，以机组不同的功率作为输出能量得到的一组效率称为绝对效率。当以汽轮机的理想焓降 ΔH_t 为输出能量时，得到的效率称为循环热效率 η_t。则

$$\eta_t = \frac{\Delta H_t}{Q_0} = \frac{\Delta H_t}{h_0 - h_c'} \tag{1 - 67}$$

式中　h_0——新蒸汽的初焓，kJ/kg；

　　　h_c'——凝结水焓，kJ/kg。

1kg 蒸汽的热量最终转变成电能的份额，称为汽轮发电机组绝对电效率，则

$$\eta_{ael} = \eta_t\eta_{el} = \eta_t\eta_{ri}\eta_m\eta_g \tag{1 - 68}$$

此外，还有绝对内效率 η_{ai}，绝对有效效率 η_{ae}。任一绝对效率等于同一相对效率与循环热效率的乘积。汽轮发电机组的各效率反映了在能量转换过程中各环节工作的完善程度。

（三）汽轮发电机组的电功率

汽轮发电机组的电功率 P_{el} 是送入汽轮发电机组的总能量扣除能量转换过程中的所有损失之后的有效功率，也是汽轮发电机组向用户输出的电功率。在无回热抽汽时，可由式（1-69）或式（1-70）计算，即

$$P_{el} = G\Delta H_t\eta_{ri}\eta_m\eta_g \tag{1 - 69}$$

或

$$P_{el} = \frac{D \Delta H_i \eta_m \eta_g}{3600} \tag{1-70}$$

式中 D——汽轮机的汽耗量，kg/h。

式（1-70）即为机组的功率方程。

当有回热抽汽时，要考虑回热抽汽的影响，取折合有效焓降 $\overline{\Delta H_i}$ 来计算机组电功率。折合有效焓降 $\overline{\Delta H_i}$ 用式（1-71）计算，即

$$\overline{\Delta H_i} = \sum (1 - \sum \alpha_j) \Delta H_{ij} \tag{1-71}$$

即有效焓降 $\overline{\Delta H_i}$ 等于以抽汽口为界的各级组流量系数 α_j 与本级组有效焓降 ΔH_{ij} 积之和。

式中 ΔH_{ij}——各段回热抽汽间的级组有效焓降，如 $j=2$ 时，ΔH_{i2} 表示第二个抽汽口到第一个抽汽口之间的级组的有效焓降；

α_j——第 j 段回热抽汽的抽汽系数，α_j 等于其抽汽量 D_j 与汽轮机总进汽量 D 之比。

例如，具有三级回热抽汽的某凝汽式汽轮机，其抽汽量分别为 D_1、D_2、D_3，抽汽系数分别为 α_1、α_2、α_3，该机折合有效焓降为

$$\overline{\Delta H_i} = \Delta H_{i1} + (1 - \alpha_1) \Delta H_{i2} + (1 - \alpha_1 - \alpha_2) \Delta H_{i3} + (1 - \alpha_1 - \alpha_2 - \alpha_3) \Delta H_{i4}$$

有回热抽汽时，机组电功率表达式为

$$P_{el} = \frac{D \overline{\Delta H_i} \eta_m \eta_g}{3600} \tag{1-72}$$

从机组功率方程可知，影响机组功率的主要因素有三方面，即蒸汽流量、汽轮机整机焓降和机组效率。

（四）汽轮发电机组的热经济指标

1. 汽耗量 D 和汽耗率 d

汽轮发电机组每小时所消耗的蒸汽量称为汽耗量 D，单位为 kg/h。汽耗量用机组功率方程式式（1-70）确定。则

$$D = \frac{3600 P_{el}}{\Delta H_i \eta_m \eta_g} \tag{1-73}$$

汽轮发电机组每发一度电（1kW·h）所消耗的蒸汽量称为汽耗率 d，单位为 kg/(kW·h)。

$$d = \frac{D}{P_{el}} \tag{1-74}$$

2. 热耗量 Q 和热耗率 q

汽轮发电机组每小时所消耗的热量称为热耗量 Q，单位为 kJ/h。对非再热机组，汽耗量 Q 为

$$Q = D(h_0 - h_{fw}) \tag{1-75}$$

式中 h_0——新蒸汽焓，kJ/kg；

h_{fw}——给水焓，kJ/kg。

汽轮发电机组每发一度电（1kW·h）所消耗的热量称为热耗率 q，单位为 kJ/(kW·h)。即

$$q = \frac{Q}{P_{el}} \tag{1-76}$$

对于非再热式汽轮机，热耗率 q 为

$$q = d(h_0 - h_{fw}) \tag{1-77}$$

对于中间再热机组，设再热蒸汽流量为 D_r，总进汽量为 D_0，再热蒸汽流量系数 $a_r = \dfrac{D_r}{D_0}$。

则

$$q = d[(h_0 - h_{fw}) + a_r(h_r - h'_r)] \tag{1-78}$$

式中 h_r——再热前的蒸汽焓；

h'_r——再热后的蒸汽焓。

汽耗率和热耗率都是汽轮发电机组的重要热经济指标，但汽耗率只能反映同型号机组的热经济性高低，而热耗率不仅能反映汽轮机设备的完善程度，还反映出发电厂热力循环的效率和机组运行技术水平的高低，因此常被用作班组生产考核的主要热经济指标。

表 1-4 为超高参数及以上凝汽式汽轮发电机组的热经济指标。

表 1-4 超高参数及以上凝汽式汽轮发电机组的热经济指标

参数等级	额定功率（MW）	汽耗率 [kg/（kW·h）]	热耗率 [kJ/（kW·h）]
超高参数	125～200	3.1～2.9	8612～8638
亚临界参数	300～600	3.2～3	8219～7829
超临界参数	600 及以上	<3	<7704

七、机组的极限功率及提高措施

（一）机组的极限功率

极限功率是指在一定的蒸汽初终参数和转速下，单缸单排汽口多级汽轮机最末级通流面积所能通过的最大蒸汽流量所对应的汽轮机功率。大型中间再热机组汽轮机末级蒸汽比容比新蒸汽比体积要大 1000 多倍，这就要求末级叶片高度要大大增加，由于最末级长叶片的离心力太大，而金属材料强度限制了末级叶片的高度和末级的平均直径，从而使末级通流容积受限，汽轮机的末级流量受限，故机组的最大功率受限。

从机组的功率方程可知，回热抽汽凝汽式机组的极限功率为

$$P_{el,max} = G_{c,max} m \Delta H_t \eta_{ri} \eta_m \eta_g \tag{1-79}$$

式中 $G_{c,max}$——通过汽轮机末级的最大流量，kg/s。

分析可知，机组的最大功率主要取决于通过汽轮机末级的最大流量，影响末级最大流量的主要因素是末级轴向排汽面积。

由于回热抽汽、轴封漏汽和厂用抽汽都不通过末级，故在同一 $G_{c,max}$ 下，回热式汽轮机的功率将比纯凝汽式的大，用 m 来表示增大的倍数，哈尔滨汽轮机厂 600MW 汽轮机的 m 值为 1.362。

可推出，最后的极限功率表达式为

$$P_{el,max} = \frac{1164 m u^2 c_2 \Delta H_t \eta_{ri} \eta_m \eta_g \sin\alpha_2}{\theta n^2 v_2} \tag{1-80}$$

从式（1-80）可以看出：

（1）末级排汽速度 c_2 越大，极限功率越大。但 c_2 太大，将使末级余速损失太大，而降低效率。一般末级余速损失最大限制在汽轮机理想焓降 ΔH_t 的 1.5%～2.0% 或 20.9～

41.8kJ/kg。

（2）末级排汽比体积 v_2 决定于排汽压力（即凝汽器压力）。排汽压力高，比体积 v_2 小，极限功率大，但排汽压力高将降低汽轮发电机组的热效率，因此，不宜过分用提高排汽压力、减小 v_2 的办法来提高极限功率。一般排汽压力 $p_2=0.0039\sim0.0049MPa$，与此对应的排汽比体积 $v_2=25\sim31m^3/kg$。

（3）整机理想焓降 ΔH_t 决定于进、排汽参数。高参数机组的理想焓降比中参数的大，因此，进汽参数越高，机组的极限功率越大。在通常的初终参数下，凝汽式机组的 ΔH_t 为 $1088.6\sim1465.4kJ/kg$。

（4）末级轮周速度 u 及末级径高比 θ 都与末级的几何尺寸有关，对极限功率的影响很大。轮周速度 u 越高，径高比 θ 越小，极限功率就越大，但它们受到了金属材料强度的限制，目前，允许的极限数值 $u=550\sim650m/s$（叶顶速度），$\theta=2.7\sim2.42$。随着新材料的不断采用，这两个极限数值是可以提高的。

国产 300MW（双排汽）和 600MW（四排汽）亚临界压力一次中间再热汽轮机的极限功率可达 $150\sim180MW$，1980 年前苏联制造的目前世界上最大的五缸六排汽 1200MW 单轴超临界压力汽轮机的极限功率为 200MW，该机有 1200mm 高的钛合金末级叶片。

（二）提高极限功率的措施

提高机组极限功率有如下具体措施：

1. 提高新蒸汽参数，并采用回热抽汽

提高新蒸汽参数可以增大 H_t，使功率增大。若在提高新蒸汽参数的同时，配合采用蒸汽中间再过热，使 H_t 进一步增大，可以较大地提高机组的极限功率。由于回热抽汽在汽轮机中做功后，不需流经末级，这样在通过末级同等流量的条件下，进入汽轮机的新蒸汽流量增加，从而增大了机组的极限功率。回热抽汽量一般为总进汽量的 $15\%\sim30\%$，相应提高了机组功率约 $10\%\sim20\%$。

2. 采用多排汽口

增加单排汽口的蒸汽流量是有限度的，为了更大地提高机组的极限功率，最有效的办法是采用多排汽口，即采用低压分流的方法。低压分流就是将汽轮机的低压排汽分成几个部分，分别引入凝汽器，使汽轮机进汽量成倍地增加，汽轮机功率也相应成倍地增加。根据具体条件，可以采用双分流、三分流或四分流。

3. 降低机组转速

机组工作转速降低，叶片离心应力将显著下降，对于相同强度的金属材料，叶片就可以做得更长，从而增加了末级的通流面积，也就增大了汽轮机的功率。若将转速由 $n=3000$ r/min 降为 $n=1500r/min$，功率可增加 4 倍，但转速降低后若保持汽轮机各级的焓降不变，则级的直径将增大 1 倍，使机组的尺寸增大、金属耗量增加、结构笨重。因此，电厂汽轮机总是避免采用降低转速的措施。

大功率汽轮机采用双轴结构时，通常高压和中压部分仍采用高转速（3000r/min），而低压部分则采用低转速（1500r/min），这样既不影响高压部分的结构，又能大量地增加通过末级的蒸汽流量，可显著地提高机组功率。在轻水堆核电厂中，由于只能生产压力较低的饱和蒸汽或微过热蒸汽，整机的理想焓降很小，为此流量必然很大，以增加功率。为了解决末级叶片设计困难的问题，大部分轻水堆核电厂机组采用半速。

4. 采用轻质高强度的叶片材料

在同等离心应力的条件下，由于材料的强度高、质量轻，从而可增大末级叶片高度，提高机组的极限功率。钛合金叶片的强度与不锈钢相近，而密度比不锈钢小得多，其高度达到1200mm，叶顶轮周速度达到644m/s，显然，能够较大地提高机组功率。

任务拓展

一、再热式汽轮机的热力过程

某 600MW 汽轮机在热耗验收（THA）工况下通流部分热力参数数据见表 1-5，根据热力参数可示意出该汽轮机的热力过程线。

表 1-5　　　某 600MW 汽轮机在热耗验收（THA）工况下通流部分热力参数

级号	蒸汽流量（kg/h）	级后压力（MPa）	级后温度（℃）	绝热焓降（kJ/kg）	速比	级反动度（%）	级内效率	级内功率（kW）
1	1 782 945	11.783	490.4	98.2			0.7169	34 857
2	1 765 322	0.277	468.7	42.58	0.548	21.61	0.8707	18 172
3	1 765 322	8.985	447.4	40.72	0.5648	23.53	0.9084	18 144
4	1 765 322	7.839	426.4	40.25	0.5734	24.98	0.9114	17 994
5	1 765 322	6.801	405.2	40.78	0.5755	23.13	0.9131	18 263
6	1 765 322	5.881	384.2	40.57	0.5838	24.91	0.9158	18 223
7	1 639 293	5.068	363.4	40.3	0.5885	25.62	0.917	16 829
8	1 639 293	4.35	342.6	40.19	0.5974	27.27	0.9201	16 840
9	1 639 293	3.675	320.6	42.96	0.5955	30.75	0.9193	17 989
10	1 520 981	2.636	505.4	74.03	0.565	33.93	0.8929	27 932
11	1 538 604	2.105	469.9	77.19	0.5639	31.12	0.9367	30 884
12	1 455 115	1.672	434.6	75.22	0.5802	33.81	0.9482	28 811
13	1 455 115	1.304	397.9	77.37	0.5871	37.49	0.9487	29 655
14	1 455 115	0.978	358.1	84.33	0.5838	40.68	0.9383	31 969
15	326 867	0.594	296.4	131.31	0.5484	27.97	0.9226	10 992
16	326 867	0.364	238	118.9	0.5855	33.13	0.9587	10 346
17	315 737	0.208	177.6	120.95	0.5942	35.45	0.9625	10 213
18	305 098	0.113	119.1	115.23	0.6336	37.77	0.9665	9433
19	293 025	0.051	81.8	132.6	0.6262	43.14	0.9388	10 127
20	271 949	0.018	57.9	154.28	0.6677	53.14	0.9163	10 674
21	271 949	0.006	36.8	143	0.8058	65.33	0.8095	8741

图 1-52 是某再热式汽轮机以抽汽口为界分缸分级组绘制的热力过程简化示意图。图中 1~8 是该机 8 级回热抽汽的压力。

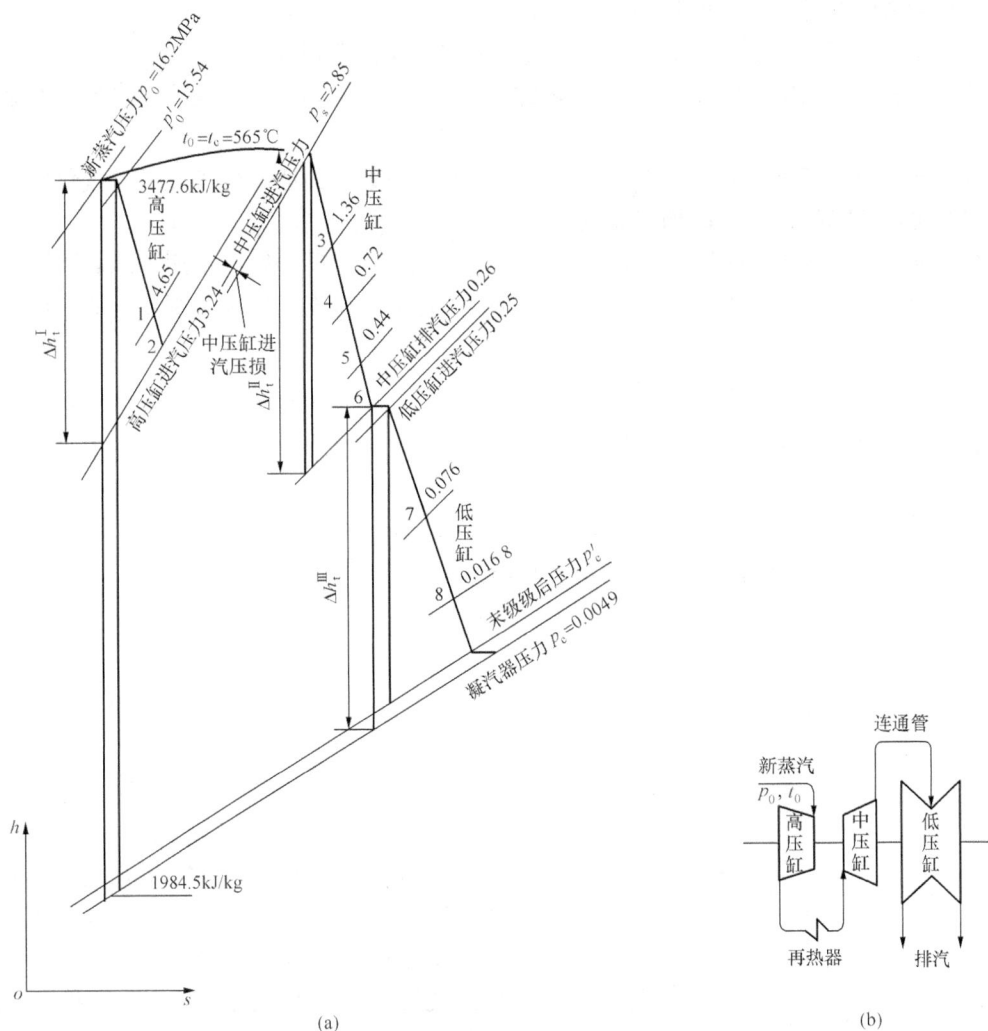

图 1-52　某再热式汽轮机热力过程示意图

(a) 热力过程线；(b) 系统示意图

各级热力过程参数变化规律如下：蒸汽参数在各级中不断降低，高、中、低压缸中蒸汽过热度逐级减少，直至末几级进入湿汽区，但蒸汽中间再热使中压缸进汽的过热度再度提高；蒸汽的比体积不断增大，在低压各级迅速增加，与高压级相比增加了近千倍。级的理想焓降逐级增大；级的平均反动度在高、中、低压缸逐级增大，末几级选用较大的反动度；级的速比在高、中、低压缸逐级增大；因逐级理想焓降增加和级前温度降低，分析可知级的压比逐级减小，喷嘴出口汽流速度和动叶出口汽流相对速度增加。

二、多级汽轮机的余速利用

在多级汽轮机中，上一级的排汽就是下一级的进汽，当叶型选择及结构布置合理时，上一级排汽的余速动能可以全部或部分地作为下一级的进汽动能而被利用。

1. 余速利用的条件

要使下一级能充分利用上一级余速动能，应满足下列条件：

（1）相邻两级部分进汽度相同。

（2）相邻两级通流部分平滑过渡，两级的平均直径接近相等。

（3）相邻两级间轴向间隙小，在此间隙中汽流不发生扰动。试验表明回热抽汽对余速影响不大。

（4）下一级喷嘴进汽方向与上一级动叶排汽方向一致，为适应变工况下进汽角度在较大范围的变化，喷嘴的进汽端都加工成圆角。

除了调节级和末级的余速不能被利用之外，多级汽轮机前一级的余速动能都可被下一级全部或部分利用。所以，设计时不一定要求每级都是轴向排汽，可以采用较小的速比来增大各级可承担的焓降，使总的级数减小。

2. 余速利用对汽轮机级效率的影响

根据级内效率的表达式 $\eta_i = \dfrac{\Delta h_i}{E_0}$，则

$$\Delta h_i = \Delta h_t^* - \sum \Delta h - \frac{\Delta h_{c2}}{\Delta h_t^*} - u_1 \Delta h_{c2} \qquad (1 - 81)$$

式中　$\sum \Delta h$——不包括余速损失 Δh_{c2} 的其他级损失。

当余速不被利用时，$\mu_1 = 0$；

当余速被利用时，$\mu_1 > 0$。

比较可见：余速被利用时的级内效率高于余速不被利用时的级内效率。

3. 余速利用对汽轮机效率的影响

余速利用对热力过程线的影响如图 1-53 所示。由图 1-53 可见，在相同的进汽参数和排汽压力下，当各级余速都不被利用时，第一级的实际排汽点（第二级的进汽点）为 1′点，以此类推，末级排汽点为 3′点；当各级余速均被利用时，第二级的进汽点为 1 点，进口滞止点为 1* 点，依次类推，末级排汽点为 3 点。可见余速利用使热力过程线变陡，整个过程的熵增减小。余速利用前汽轮机有效焓降为 0* 点到 3′点间的焓降 $\Delta H_i'$，余速利用后的汽轮机有效焓降为从 0* 点到 3 点间的焓降 ΔH_i，可见 $\Delta H_i > \Delta H_i'$，故余速利用使汽轮机效率提高了。

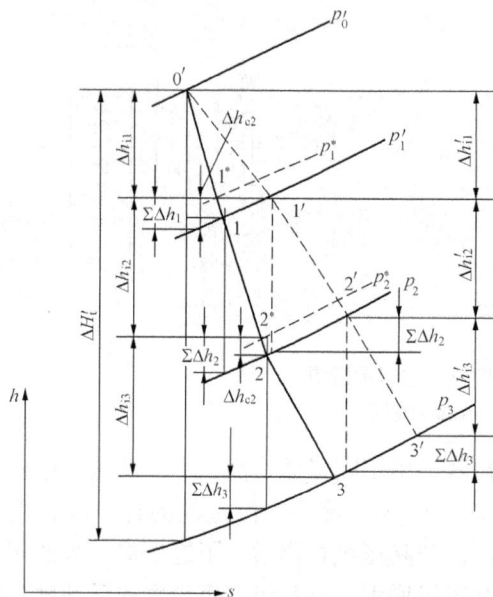

图 1-53　余速利用对热力过程线的影响

4. 余速利用对速比和轮周效率的影响

考虑中间级余速被下一级利用的影响，根据分析绘出在不同余速利用情况下轮周效率与速比的关系曲线，如图 1-54 所示。由该图可见：

（1）余速利用使最佳速比值增大。

（2）余速利用提高了轮周效率。余速利用使轮周效率曲线在最大值附近变化平坦，这是因为余速损失对轮周效率的影响减弱了。根据轮周效率曲线顶部较平坦的特点，在汽轮机设计中稍微降低一点效率便可较多地降低速比，级直径一定时降低速比可使级的理想焓降增大，即提高了级的做功能力。

三、多级汽轮机的重热

多级汽轮机的重热如图 1-55 所示，当第一级存在级内损失时，其排汽的焓值、温度比没有损失时高，导致第二级的理想焓降为 Δh_{t2}。由于水蒸气 $h—s$ 图上等压线沿着熵增的方向呈扩散状，则 Δh_{t2} 大于整机等熵线上的理想焓降 $\Delta h_{t2}'$。同理，有 Δh_{t3} $>\Delta h_{t3}'$、$\Delta h_{t4}>\Delta h_{t4}'$、$\Delta h_{t5}>\Delta h_{t5}'$，则

$$\Delta h_{t1} + \Delta h_{t2} + \Delta h_{t3} + \Delta h_{t4} + \Delta h_{t5} > \Delta h_{t1}' + \Delta h_{t2}' + \Delta h_{t3}' + \Delta h_{t4}' + \Delta h_{t5}'$$

即

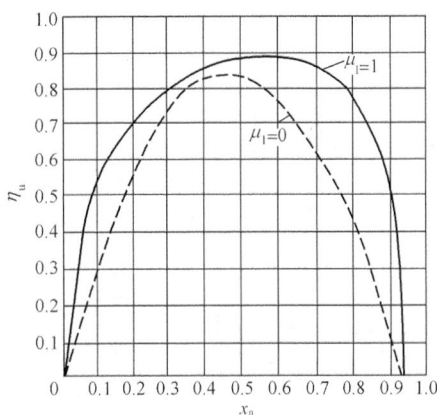

图 1-54 不同余速利用情况下轮周效率与速比的关系曲线图

$$\sum \Delta h_t > \Delta H_t \tag{1-82}$$

可见，在多级汽轮机中，由于损失的存在，各级理想焓降之和 $\sum \Delta h_t$ 大于整机理想焓降 ΔH_t。

由于重热而增加的理想焓降占汽轮机理想焓降的百分比称为重热系数，即

$$a = \frac{\sum \Delta h_t - \Delta H_t}{\Delta H_t} \tag{1-83}$$

一般 a 为 $0.04 \sim 0.08$。

设各级的平均内效率为 η_{rim}，汽轮机的内效率为 η_{ri}，则

$$\Delta H_i = \eta_{ri} \Delta H_t = \sum h_i = \eta_{rim} \sum h_t$$

可得

$$\eta_{ri} = \overline{\eta_{is}}(1+a) \tag{1-84}$$

由此证明，重热作用使汽轮机的内效率大于各级的平均内效率。但须强调的是，重热现象是前一级的能量损失变为热量被后级所利用的反映，重热使汽轮机内效率提高是以级效率降低为代价的。

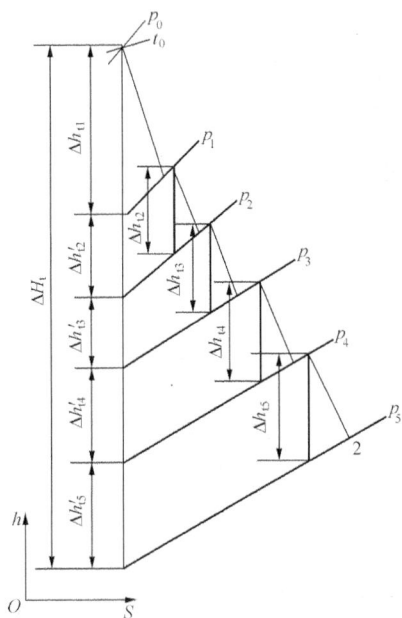

图 1-55 多级汽轮机的重热

四、多级汽轮机通流部分的结构配合

多级汽轮机通流部分动静叶栅的配合、级间结构的配合对汽轮机运行的安全性和经济性有重要影响，必须合理地加以确定。主要有以下几方面的配合选择：

1. 选择合理的叶片盖度

盖度 Δ 是指动叶栅的进口高度 l_b' 超过喷嘴出口高度 l_n 的那部分叶片的高度，如图 1-56 所示。盖度的采用能适应汽流的径向扩散，使汽流较好地进入动叶通道，减少叶顶漏汽损

失；但盖度太大，汽流在叶顶和叶根部会突然膨胀，形成旋涡。计算时盖度选取参见表 1-6。

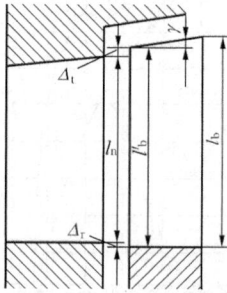

图 1-56　叶片的盖度

2. 叶栅出口汽流角 α_1 和 β_2 的选择配合

为了使叶栅高度逐渐增加，保证通流部分光滑的变化。各列叶栅应选取适当的反动度和出汽角。α_1 的大小影响到汽轮机的做功能力、效率及叶片高度，适当减小 α_1 可使做功能力增加，轮周效率提高；但 α_1 过小将导致 β_1、β_2 减小，使汽流在动叶栅中转折厉害，动叶损失增加，引起轮周效率下降，低压级蒸汽比体积变化剧烈。

高压段一般冲动级 $\alpha_1 = 11° \sim 14°$，反动级 $\alpha_1 = 14° \sim 20°$，α_1 逐级增大，后面几级 α_1 可达 20° 左右。冲动级的 $\beta_2 = \beta_1 - (3° \sim 5°)$。复速级中一般 $\alpha_1 = 13° \sim 18°$，这是由于复速级的喷嘴出口汽流速度比轮周速度大得多，为了不使 β_1、β_2 太小，故 α_1 可以取大一些。第一列动叶 $\beta_2 = \beta_1 - (3° \sim 5°)$，导叶 $\alpha_1' = \alpha_2 - (5° \sim 10°)$，第二列动叶 $\beta_2' = \beta_1' - (7° \sim 8°)$。

表 1-6　　　　　　　　　　叶高与盖度的关系（mm）

项　　目	参　　　　数			
喷嘴出口高度 l_n	<50	50～90	91～150	>150
叶顶盖度 Δ_t	1.5	2	2～2.5	2.5～3.5
叶根盖度 Δ_r	0.5	1	1～1.5	1.5

3. 各级叶栅高度的配合

通流部分各级叶栅的高度配合要保证流道平滑，面积渐增，低压段面积增加较快。

（1）当叶型确定后，根据连续方程来确定动、静叶的出口截面和叶片高度。喷嘴和动叶出口叶高的计算方法在前面内容中已进行详细介绍。

（2）动叶进口高度 l_b' 由喷嘴出口高度 l_n 加上动叶盖度 Δ 来确定。

（3）末几级因蒸汽压力低且反动度较大，比体积增加快，所以末几级动叶出口高度 l_b 比动叶进口高度 l_b' 大得多。动叶片的端部形成扩散状，一般扩散角不大于 $15° \sim 20°$，以防形成涡流。当动叶进、出口比体积变化不大时，可使动叶进、出口高度相等。

4. 动、静叶栅的面积比配合

只有选择合理的动、静叶叶型，并使动、静叶栅的面积比保持在较佳的范围内，才能实现所需的反动度。

一般常用汽轮机动、静叶栅面积比 $f = A_b A_n$。动、静叶栅面积比的合理范围如下：

（1）直叶片级。$\Omega_m = 5\% \sim 20\%$，$f = 1.85 \sim 1.65$（径高比 θ 越大，Ω_m 越大，f 取偏小值）。

（2）扭叶片级。$\Omega_m = 20\% \sim 40\%$，$f = 1.7 \sim 1.4$。

（3）复速级。$\Omega_m = 3\% \sim 8\%$，$f_n : f_b : f_{gb} : f_b' = 1 : (1.6 \sim 1.45) : (2.6 \sim 2.35) : (4 \sim 3.2)$。

为确保级反动度在合适范围。对于具体一级，需要通过计算确定动、静叶栅面积比。

5. 动、静间隙的合理配合

为防止通流部分动、静部件的摩擦，并保证汽轮运行的经济性，汽轮机动叶和静叶之间、动叶和持环之间必然有合理的轴向间隙和径向间隙。动叶顶部轴向和径向间隙示意图如

图 1-57 所示，δ_z 为开式轴向间隙，δ_1 和 δ_2 分别为喷嘴和动叶的闭式轴向间隙，δ_r 为径向间隙。

一般取 $\delta_z=1.5\sim2.0$mm。为减小叶顶漏汽损失和缩短机组轴向长度，开式轴向间隙 δ_z 应小一些才好，但 δ_z 太小，变工况运行时，动、静之间可能因热膨胀发生摩擦，故对调峰机组或胀差较大的机组，δ_z 取得稍大一些，有些机组低压缸中 δ_z 甚至达7～8mm。

δ_1 和 δ_2 一般采用表 1-7 推荐的数据。δ_1 和 δ_2 增大，使喷嘴和动叶之间的轴向距离增大，可减小喷嘴出口尾迹的影响，均匀动叶进口汽流，有利于级效率的改善，但汽流运动距离增长，增加了与汽道之间的摩擦，应综合考虑选取较佳的范围。

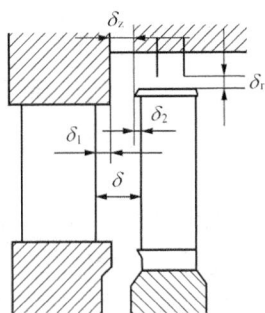

图 1-57 动叶顶部轴向和径向间隙示意图

表 1-7　　　　　　　　　　级的轴向间隙与叶高的关系

喷嘴高度 l_n	<50	50～90	91～150	>150
喷嘴闭式间隙 δ_1	1～2	2～3	3～4	4～6
动叶闭式间隙 δ_2	2.5	2.5	2.5	2.5
总轴向间隙 δ	5～6	6～7	7～8	8～10
开式轴向间隙 δ_2	1.5			

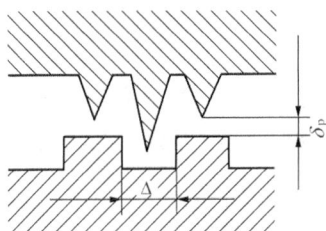

图 1-58 隔板汽封间隙示意

一般设计时可取 $\delta_r=0.5\sim1.5$mm。在叶顶加装围带和径向汽封可显著地减小叶顶漏汽。叶顶漏汽与径向间隙的大小有关，还与径向汽封的齿数和开式轴向间隙的大小有关。当开式轴向间隙因胀差需要取较大值时，需适当增加径向汽封的齿数和减小径向间隙，以控制叶顶漏汽量的增加。从减小漏汽角度看，δ_r 越小越好，但从机组振动和热膨胀看，δ_r 不能取的太小。

在隔板与轴之间装置隔板汽封，可以有效地减小隔板漏汽。对隔板较厚的高压级，一般采用高低齿汽封，齿数也较多，对低压级可采用平齿汽封。汽封凹槽的开档 Δ 和径向间隙 δ_p 如图 1-58 所示，δ_p 太大，封汽效果不好；δ_p 太小，热胀容易发生动静摩擦。Δ 太大，齿数就减小，漏汽量增加；Δ 太小，当胀差增大时，齿片容易碰坏。一般 $\Delta=11\sim12$mm，$\delta_p=0.5\sim1.5$mm。

任务验收

（1）根据某典型汽轮机热力特性数据，以抽汽口为界分缸分级组绘制热力过程示意图。

（2）图示分析说明余速利用对汽轮机内效率的影响。

（3）分析重热现象对汽轮机工作有何影响。

（4）分析多级汽轮机通流面各级段的工作特点和热力参数变化。

（5）分析汽轮机轴向推力的形成、危害和平衡措施。

（6）画出汽轮发电机组能量转换各环节的能流图，说明各环节的损失和效率。

（7）收集了解典型机组的热耗率值。

（8）分析随着机组功率增加，排汽口数量增加的原因。

项目二 汽轮机的本体结构

汽轮机是一种精密的、高速转动的大型热力原动机械。汽轮机本体由转动部分（转子）和静止部分（静体或定子）组成。转动部分包括动叶、叶轮（反动式汽轮机为转鼓）、主轴和联轴器及紧固件等旋转部件；静止部分包括汽缸及滑销系统、进汽部分、喷嘴、隔板及隔板套（反动式汽轮机为静叶持环）、汽封、轴承及轴承座、基础、台板以及有关紧固零件等。汽轮机在高温、高压和高转速下工作，汽轮机本体的尺寸大、零件多、动静部件间隙小，启、停及变工况运行时部件金属温度变化大，且运行工况经常变化，因此，在汽轮机的结构设计上必须充分考虑由此而产生的"三热"（热应力、热膨胀、热变形）、高温蠕变及振动等因素对汽轮机安全运行的影响。

任务一 认识转子的结构

【任务描述】

认识冲动式汽轮机和反动式汽轮机的转子结构。认识转子的临界转速现象，分析"冲临界转速"的运行操作过程；分析保障转子安全运转的措施。认识大功率汽轮发电机组联轴器的设置和转子的支承方式。

能力目标

（1）认识转轮式转子、转鼓式转子和联轴器。
（2）能分析转子临界转速现象的形成。
（3）能在仿真机上进行"冲临界转速"的运行操作。
（4）能分析国产600MW机组的转子冷却系统。

任务实施

转子是汽轮机转动部分的总称，它担负着把喷嘴叶栅出来的蒸汽动能转变为推动轴旋转的机械功及传递功率的重任，是汽轮机最重要的部件之一。工作时高速旋转的转子除了要转换能量、传递扭矩外，还要承受旋转时质量所产生的离心力，因此，要用高强度的金属材料制成；在高温区工作的转子，要采用耐高温的高强度材料。为了提高通流部分的效率，转子与静止部分要保持小的相对间隙，故要求转子制造精密、装配正确。转子上任何缺陷都会影响到汽轮机的安全运行，严重的会造成重大的设备和人身安全事故。所以，转子制造从零件的毛坯开始，经过机械加工、钳工装配直到质量检验等整个生产过程都有极为严格的技术要求。

一、转子的结构

汽轮机转子的作用是汇集各级动叶片上的旋转机械能，并通过主轴带动发电机做功。

转子的工作条件相当复杂，工作时转子受高压、高温汽流的冲击，除要承受巨大的扭矩外，还要承受高速旋转的巨大离心力。受热不均时引起热应力和热变形，轴系振动时产生动应力，因此，要求转子必须具有很高的结构强度和优秀的工作特性。转子采用具有良好的机械性能和热力学性能的耐热合金钢制造，设计强度按超速 20% 考虑。转子材料的低温脆性转变温度（FATT）也必须在安全工作的范围内，以保证汽轮机启动的可靠性和运行灵活性的需要。例如，某 600MW 汽轮机高、中压转子采用 30Cr1Mo1V 耐热合金钢制成，能在 590℃ 下安全工作。低压转子材料采用 30Cr2Ni4MoV，高、中压转子脆性转变温度（FATT）≤80℃，低压转子脆性转变温度（FATT）≤−10℃，保证了转子良好的性能。

汽轮机转子的结构可分为转轮式和转鼓式两种基本类型。转轮式转子具有安装动叶片的叶轮，一般由主轴、叶轮、动叶片和联轴器组成；而转鼓式转子则没有叶轮，动叶片直接安装在转鼓上。通常冲动式汽轮机的转子采用转轮式转子；反动式汽轮机的转子为避免轴向推力过大而采用转鼓式转子。

图 2-1 转轮式转子

（一）转轮式转子

图 2-1 为某冲动式汽轮机转轮式转子，在汽轮机主轴的前端还带有一个短轴（又称延长轴），短轴上带有主油泵和机械超速跳闸等装置。按制造工艺，转轮式转子可分为套装转子、整锻转子、组合转子和焊接转子 4 种形式。机组采用何种类型的转子，由转子工作所处的温度条件和各国的锻冶技术来确定。

1. 套装转子

套装转子的叶轮、轴封套、联轴器等部件是分别加工后热套在阶梯形主轴上的。各部件与主轴间采用过盈配合，以防止叶轮等因离心力及温差作用而引起松动，并用键传递扭矩。

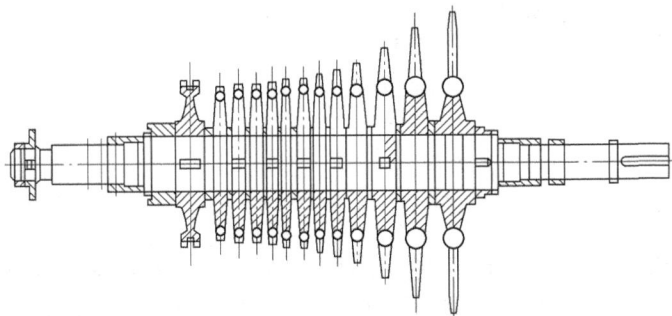

图 2-2 套装转子的结构

套装转子的结构如图 2-2 所示。套装转子制造方便，但在高温条件下叶轮内孔直径将因材料的蠕变而逐渐增大，最后导致装配过盈量消失，使叶轮和主轴之间产生松动，从而使叶轮中心偏离轴中心，造成转子质量不平衡，产生剧烈振动，且快速启动适应性差。因此，套装转子不宜作为高温、高压汽轮机的高压转子，只用于中、低压汽轮机的转子或高压汽轮机的低压转子。

2. 整锻转子

整锻转子的叶轮、轴封套和联轴器与主轴由一整锻件车削而成，无热套部件，这解决了高温下叶轮与主轴连接可能松动的问题。因此，整锻转子常用作大型汽轮机的高、中压转子，如图 2-3 所示。现代大型汽轮机，由于末级叶片长度的增加，套装叶轮的强度已不能满足要求，所以某些大机组的低压转子也开始采用整锻结构。如上海汽轮机厂制造的 660MW 超超临界汽轮机的高、中、低压转子均采用整锻无中心孔转子。

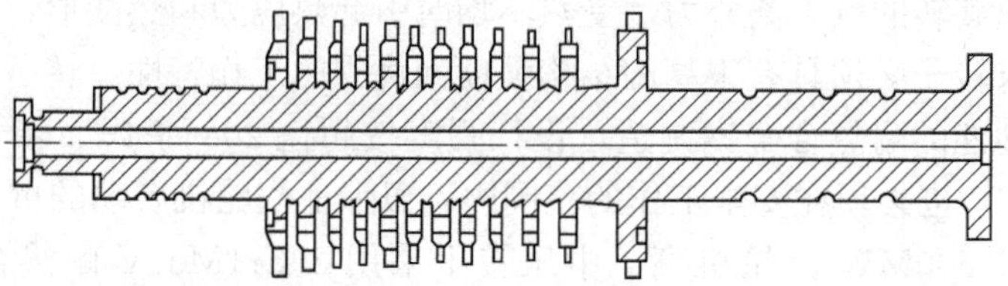

图 2-3　整锻转子

整锻转子的优点是：①结构紧凑，装配零件少，可缩短汽轮机轴向尺寸；②没有套装的零件，对启动和变工况的适应性较强，适于在高温条件下运行；③转子刚性较好。

整锻转子的缺点是锻件大，工艺要求高，加工周期长，大锻件的质量难以保证；且检验比较复杂，并不利于材料的合理利用。

整锻转子通常钻有中心孔，目的是去掉锻件中心的杂质和疏松部分，以防止缺陷部分扩展，同时也便于借助潜望镜等仪器检查转子内部缺陷。但随着金属冶炼和锻造水平的提高，国外有些大的整锻转子已不再打中心孔。

3. 组合转子

组合转子由整锻结构和套装结构组合而成，它兼有套装转子和整锻转子的优点，国产超高压机组的中压转子多采用这种结构。如国产三排汽口的 200MW 汽轮机的中压转子为组合转子，如图 2-4 所示，转子上后五级叶轮为套装结构。

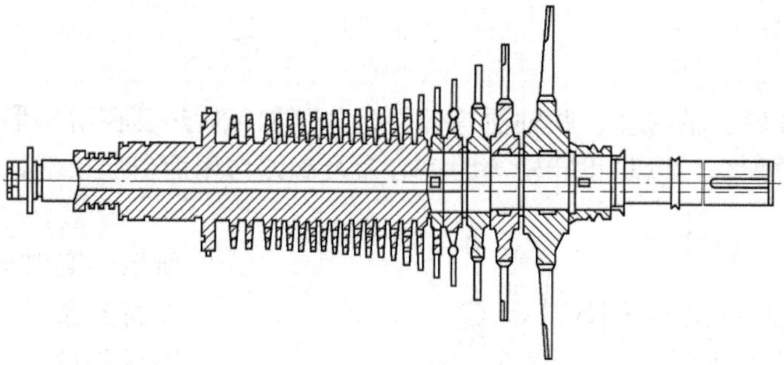

图 2-4　组合转子

4. 焊接转子

汽轮机的低压转子直径大，特别是大功率汽轮机的低压转子质量大，叶轮承受很大的离心力。若采用套装转子，叶轮内孔在运行中将发生较大的弹性形变，要求设计较大的装配过盈量，这会引起很大的装配应力。若采用整锻转子，则因锻件尺寸太大，质量难以保证。为此，采用分段制造、焊接组合的焊接转子。焊接转子主要由若干个空心叶轮和端轴拼合焊接而成，如图 2-5 所示。

焊接转子质量轻，锻件小，结构紧凑，承载能力高。与尺寸相同、带有中心孔的整锻转子相比，焊接转子强度高，刚性好，质量减轻 20%～25%。由于焊接转子工作可靠性取决于焊接质量，且要求焊接工艺高、材料焊接性能好，因此，这种转子的应用受到焊接工艺及

图 2-5 焊接转子

检验方法和材料种类的限制。随着焊接技术的不断发展，它的应用将日益广泛。我国生产的125MW 和 300MW 汽轮机的低压转子曾采用焊接结构，ABB（阿西布朗勃法瑞）的600MW 汽轮机高、中、低压转子全部采用焊接转子。反动式汽轮机由于没有叶轮也常用此类转子，如瑞士制造的 1300MW 双轴反动式汽轮机的高、中、低压转子均为焊接转子。

（二）转鼓式转子

转鼓式转子没有叶轮或有叶轮，但径向尺寸很小，动叶片安装在转鼓上，可缩短轴向长度和减小轴向推力。

图 2-6 为某国产引进型反动式汽轮机转鼓式结构的高、中压转子，由 30Cr1Mo1V 耐热合金钢整体锻造而成，除调节级外，其他各反动级动叶片直接装在转子上开出的叶片槽中，其高、中压压力级反向布置，同时，转子上还设有高、中、低压三个平衡活塞，以平衡轴向推力。该汽轮机的低压转子由 30Cr2Ni4MoV 整体锻造而成，以进汽中心线为基准，两侧对称，中部为转鼓形结构，末级和次末级为整锻叶轮结构，转子开有 ϕ190.5 的中心孔，如图2-7所示。

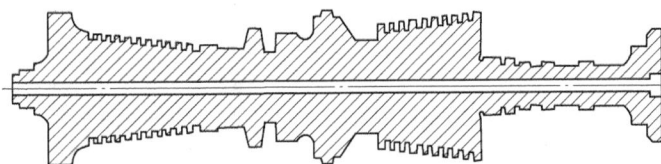

图 2-6 某国产引进型汽轮机高、中压转子

图 2-7 某国产引进型汽轮机低压转子

二、转子的临界转速

（一）转子的临界转速现象

由于转子的材料不可能绝对均匀，安装中也不可避免地要出现偏差，这样转子的回转中心和它的重心之间总有一定的偏差，因此，它在运转时总有一定的振动。同时，转子像任何物体一样，有它的自振频率，在汽轮机升速过程中，当转速升到某一数值正好与转子的某一自振频

率合拍后，便产生共振，此时，汽轮发电机组的转子将产生较强烈的振动。随着转速的升高而离开此转速后，转子的振幅随即明显地减小。当汽轮机的转速继续升高时，可能在另一较高的转速下产生共振而转子的振动又重新增大，待转速进一步升高后振动又会重新降低。机组启动升速过程中当转速达到某一值时发生强烈振动，越过这一转速振动便迅速减弱的现象，就是转子的临界转速现象。而与转子自振频率发生共振，使转子产生强烈振动的转速，称为转子的临界转速，并随着转速升高的次序，分别称为第一、第二、第三……临界转速等。

　　临界转速振动是一种共振现象。若汽轮机在临界转速下长期转动，振动可能逐渐增大，使轴承受到较大的动载荷，引起轴承的损坏。转子的动挠度随着向临界转速靠近而变得越来越大，可能因振动过大，使转子上的轴封和叶片汽封等与静止部分相摩擦和碰撞，使轴封及叶片汽封等发生损坏，甚至可能导致转子弯曲、断裂等重大事故。因此，汽轮机是不允许在临界转速下或在临界转速附近长期运行的。运行人员应当明确知道所操作机组的临界转速值，在启动升速过程中，应当严密监视并迅速通过临界转速。单轮盘无重轴转子模型如图2-8所示。

（二）临界转速振动的形成及特性

1. 单轮盘无重轴转子的临界转速

　　取单轮盘无重轴转子模型，对转子临界转速转动的形成及特性作一简要分析。

　　一个理想的单轮盘无重轴转子，转子两端刚性地支承在轴承A、B上，轮盘质量为m，轮盘的质心与几何中心不重合，其质量偏心距为e。为避免轮盘质量对分析的影响，先将转子垂直放置，如图2-8（a）所示。当转子以角速度ω旋转时，由于偏心离心力的激振作用，转子弯曲成弓形，并在轮盘处产生挠度y，如图2-8（b）所示。此时，转子除自转外，还将绕两轴承的连线AOB旋转，称为转子的甩转。这种甩转又称为转子的涡动，涡动是转子振动的形态。

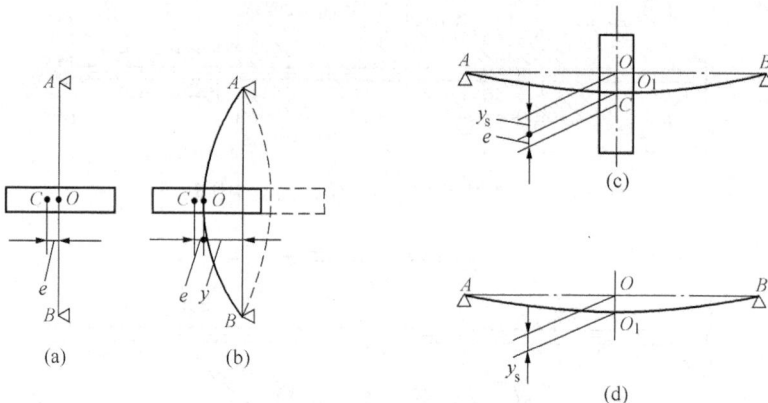

图2-8　单轮盘无重轴转子模型

（a）垂直静止放置的转子模型；（b）垂直旋转的转子模型；

（c）水平旋转的转子模型；（d）水平静止放置的转子模型

　　在一定转速下，转子处在平衡状态时，转子偏心及挠度引起的不平衡离心力将与抵抗变形的弹性恢复力$F_1 = Ky$大小相等，方向相反。即

$$m(y + e)\omega^2 = Ky \tag{2-1}$$

式中 K——转子弹性系数（表示转子产生单位变形所需要的力）。

式（2-1）可改写成

$$y = \frac{me\omega^2}{K - m\omega^2} = \frac{e}{K/(m\omega^2) - 1} \tag{2-2}$$

式（2-2）反映了转子挠度与其他参数之间的关系。当 m、K 及 e 为定值时，则转子挠度与角速度的关系如图 2-9 所示。单轮盘无重轴转子作横向振动时的自振圆频率 $\omega_n = \sqrt{K/m}$。由图 2-9 可知：

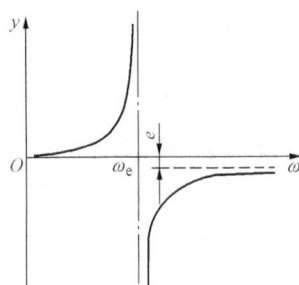

图 2-9 转子挠度与角速度的关系

（1）当 $\omega < \omega_n$ 时，y 随 ω 的增加而增加，且 ω 越接近 ω_n，y 增加得越快。

（2）当 $\omega = \omega_n$ 时，y 趋于无穷大，这时转子角速度为临界角速度，相应的转速为临界转速，即 $\omega_c = \sqrt{K/m}$，$n_c = \omega_c/2\pi = \sqrt{K/m}/2\pi$。

（3）当 $\omega > \omega_n$ 时，y 随 ω 的增大而减小，且为负值，即 y 与 e 方向相反。当 $y \to \infty$ 时，$y \to e$，质心 C 与旋转中心 O' 重合，这就是高转速下转子的自动定心现象。

实际上，汽轮机转子都是水平放置的。对水平放置的单轮盘无重轴转子，上述结论依然成立。此时，由于重力的作用，转子产生静挠度 y_0，相应的静挠曲线为 AO_1B，如图 2-8（d）所示。转子转动时，将绕静挠曲线 AO_1B 甩转，而不再是绕轴承连线 AOB 甩转，如图 2-8(c) 所示，其挠度值仍由式（2-2）表达。

转子作横向振动时自振频率为 $f_n = \frac{1}{2\pi}\sqrt{\frac{K}{m}}$。当转子的临界角速度 ω_c 与其横向自振圆频率 ω_n 相等时，转子的临界转速 n_c 与其横向自振频率 f_n 相一致。可见在临界转速时，转子挠度增加的现象是共振现象，振动形态表现为甩转。同时可看出，临界转速是转子的固有特性，它只取决于转子自身的质量与刚性，而与偏心距 e 的大小无关。

综上分析可知，转子临界转速振动的激振力，来源于转子质量偏心及挠度引起的不平衡离心力，它是一个圆频率等于转子角速度的周期性激振力。当激振力频率（即转子角速度）等于转子自振频率时，便发生了共振，振幅急剧增大，此时的转速即为临界转速；当转速偏离转子临界转速时，就偏离了共振条件，转子振动就急剧减小。

2. 汽轮机转子临界转速的特点

汽轮机的主轴通常呈阶梯形，上面安装着若干个叶轮和其他零部件，其结构复杂。影响转子临界转速的因素有多方面，很难简单地用求解一两个微分方程的办法来确定临界转速。目前，常用能量法或根据经验公式来进行计算。例如，单跨转子的临界转速 n_c 可以通过转子的静挠度 y_s 值用经验公式来估算，即

$$n_c = \frac{310}{\sqrt{y_s}} \tag{2-3}$$

转子的静挠度与转子质量和弹性有关，转子的弹性取决于转子的跨度、直径和支承连接方式等。

一般来说，转子临界转速的大小与转子的直径、质量、两端轴承的跨距、支承的刚度等有关。转子直径越大，质量越轻，跨距越小，支承刚度越大，则转子的临界转速值越高，反

之则越低。汽轮机转子临界转速的特点主要有以下几方面：

（1）转子的自振频率有多阶，故转子的临界转速也有多阶。运行中可能碰到的是一阶临界转速和二阶临界转速。

（2）转子质量越大，跨度越大，弹性越大（或者说刚度越小），则转子的临界转速就越小。运行中转子的工作温度和支承刚度也会影响临界转速值，温度升高，支承刚度降低，则转子临界转速降低。

（3）在轴系中各转子临界转速值比单跨时相应阶次的临界转速值要高，因为构成轴系后各单跨转子的刚度增加了。

机组在工作时，汽轮机高、中压转子，低压转子和发电机转子连在一起，它们组成一个轴系。联成轴系后，各转子会互相影响，互相制约，轴系中各转子的临界转速与单独转动时的临界转速不同。原来临界转速低的会高些，原来临界转速高的会低些。由于发电机转子质量大，跨距大，直径小，因而原临界转速较低，它同汽轮机转子连成轴系后，就会使汽轮机转子的临界转速变低一点，而它本身的临界转速相应有所提高。其中第一和第二阶低频振动最具有危险性，所以这两阶临界转速处应特别注意。

（4）汽轮发电机组设计的工作转速若低于第一临界转速，那么机组在启动与运行过程中均不会出现临界转速下振幅增大的现象，这种转子称为刚性转子；若汽轮发电机组的工作转速高于第一临界转速，则这种转子称为挠性转子。

为了保证机组安全运行，转子轴系的各个临界转速同工作转速应拉开一定的距离（安全范围）。设计时可根据理论计算转子的自振频率，从而近似确定转子的临界转速，最后临界转速的精确值要通过试验确定。临界转速值的分布要能保证有安全的暖机转速和进行超速试验的转速，通常要求 $1.4n_{c1} < n_0 < 0.7n_{c2}$。

国产 600MW 超临界汽轮发电机组转子的临界转速见表 2-1。

表 2-1   国产 600MW 超临界汽轮发电机组转子的临界转速

制造厂家	轴段名称	一阶临界转速（r/min）		二阶临界转速（r/min）	
		轴系	轴段	轴系	轴段
哈尔滨汽轮机厂（简称哈汽）	高中压转子	1630	1610	3920	3830
	低压转子 I	1637	1618	3618	3550
	低压转子 II	1658	1616	3864	3544
	发电机转子	792		2249	
东方汽轮机厂（简称东汽）	高、中压转子	1692	1650	>4000	>4000
	低压转子 I	1724	1670	>4000	>4000
	低压转子 II	1743	1697	>4000	>4000
	发电机转子	984	933	2697	2665
上海汽轮机厂（简称上汽）	高、中压转子	1640	1610	>4000	3830
	低压转子 I	1680	1600	>4000	>4000
	低压转子 II	1690	1600	>4000	>4000
	发电机转子	820	763	2300	2200

三、转子的安全维护

（一）控制转子的振动

转子振动的控制主要考虑转子临界转速共振的控制和转子不平衡振动的控制。

根据临界转速特性可知，控制临界转速共振的方法是机组启、停中必须快速平稳地通过轴系各转子的临界转速，并在安装检修中做好转子平衡工作。临界转速下的振动值，主要取决于转子的动、静不平衡程度和安装时找中心的质量。平衡精良的转子，偏心激振力小，引起的涡动小，通过临界转速时也感觉不到明显的振动，此时，临界转速与工作转速的避开裕度可减小。例如，某国产600MW超临界压力机组的临界转速值避开工作转速±15%，国外有的机组甚至采用5%的裕度。

由前面分析可知，转子偏心将产生涡动，如果转子弯曲或质量不平衡，则涡动振幅将增大，产生不合格的异常振动。因此，汽轮机安装检修要求进行高速动平衡试验，现代汽轮机每根转子上均设有供电厂现场在不揭缸情况下进行动平衡加重的位置，在各缸端面叶轮的外侧设有圆周燕尾平衡槽，在联轴器上设有平衡加重孔。运行中要保护转子，通过盘车等措施防止偏心弯曲，转子偏心度不合格禁止启动。

转子的振动严重危及汽轮机的安全，因此，对汽轮机的振动控制非常严格。导致转子振动的原因有多方面，在项目六的任务六中将进行详细分析。

（二）控制转子的"三热"

汽轮机启、停和变工况中金属的温度变化和温差将导致转子的热应力、热膨胀和热变形，简称转子的"三热"。为了控制转子的"三热"，汽轮机设置了多种运行监测和保护装置，具体控制手段将在项目六的任务一中进行详细分析。下面仅从设备角度分析大型汽轮机控制温差热应力的转子冷却系统。

图2-10所示为东汽600MW汽轮机转子冷却系统，在高压三级后引入低温蒸汽与中压阀后蒸汽混合形成的冷却蒸汽，由专用管道引入中压第一级前，通过正反第一级、第二级轮缘叶根处的间隙，冷却转子高温段轮毂及轮面。

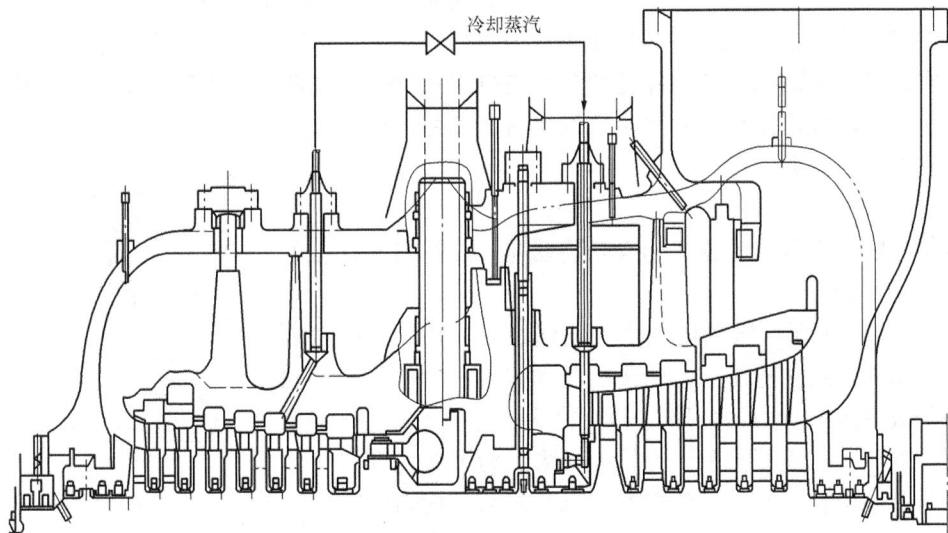

图2-10 东汽600MW汽轮机转子冷却系统

(a)

(b)

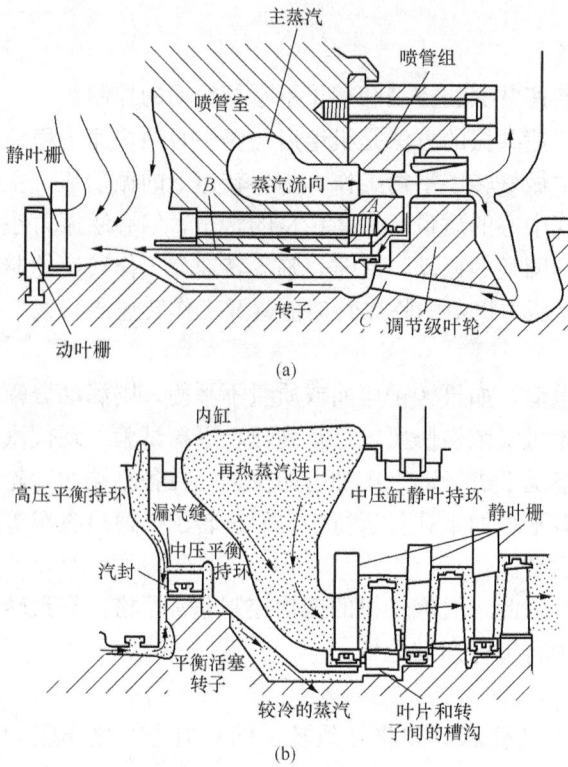

图 2 - 11　引进型 300MW 汽轮机高、中压转子冷却系统
(a) 主蒸汽进入调节级区域内转子的冷却；
(b) 再热蒸汽进入区域内转子的冷却

图 2 - 11 所示为国产引进型 300MW 汽轮机高、中压转子冷却系统，图 2 - 11 (a) 为高压缸进口处高温区段内转子的冷却情况，该汽轮机调节级与高压压力级反向布置，从调节级出来的蒸汽有一部分通过调节级叶轮上的斜孔并流过高温区转子表面，然后再进入压力级，从而使高温区转子得到冷却。图 2 - 11 (b) 是中压缸再热蒸汽进口区域内转子的冷却措施，冷却高压内缸后的蒸汽和来自高压平衡活塞密封环后的蒸汽从中压平衡活塞密封环与转子之间流过，然后，其中一部分在中压第一级的动、静叶之间汇入主流，另一部分通过动叶根部的通道进入中压第二级，这样就对中压第二级前的转子进行了冷却，从而控制并减小了高温区域转子的金属蠕变和热应力。

（三）防止转子损伤

转子的工作条件相当复杂，除上面所述转子振动损伤和温差热应力寿命损伤外，若运行控制不当、操作失误，发生汽轮机事故，都将造成严重后果。例如，汽轮机超速而使转子离心应力增大产生断裂损伤；轴向位移大、转子与汽缸的热膨胀和热变形都可能导致通流面动、静部件间隙消失，造成动、静部件的摩擦碰撞损伤；进水、进冷汽造成水击损伤等。为保护转子不受损伤，轴承支承的轴瓦表面浇有锡基合金，动、静间隙处的汽封齿也用软质金属制造。为保护转子，汽轮机还设置了盘车装置和防进水系统，并当事故发生时有多种停机保护。

四、转子的主要部件

（一）叶轮

转轮式转子上装有叶轮，用来安装动叶片，并将叶片上的转矩传递到主轴。

如图 2 - 12 所示，叶轮由轮缘和轮面组成，套装式叶轮还有轮毂。动叶安装在轮缘上，轮缘的结构取决于叶根形式，轮毂是为了减少内孔应力的加厚部分，轮面上通常开有 5～7 个平衡孔，以疏通隔板漏汽和平衡轴向推力。为了避免在同一直径上有两个平衡孔，叶轮上的平衡孔都是奇数且均匀分布。

按轮面断面型线，叶轮分为等厚度叶轮、锥形叶轮、等强度叶轮等形式，如图 2 - 13 所示。等厚度叶轮加工方便，轴向

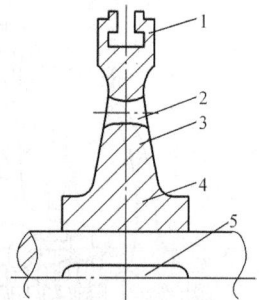

图 2 - 12　叶轮
1—轮缘；2—平衡孔；3—轮面；
4—轮毂；5—键

尺寸小，但强度较低，多用于直径较小的高压级。锥形叶轮将内径部分加厚，以提高承载能力，锥形叶轮得到了广泛应用。等强度叶轮其断面按等强度要求设计，载荷均衡，强度最高，但加工要求高，一般采用近似等强度的叶轮型线以便于制造，多用于转轮式焊接转子。

叶轮在正常运行时，主要承受 3 种应力。

（1）离心应力。叶轮本身和安装在叶轮上的叶片、围带、拉筋及其他附件旋转时产生的应力。

（2）温度应力。由于叶轮温度分布不均引起的应力。在稳态工况下，温度应力数值不大。

图 2-13 叶轮的结构形式

(a)、(b)、(c) 等厚度叶轮；

(d) 锥形叶轮；(e) 等强度叶轮

（3）过盈配合应力。由过盈在轮孔内表面上引起的应力。

叶轮总是带动动叶片一起振动，因此，叶轮振动实质上是轮系振动（叶片—叶轮系统振动）。蒸汽对轮系的不均匀作用力或轴系的振动，都将引起轮系的振动。由于叶轮轴向刚度较小，因此，轮系的振动主要是轴向振动。在周期性激振力作用下，叶轮可能产生的轴向振动有伞形振动、带节圆振动、带节径振动和复合振动 4 种形式，其中带节径振动最易产生，危险性最大，可引起叶片和拉筋的损坏。大功率汽轮机末级叶轮的长叶片呈整圈连接时容易发生复合振动，不容忽视。

（二）动叶片

动叶片作为转子的最重要组成部件，将在本项目任务二中单独介绍。

（三）联轴器

联轴器的作用是连接汽轮机各转子及发电机转子，并传递扭矩和轴向推力及径向力。汽轮机通过联轴器启动发电机和励磁机。联轴器又称为靠背轮或对轮，一般分为刚性、半挠性和挠性三种。

图 2-14 刚性联轴器

(a) 装配式；(b) 整锻式

1—主轴；2—对轮；3—螺栓；4—盘车齿轮；

5—防鼓风盖板；6—垫片

1. 刚性联轴器

若两半联轴器（也叫对轮）刚性相连，则称为刚性联轴器，其结构如图 2-14 所示。图 2-14（a）为装配式，两半联轴器用热套加双键分别套装在相对的轴端上，对准中心后再一起铰孔，并用配合螺栓紧固，以保证两个转子对中同心。螺栓和孔分别打有编号，不能互换。图 2-14（b）为整锻式，整锻式的强度和刚度都比装配式的高，没有松动的危险。联轴器两对轮间装有垫片，止口配合，以便于两个转子对准中心。

联轴器圆周上常套有盘车齿轮，以备转子盘车用。

刚性联轴器结构简单，轴向尺寸短，工作可靠。因连接刚性强，可传递较大扭矩，大功

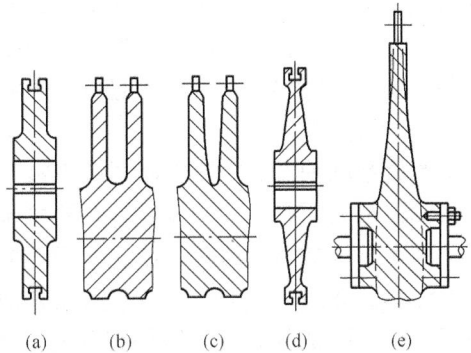

率汽轮发电机组普遍采用刚性联轴器。例如，哈汽 600MW 超临界压力机组各个转子之间均采用刚性联轴器。但刚性联轴器会传递振动和轴向推力，找中心要求高，装配要求高，制造和装配的少许偏差都有可能引起机组较大的振动。

2. 半挠性联轴器

半挠性联轴器是在联轴器间装有波形套筒，允许在被连接的两轴之间有少许的偏心，在两联轴器端面不完全平行的情况下仍能顺利运转，传递扭矩，同时，也有一定的隔振作用。如图 2-15 所示，半挠性联轴器对轮 1 与主轴锻成一体，联轴器对轮 2 则用热套加键装在相对的轴端，两对轮间用一波形套筒连接起来，并用配合螺栓紧固，波形套筒在扭转方向是刚性的，在弯曲方向则是挠性的，允许被连接两轴间有少许不同心度和端面瓢偏度。半挠性联轴器多用于汽轮机与发电机间转子的连接，国产 125MW 和 200MW 机组汽轮机与发电机之间就采用了这种联轴器。

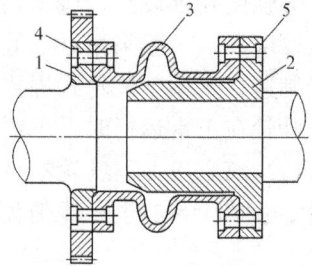

图 2-15 半挠性联轴器
1、2—对轮；3—波形套筒；4、5—螺栓

3. 挠性联轴器

挠性联轴器主要有齿轮式和蛇形弹簧式两种。齿轮式多用于小型汽轮机，以连接汽轮机转子与减速箱的主动轴。齿轮式联轴器在两半联轴器上加工出外齿，它们又同时与带内齿的套筒啮合，通过齿轮和齿套的连接，有一定的活动性。蛇形弹簧式联轴器多用于汽轮机转子与主油泵轴的连接，其基本结构是在两半联轴器的外缘周上对等铣出若干齿隙，再把钢带蛇形弹簧沿圆周嵌在齿隙内。挠性联轴器可以消除或减弱振动的传递，对中要求较低，但易磨损，需润滑，结构复杂，成本高，检修工艺要求高，现已很少采用。

五、转子的支承和轴系的连接

大型多缸汽轮机各单跨转子间、汽轮机转子和发电机转子间用联轴器连接起来形成多支点的转子系统，称为轴系。

转子是具有较大质量的弹性体，放置在两端径向支承轴承上的转子，在重力作用下产生挠曲弹性变形。即使支承点处的联轴器位于同一水平线上，由于静止挠度也会使联轴器端面不与水平线垂直，在转子用刚性联轴器连接时，接合面处有很大的张口，此时，若强制用连接螺栓将转子连在一起，必将在转子上产生附加约束力，并且联轴器螺栓的紧力极不均匀，这些都是引起机组振动，甚至酿成恶性事故的隐患。因此，在汽轮发电机组的各转子连成轴系时，应避免产生附加约束力，即在静止状态下，各转子的轴线应连成一条平滑的曲线。汽轮机轴系中心线示意图如图 2-16 所示。这样，各转子支承点的轴心不应在同一水平线上，应根据各转子的静止挠度或联轴器端面转角的大小，确定相邻支承点在垂直方向上的相对位置，这就是轴系中各轴承设定不同标高值的原因。

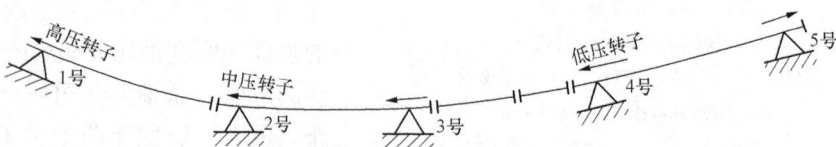

图 2-16 汽轮机轴系中心线示意图

在汽轮机安装检修中，还要注意调整各轴承的位置，保证各转子在水平方向和垂直方向上的严格对中，消除端面张口，预防转子转动时因轴系不平衡振动产生动、静部件的摩擦或碰撞。

转子支承于轴承上，有两轴承支承和单轴承支方式。一般情况下，一根转子由两个轴承支承，则整个汽轮机轴系有 2N 个轴承（N 为转子数量）。上汽 660MW 超临界压力汽轮机转子之间用整体法兰刚性连接在一起，转子采用单支承系统，也就是说，轴系在两个汽缸之间的部分只有一个轴承。上汽 660MW 超临界压力汽轮机转子的支承如图 2-17 所示，这种布置方式能最大限度地减小基础变形作用在轴颈上的支承应力和弯曲应力，以及对平稳运行的影响。高、中压转子的联轴器布置在 2 号轴承座内，中、低压 A 转子的联轴器布置在 3 号轴承座内，低压 A、B 转子的联轴器布置在 4 号轴承座内，低压 B 转子、发电机转子的联轴器布置在 5 号轴承座内。

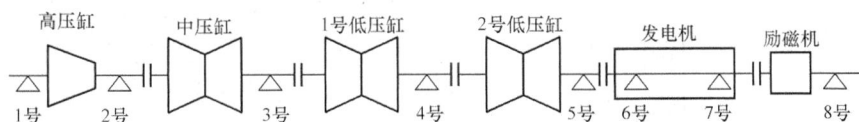

图 2-17 上汽 660MW 超临界汽轮机转子的支承

任务验收

（1）分析转子临界转速现象的形成。
（2）在仿真机上进行"冲临界转速"的运行操作。
（3）分析国产某 600MW 机组的中压转子冷却系统。
（4）阅读 600、1000MW 机组各转子联轴器的装配资料。

任务二 动叶片振动特性分析

【任务描述】

认识汽轮机叶片的结构特点。分析叶片的振动特性和安全校核准则，认识叶片调频的具体方法。

能力目标

（1）认识大功率汽轮机叶片的结构特点。
（2）能分析影响叶片振动特性的工作因素。
（3）会进行叶片的安全校核。
（4）能完成叶片调频的检修操作。

任务实施

动叶片是汽轮机中数量最多的零件，也是最重要的零件之一。动叶片安装在叶轮（冲动式汽轮机）或转鼓上（反动式汽轮机），接受喷嘴射出的高速汽流，把蒸汽的动能转变成机械能，使转子旋转。

动叶片的型线设计和工作状态直接影响汽轮机的工作效率和经济性。动叶片受力复杂，工作条件恶劣，要承受因高速旋转产生的离心拉应力，因汽流作用产生的弯应力和振动应力，又因工作区不同而承受高温、高压或湿蒸汽的冲蚀。实践表明，汽轮机事故以叶片部分为最多，必须予以足够重视。因此，动叶片既要有良好的型线以提高能量转换效率，又要有足够的强度、刚度、抗振性能和抗腐蚀性能，以保证具有足够的安全性。

一、动叶片的结构

动叶片一般由叶型（或称叶身、工作部分）、叶根和叶顶连接件（围带）或拉筋组成，如图 2-18 所示。

图 2-18　动叶片结构

（一）叶型部分

叶型是动叶片的工作部分，相邻叶片的叶型之间构成汽流通道。为了提高蒸汽在动叶中的能量转换效率，叶片断面型线及其沿叶高的变化规律应符合空气动力特性的要求，同时，还要满足结构强度和加工工艺的要求。动叶片按其型线部分的特点，主要分为等截面直叶片、变截面直叶片、扭转叶片、三元流扭转叶片和可控涡流型叶片等。等截面直叶片、变截面直叶片通流效率低，三元流扭转叶片和可控涡流型叶片通流效率高，扭转叶片介于它们之间。

如图 2-19（a）所示，等截面直叶片的断面型线和横截面积沿叶高是相同的。它具有加工方便、制造成本低、有利于在部分级实现叶型通用等优点，但其气动性能较差，主要用于短叶片级。

如图 2-19（b）所示，基于可控涡概念为代表的二维技术的变截面扭曲叶片，其截面型线及横截面积沿叶高变化，各截面型心连线沿叶高连续发生扭转（即进排汽角沿叶高变化）。扭曲叶片的气动特性和强度得以提高，叶片效率提高，但制造工艺复杂，主要用于长叶片级。径高比小于 8% 的叶片称为长叶片，长叶片采用直叶的级效率低，故设计中要求长叶必须扭曲。随着加工工艺的进步，扭曲叶片也用于短叶。

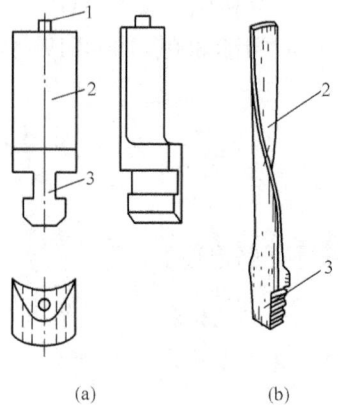

图 2-19　直叶片和扭曲叶片
（a）等截面直叶片；（b）变截面扭曲叶片
1—叶顶；2—叶型；3—叶根

为了提高叶片效率，近年来各汽轮机制造厂家广泛采用当代通流设计领域中最先进的全三元可控涡流设计技术，对动、静叶片的流动性能和各级叶片的相互配合进行优化设计，出现了多种优秀的新叶型。例如，大机组广泛采用的后加载高效静叶片、弯扭联合全三维成型动、静叶片（如图 2-20 所示）等。

（二）叶根部分

叶根的作用是使动叶嵌固在叶轮轮缘或转鼓凸缘的沟槽里，在汽流作用力和旋转离心力的作用下，使叶片不至于甩出来。因此，要求叶根连接牢固，与叶轮轮缘或转鼓凸缘有足够的配合精度和强度，而且应力集中要小，加工装拆简单。现代汽轮机常用的形式有 T 形、外包 T 形、菌形、叉形和枞树形等（如图 2-21 所示），其适用范围和装配要求各不相同。

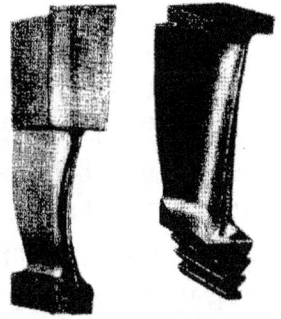

图 2-20　弯扭叶片

1. T 形叶根

如图 2-21（a）所示，T 形叶根结构简单，加工装配方便，工作可靠。但由于叶根承载面积小，叶轮轮缘弯曲应力较大，使轮缘有张开的趋势，长期运行可能松动，故常用于受力不大的短叶片，如高压级叶片。图 2-21（b）为带凸肩的单 T 形叶根，其凸肩能阻止轮缘张开，减小轮缘两侧截面上的应力。叶轮间距小的整锻转子常采用此种叶根。图 2-21（d）为带凸肩的双 T 形叶根，由于增大了叶根的承力面，提高了承载能力，故多用于叶片较长、离心力加大的情况。一般高度为 100～400mm 的中等长度叶片，采用此种叶根，其加工精度要求较高。

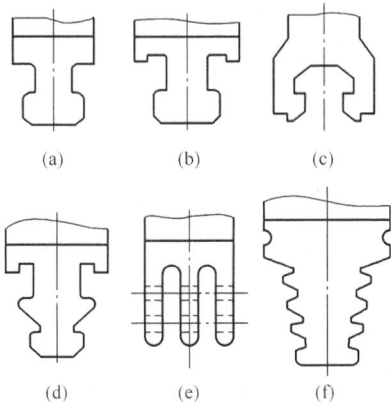

图 2-21　叶根结构

(a) T 形；(b) 外包 T 形；(c) 菌形；
(d) 双 T 形；(e) 叉形；(f) 枞树形

T 形类叶根为周向装配，这类叶根的装配轮缘槽上开有一个或两个缺口（或称切口），其长度比叶片节距稍大，宽度比叶根宽 0.02～0.05mm，以便将叶片从该缺口依次装入轮缘槽中。装在缺口处的叶片称作封口叶片（又称末叶片），用两根铆钉将其固定在轮缘上，而有些厂家再用叶根底部的矩形隙片或半圆形塞片固定。周向装配式的缺点是叶片拆换必须通过缺口进行，当个别叶片损坏时，不能单独拆换，要将一部分叶片拆下重装，增加了拆装工作量。

图 2-22 为带 T 形叶根的叶片（叶顶有围带）外观。

2. 菌形叶根

图 2-21（c）为菌形叶根，这种叶根和轮缘的载荷分布比 T 形合理，因而其强度较高，但加工复杂，故不如 T 形叶根应用广泛。东芝 600MW 机组除末级外，其他级都采用菌形叶根。菌形叶根为周向装配。

3. 叉形叶根

图 2-21（e）为叉形叶根，这种叶根的叉尾直接插入轮缘槽内，并用两排铆钉固定，叉尾数可根据叶片离心力大小选择。叉形叶根强度高，适应性好，被大功率汽轮机末几级叶片广泛采用。叉形叶根虽加工方便，便于拆换，但装配时比较费工，且轮缘较厚，钻铆钉孔不便，所以整锻转子和焊接转子不宜采用。叉形叶根为径向

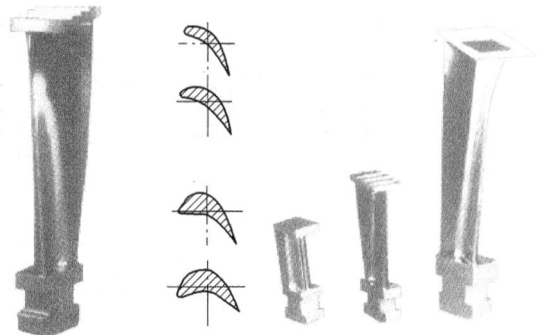

图 2-22　带 T 形叶根的叶片外观

装配。

4. 枞树形叶根

图 2-21（f）为枞树形叶根，这种叶根和轮缘的轴向缺口设计成尖劈形，以适应根部的载荷分布，使叶根和对应的轮缘承载面都接近于等强度。因此，在同样的尺寸下，枞树形叶根承载能力高，叶根两侧齿数可根据叶片离心力的大小选择，强度高，适应性好。枞树形叶根为轴向装配。叶根沿轴向装入轮缘相应的枞树槽中，底部打入楔形垫片，将叶片向外胀紧在轮缘上，同时，相邻叶根的接缝处有一圆槽，用两根斜劈的半圆销对插入圆槽内，将整圈叶根周向胀紧，所以装拆方便。但是这种叶根外形复杂，装配面多，要求有很高的加工精度和良好的材料性能，而且齿端易出现较大的应力集中，所以一般只有大功率的调节级和末级叶片使用。引进型 600MW 汽轮机非调节级全部采用枞树形叶根。

（三）叶顶部分

汽轮机的短叶片和中长叶片常在叶顶用围带连在一起，构成叶片组。长叶片则在叶身中部用拉筋连接成组；或者围带、拉筋都不装，而成为自由叶片。

1. 围带

围带的作用是：①增加叶片刚性，改变叶片的自振频率，以避开共振，从而提高叶片的振动安全性；②减小汽流产生的弯曲应力；③可使叶片构成封闭通道，并可装置围带汽封，减小叶片顶部的漏汽损失，提高级效率。此外，扭曲叶片加装围带后，能限制动叶片外缘部分在蒸汽作用力下发生扭转。

常用的围带形式有整体围带、铆接围带和弹性拱形围带。

（1）整体围带。如图 2-23（a）所示，这种围带与叶片为一整体，叶片安装好后，相邻围带在叶顶靠紧贴合或焊接在一起，成一圈围带，将汽道顶部封闭。图 2-23（b）为压力级叶片的整体围带形式，围带为平行四边形并随叶顶倾斜 30°，在围带上开有拉筋孔，叶片组装后围带间相互靠紧，并用短拉筋连接起来。

（2）铆接围带。如图 2-23（c）所示，围带由扁钢制成，用铆接的方法固定在叶顶，通常将 4～16 片叶片连接成一组，各组围带间留有 1～2mm 的膨胀间隙。

（3）弹性拱形围带。如图 2-23（d）所示，将弹性钢片弯成拱形，用铆钉固定在叶顶，形成整圈连接。这种围带可抑制叶片的 A 型振动和扭转振动。

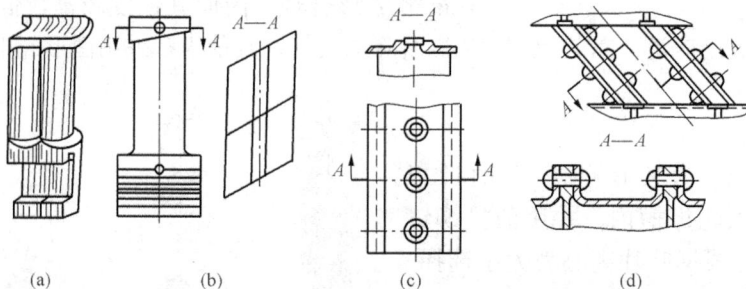

图 2-23　围带的形式
(a)、(b) 整体围带；(c) 铆接围带；(d) 弹性拱形围带

2. 拉筋

拉筋的作用是增加叶片的刚性，以改善其振动特性。拉筋一般是以 6～12mm 的金属丝

或金属管穿在叶身拉筋孔中。拉筋与叶片之间可以采用焊接结构（焊接拉筋），也可以采用松装结构（松装拉筋或阻尼拉筋）。通常每级叶片穿 1～2 圈拉筋，最多不超过 3 圈。常见的拉筋结构如图 2-24 所示，其中图 2-24（e）为意大利 320MW 汽轮机末级叶片采用的 Z 形拉筋，它与叶片一起铣出，然后分组焊接。这种拉筋节距较小，可提高叶片的刚性和抗扭性能，也有利于避免拉筋因离心力过大而损坏。只用拉筋连接成组的叶片顶部通常削薄，以减轻质量并防止运行中与汽缸相碰时损坏叶片。

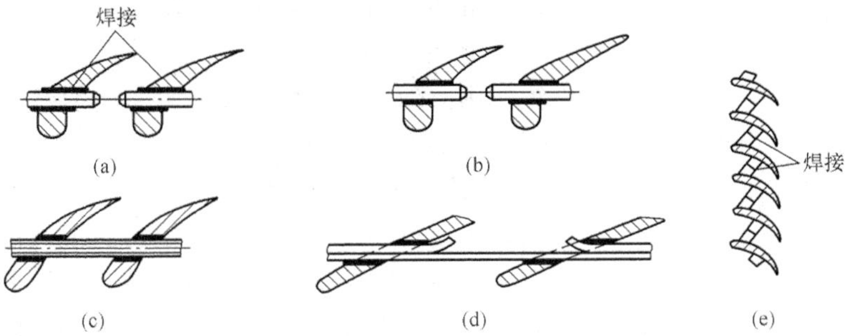

图 2-24 拉筋结构
(a) 实心焊接拉筋；(b) 实心松装拉筋；(c) 空心松装拉筋；
(d) 剖分松装拉筋；(e) Z 形拉筋

由于拉筋处在汽道中，增加了蒸汽流动损失，同时，拉筋孔还会削弱叶片的强度，所以在满足振动和强度要求的前提下，应尽量避免采用拉筋，有的长叶片可设计成自由叶片。

二、叶片的振动

（一）叶片的受力

汽轮机工作时，叶片受到的作用力主要有叶片本身和与其相连的围带、拉筋所产生的离心力和汽流的作用力。叶片的受力及产生的应力影响如下：

$$叶片受力\begin{cases}离心力\begin{cases}离心拉应力\\离心弯应力\end{cases}\\汽流力\begin{cases}稳定部分——汽流弯应力\\交变部分——动应力\end{cases}\end{cases}\left.\begin{array}{}\\\end{array}\right\}静应力$$

1. 叶片的离心拉应力

叶片的离心力在叶片上产生离心拉应力。等截面叶片离心拉应力的特点如下：

（1）等截面叶片的离心拉应力与横截面积无关，即增大截面积并不能降低离心力引起的拉应力。

（2）在转速 w、叶根半径 R_0、叶高 l_b 已定的情况下，采用密度较小的叶片材料，是降低叶片离心拉应力的有效办法。

（3）由于等截面叶片的横截面积沿叶高不变，其根部承受的离心力为最大，根部的离心拉应力也为最大。

2. 叶片的弯应力

叶片弯应力主要是由汽流力引起的，另外，离心力也可能引起弯应力。叶片弯应力具有下列特点：

（1）等截面直叶片根部截面上的汽流力弯矩 M 为最大。

图 2 - 25　叶片弯曲变形后
离心力产生的弯矩

（2）等截面叶片根部截面的汽流弯应力 F_1 为最大，根部截面又以出汽边的汽流弯应力为最大。而变截面叶片根部的弯应力不一定最大。

（3）离心力对弯曲的叶片形成反弯矩，使叶片产生离心弯应力，如图 2 - 25 所示。反弯矩抑制了叶片弯曲，相当于增强了叶片的刚性。

（4）围带和拉筋对叶片也产生反弯矩的影响。

3. 叶片的动应力

汽流作用力随时间变化的交变分力将使叶片振动，并在叶片中产生交变的振动应力。

（二）叶片的振动力和振型

在汽轮机运行事故中，叶片损坏占有很大比重，叶片损坏的主要原因是由于共振造成的疲劳断裂。叶片可以看做是装在轮缘上的弹性体，运行时受到周期性激振力的作用而做强迫振动，当激振力的频率与叶片自振频率相等或成一定倍率时便发生共振，振幅和振动应力急剧增大，使叶片在较短时期内产生疲劳裂纹而被拉断。个别叶片断裂后，其碎片可能将相邻叶片打坏或被高速汽流带走，从而造成后面几级叶片的损坏。同时，也可能使转子失去平衡而发生强烈振动，造成严重后果。

1. 叶片振动的激振力

作用在叶片上引起叶片振动的周期性外力称为激振力。按激振力的来源大致可分为两大类，即机械激振力和汽流激振力。机械激振力是汽轮机其他部件的振动传给叶片的，其大小和方向决定于振源的振动特性。汽流激振力是沿圆周方向的不均匀汽流对旋转着的叶片脉动作用而产生的，根据频率高低，可分为高频激振力和低频激振力。

（1）高频激振力。由于喷嘴出汽边有一定的厚度及叶型上的附面层原因，喷嘴出口汽流速度沿圆周分布不均，造成蒸汽对动叶的汽流作用力分布不均，如图 2 - 26 所示。动叶每经过一个喷嘴，所受的汽流力就变化一次，即动叶受激振一次。对于全周进汽的级，汽流高频激振力的频率为

图 2 - 26　喷嘴后汽流力的分布

$$f = nZ_n \qquad (2 - 4)$$

可推出部分进汽级的高频激振力频率为

$$f = \frac{nZ_n}{e} \qquad (2 - 5)$$

通常一个级的喷嘴数 Z_n 一般有 40～80 个，汽轮机的转速 n 为 50r/s，则激振力的频率 $f = 2000 \sim 4000 \mathrm{Hz}$，故称为高频激振力。

（2）低频激振力。由于制造加工误差及结构等方面的原因，级的圆周个别地方汽流速度的大小或方向可能异常，动叶每转到此处所受汽流力就变化一次，这样形成的激振力频率较低，称为低频激振力。产生低频激振力的主要原因有个别喷嘴加工安装有偏差或损坏；上、

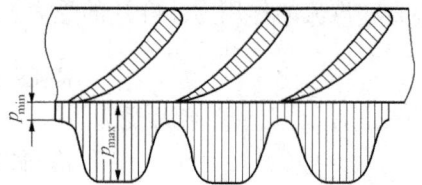

下隔板结合面的喷嘴结合不良；级前、后有加强筋，汽流受到干扰；部分进汽或喷嘴弧分段；级前、后有抽汽口。若一级中有 i 个异常处，则低频激振力频率为

$$f = in \tag{2-6}$$

2. 叶片的振型

叶片的振动有弯曲振动和扭转振动两种基本形式，弯曲振动又分为切向振动和轴向振动。扭转振动和轴向振动发生在汽流作用力较小而叶片刚度较大的方向，振动应力较小。切向振动发生在叶片刚度最小的方向，且与汽流主要作用力方向一致，因此，切向振动是最容易发生又最危险的振动。切向振动有 A 型振动和 B 型振动两大类。

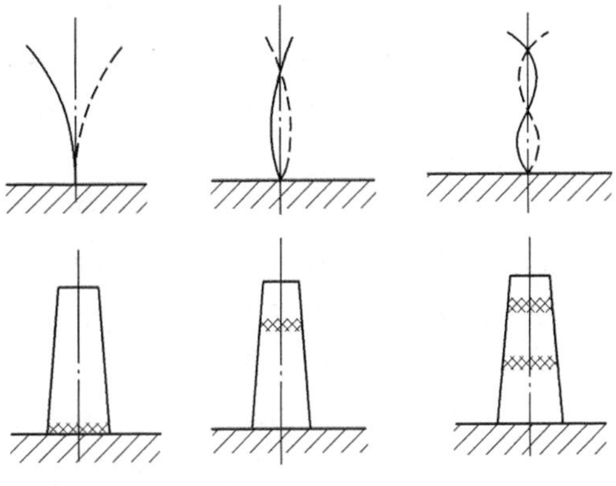

（1）A 型振动。其为叶根不动、叶顶摆动的振动形式。振动时，叶型上可能有不动的点（实际是一条线），称为节点。按节点的个数，分为 A_0、A_1、A_2、…型振动。自由叶片的 A 型振动如图 2-27 所示。在叶片组的 A 型振动中，各叶振动相位是相同的，如图 2-28 所示。

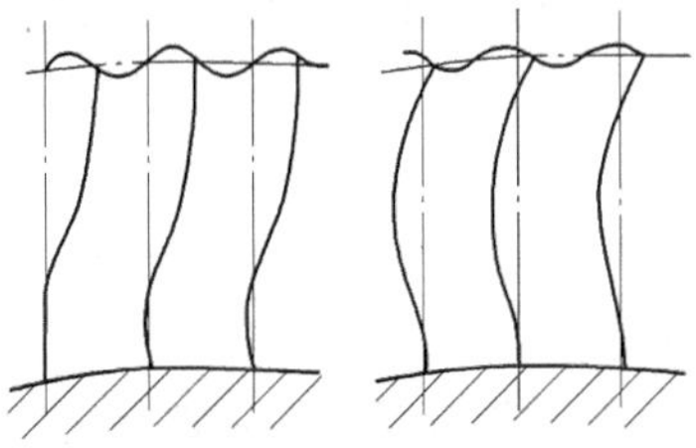

图 2-27 自由叶片的 A 型振动

(a) A_0 型振动；(b) A_1 型振动；(c) A_2 型振动

（2）B 型振动。其是叶根不动、叶顶也基本不摆动的振动形式。用围带连成组的叶片，除叶根固定外，叶顶也有支点，有可能发生 B 型振动。按节点的数目，B 型振动也有 B_0、B_1 等形式。

如图 2-29 所示，叶片组发生 B 型振动时，组内叶片的相位对称相同或相反。图 2-29 (a) 为第一类对称的 B_0 型振动，对称于叶片组中心线的叶片振动相位相反，如果组内叶片数为奇数，则中间的叶片不振动。图 2-29 (b) 为第二类对称的 B_0 型振动，对称于叶片组中心线的叶片振动相位相同。

图 2-28 叶片组的 A 型振动

(a) A_0 型振动；(b) A_1 型振动

当激振力频率逐渐升高时，叶片组将依次出现 A_0、B_0、A_1、B_1、…型振动，其自振频率依次增大，振幅则减小。实践证明，高阶次的振动一般不易发生，即使发生，危险也不大。而通常出现的低阶次振动，振幅较大，叶片动应力较大，切向 A_0、B_0、A_1 型三种振动最易发生，危害最大。

（三）叶片的自振频率

若对叶片加一短时间的作用力，使叶片离开它的平衡位置，那么叶片在弹性力的作用下将发生自由振动。每个叶片均有自由振动的固有频率（自振频率），它仅和叶片的尺寸、固定方法及材料的弹性有关。

叶片在静止时的自振频率称为静频率 f_s。旋转状态下

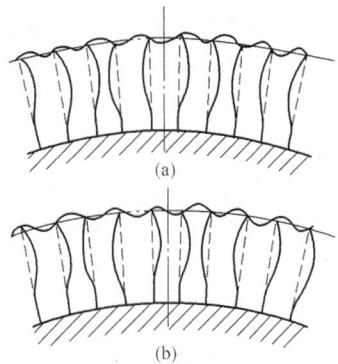

图 2-29 叶片组的 B_0 型振动

(a) 第一类对称的 B_0 型振动；

(b) 第二类对称的 B_0 型振动

的自振频率称为动频率 f_d。借助等截面自由叶片静频率公式分析可知，叶片的自振频率取决于以下因素：

（1）叶片的抗弯刚度。刚度越大，频率越高。

（2）叶片的高度 l_b。l_b 越高，频率越低。

（3）叶片的质量 m。m 越大，频率越低。

（4）叶片的振型。由于叶片有多种振型，因此，叶片有多个自振频率。A_0、B_0、A_1 型三种振动的频率关系为 $f_{A0} < f_{B0} < f_{A1}$。

叶片工作时的自振频率还受到以下工作条件的影响：

（1）叶根的连接刚度。若叶片制造不精、安装不当或工作时叶根连接处产生弹性变形等，都可能使叶根部夹紧力不够，叶根会有一部分参与振动。这样振动叶片的质量增加、连接刚性降低，会使自振频率降低。

（2）工作温度。当温度升高时，使叶片的刚性降低，故使其自振频率降低。

（3）离心力。叶片在旋转状态下工作时，叶片上的离心力将产生反弯矩，相当于增加了叶片的刚度，使叶片的自振频率提高，故叶片的动频率大于静频率。

（4）叶片成组。围带和拉筋对叶片组内叶片的自振频率的影响有两方面：一是它们的质量分配到各叶片上，相当于叶片质量增加，使频率降低；二是围带和拉筋对叶片产生的反弯矩使叶片抗变形能力增加，使频率升高。一般情况下，刚度增加的影响大于质量增加的影响，所以，叶片组的频率通常比单个叶片的同阶频率高。

（四）叶片振动的安全性校核

运行中发现，有的叶片即使避开共振也仍然会损坏，而有的叶片即使发生共振也能安全运行，这是因为叶片振动损坏的根本原因在于振动时动应力过大。叶片按振动特性分为不调频叶片和调频叶片两大类。所谓不调频叶片是指叶片工作时，允许其振动频率和激振力频率相等，而处于共振状态；而调频叶片是指需要调开叶片的自振频率，使它远离激振力的频率，以免在机组运行时发生共振。例如，某电厂 350MW 机组高、中压转子的叶片除调节级外均采用不调频叶片，低压转子的叶片 1～4 级采用不调频叶片，5～6 级（末级和次末级）采用调频叶片。

叶片振动安全控制的关键是防止叶片产生共振和保证叶片振动应力小于叶片耐振强度（动应力允许值）。不调频叶片安全性问题应着重考虑动应力的大小，而频率特性是次要的；调频叶片对动应力大小和频率特性两者都要给予充分考虑。为了保证叶片振动的安全，国家制定了叶片振动的安全性校核准则，该准则不仅适用于调频叶片，也适用于不调频叶片。准则要点如下：

（1）用安全倍率 A_b 来表示叶片抗疲劳损伤的能力，所允许的最小安全倍率 $[A_b]$ 称为临界安全倍率。安全倍率正比于材料的耐振强度与叶片所受汽流弯应力的比值，还需考虑若干修正。当 $A_b \geqslant [A_b]$ 时，表示叶片强度是安全的；反之，则表示叶片强度的安全裕度不足。

（2）校核准则规定了不调频叶片的安全倍率临界值 $[A_b]$，通过计算确定了叶片的安全倍率后，就可进行不调频叶片的安全校核。当 $A_b > [A_b]$ 时，可作为不调频叶片处理；当 $A_b < [A_b]$ 时，则作为调频叶片处理。不调频叶片 A_0 型振动的 $[A_b]$ 见表 2-2。

表 2-2 不调频叶片 A_0 型振动的 $[A_b]$

K	3	4	5	6	7	8	9	10	11	12
$[A_b]$	10.0	7.8	6.2	5.0	4.4	4.1	4.0	3.9	3.8	3.7

（3）对于调频叶片应该校核其频率的避开率和相应的安全倍率。调频叶片 A_0 型振动的 $[A_b]$ 见表 2-3。叶片的动频率应避开相应转速下的危险激振力频率，避开数值不得低于 7.5Hz。

表 2-3 调频叶片 A_0 型振动的 $[A_b]$

K		2～3	3～4	4～5	5～6
$[A_b]$	自由叶片	4.5	3.7	3.5	3.5
	成组叶片	3			

（五）叶片的调频

当叶片或叶片组的自振频率不符合安全值的要求时，可调整叶片或叶片组的自振频率，称为叶片的调频。调频主要方法是改变叶片或叶片组的质量和刚性，增加叶片刚性或减少质量都可使自振频率提高。反之，即可使自振频率降低。

调频前，首先要检查叶片的频率分散度是否符合要求。频率分散度 Δf 必须控制在一定范围内，通常规定 $\Delta f \leqslant 8\%$ 方为合格，正常情况下可以做到 $\Delta f \leqslant 4\%$。当 Δf 过大时，应检查叶片的安装质量。当频率分散度合格而频率不合格时，应进行调频。

电厂通常采用下列方法调频：

（1）重新研磨叶根之间的结合面或捻铆叶根，以增加叶根的安装紧力。对于制造安装质量不佳而导致频率不合格的叶片，这是一种提高自振频率和减小频率分散度的有效方法。

（2）将叶片连接成组，以改变叶片的自振频率，同时，可改变叶片围带、拉筋的连接刚性和质量。例如，改变围带或拉筋尺寸、截面形状以及与叶片的连接方式或拉筋的位置等。

（3）在短叶片顶部中心部位钻孔，以减小叶片的质量，提高自振频率。

（4）在焊接围带和拉筋与叶片的连接处加焊，或对铆接围带重新捻铆不合格的铆钉，以增加叶片刚度，提高自振频率。

（5）改变成组叶片的叶片数，当组内叶片数增加时，围带或拉筋对叶片的反弯矩增加，使叶片的自振频率提高。但当组内叶片数已较多时，这种方法的效果很小。

（6）采用松拉筋或空心拉筋。运行时，松拉筋紧贴在叶片上，可有效抑制叶片的 A_0、B_0 型振动，减小振幅和振动应力。改用空心拉筋，使拉筋分配到叶片上的质量减小，叶片的自振频率提高。

叶片的自振频率与叶型几何尺寸有关，设计叶型时计算所得的自振频率应避开共振区域。制造叶片时，要尽量减少加工公差，如果同一叶型的叶片尺寸相差较大，叶片的频率也相差较大，要调开共振区域就困难了。叶根的安装紧力不同，对叶片自振频率有明显的影响，叶根安装偏松，则频率降低。汽轮机一个级中众多的叶片，如果相互频率相差较大，则产生共振的机会也就多。

任务验收

（1）识读图 2-30，标注叶片各部分的名称。

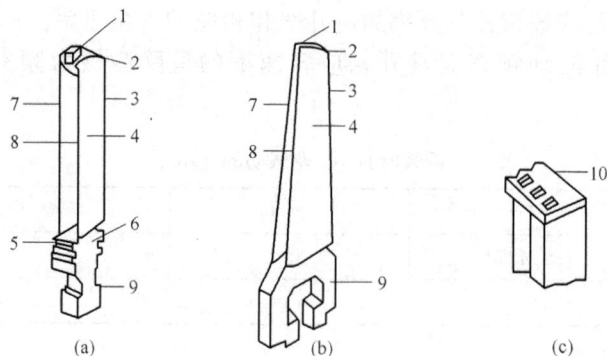

图 2-30　叶片结构示意
(a) 等截面叶片；(b) 变截面叶片；(c) 叶顶部分

（2）收集 600、1000MW 汽轮机叶片的结构资料。

（3）对比分析调频叶片和不调频叶片的安全校核准则。

（4）说出电厂常用的调频措施。

任务三　认识汽缸及滑销系统

【任务描述】

　　从汽缸设计要求的角度，认识大功率机组汽缸的结构；认识汽缸的支承方式及大机组的滑销系统。分析汽轮机进汽部分的结构。

能力目标

（1）认识双层缸、法兰螺栓加热装置的结构。

（2）认识汽缸的支承方式。

（3）能分析大功率汽轮机滑销系统的组成。

（4）能分析大功率汽轮机汽阀的布置特点。

任务实施

一、汽缸的作用和基本要求

　　汽缸是汽轮机的外壳，是汽轮机最重要的部件之一，也是汽轮机中质量大，形状和受力状态复杂的一个部件。汽缸的作用是将汽轮机的通流部分与大气隔开，形成封闭汽室，保证蒸汽在汽轮机内部完成能量转换。汽缸内安装着喷嘴组、隔板、隔板套和汽封等静止部件。汽缸外还连接有进汽、排汽、回热抽汽及疏水管道以及与低压缸相连的支承座架等。

汽缸在高温、高压下工作，除了承受内、外压差以及汽缸本身和装在其中的各零部件的质量等静载荷外，还要承受隔板和喷嘴作用在汽缸上的力，以及进汽管道作用在汽缸上的力和由于沿汽缸轴向、径向温度分布不均匀（尤其在启动、停机和变工况时）而引起的热应力。汽缸运行中的热应力对高参数、大功率汽轮机的影响尤为突出。

因此，在进行汽缸结构设计时，缸壁必须具有一定的厚度，以满足强度和刚度的要求；水平法兰的厚度更大，以保证汽缸结合面的严密性；汽缸的形体设计应力求简单、均匀、对称，使其能顺畅地膨胀和收缩，以减小热应力和应力集中；还要保持静止部分同转动部分处于同心状态，并保持合理的间隙。此外，汽缸还应便于安装检修。

二、汽缸的结构

（一）总体结构

为了加工制造及安装检修方便，汽缸多做成水平对分形式，即分为上、下汽缸，水平结合面用法兰螺栓连接，且上、下汽缸的水平中分面都经过精加工，以防止结合面漏汽。同时，为了合理利用材料，便于加工和运输，汽缸还常以一个或两个垂直结合面而分为高压、中压、低压三段。和水平结合面一样，垂直结合面也通过法兰、螺栓连接，所不同的是垂直结合面通常在制造厂一次装配完毕就不再拆卸了，有的还在垂直结合面的内圆加以密封焊接。汽缸自高压端向低压端看，大致呈圆筒形或近似圆锥形。汽缸的高、中压段一般采用合金钢或碳钢铸造结构，低压段可根据容量和结构要求，采用铸造结构或由简单铸件、型钢及钢板焊接的焊接结构。

随着汽轮机的形式、容量、蒸汽参数、制造厂家的不同以及是否采用中间再热，汽缸的结构也有多种形式。按进汽参数不同，汽缸可分为高压缸、中压缸和低压缸；按每个汽缸的内部层次，可分为单层缸、双层缸和三层缸；按通流部分在汽缸内的布置方式，可分为顺向布置、反向布置和对称分流布置；按汽缸的形状，可分为圆筒形、圆锥形、阶梯圆筒形或球形等。

图 2-31 为上汽 1000MW 汽轮机高压缸，采用双层缸单流程设计。外缸为圆筒形，由垂直径向中分面分为进汽缸和排汽缸，内缸为垂直纵向平分面结构。由于缸体为旋转对称，使得机组在启动、停机或快速变负荷时，缸体的温度梯度很小，热应力保持在一个很低的水平。

（二）大机组的汽缸特点

1. 高、中压缸

通常初参数不超过 8.83MPa、535℃，容量在 100MW 以下的中、小功率汽轮机，都采用单层汽缸结构。随着初参数的不断提高，汽缸内、外压差不断增大，为保证中分面的汽密性，连接螺栓必须有很大的预紧力及加大的螺栓尺寸。与此相应，法兰、汽缸壁都很厚，导致启动、停机和工况变化时，汽缸壁和法兰、法兰和螺栓之间将因温差过大而产生很大的热应力，甚至使汽缸变形、螺栓拉断。为此，近代高参数大容量汽轮机的高压缸多采用双层缸结构。有的机组甚至将高、中压缸和低压缸全做成双层缸。图 2-32 为哈汽 600MW 超临界压力汽轮机高、中压缸纵剖面图。

高、中压缸采用双层缸结构的优点如下：

（1）把原单层缸承受的巨大蒸汽压力分摊给内、外两层缸，减少了每层缸的压差与温差，缸壁和法兰可以相应减薄，在机组启停及变工况时，热应力也相应减小，因此，有利于

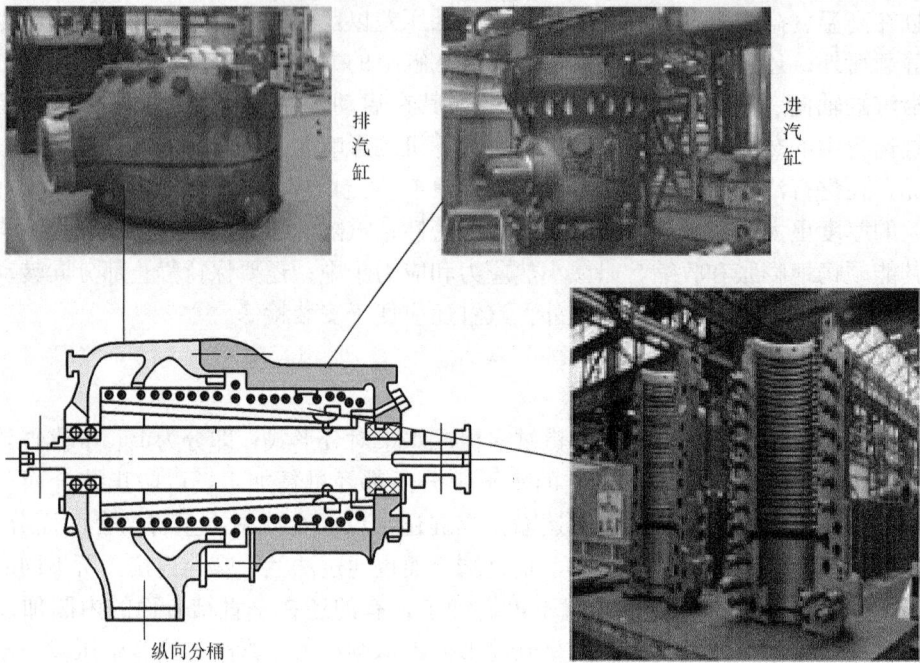

图 2-31 上汽 1000MW 汽轮机高压缸

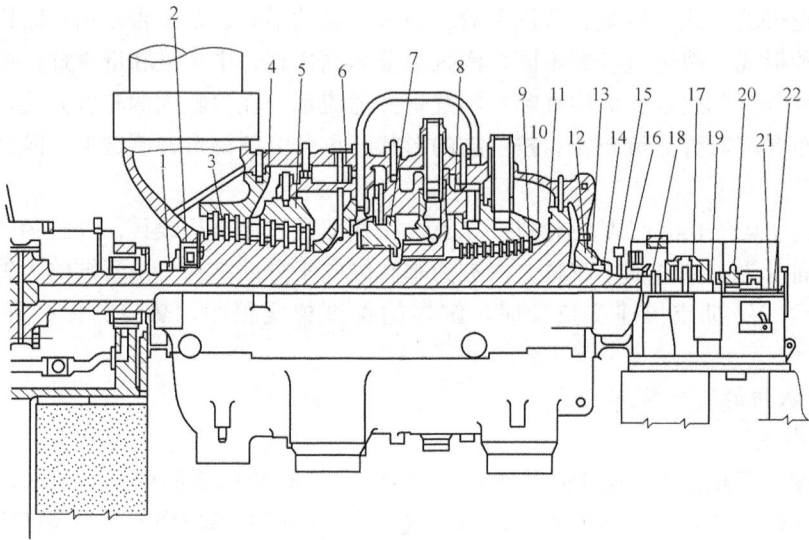

图 2-32 哈汽 600MW 超临界汽轮机高、中压缸纵剖面图

1—外汽封；2、12—内汽封；3—叶片；4—中压 2 号持环；5—中压 1 号持环；6—中压平衡活塞；
7—高压进汽侧平衡活塞；8—高压内缸；9—叶片；10—高压 1 号持环；11—高压排汽侧平衡活塞；
13—汽封；14—外汽封；15—振动检测器；16—轴承；17—推力轴承；18—轴向位置和推力轴承脱
扣检测器；19—转速传感器和零转速检测器；20—主油泵；21—危急遮断油门；22—偏心和鉴相器

缩短启动时间和提高负荷的适应性。

（2）内缸主要承受高温及部分蒸汽压力的作用，且尺寸小，故可做得较薄，则所耗用的贵重耐热金属材料相对减少。而外缸因设计有蒸汽内部冷却，运行温度较低，故可用较便宜的合金钢制造，节约优质贵重合金材料。

（3）外缸的内、外压差比单层汽缸时降低了许多，因此，减少了漏汽的可能，汽缸结合面的严密性能够得到保障。

双层缸结构的缺点是增加了安装和检修的工作量。

双层缸结构的汽缸通常在内、外缸夹层里引入一股中等压力的蒸汽流。当机组正常运行时，由于内缸温度很高，热量源源不断地辐射到外缸，有使外缸超温的趋势，这时夹层汽流对外缸起冷却作用。当机组冷态启动时，为使内、外缸尽可能迅速同步加热，以减小动、静胀差和热应力，缩短启动时间，此时夹层汽流即对汽缸起加热作用。

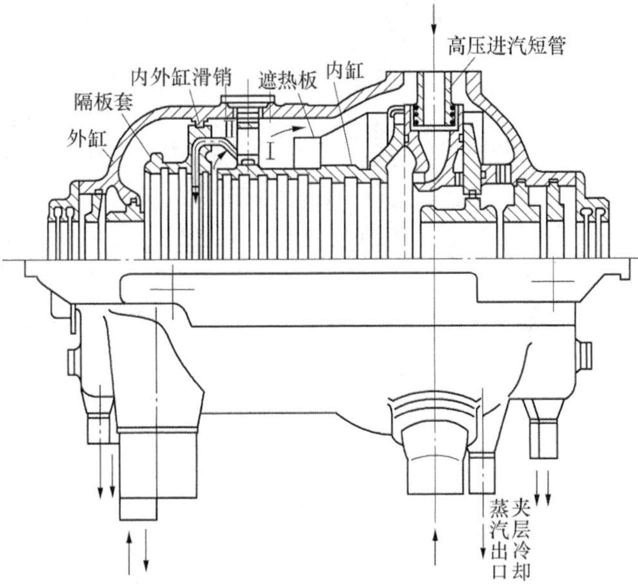

图 2-33 为某大功率汽轮机高压内、外缸示意图。内缸工作温度较高，采用综合性能较好的珠光体热强钢 ZGl5CrlMolV，能在 570℃ 下长期工作。而夹层 I

图 2-33 某大功率汽轮机高压内、外缸示意图

区一直受到一号汽封套和喷嘴室进汽短管中漏汽的冷却，Ⅱ区一直受到高压缸第九级后引出的一部分蒸汽的冷却，外缸工作温度较低，可以采用不含钒的热强钢 ZG20CrMo，并能在 500℃ 下长期工作。同时，又由于 I、Ⅱ区的温度与通流部分中相应位置的汽流温度相差不大，还保证了每层汽缸的内、外温差及转子和汽缸的胀差不致过大。

为了减少内缸对外缸的辐射热量、降低外缸温度，还可以在夹层中间加装遮热板，可使外缸温度降低 30℃ 左右。在外缸材料工作温度许可的条件下，考虑到加工，特别是安装、检修的方便性以及减少运行中的噪声，也可以不装遮热板。

图 2-34 为国产引进型 300MW 汽轮机高、中压缸夹层冷却系统。该汽轮机调节级与高压级组反流布置，调节级出口大部分蒸汽回流绕过喷嘴室，对喷嘴室和高压内缸内壁冷却后进入第一压力级继续做功。调节级出口的另一小部分蒸汽漏过高压平衡活塞汽封，进入汽缸夹层，冷却高压内缸外壁，然后一部分汇入高压排汽，另一部分经过外缸上部的连通管进入中压平衡活塞汽封。

国产 300、600MW 汽轮机多采用高中压合缸结构。与分缸结构相比，合缸的优点是高中压进汽部分集中在汽缸中部，降低了两端轴承工作温度及汽缸热应力；合缸结构前、后轴封处于高、中压缸排汽部位，使轴封长度显著减少，还减少了一或两个支持轴承，缩短了汽轮机轴向长度。但大容量机组采用合缸结构会使汽缸和转子过重过大，转子端的轴承跨度大，使振动控制难度增加，进抽汽管道布置拥挤。合缸结构因高、中压进汽部分集中在汽缸中部，运行中须控制主、再热蒸汽的温差不能过大。

随着机组容量不断增大，中压缸分流也得到了一定的应用。为了平衡轴向推力，有的机组

图 2-34   国产引进型 300MW 汽轮机高、中压缸夹层冷却系统

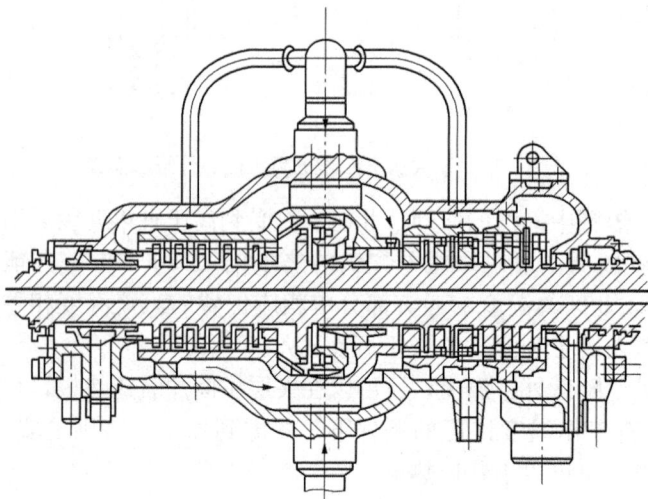

图 2-35   回流式高压缸

采用了高压缸回流结构。例如，俄罗斯生产的亚临界压力 300、500MW 和超临界压力 800MW 汽轮机为中压缸分流，高压缸回流布置的结构形式。回流式高压缸如图 2-35 所示，蒸汽从高压缸中部进入，依次流过布置在内缸的各级，然后通过内、外缸夹层回流入反向布置的各级。

2. 低压缸

汽轮机的低压缸又称为排汽缸。高参数、大功率凝汽式汽轮机的低压缸，由于蒸汽容积流量相当大，因而低压缸尺寸结构很大，是汽轮机中最庞大的部件，它的结构设计水平对汽轮机的经济性及运行可靠性关系颇大。排汽缸内承受的蒸汽压力和温度都比较低，因此，它的强度一般没有什么问题。但运行中排汽缸处于高度真空状态，因此需承受外界大气压差的作用，其缸壁必须具有一定的厚度以满足强度和刚度的要求。足够的通流面积和刚度，良好的蒸汽导流形状是低压缸结构设计的主要问题，即末级排汽的余速损失尽量减小；排汽通道应有合理的导流形状，使流动损失较小、并便于回收排汽动能，以提高机组效率。在启动和低负荷时排汽缸温度升高，若低压缸刚度不足，将使机组动、静部分间隙和中心变化，引起机组振动。

低压缸一般采用钢板焊接结构，并用加强筋加固。大功率汽轮机的低压缸，由于汽流温度较高，一般采用双层缸，甚至三层缸结构，内缸采用铸造结构，外缸和排汽室由钢板焊接而成。图 2-36 为某大功率汽轮机的双层缸结构排汽缸，为双层缸结构。汽轮机排汽由导流板引

导，扩容、降压后排入凝汽器，轴承座设在低压外缸上。有些汽轮机后轴承座与汽缸分离落地布置，可避免排汽缸温度升高对轴承支承位置的影响。低压外缸两端的汽缸盖上还装有两个大气阀，当低压缸的内压超限时自动进行危急排汽。

哈汽 600MW 超临界压力汽轮机采用对称分流的三层缸结构。如图 2-37 所示，排汽缸为一个外缸和两个内缸，低压外缸全部由钢板焊接而成，其上、下半各由三部分组成：即前排汽部分、后端排汽部分和中间部分，各部分之间用垂直法兰面永久性连接成一个整体，可以整体吊起。内缸支承在外缸上，支撑面略低于水平中分面。通流部分分段布置在两个内缸中，这

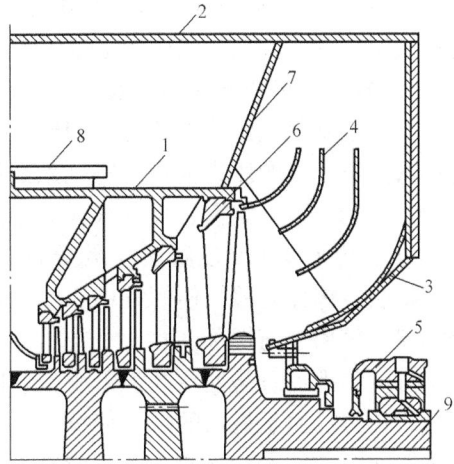

图 2-36 某大功率汽轮机的双层缸结构排汽缸
1—内缸；2—进汽口；3—外缸；4—扩压管斜前壁；5—隔板套；6—扩压管；7—排汽室；8—汽轮机后轴承；9—低压转子

样每层汽缸承受的温差将减少，低压缸的较大温差在三层缸壁间得到合理分配。低压进汽管与低压外缸及第二层内缸之间采用了顶部密封环结构，以利于补偿低压三层缸间的相对膨胀。

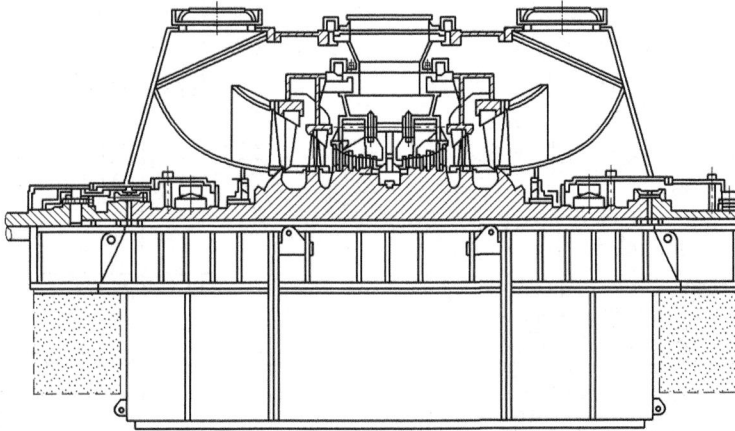

图 2-37 哈汽 600MW 超临界汽轮机低压缸纵剖面图

在汽轮机启动、低负荷及空负荷（特别是甩负荷之后）运行时，由于蒸汽流量小，不足以带走低压缸内鼓风摩擦产生的热量，导致排汽温度升高。排汽温度太高，排汽缸的温度也随之过高，则会影响与排汽缸连在一起的轴承座的标高，使低压转子的中心线改变，造成机组振动或发生事故；排汽温度过高，还可能使凝汽器内胀接的铜管泄漏。为防止排汽缸温度过高，在排汽区设有喷水减温装置，当排汽缸温度升高时按要求自动投入，以降低排汽缸的温度。图 2-38 为排汽缸喷水减温装置示意图。在排汽缸末级后装有带喷嘴的环形管，管上钻有小孔，水源由凝结水泵出口通过电磁阀控制进入喷水管，从管子下端进来的凝结水从这些小孔中喷出，喷向排汽缸，以降低排汽温度。喷雾和排汽流向交叉，而不直接落在末级叶片上，使叶片不至于受到水的冲刷。例如，某 600MW 压力超临界机组低压缸喷水系统在转

速达到 600r/min 时自动投入，并在机组带上约 15％额定负荷前连续运行。一般规定，正常运行时排汽温度低于 65℃，当排汽缸温度超过 70℃时，喷水系统会自动投入。

（三）汽缸法兰螺栓及加热装置

汽缸内部承受很大的蒸汽压力，因此，水平结合面的密封是一个非常重要的问题。高参数汽轮机汽缸所承受的压力很高（特别是高压缸），要保证水平结合面的汽密性，就必须采用很厚的法兰和排列很紧密、尺寸很大的连接螺栓。通常要求螺栓中心距不超过螺孔直径的 1.5～1.7 倍。为了减少高压缸法兰承受的弯应力和螺栓承受的拉应力，并减小法兰内、外温差，又将法兰螺栓内移，使螺栓中心线尽量靠近汽缸壁中心线。同时，为了装卸方便，还将螺母加高，采用套筒螺母。

由于法兰和螺栓总是处在高温下工作，因此，它们必须具有足够的强度和紧力；为了克服厚法兰、长螺栓由于材料的蠕变使螺栓压紧力逐渐小于初始预紧力的应力松弛现象，保证两次大修期间螺栓的实际压紧力一直能满足法兰的汽密性要求，必须使螺栓具有足够的预紧力（初应力）。为此，高参数汽轮机高温部分的连接螺栓都采用热紧方式。高压缸的厚法兰、长螺栓图 2-39 所示，上螺栓的中心孔（孔的直径一般在 20mm 左右）是为了拧紧螺栓时加热用的，可采用电加热或汽加热等方法。通过测量螺母的转角或测量螺栓的绝对伸长来控制热紧量，以达到所需要的预紧力。

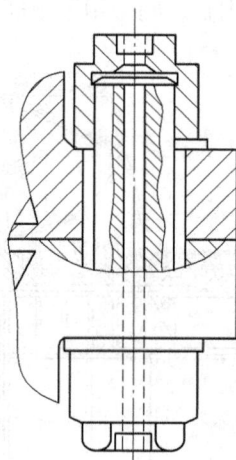

图 2-38　排汽缸喷水减温装置
1—进水管；2—喷水管

图 2-39　高压缸的厚法兰、长螺栓

由于高压缸法兰厚而宽，启动时它的温度低于汽缸内壁温度，而连接螺栓的温度又将低于法兰的温度，从而使法兰比螺栓膨胀得快，汽缸又比法兰膨胀得快。这将在法兰和螺栓中产生很大的热应力，严重时会使法兰面产生塑性变形或拉断螺栓。另外，法兰内、外温差也会造成水平结合面的翘曲和汽缸裂纹。因此，为了减少启动、变工况时汽缸、法兰及连接螺栓之间的温差，缩短启动时间，需采用法兰螺栓加热装置，在汽轮机启动时对法兰和螺栓补充加热。有的汽轮机在法兰和螺栓之间加入铜粉、铝粉之类的金属粉末，来增强法兰与螺栓之间的传热。

双层缸结构的汽轮机，外缸比内缸受热慢，其法兰螺栓受热更慢，致使汽缸的热膨胀受到牵制，形成过大的胀差（转子与静止部分的相对膨胀差），降低了机组的启、停速度。为此，大多数双层缸结构的汽轮机高、中压内、外缸均设有法兰螺栓加热装置，它们的结构大致相仿。图2-40为汽缸法兰螺栓加热装置示意图，引入辅助蒸汽依次经过各螺孔，对螺栓及法兰进行加热。为了减少法兰内、外壁之间和上、下法兰之间的温差，有些机组还在高、中压外缸上、下法兰外侧加装法兰加热汽柜，如图2-41所示，汽柜中的挡汽板是为提高加热效果用的。

图2-42为东汽超临界压力600MW汽轮机螺栓自流冷却加热系统，内、外法兰均有螺栓加热装置。

法兰螺栓加热装置使汽轮机结构复杂，增加了启、停操作，还可能使用不当，造成负面效果。有些机组改

图2-40　汽缸法兰螺栓加热装置示意图
(a) 高压外缸法兰；(b)、(c) 法兰螺栓加热流程
1、2—蒸汽连接口；3—平面槽

进设计，采用了高窄法兰，螺栓靠缸壁内移连接，并适当增大动、静间隙，以增大胀差限制值等措施，从而取消了法兰螺栓加热装置。

国外有的汽轮机甚至取消法兰，改用抱箍密封连接。如法国CEM公司300MW汽轮机、瑞士ABB公司600MW汽轮机的高压内缸均采用了无法兰半圆形结构，上、下缸之间用七道热套环形紧圈箍紧密封。由于内缸取消了法兰，大大减小了启、停和变工况时缸壁的热应力，这种结构的汽缸能较快地暖机和启动，改善了机组的负荷适应性，但这种汽缸的安装检修较困难。

三、汽缸的滑销系统

汽缸的支承定位要考虑受热改变时汽缸可以自由对称地收缩和膨胀，汽缸与轴承座之间、内外缸之间的支承均应以水平中分面支承为原则，保证运行时汽缸中心线与转子一致。汽缸的支承定位包括外缸在轴承座和台板（座架、机架等）上的支承定位、内缸在外缸中的

图2-41　法兰加热汽柜
1—加热汽柜；2—挡汽板；
3—膨胀补偿曲面；4—法兰壁测温孔

支承定位及滑销系统的布置等。

（一）汽缸的支承

汽轮机安装在基础上。汽缸通过轴承座或伸脚支承在基础台板上，基础台板又用地脚螺栓固定在基础上。汽缸的支承方法一般有两种：一种是高、中压汽缸通过猫爪支承在轴承座上，并通过轴承座放置在台板上；另一种是低压缸两侧用外伸的膨胀螺栓直接放置在台板上。

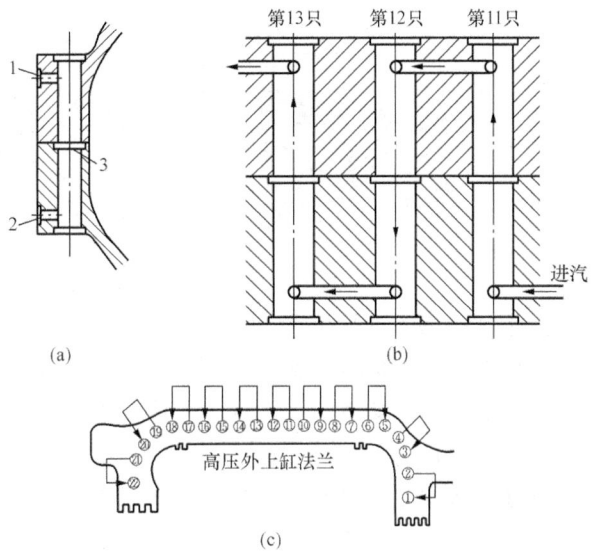

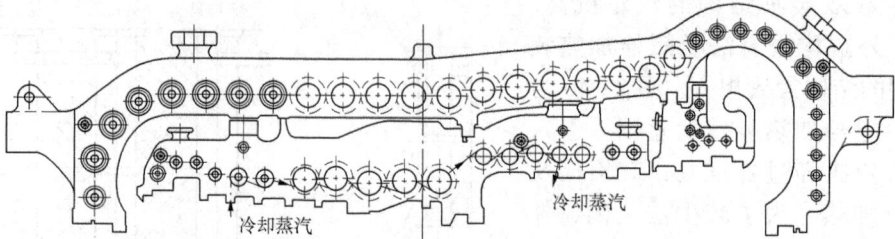

图 2-42 东汽 600MW 汽轮机螺栓自流冷却加热系统

1. 猫爪支承

猫爪支承有下缸猫爪支承、下缸 Z 形猫爪支承和上缸猫爪支承。

（1）下缸猫爪支承。下汽缸水平法兰前、后延伸的猫爪称下缸猫爪，又称工作猫爪（支承猫爪）。在高压缸的下缸前、后各有两只猫爪，分别支承在高压缸前、后的轴承座上。下缸猫爪支承又分非中分面支承和中分面支承两种。

非中分面猫爪支承如图 2-43 所示。这种猫爪支承的承力面与汽缸水平中分面不在一个平面内，其结构简单，安装检修方便，但当汽缸受热使猫爪因温度升高而产生膨胀时，将使汽缸中分面抬高，偏离转子的中心线，从而使动、静部分的径向间隙改变，严重时会因动、静部分摩擦太大而造成事故。所以，这种猫爪只用于温度不高的中低参数机组的高压缸支承。对于高参数大容量的机组，因汽封间隙小，而猫爪厚度大，受热后使汽缸中心上抬的影响大，需采用其他支承方式。

（2）下缸 Z 形猫爪支承。高参数大容量机组的高压缸支承在轴承上可采用中分面支承方式，又称为下缸 Z 形猫爪支承，如图 2-44 所示。它是将下缸猫爪位置抬高呈 Z 形，使猫爪承力面正好与汽缸中分面在同一水平面上。这样，当汽缸温度变化时，猫爪热膨胀不会影响汽缸的中心线，但这种结构因猫爪抬高使下汽缸的加工复杂化。国产引进型 300、600MW 机组高、中压缸下汽缸就是采用此种支承方式，高压外缸是由 4 只猫爪支承，4 只猫爪与下半缸一起整体铸出，位于下汽缸水平法兰上部，猫爪搁置在前、后轴承座上，并与其连接面保持在水平中分面。此结构在机组运行过程中，能使汽缸的中心与转子的中心保持一致，它还可降低螺栓受力，以及改善汽缸中分面漏汽状况。每个猫爪与轴承座之间都用双头螺栓连接，以防止汽缸与轴承座之间产生脱空。螺母与猫爪之间留有适当的膨胀间隙，猫爪下部有垫块，垫块上部平面可由油槽打入高温润滑脂，以保证猫爪自由膨胀。

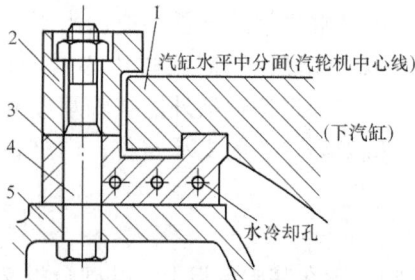

图 2-43 外缸下缸猫爪支承
1—下缸猫爪；2—压块；3—支承块；
4—紧固螺栓；5—轴承座

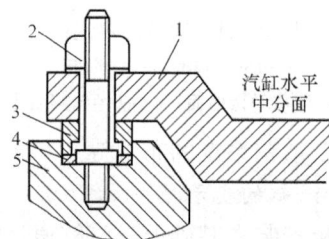

图 2-44 外缸下缸中分面支承
1—下缸猫爪；2—螺栓；3—平面键；
4—垫圈；5—轴承座

（3）上缸猫爪支承。上缸猫爪支承采用中分面支承方式，如图2-45所示。上缸法兰延伸的猫爪（也称工作猫爪）作为承力面支承在轴承座上，其承力面与汽缸水平中分面在同一平面内，猫爪受热膨胀时，汽缸中心仍与转子中心保持一致。下缸靠水平法兰的螺栓吊在上缸上，使螺栓受力增加。此种支承安装时比较麻烦，下缸必须有安装猫爪，即图中下缸猫爪，它只在安装时起支持下缸的作用。下边的安装垫片用来调整汽缸洼窝中心，安装好后紧固螺栓，安装猫爪不再起支承作用，就不再受力，安装垫铁即可抽走，留待检修时再用。上缸猫爪支承在工作垫片上，承担汽缸质量。运行时安装猫爪通过横销推动轴承座做轴向移动，并在横向起热膨胀的导向作用。水冷垫铁固定

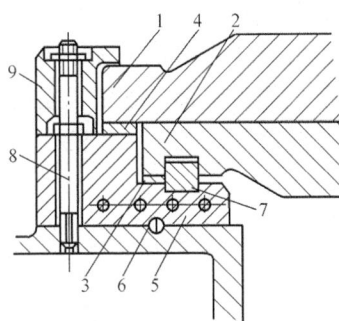

图2-45 外缸上缸猫爪支承
1—工作猫爪；2—安装猫爪；3—安装垫片；
4—工作垫铁；5—水冷垫铁；6—定位销；
7—定位键；8—紧固螺栓；9—压块

在轴承座上并通有冷却水，以不断地带走由猫爪传来的热量，防止支承面的高度因受热而发生改变。同时，也使轴承的温度不至于过高。东汽600MW汽轮机采用此种支承方式。

双层缸内缸也采用类似猫爪支承的方式，同样有下缸猫爪支承和上缸猫爪支承。内缸的中分面支承如图2-46所示，内缸利用法兰外伸的支持搭耳支承在外缸水平中分面上，并由上部和下部的定位销导向，使内缸与外缸同心，使其根据温度变化自由收缩和膨胀。

2. 台板支承

低压外缸由于外形尺寸较大，一般都采用下缸伸出的搭脚直接支承在基础台板上，如图2-47所示。虽然它的支承面比汽缸中分面低，但因其温度低，膨胀不明显，所以影响不大。但需注意，汽轮机在空载或低负荷运行时排汽温度不能过高，否则将使排汽缸过热，影响转子和汽缸的同心度或转子的中心线，所以要限制排汽温度，设置排汽缸喷水装置。喷水装置布置在低压缸的导流板上。

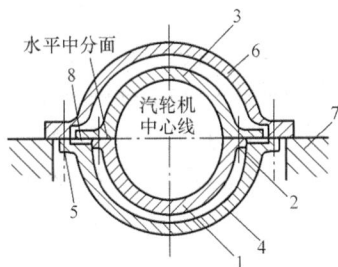

图2-46 内缸的中分面支承
1—内下缸；2—内缸连接螺栓；3—内上缸；4—外下缸；
5—外缸连接螺栓；6—外上缸；7—轴承座；8—支承垫片

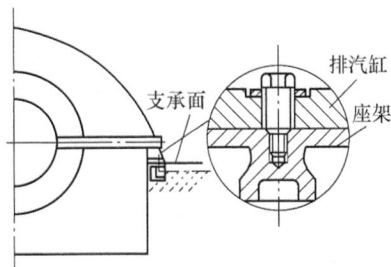

图2-47 排汽缸的支承

（二）滑销系统的布置

汽轮机在启动、停机和运行时，汽缸的温度变化较大，将沿长、宽、高几个方向膨胀或收缩。由于基础台板的温度升高低于汽缸，如果汽缸和基础台板为固定连接，则汽缸将不能自由膨胀。若汽缸膨胀不足，会造成金属热应力过大，引起汽缸变形、裂纹，机组振动增大和汽缸漏汽。此外，还会引起缸内轴向和径向间隙改变，造成动、静摩擦。所以，汽缸的自

由膨胀是汽轮机制造、安装、检修和运行中的一个重要问题。

汽缸设置有滑销系统,用于引导汽缸在各个方向的膨胀,保证汽缸与转子中心一致。滑销系统一般由横销、纵销、立销、角销等组成,各种滑销分布在汽缸与基础台板之间及汽缸与轴承座之间。图2-48表示了各种滑销的具体结构。

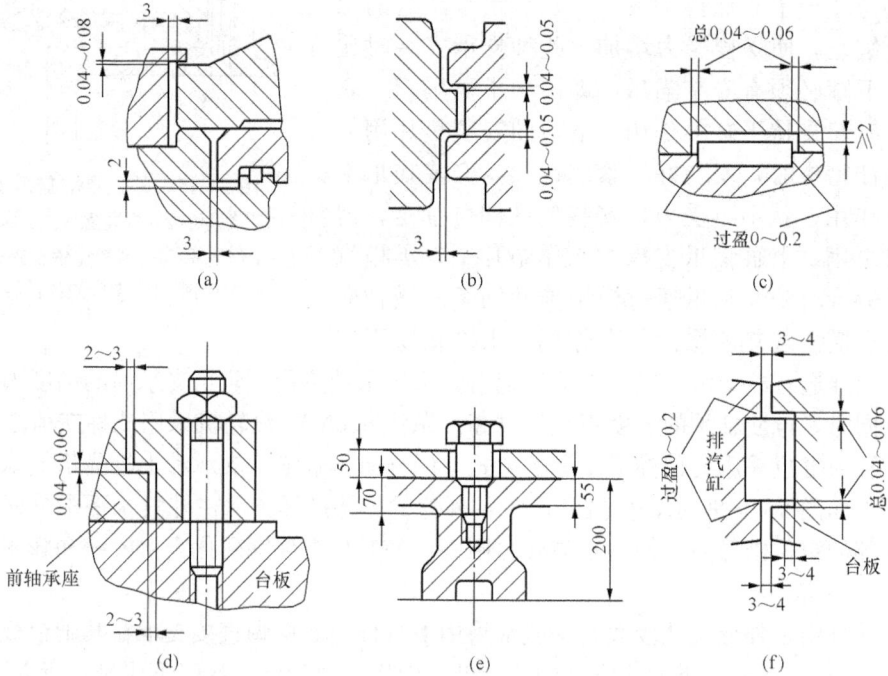

图2-48　汽轮机滑销结构图
(a)猫爪横销;(b)前缸立销;(c)前轴承纵销;
(d)角销(压板);(e)连接螺栓;(f)后缸立销

(1)横销。横销引导汽缸沿横向滑动,并在轴向起定位作用。一般安装在低压缸的搭脚与台板之间,左、右各装一个。高、中压缸猫爪与轴承座之间也设有横销,称为猫爪横销。

(2)纵销。引导轴承座或汽缸沿轴向滑动,并限制轴向中心线横向移动。纵销与横销中心线的交点为膨胀的固定点,称为死点(膨胀时绝对不动的点)。纵销一般安装在轴承座底部与台板之间及低压缸与台板之间,处于汽轮机的轴向中心线正下方。对凝汽式汽轮机来讲,死点多布置在低压排汽口的中心或其附近,这样在汽轮机受热膨胀时,对庞大笨重的凝汽器影响较小。

(3)立销。立销引导汽缸沿垂直方向滑动,并与纵销共同保持机组的轴向中心不变。立销安装在汽缸与轴承座之间也处于机组的纵向中心线正下方。

(4)角销。角销又称压板,安装在轴承座底部左、右两侧,使轴承箱在轴向水平滑动,防止轴承座四角翘起,与基础台板脱离。

图2-48(e)为低压缸与基础台板之间的连接螺栓,需要注意的是其螺孔在汽缸的膨胀方向上要留有足够的间隙,以保证汽缸的自由膨胀。

为了保证内缸受热后能自由膨胀并保持与外缸中心一致,双层结构汽缸内缸与外缸之间也设有滑销。由于进汽管是通过外缸和内缸进入喷嘴室的,内缸和外缸在进汽管处不能有相对位移，因此，内缸的死点一般设在进汽管中心线所处的垂直平面上。值得注意的是，内缸的死点位置将随外缸纵向膨胀而移动，是相对膨胀死点。

汽缸滑销系统的死点位置决定了汽缸纵向膨胀方向，单缸汽轮机的死点在低压排汽口中心，由此决定了汽缸纵向膨胀是向前轴承箱方向。大功率多缸汽轮机的转子、汽缸、基础台板间的膨胀差很大，机组的定位比较复杂，热膨胀对动、静部分轴向间隙影响较大。其滑销系统一般设有多个死点，以各死点为基准决定各汽缸外缸的膨胀方向。

哈汽 600MW 汽轮机滑销系统示意图如图 2-49 所示。由该图可见汽缸膨胀的绝对死点位置。机组两只落地轴承座的底部和台板之间沿机组中心线各有两个纵销，每一个轴承座底部前、后各有一个（中压轴承座的纵销未画出）。高、中压外缸通过下缸猫爪支承在轴承座上。猫爪与轴承座之间有一平面键作为猫爪横销，猫爪可在上面横向自由滑动。两低压外下缸前、后中心线下各有一立销。高、中压下缸前、后两端分别通过 H 形中心梁（又称工字梁）与相邻轴承座相连接，汽缸沿轴向膨胀时，通过 H 形梁推动前轴承座在台板上滑动。H 形梁用螺栓和定位销连接在汽缸和轴承座上，低压 1 号和 2 号缸之间在外缸下半左、右两侧也用中心梁连接。汽轮机膨胀时，1 号低压缸中心不变，其后部中心梁推动 2 号低压缸向发电机方向膨胀，其前部推着中轴承箱、高/中压汽缸、前轴承箱沿机组轴向前端膨胀。该机的推力轴承设在中轴承箱中，当汽缸膨胀时推力轴承所在的中轴承箱相应轴向移动，因此，轴系的定位点也随之移动。

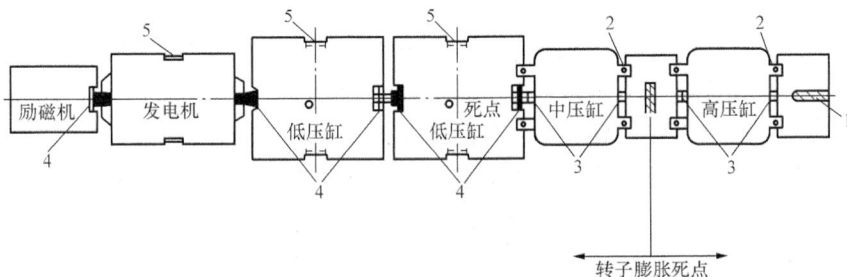

图 2-49　哈汽 600MW 汽轮机滑销系统示意图
1—纵销；2—猫爪横销；3—H 形中心推拉梁；4—立销；5—横销

轴系转子的轴向位置由推力盘定位，推力盘包围在推力轴承中。因汽缸轴向膨胀通过猫爪将推动轴承箱移动，即推力轴承位置将随轴承箱移动而改变，所以推力轴承是转子的相对膨胀死点，推力盘定位决定了各转子的轴向膨胀方向。转子轴向膨胀与汽缸轴向膨胀的差值称为汽轮机的胀差。显然，胀差变化将改变通流面动、静部件的轴向间隙。因此，胀差是汽轮机的重要监视指标，以推力轴承为基点，在各汽缸的远端设有汽轮机胀差指示。胀差指示值变化，反映了通流面动、静轴向间隙的变化。

四、汽轮机的进汽部分

进汽部分指调节汽阀后蒸汽进入汽缸第一级喷嘴这段区域，它包括调节汽阀至喷嘴室的主蒸汽（或再热蒸汽）导管、导管与汽缸的连接部分和喷嘴室，并是汽缸中承受蒸汽压力和温度最高的部分。

随着汽轮机单机功率的增加，进汽参数的提高，在结构上应力求使汽缸进汽部分简单对称，沿圆周受热均匀；在布置方式上要保证汽阀和导汽管在任何工况下的热应力和热变形都

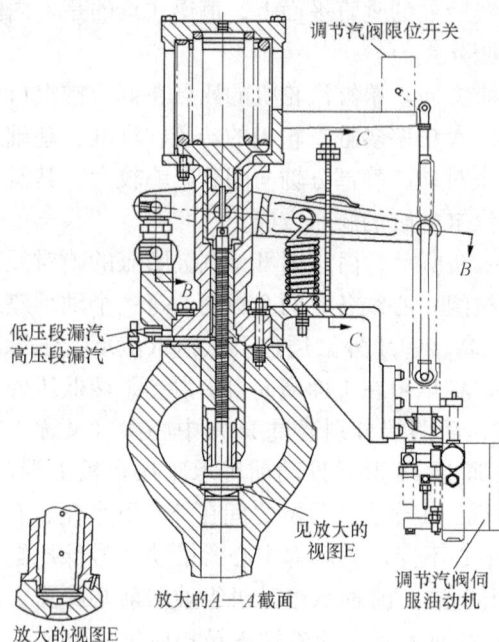

放大的视图E

图 2-50　单座球形结构的高压调节汽阀

在允许范围内，对汽缸不产生大的附加热应力和推力。进汽参数在 8.83MPa、535℃ 及其以下的中、小功率汽轮机，调节汽阀均直接装在汽缸上；更高参数的大功率汽轮机，为减小热应力，对汽缸受热均匀性及形状对称性要求越来越高，这就要求喷嘴室沿圆周均匀分布，而且汽缸上、下都要有进汽管和调节汽阀。由于调节汽阀布置在汽缸下部会给机组布置、安装、检修带来困难，因此，需要把调节汽阀与汽缸分离单独布置。另外，大功率汽轮机进汽管和再热管道多为双路布置，需要两个主汽阀。这样就可以把两个主汽阀分置于汽缸两侧，并且分别和调节汽阀合用一个壳体，每个主汽阀控制两个或多个调节汽阀。

（一）高压汽阀的布置

图 2-50 为单座球形结构的高压调节汽阀，其预启阀与阀杆相连。图 2-51 为双阀蝶式高压主汽阀，带有预启阀，预启阀可通过 25% 流量。

图 2-52 为一种典型的高压汽阀两侧对称分离布置。每个主汽阀控制两个或多个调节汽阀，并且和调节汽阀合用一个壳体，分置于汽缸两侧，再用进汽管把调节汽阀和内、外缸连接在一起。为了补偿热膨胀，导管弯曲呈星形布置。这种布置使汽缸形状简化对称，避免高温蒸汽直接与汽缸接触，便于安装检修。国产 135、200、300、600MW 汽轮机大多采用这种形式。如图 2-52 所示，汽轮机 Ⅰ 号和 Ⅳ 号调节汽阀与 Ⅰ 号主汽阀装在一个外壳内，Ⅱ 号和 Ⅲ 号调节汽阀与 Ⅱ 号主汽阀装在另一个外壳内。

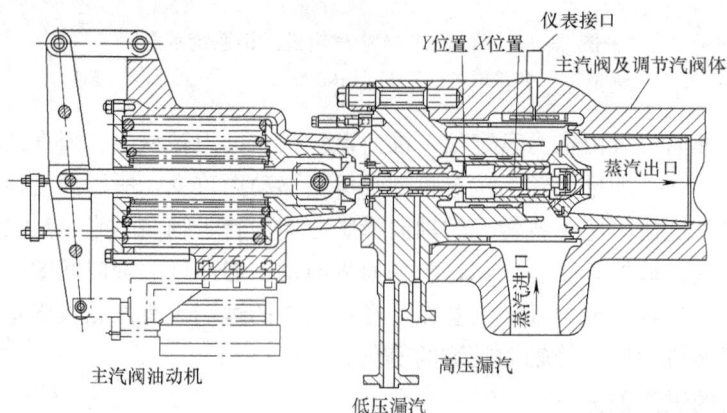

图 2-51　双阀蝶式高压主汽阀

东汽 600MW 汽轮机高压汽阀布置如图 2-53 所示。主蒸汽经 2 个主汽阀和 4 个调节汽阀，由 4 根导汽管分上、下各两根进入高压缸。两个主汽阀出口与 4 个调节汽阀的进口对接焊成一体，4 个调节阀合用一个壳体。这些阀门由吊架支撑，布置于汽轮机 1 号轴承箱前下方的运行层之下。该机组进汽部分的优点是主汽阀来的蒸汽在调节汽阀阀壳中均匀混合，减少了汽流及阀门间的温差；在满足性能的前提下，该进汽部分结构紧凑，布置整齐美观，使运行层宽阔畅通。

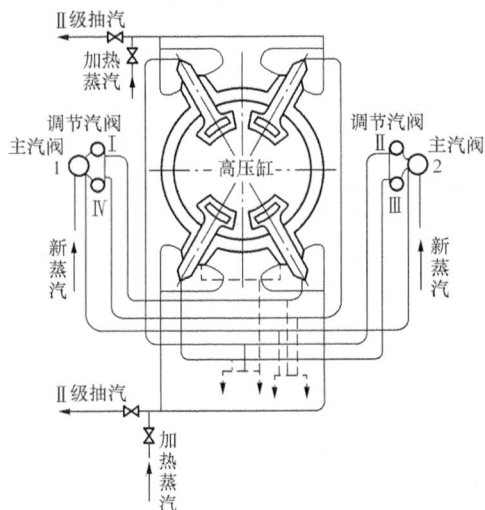

图 2-52 典型的高压汽阀对称分离布置

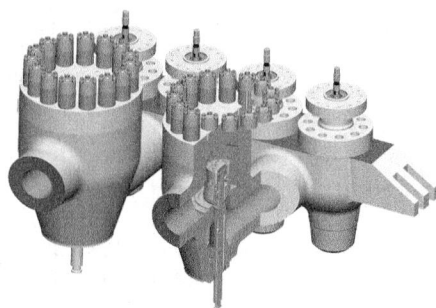

图 2-53 东汽 600MW 汽轮机高压汽阀布置

（二）中压汽阀的布置

东汽、上汽和哈汽大功率机组的中压主汽阀和中压调节汽阀均组成联合汽阀，如图 2-54 所示。中压联合汽阀与汽缸分离对称布置，再热蒸汽经位于中压缸中部两侧的中压联合汽阀，从下部进入中压缸。这种布置方式的优点是左、右两侧进汽温度均匀，联合汽阀至中压缸间的容积较小，事故情况下中压联合汽阀快速关闭后不致引起机组超速。

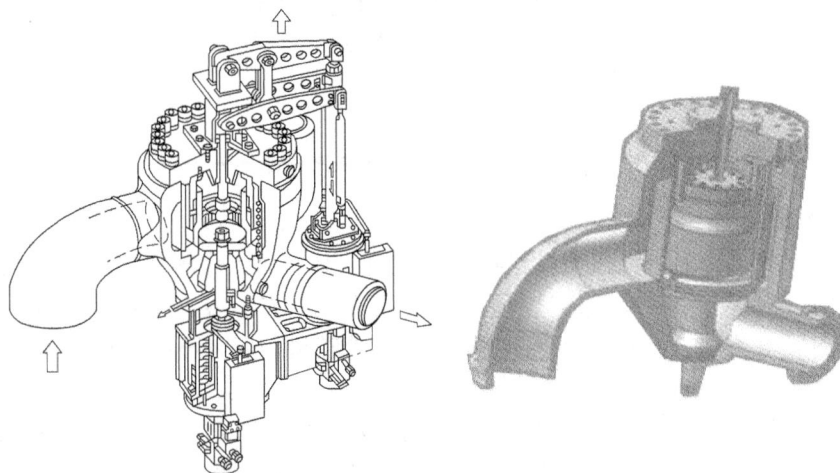

图 2-54 中压联合汽阀

（三）导管与汽阀、汽缸的连接

高压导汽管一端与高压调节汽阀出口焊接，另一端则用法兰螺栓与高压缸进汽短管连接。如图 2-55 所示，需用滑动密封式双层进汽短管与双层汽缸相连，它的夹层与内、外缸夹层相通，短管的外层焊接固定在外缸上，短管内层套在内缸喷嘴室的进汽管上。短管夹层带叠置密封圈，导汽管与进汽喷嘴室之间通过密封环滑动连接，可以补偿温度引起的膨胀差。东汽超临界600MW汽轮机高、中压缸进汽口均采用插入式进汽管，使主蒸汽、再热蒸汽不接触外缸缸体，直接进入内缸进汽室；同时，引入冷却蒸汽对外缸内壁进汽部分进行隔离冷却，使高温区仅局限于内缸的进汽部分。

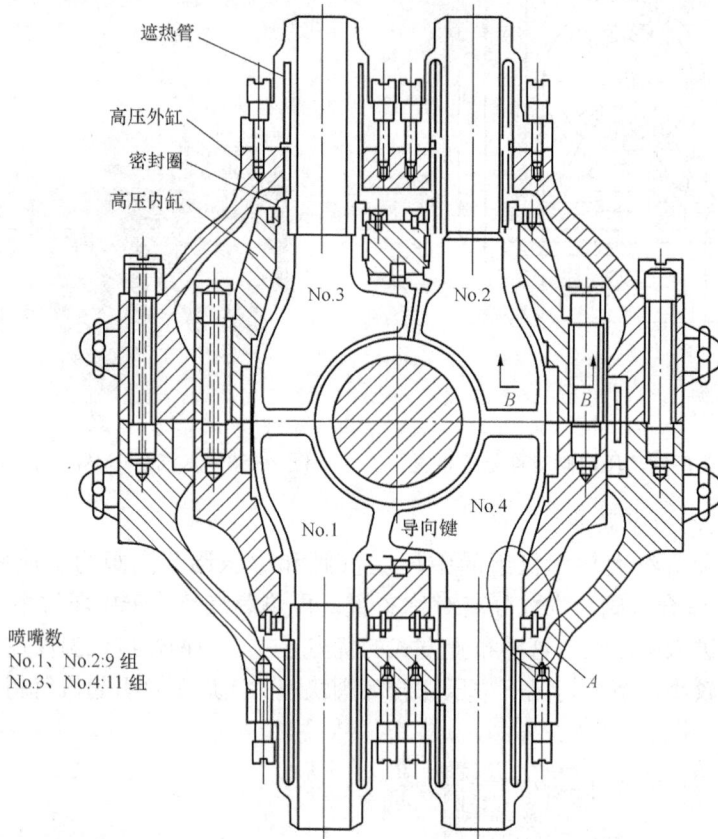

图 2-55 滑动密封式进汽短管

（四）喷嘴进汽室的结构

喷嘴调节汽轮机的第一级必须设置喷嘴进汽室，1个调节汽阀对应进汽室的一组喷嘴。大功率机组的进汽室一般与汽缸分开制造，这样可简化汽缸形状，并节约耐热合金材料。第一级喷嘴叶栅通常是由若干个喷嘴组成喷嘴弧段（喷嘴组）后，再固定在喷嘴室的出口圆弧形槽道中。

图 2-56 为东汽 600MW 汽轮机喷嘴室的结构示意图。东汽 600MW 汽轮机调节级有 4 个喷嘴组，每个喷嘴室对应 1 个喷嘴组，4 个喷嘴组沿圆周整圈布置，焊接在喷嘴室上。喷嘴室由合金钢铸成，水平对分，设有滑键定位支承，保证喷嘴室中心线在内缸中的相对位置，并能沿周向收缩或膨胀。下半喷嘴室镶嵌在高压内下缸中，悬挂销中分面支承；上半喷嘴室依靠螺栓与下半喷嘴室连接。高压缸的喷嘴室（喷嘴组）数目与高压调节汽阀数目相同，喷嘴室对称布置于高压上、下汽缸上，使汽缸的受热比较均匀。

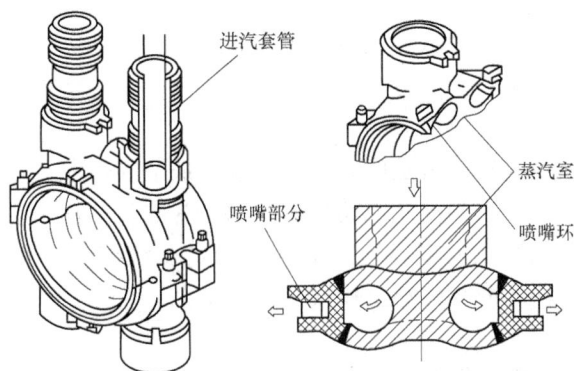

图 2-56 东汽 600MW 汽轮机喷嘴室的结构示意图

任务验收

(1) 收集分析某 600MW 汽轮机汽缸的结构特点。

(2) 画出某 600MW 汽轮机汽缸的滑销系统示意图，说明滑销系统的作用和特点。

(3) 根据图 2-57，识图标注某 600MW 汽轮机汽缸和转子的膨胀方向。

(4) 收集分析某 600MW 汽轮机汽阀的布置特点。

(5) 分析汽缸与轴承箱之间采用的支承方式。

(6) 简述汽缸的主要安全问题和运行维护措施。

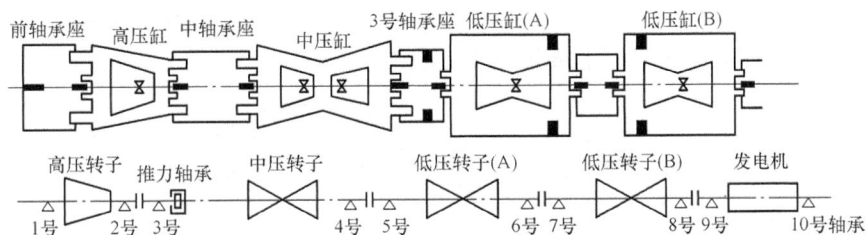

■绝对膨胀死点； ─□─ 转子相对膨胀死点； ⊠ 汽缸内缸相对膨胀死点

图 2-57 某 600MW 汽轮机的滑销系统

任务四 认识喷嘴组和隔板（静叶环）

【任务描述】

通过喷嘴叶片的固定方式，认识喷嘴组、隔板和静叶环的结构。认识隔板、隔板套的支承。认识静叶持环的布置方式。

能力目标

(1) 认识喷嘴组、隔板和静叶环的结构。

（2）认识隔板套和静叶持环。

（3）能分析典型机组隔板套或静叶持环的布置。

🌱 任务实施

汽轮机的第一级喷嘴叶栅通常是由若干个喷嘴组成喷嘴弧段（喷嘴组）后，再固定在喷嘴室的出口。从第二级开始，冲动式汽轮机静止部分为隔板结构，各级喷嘴叶栅固定在隔板上，隔板可直接固定在汽缸上，或者通过隔板套固定在汽缸上；反动式汽轮机则为持环结构，静叶环或支承静叶环的静叶持环直接固定在汽缸上。

一、喷嘴组

汽轮机调节级喷嘴通常根据调节汽阀个数成组固定在喷嘴室上，这些成组布置的喷嘴称为喷嘴组。流过各个喷嘴组的蒸汽量由各自的调节汽阀进行控制。根据负荷大小，主汽阀保持全开，开大或关小调节汽阀来改变主蒸汽流量，调节机组功率以适应外界负荷的变化。喷嘴组一般有两种结构形式。中参数汽轮机采用单个铣制喷嘴叶片焊接而成的喷嘴组，高参数汽轮机则采用整体铣制焊接或精密铸造而成的喷嘴组。

图 2-58 为整体铣制焊接而成的喷嘴组。如图 2-58（a）所示，在一圆弧形锻件上直接将喷嘴叶片铣出，然后，在叶片顶端焊上圆弧形的隔叶件，喷嘴叶片与隔叶件及圆弧形锻件形成的内环一起构成了喷嘴流道。隔叶件的外圆上再焊上外环，构成完整的喷嘴组。喷嘴组通过凸肩装在喷嘴室出口的环形槽道中，靠近汽缸垂直中分面的一端，用一只密封销和两只定位销将喷嘴组固定在喷嘴室中，喷嘴组的另一端与喷嘴室通过 π 形密封键密封配合，热膨胀时喷嘴组以定位销一端为死点向密封键一端自由膨胀。这种喷嘴组密封性能和热膨胀性能比较好，哈汽 600MW 汽轮机调节级采用了这种结构。

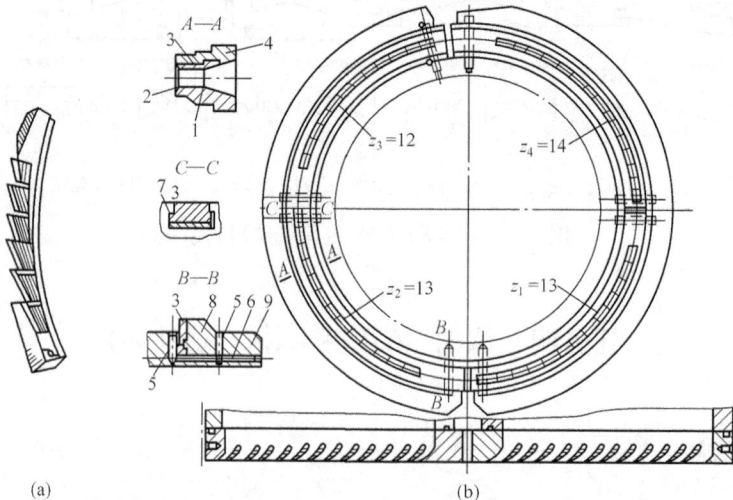

图 2-58　整体铣制焊接喷嘴组

（a）铣制喷嘴组件；（b）整体喷嘴组

1—内环；2—喷嘴叶片；3—隔叶件；4—外环；5—定位销；

6—密封销；7—π 形密封键；8—喷嘴组首块；9—喷嘴室

精密铸造成型法将喷嘴组整体铸出，喷嘴组在喷嘴室中的固定方法与铣制焊接喷嘴组基本相同。这种方法可以得到任意形状的喷嘴流道，方便采用新的喷嘴型线以取得理想的汽流特性，并能保证足够的表面粗糙度和尺寸精度，节省材料，降低成本，因此，得到了越来越广泛的应用。

喷嘴组是汽轮机通流部分中承受汽温最高的部件之一，目前，高参数汽轮机的喷嘴组多采用 15CrMoV、20CrMoV、Cr12WMoVNb 等耐热性能好的铬钼钒合金钢。图 2-59 为某引进型 600MW 汽轮机调节级结构示意图，各喷嘴组也是整体电脉冲加工而成，通过螺栓连接于汽缸进汽室出口处。新蒸汽经过第一级喷嘴后，蒸汽压力和温度都降低较多（因为调节级焓降较大，特别是中、小型汽轮机用双列速度级，其焓降尤其大），因此，高压部分除喷嘴室和喷嘴以外，汽缸、转子等部件都可以用较低一级耐热等级的材料制造，还可减少高压端的汽封漏汽量，有利于汽轮机的结构设计和制造。

近年来，大型汽轮机的调节级喷嘴组结构设计采用了多项新技术。例如，某超超临界1000MW 汽轮机第一级采用了非常独特的结构形式——低反动度的斜置静叶，斜置叶片如图2-60所示。这种设计不仅效率高，而且成功解决了大功率超超临界汽轮机调节级的强度及机组运行可靠性问题。某超临界 600MW 汽轮机调节级喷嘴组采用了紧凑设计，各喷嘴组通过电火花加工形成一个整体的蒸汽通道，分别焊在喷嘴室上，喷嘴采用了先进的子午面收缩型汽道，以降低叶栅二次流损失。

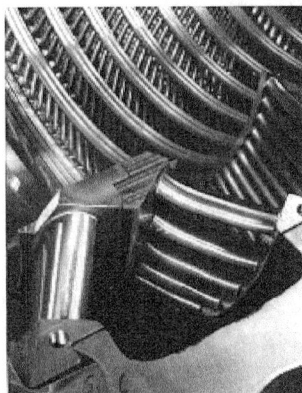

图 2-59　某引进型 600MW 汽轮机
调节级结构示意图
1—喷嘴组；2—螺钉；3—径向汽封；
4—动叶片；5—转子；6—喷嘴室

图 2-60　斜置叶片

二、隔板和隔板套

隔板的作用是固定冲动式汽轮机除第一级外的各级喷嘴叶栅，并把汽缸内部沿轴向分成若干个蒸汽参数不同的汽室。隔板应满足以下要求：

（1）具有足够的强度和刚度。隔板工作时，要承受其前、后蒸汽压力差产生的均布载荷。高压部分隔板蒸汽压力差大，低压部分隔板的面积大，故各级隔板都要承受很大的作用力。

（2）保证良好的汽密封性。上、下隔板结合面应良好，隔板与转子间设置适当的汽封。

（3）合理的支承定位。保证隔板与汽缸、转子有良好的同心度。

（4）结构工艺简单，便于加工、安装、检修。

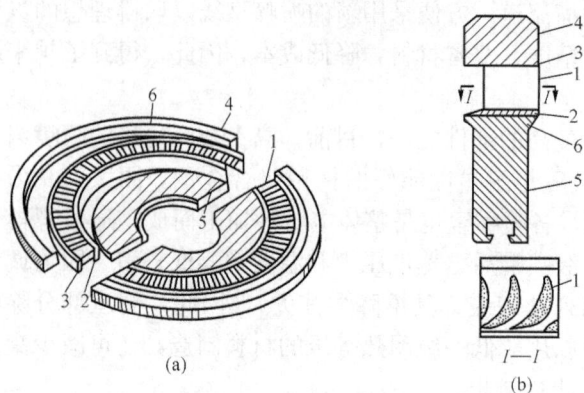

图 2-61　隔板的组成

(a) 隔板结构示意图；(b) 剖面图

1—喷嘴静叶；2、3—静叶的内、外围带；

4—隔板外缘；5—隔板体；6—焊接处

（一）隔板的结构

如图 2-61 所示，隔板一般由隔板体、喷嘴叶栅和隔板外缘三部分组成。为了安装和拆卸方便，隔板从水平中分面分成上、下两半。为了使上下隔板对准，并防止漏气，在水平中分面上加装有密封键和定位销。

隔板通常分为焊接隔板和铸造隔板两大类，其具体结构根据隔板所承受的工作温度和蒸汽压差来决定。

1. 焊接隔板

图 2-62 为焊接隔板的结构图。将铣制或精密铸造、模压、冷拉的喷嘴叶片嵌在冲有叶型孔槽的内、外围带上，焊成环形叶栅，再将它焊在隔板体和隔板外缘之间，组成焊接隔板。隔板外缘出汽侧还焊有汽封安装环，用来安装动叶顶径向汽封。隔板内缘安装隔板汽封，在隔板内圆孔处开有隔板汽封环的安装槽。

焊接隔板具有较高的强度和刚度，较好的汽密性，用于工作温度在 350℃ 以上的高、中压级，有些汽轮机低压级也采用焊接隔板。

高参数大功率汽轮机高压级的蒸汽压差较大，隔板必须做得很厚，若仍沿整个隔板厚度做出喷嘴，就会使喷嘴相对高度太小，导致端部流动损失增加，使级效率降低。为此采用窄喷嘴焊接隔板，即将喷嘴叶片做成狭窄形，并在隔板进汽侧设置许多加强筋，如图 2-62 (b) 所示。为减少流动损失加强筋应具有一定的型线及合理节距，其节距一般为喷嘴节距的 2～3 倍。隔板体、隔板外缘及加强筋是一个整体，这种结构增加了隔板的强度和刚度，减少了喷嘴损失。

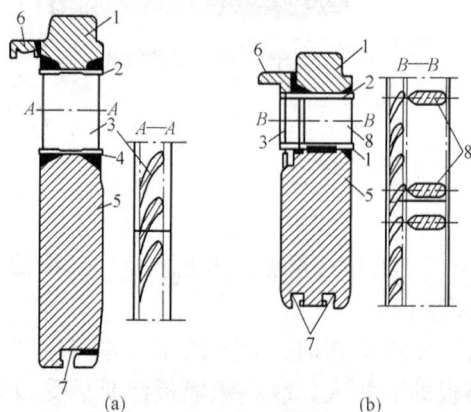

图 2-62　焊接隔板的结构图

(a) 普通焊接隔板；(b) 带加强筋的焊接隔板

1—隔板外环；2—外围带；3—喷嘴叶片；4—内围带；

5—隔板体；6—径向汽封；7—汽封槽；8—加强筋

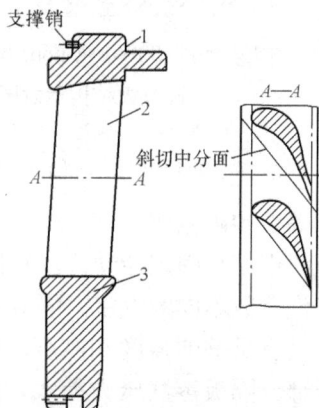

图 2-63　铸造隔板

1—外缘；2—喷嘴叶片；3—隔板体

2. 铸造隔板

铸造隔板是将已成形的喷嘴叶片在浇铸隔板体时铸入，如图 2-63 所示。这种隔板上、下两半的结合面做成倾斜形，以避免水平对开，截断静叶片。铸造隔板加工制造比较容易，成本低，有良好减振性能，用于温度低于 350℃ 的级。目前，大机组低压级仍广泛采用铸造隔板。

（二）隔板套

隔板可以嵌入汽缸隔板槽固定，也可通过隔板套与汽缸相连。一个隔板套固定几个隔板，再将隔板套固定在汽缸内壁上。隔板套分为上、下两半，两者通过中分面法兰螺栓和定位栓连接起来，隔板套的支承定位方式同隔板的支承一样。

隔板套的采用对汽轮机制造和运行都有益处：由于隔板套和汽缸内壁之间可形成环形的抽汽腔室，使抽汽均匀，减少抽汽对汽流的扰动；而且可以减小汽轮机轴向尺寸，简化汽缸的结构形状，使汽缸接近于柱形壳体。此外，隔板套结构可减小汽缸变形对通流部分间隙的影响，提高汽轮机在各种运行工况下适应温度变化的能力。但隔板套的采用会增大汽缸径向尺寸，同时增加水平法兰厚度，延长汽轮机启动时间。

（三）隔板与隔板套的支承

隔板与隔板套在汽缸内的支承应保证受热时能自由膨胀和中心不变。为此，除了在安装槽内有适当的径向和轴向间隙外，还应有合理的支承方式。常用的支承方式有悬挂销非中分面支承和 Z 形悬挂销中分面支承。

悬挂销非中分面支承如图 2-64 所示，下半隔板支承在靠近中分面的两个悬挂销上，通过修整悬挂销的厚度调整隔板的上、下位置，修整下隔板底部的平键来保证左、右位置。悬挂销下的调整垫片供找中时用，压板用来压住上半悬挂销，以防吊装时上半隔板脱落。这种支承方式的隔板支承面靠近中分面，隔板受热膨胀后中心变化较小，所以在高压隔板支承中广为应用。

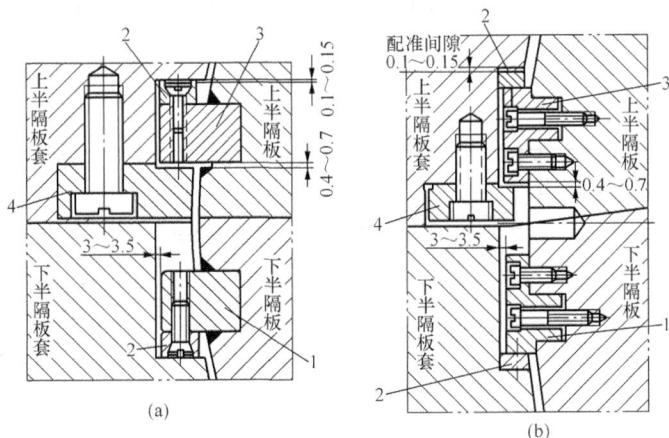

图 2-64 隔板的悬挂支承定位

(a) 悬挂支承结构一；(b) 悬挂支承结构二

1—悬挂销；2—调整垫片；3—止动销；4—止动压板

超高参数汽轮机对隔板对中的要求更高，常采用 Z 形悬挂销中分面支承，如图 2-65 所示。下隔板和下隔板套分别用两侧的 Z 形悬挂销支承在下隔板套和下汽缸的水平中分面上，通过改变悬挂销下面垫块的厚度及调整隔板和隔板套底部的平键来调整它们的中心位置。下隔板中分面上装有突出的平键，与上隔板上相应的凹槽配合，平键除了定心外，还增加隔板的刚性和汽密性。为使隔板受热后能自由膨胀，它与汽缸的隔板槽之间应有一定 $1\sim2$mm 间隙。这种支承方式可保证隔板受热后洼窝中心仍与汽缸中心一致，因此在高参数汽轮机上被广泛应用。

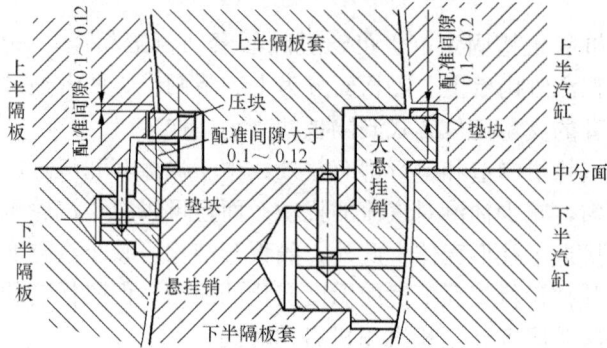

图 2-65 隔板的 Z 形悬挂销支承定位

三、静叶环和静叶持环

在反动式汽轮机中，动叶直接固定在转鼓的外缘上，而将喷嘴叶片的整体围带和叶根沿圆周焊接在一起，构成类似于隔板的静叶环，静叶环则固定在汽缸内壁或静叶持环上。静叶持环的分级同隔板套分级一样，一般是考虑便于抽汽口的布置而定。静叶环和静叶持环一般为水平中分结构。

国产引进型 600MW 汽轮机的压力级均为反动级，各级静叶环固定在静叶持环上，而静叶持环固定在汽缸上。其静叶持环为水平中分面结构，内圆面有嵌装静叶环的直槽，直槽侧面有安装锁紧喷嘴叶片的 L 形锁紧面凹槽。高、中压级静叶环内圆上镶嵌有汽封片。图 2-66 为该机高、中压汽缸静叶持环布置图。

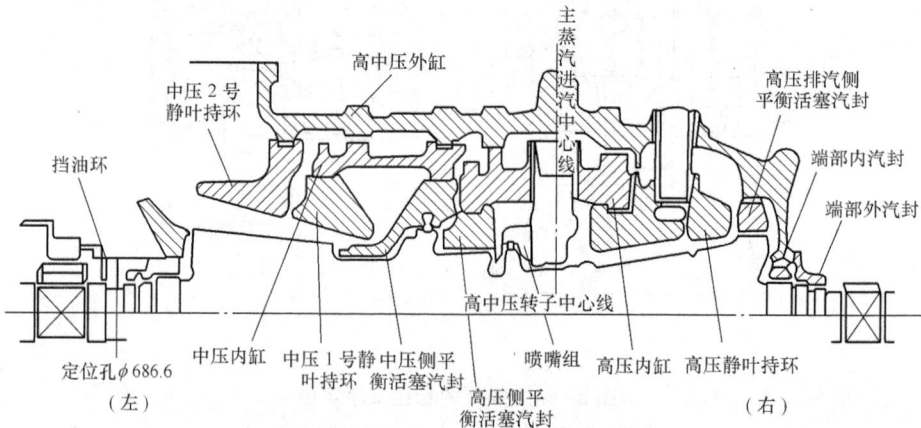

图 2-66 高、中压汽缸静叶持环布置图

某 660MW 超临界反动式汽轮机的高、中压级静叶环固定在静叶持环上，持环为垂直中分结构，固定在高压外缸中。而低压级静叶环安装在低压内缸上，分上、下两部分，用支撑

销安装并轴向定位在内缸水平中分面上。支撑销是可调的，以保证静叶环能自由膨胀。低压级将内环、叶片、外环焊接成半环，然后连接到内缸上，制作开口的静叶环。整个环装配完后，内环构成一个连续的围带，低压级静叶环结构如图 2-67 所示。最末级动叶片有水滴腐蚀的可能，中空的末级喷嘴叶片具有疏水槽，可以将喷嘴导向叶片上形成的冷凝液膜抽到凝汽器中。

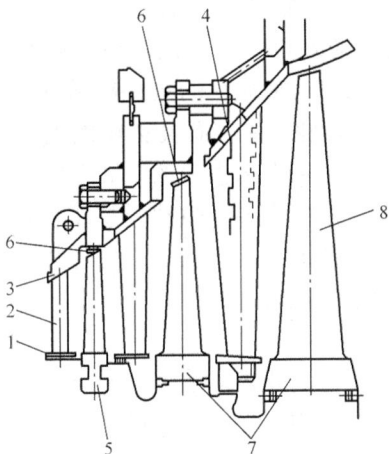

图 2-67 低压级静叶环结构

1—内环；2—叶片；3—外环；4—疏水槽；
5—T 形叶根；6—围带；7—枞树形叶根；
8—自由叶片

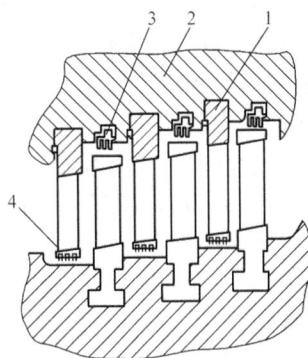

图 2-68 反动式汽轮机高压
通流部分示意图

任务验收

（1）收集资料分析某 600MW 汽轮机喷嘴组、隔板（静叶环）、隔板套（静叶持环）的结构特点。

（2）在图 2-68 中标注反动式汽轮机通流部件的名称。

（3）阅读典型反动式汽轮机纵剖面图。说明各缸中静叶持环的布置。

任务五 认识汽封及轴封系统

【任务描述】

认识不同位置的汽封及其作用，认识各类汽封结构。分析典型机组的轴封供汽系统的组成及特点。

能力目标

（1）认识不同位置的汽封。

（2）认识各类汽封结构。

（3）能分析典型机组的轴封系统。

🌱 任务实施

一、汽封的作用

汽轮机在运行时，转子处于高速旋转状态，而静止部分如汽缸、隔板等固定不动，因此转子和固定部分之间需留有适当的间隙，以避免相互碰磨。然而，当间隙两侧存在压差时，会导致漏汽（气）。例如，隔板与转子的间隙处、动叶顶部与隔板的凸缘处及主轴穿出汽缸处的间隙两侧在运行中都存在压力差。级内间隙漏汽会使做功的蒸汽量减少，降低汽轮机的循环内效率；轴端汽缸间隙漏汽（气），不仅降低机组效率，而且影响机组安全运行。从汽轮机运行的测试结果可以看出，汽轮机的漏汽损失约占内部损失的 1/3 左右。

为了减少级内间隙蒸汽泄漏和防止空气漏入，汽轮机各间隙部位需加装密封装置，通称为汽封。为减少轴向推力，反动式汽轮机设置了平衡活塞，平衡活塞处也装有汽封。汽封按其安装位置不同分为通流部分汽封、隔板汽封和轴端汽封。

（一）通流部分汽封

动叶顶部和根部的汽封称为通流部分汽封，包括动叶顶部围带处的径向、轴向汽封和动叶根部处的径向、轴向汽封（见图 2-69），其作用是阻止蒸汽从动叶的两端泄漏。

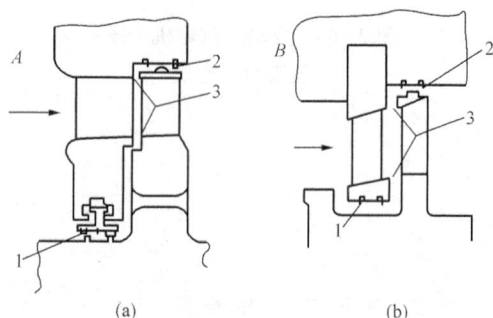

图 2-69　通流部分汽封示意图
（a）冲动级；（b）反动级
1—隔板汽封径向间隙；2—围带汽封径向间隙；
3—围带汽封轴向间隙

通流部分的汽封结构及间隙值随机组的不同而变化。为减少叶片上、下部的漏汽，需减小动、静部分之间的轴向间隙，但间隙过小，又不能适应较大的相对膨胀。围带汽封径向间隙一般为 1.0mm 左右，围带汽封和动叶根部处汽封的轴向间隙为 6.0mm 左右。由于结构原因，动叶顶部的汽封通常用弧形汽封齿条镶嵌在间隙处静止的部件上（见图 2-69）。对超临界机组（无论冲动式或反动式），为提高经济性，通流部分汽封齿数较多。东汽超临界 600MW 汽轮机动叶叶顶采用整圈自带冠、多齿汽封技术，如图 2-70 所示。叶冠采用城墙结构，汽封齿数由 2 个增加到 4 个高低齿，可使漏汽量减少 25%，缸效率提高 0.25%~0.65%。

（二）隔板汽封

无论冲动式、反动式汽轮机，其隔板（或静叶环）前、后存在的压差，使得一部分蒸汽从隔板或静叶环前通过间隙漏到其后的汽室内。由于泄漏的蒸汽不是以正确的角度进入动叶，不能对动叶做功，只能扰乱动叶中汽流的流动状态，形成漏汽损失，造成级效率降低。该间隙漏汽除造成能量损失外，还使叶轮上的轴向推力增大。为减小该损失，一般在隔板（或静叶环）内缘处加装汽封，即为隔板汽封（反动式汽轮机称静叶汽封）。图 2-71 为哈汽 600MW 超临界机组高压隔板汽封结构图。

由于冲动级隔板前、后的压差大，故隔板汽封齿数较多，汽封间隙小（约 0.6mm）；对于反动式汽轮机，由于静叶环前、后的压差较小，静叶环汽封齿数较少，间隙取得稍大（约

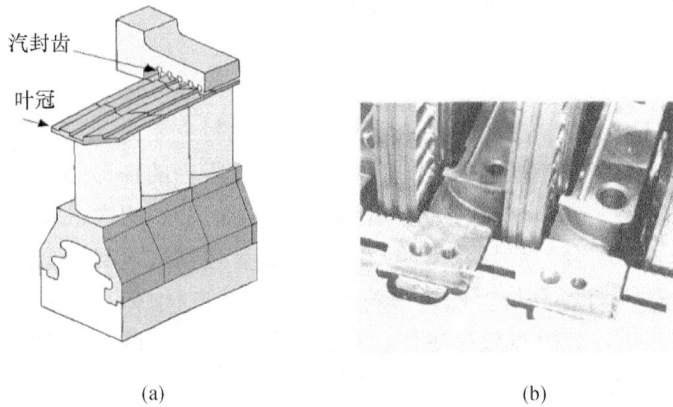

(a)　　　　　　　　　　　　(b)

图 2-70　动叶全自带冠、多齿叶顶汽封

（a）动叶全自带冠多齿汽封结构示意图；（b）动叶全自带冠多齿汽封

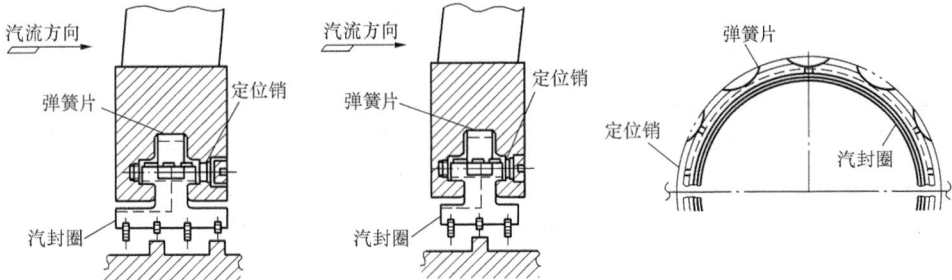

图 2-71　哈汽 600MW 超临界机组高压隔板汽封结构图

1.0mm）。

（三）轴端汽封

转子穿过汽缸两端处的汽封称为轴端汽封，简称轴封，用以防止蒸汽漏出和空气漏入。对于高、中压汽缸的两端，汽缸内的蒸汽压力大于外界环境压力，蒸汽从汽缸内漏出，造成漏汽损失和环境污染，并且会加热近旁的轴颈，或者冲进轴承座使润滑油含水，油质恶化，从而影响轴承的正常工作。对于低压汽缸两端，由于汽缸内蒸汽压力小于外界大气压力，空气漏入汽缸内会引起凝汽器真空下降，导致蒸汽做功能力下降，并增加抽气设备的负担。这两种情况均会导致机组效率下降。

高、中压汽缸的轴封包括高压后（机组前端）轴封、中压后（发电机端）轴封及高、中压汽缸之间的轴封三部分。高、中压缸轴封采用高低齿"尖齿"汽封，在转子上车有若干环形凹凸台，组成曲径式漏汽通道，以提高密封的效果，称高低齿迷宫式汽封。由于低压转子在运行中相对胀差较大，低压汽缸的前端和后端轴封采用平齿迷宫式汽封，即汽封齿径向尺寸相等，转子对应段上没有凹凸台。低压缸的两端轴封，在结构上是对称的。图 2-72 为高、中压缸中间轴封及中压后轴封的位置示意图。由于汽缸端部轴封比较

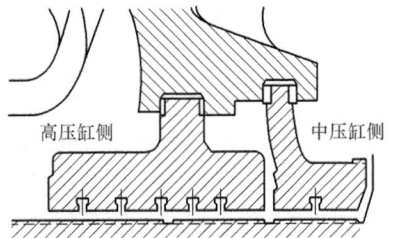

图 2-72　高、中压缸中间轴封及
中压后轴封位置示意图

长，通常分成若干段，相邻两段之间有一环形腔室，可以布置引入或导出蒸汽的管道。

二、各种汽封形式

（一）传统汽封

目前，被广泛应用于大、中、小型汽轮机的传统汽封主要为迷宫式汽封。迷宫式汽封由带汽封齿的汽封环、固定在汽缸上的汽封套和转子对应段上的环形凸肩组成，汽封套内圈有T形槽，汽封环一般由6～8个汽封块组成，装在汽封套T形槽内，并与轴套形成蒸汽的曲径通道和涡流室由相互配合的汽封梳齿和凸凹肩组成。迷宫式汽封根据断面的形状不同，常用的有梳齿形汽封和枞树形汽封。枞树形汽封不仅有径向间隙，还有轴向间隙可以节流漏汽，汽流通道更为曲折，故阻汽效果更好，可大大缩短汽封长度；但因结构复杂，加工精度要求高，国产机组较少采用。而梳齿形汽封因其汽封成本低、结构简单、安全可靠且易于安装被广泛应用。

1. 迷宫式汽封的工作原理

蒸汽在迷宫式汽封中压力下降的情况及膨胀的过程如图 2-73、图 2-74 所示。蒸汽流经汽封齿和相应的汽封凸肩形成的狭窄通道时，反复连续被节流，逐步降压和膨胀加速，并在涡流室内通过摩擦将蒸汽的动能转换为热量，被蒸汽吸收，比容增大，使下一个间隙入口的初速度近似为零。由于汽封前、后的总压降（$p_1 - p_2$）被分配给所有汽封齿，故每一汽封齿前、后的压降仅为总压降的一小部分。在汽封前、后压差及漏汽截面一定的条件下，汽封齿数增加，每个汽封齿前、后压的差相应减少，流过每一汽封齿的流速就比无汽封齿时小得多；另外，汽封齿的端部厚度 Δ 很薄（0.5mm 左右），动、静间隙 δ 可以较小（0.5m 左右），这就起到减少蒸汽泄漏量的作用。显然，汽封片的数目越多、汽封齿与转动部件的径向间隙越小，漏汽量就越小。

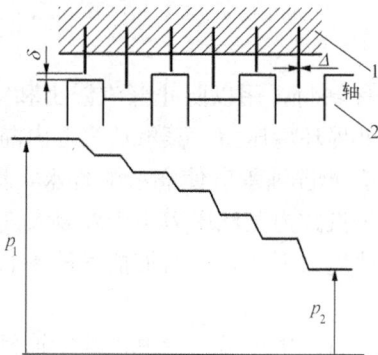

图 2-73　迷宫式汽封中蒸汽压力下降的情况
1—汽封套；2—轴

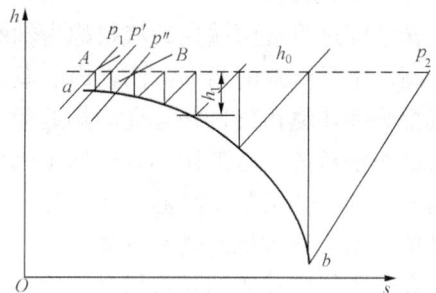

图 2-74　蒸汽在迷宫式汽封中的膨胀过程

2. 梳齿形汽封的形式及特点

梳齿形汽封的密封机理是在汽封环的内圈及汽封套筒（高温部分为转子大轴）的外圆上车有许多相互配合的梳齿及凹凸肩，组成微小的环形间隙（称汽封间隙）及蒸汽膨胀室，以阻止蒸汽的泄漏。汽封环是借助外圆上两凸肩安装在轴套（隔板）内圆车出的 T 形槽道内。每道汽封环分成 6 个弧段（称为汽封块），每个汽封块与轴封套（隔板）之间装有两片平板弹簧片，弹簧片将汽封块呈弹性压向转轴，从而保持汽封齿与转轴的最小径向间隙。

梳齿形汽封有高低齿汽封和平齿汽封两种基本形式，结构如图 2-75 所示。高低齿汽封的汽封环分段装在汽封体的 T 形槽内，并用弹簧片压向中心。相互配合的汽封梳齿和凸凹肩形成曲折的汽封间隙，对漏汽形成很大阻力。运行中汽封齿与转子接触，弹性汽封环可以作径向退让，且汽封片尖端厚度很小，防止汽封齿与转子摩擦生热，造成转子损伤。平齿汽封结构较高低齿简单，阻汽效果差些。

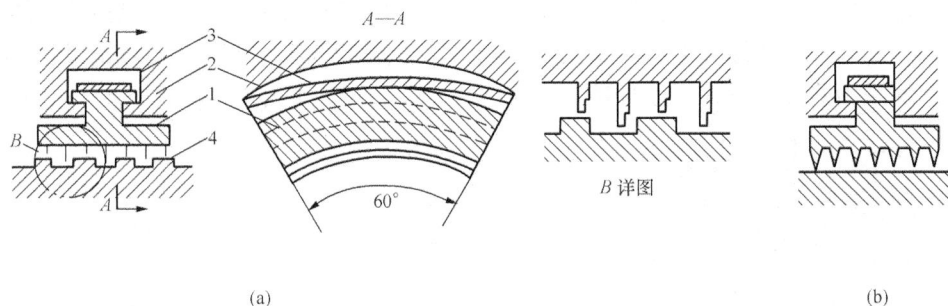

图 2-75 梳齿形汽封结构
(a) 高低齿梳齿形汽封 (b) 平齿梳齿形汽封
1—汽封环；2—汽封体；3—弹簧片；4—汽封套

通常高压轴封和高压隔板汽封采用高低齿汽封，平衡活塞汽封也采用高低齿汽封，汽封环材料采用铬钼钒钢或镍铬合金钢。低压轴封和低压隔板汽封采用平齿形汽封，汽封环材料为锡青铜。某超临界机组的汽封环采用了进口铁素体不锈钢，汽封齿不会淬硬，即使动、静摩擦，仍保持较低硬度，不损伤转子。

梳齿形汽封安装好后，汽封间隙在无碰摩情况下运行中始终保持不变。在正常安装后，如果汽封间隙过大，会引起蒸汽的泄漏增加，导致汽轮机组热效率降低；如果汽封间隙设置得太小，机组启动、停机过程中过临界转速时转子可能发生较大振动，就会导致汽封齿与转子发生擦碰。虽然当汽封块与转子发生摩擦时，汽封块背面弹簧片能使汽封块向外退让，减少摩擦压力，但却不能避免摩擦，轻者会造成汽封齿磨损，增大汽封间隙，进而增大热耗；当擦碰严重时，会使汽封齿变形、变脆甚至破裂，同时，隔板的径向轴封与转子所产生的擦碰会使转子局部受热，产生热变形，导致转子弯曲，导致汽封齿的进一步磨损，加大径向汽封与转子的间隙。因此，考虑到转子过临界转速的振动，传统梳齿形汽封安装时径向间隙一般为 0.60～0.80mm，根据转子不同情况，有的间隙更大。

（二）新型汽封

为了减少漏汽损失，提高机组经济效益，近年来越来越多的新机组在设计和制造中采用新型汽封，或者对老机组进行传统汽封现代化改造。目前，应用较多的新型汽封有蜂窝式汽封、布莱登（BRANDON）汽封、侧齿汽封、刷式汽封等。

1. 蜂窝式汽封

蜂窝式汽封主要由蜂窝带、汽封体经特殊加工工艺组成一体，如图 2-76 所示。它和其他密封形式的区别在于密封环形状是蜂窝形的，即定子密封环内表面由正六面体形状的小蜂窝孔规则排列而成的蜂窝带构成，蜂窝带结构

图 2-76 蜂窝式汽封

示意图如图 2-77 所示、蜂窝式汽封密封环示意图如图 2-78 所示。该汽封是由厚度仅为 0.05～0.10mm 的海斯特镍基耐高温合金薄板（Hastelloy—X）在特殊成型设备上制成的正六面体网格型材，再经特殊焊接设备焊接而成。根据密封环尺寸制成的蜂窝带在真空钎炉中通过真空钎焊技术焊接在母体密封上，就形成了蜂窝式密封。由于蜂窝带很薄，硬度也很小，不会对与其接触的任何钢制部件产生磨损，并且蜂窝带叠合成六边形状，使其在高度方向上具有足够的强度，不会在接触时被压损。因此，蜂窝式汽封可与轴颈保持较小的配合间隙，达到良好的密封效果。近些年来西屋公司进口中国的 300、350、600MW 及 650MW 核电机组上均采用蜂窝式汽封，效果甚佳。

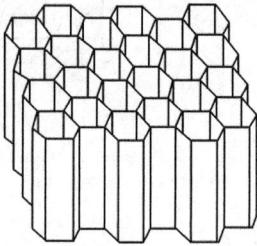

图 2-77　蜂窝带结构示意图　　　　　图 2-78　蜂窝式汽封密封环示意图

　　蜂窝式汽封是以汽体通过蜂窝带时产生的阻尼来密封，有高低齿蜂窝式汽封和平齿蜂窝式汽封两种形式，其结构如图 2-79、图 2-80 所示。高低齿蜂窝式汽封是将传统高低齿汽封的低齿车削，保留高齿，在两高齿之间的槽道内全部钎焊蜂窝带。由于具有较宽的密封带，改变了传统高低齿汽封因受结构限制只能布置很少低齿（一般 1 或 2 齿）的缺点，相当于增加了汽封齿数量，加大了汽流阻力，提高了密封效果。平齿蜂窝式汽封是将传统梳齿形汽封的梳齿全部车削掉，在密封环体上焊接蜂窝带，一般应用于斜齿或直齿式平齿轴封。蜂窝式汽封退让仍采用传统汽封背部的平板弹簧片结构，所以，安装间隙一般取传统汽封径向间隙设计值的上限。汽封由于仍采用原传统汽封退让结构，在启动过程中可能会产生碰磨，但由于蜂窝材质较软，不会产生大的影响。

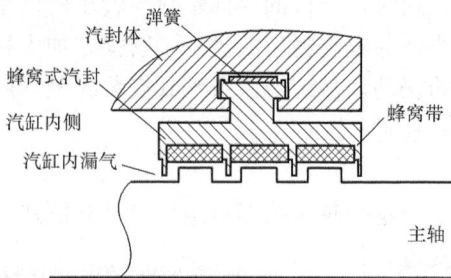

图 2-79　迷宫蜂窝式汽封结构示意图　　　　　图 2-80　平齿蜂窝式汽封结构示意图

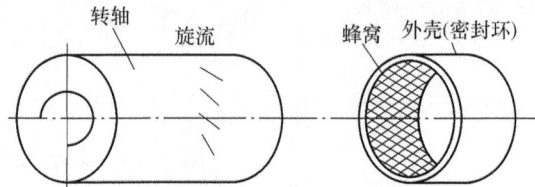

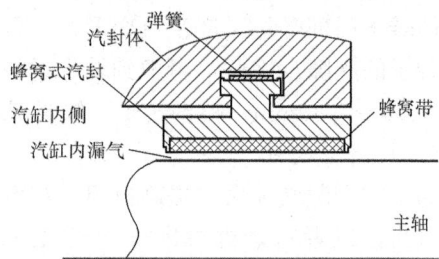

　　蜂窝式汽封与传统梳齿形汽封的工作原理有本质的不同。梳齿形汽封靠节流原理来密封，其中存在的汽流周向旋转运动是引发机组轴系自振的主要原因，而蜂窝式汽封的轴向网格可有效阻止这股汽流的流动；同时，汽体通过蜂窝带表面时会遇到切向和轴向的阻力，从而在每个蜂窝孔表面形成强烈的汽旋（转速越高、压差越大，汽旋效应越强烈），宛如形成一个个具有很强张力的汽泡（如图 2-81 所示），使整个蜂窝带表面形成一张具有很强张力

和弹性的汽膜，产生相当大的阻力，阻止后面汽体进一步前移，这就达到了良好的密封效果。

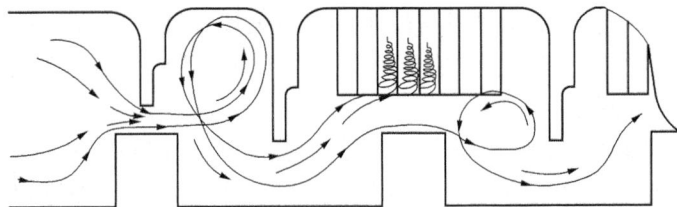

图 2-81 汽旋形成原理示意图

采用蜂窝式汽封能有效抑制汽流在密封腔中的周向流动，在高压差、小间隙密封时，仍能保证机组的稳定运转，从而降低泄漏损失，提高机组效率。因蜂窝带材质柔软、具有可磨性，故径向间隙可以控制得比传统梳齿形汽封小。试验结果表明，蜂窝式汽封对轴的摩擦损伤程度仅为铁素体梳齿形汽封的 $\frac{1}{6}$，而其耐磨寿命为铁素体梳齿形汽封的 2.5 倍（可确保 1 个大修期的使用）。此外，蜂窝式汽封除湿效果明显，如低压缸叶顶汽封采用蜂窝式汽封，可以利用蜂窝的网格结构把甩到蜂窝上的水珠吸纳住，通过蜂窝背板上的疏水槽将收集的水排走，有效地保护低压缸末几级动叶片免受水冲蚀，有利于动叶片的长期安全运行。大型汽轮机低压部分汽封设计多采用蜂窝式汽封，超超临界机组低压缸为去湿防水蚀均尽可能采用蜂窝式汽封。

2. 布莱登汽封

由于传统汽封结构受转子振动的限制而无法将汽封间隙调到更小，因此，机组漏气损失就不能进一步减小，机组热效率很难进一步提高。布莱登汽封则是一种自调整汽封，它可以使汽封间隙调到更小的 0.35～0.45mm，启动时又可以避免转子过临界转速时振动过大而与汽封擦碰。布莱登汽封的结构如图 2-82 所示，在汽封弧段端面间装有螺旋圆柱弹簧，每一圈汽封也分成 6 个汽封弧段，在必要的汽封弧段端面上钻有安装孔，用以安装弹簧；在每一个汽封弧段背面进汽侧铣出一个通汽槽道，可以让高压侧的蒸汽进入汽封弧段背面，并对汽封弧段产生一个蒸汽作用力，这个作用力随着汽轮机进汽量的增加而增大。

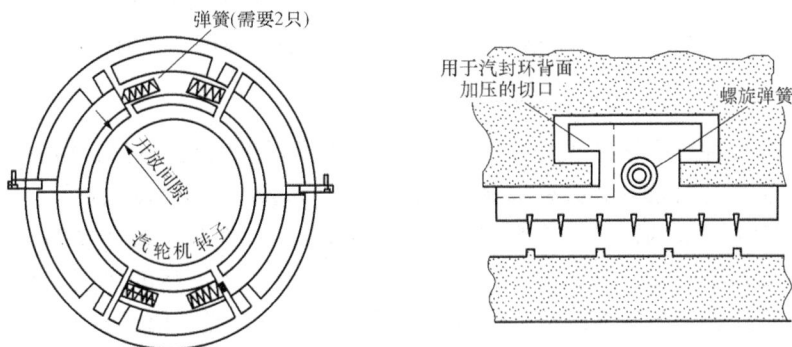

图 2-82 布莱登汽封结构示意图

汽轮机启动时，由于进入汽轮机的蒸汽量少，所以进入汽封弧段背面的蒸汽量少，作用于汽封弧段背面的蒸汽作用力就小，在汽封弧段端面间弹簧作用下，每一个汽封弧段相互推开，汽封齿与转轴的径向间隙大，避免了汽封齿与转轴的摩擦；随着进入汽轮机的蒸汽量增加，作用于汽封弧段背面的蒸汽作用力克服了汽封弧段有齿侧的蒸汽作用力、弹簧力及摩擦力，将汽封弧段压向转轴，使汽封齿与转轴的径向间隙变小，漏气量减小，机组热效率提高；停机时，随着蒸汽流量的减小，在弹簧力作用下推动汽封弧段远离转子，使汽封齿与转轴的径向间隙达到最大值。

综上所述，布莱登汽封的突出特点是汽封齿与转轴的径向间隙可调整（启、停时间隙最大，正常运行时间隙最小），这就解决了传统汽封存在的机组启、停过程中过临界转速时振动过大而造成汽封碰摩问题，同时，减小了漏汽量，提高了机组热效率。但值得注意的是，正是由于机组启动时布莱登汽封的间隙大，会造成轴封供汽量过大而加热转轴，致使转子的膨胀超过汽缸的膨胀很多，尤其在冷态启动时会导致正胀差过大。

3. 侧齿式汽封

侧齿式汽封采用高齿—低齿—更高齿—低齿结构，并在高齿和更高齿上带有不同数量的侧齿，如图 2-83 所示。它的侧齿是通过特殊工艺（数控电火花工艺）在汽封体上加工而成，与汽封体为一有机整体。在相同长度的轴封段上，蒸汽泄漏时经过的汽封齿间隙增加，路径复杂，漏汽量大幅度减少。侧齿式汽封是在传统迷宫式汽封节流过程以外，再增加了涡街阻汽过程，即在汽室内部人为地增加沟槽和障碍物，使蒸汽产生小涡流，形成涡街，如图 2-84 所示。蒸汽进入汽封齿后面的汽室，产生具有动能的涡街并相互碰撞摩擦，使动能全部消耗转化为热能，蒸汽流速转化为涡街流速，一方面使流出汽室的汽流速度最低，另一方面使外部蒸汽进入高压汽室的能力降低。

图 2-83　侧齿式汽封

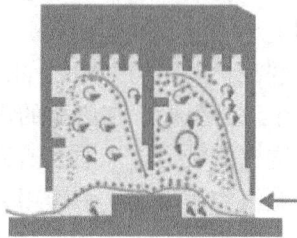

图 2-84　涡街的形成

4. 刷式汽封

刷式汽封是一种自调整接触式汽封。如图 2-85 所示，它在原有汽封基础上加装一圈刷式密封条，此刷式密封条代替原来的高齿，高度比原高齿更高，因减小了汽封间隙，从而减少了漏汽，其刷封部分的刷丝是顺着转子旋转方向排列一圈耐高温的钴基合金丝，可以耐 1200℃ 以上的高温不变形，运行时，散开的刷丝束类似于防护林的风阻效果，起到密封效果，并且可以适应转子的瞬态跳动，恢复原有的汽封间隙，能长期保证使用效果。因为刷丝有弹性，也不会对机组振动造成大的影响，并不受位置及压力的影响，应用范围较广，效果较明显。

新型汽封的种类还有很多，例如国内某公司开发的接触式汽封，它是在传统梳齿式汽封块中间开槽，加装一道可以与转子直接接触的汽封齿，该汽封齿材料为复合塑料，具有自润滑特性，可以耐温 700℃，具有耐磨性，很高灵敏度。同时，具有精确限位装置，可以使汽封间隙调整到零，即汽封齿可以和转轴直接接触。再如东方汽轮机厂自主研制的 DAS 汽封，也叫"大齿汽封"，其结构形式与梳齿类似，但汽封块两侧的高齿部分齿宽加厚，它与轴的径向间隙略小于其他齿，并采用铁素体类材料将其嵌入汽封块中，与转子摩擦时产生的热量小，不易弯轴。开机过临界转速时大齿最先与转轴接触，产生碰摩，然后压缩汽封环背面的弹簧，产生退让，不仅减轻了大齿的磨损，也保护了常规齿，不与转子产生摩擦。

图 2-85 刷式汽封

　　不同的新型汽封可以有针对性地解决传统汽封的某些缺点，在特定情况下可以更有效地保持较小的漏汽量。需要强调的是，无论采用何种形式的汽封，都不能忽略对汽封间隙的调整。

　　各种形式汽封对比见表 2-4。

表 2-4   各 种 形 式 汽 封 对 比

序号	汽封名称	优点	缺点	适用位置	节能情况	备注
1	梳齿形汽封	安全性能稳定，适用范围很广	密封间隙大，易磨损	适用任何位置		
2	蜂窝式汽封	可与轴颈保持较小的间隙，即使被磨损也保持较小的蜂窝形式，用在低压部分除湿效果好	易磨损，间隙无法恢复，若间隙过小或膨胀不均，会造成蜂窝带与转子面（或围带）接触	低压叶顶或隔板汽封，中压叶顶汽封	煤耗可下降4~6g/(kW·h)	应用不多，安全可靠性待考验
3	布莱登汽封	解决过临界转速振动大而使汽封间隙永久增大的问题，能适应负荷变化自动调整密封间隙	对水质要求较高，长期运行可能因弹簧结垢而疲劳失效，无法长期保持灵敏的自调整效果	一般用在高压缸隔板位置	按 300MW 机组为例，只改造高、中压缸，煤耗可下降2g/(kW·h)	目前国内已有 300 多台机组应用
4	刷式汽封	可以适应转子瞬态跳动而保持间隙不变，长期保持密封效果，使用寿命长，对机组安全性的影响较小	刷丝价格昂贵，加工工艺要求高，成本较高	高、中、低压缸轴封，中压缸隔板汽封，给水泵汽轮机轴封等	漏汽量是梳齿汽封的5%~10%，汽轮机缸效提高1.8%，热耗降低1.5%	目前推广很少，国外有约 100 台机组应用
5	接触式汽封	可以与轴接触，能适应转子跳动，能长期保持间隙不变	长期与轴面接触而摩擦生热，热量如不能及时被带走，可能导致转轴热变形，故用在高温段须慎重	用在轴封最外侧，以有效减少漏汽（气），改善机组真空		一般与其他形式汽封一起进行综合改造，没有单体实例

序号	汽封名称	优点	缺点	适用位置	节能情况	备注
6	DAS 汽封	密封间隙减小，用在各处其强度都能保证	与转轴摩擦时仍会造成机组振动，密封效果会随运行时间有所下降	无特殊要求，多用在中间汽封或平衡盘处，以承受前、后较高压差		东汽专利

三、轴封系统

汽轮机各汽缸端部装设轴封后，虽然漏出的蒸汽和漏入汽缸的空气有所减少，但漏汽（气）现象不可能完全消除。为彻底消除这种漏汽（气）现象，以保证机组的正常运转和回收工质，汽轮机都装有轴封供汽及抽气的轴封系统。

大型汽轮机轴封系统多为自密封系统。自密封轴封系统的特点是机组高负荷运行时，高、中压缸轴封腔室的压力可以高于轴封供汽联箱的压力，其漏汽可以向低压缸轴封供汽，实现两者之间供汽的自身平衡。该系统配置一套可靠的供汽调压、调温装置，系统配备了多种汽源，可以在任何运行工况满足高、中压缸和低压缸各轴封供汽参数的要求，还能向给水泵汽轮机轴封供汽，其汽源能满足机组冷、热态启动和停机的需要，并设有溢流泄压装置和轴封抽气装置。

图 2-86 为典型的自密封轴封系统图，在轴封供汽母管上设有三个汽源管道：冷段再热蒸汽（二级抽汽），厂内辅助蒸汽及主蒸汽，通过调节阀引入轴封供汽母管。高、中压缸和低压缸轴封与轴封供汽母管相连接。轴封供汽母管的压力控制站由高压供汽（主蒸汽）调节阀、再热冷段供汽调节阀、辅助汽源供汽调节阀和溢流调节阀组成，所有调节阀均采用气动，由 DCS 控制。低压轴封供汽设置了一台喷水减温器，一台轴封加热器和两台轴封风机（其中一台备用），用于抽出各缸最后一段轴封腔室漏汽（气），并维持该腔室微负压。低负荷时，根据启动状态选用合适的汽源向高、中低压轴封供汽。机组达到 75% 负荷时，高、中压缸的轴封漏汽可以满足低压缸轴封供汽的需要量，此时，轴封系统达到自密封（无需外部汽源供汽）。大于 75% 负荷后，高、中压轴封漏汽除向低压轴封供汽外，多余的蒸汽通过溢流调节阀排往凝汽器。

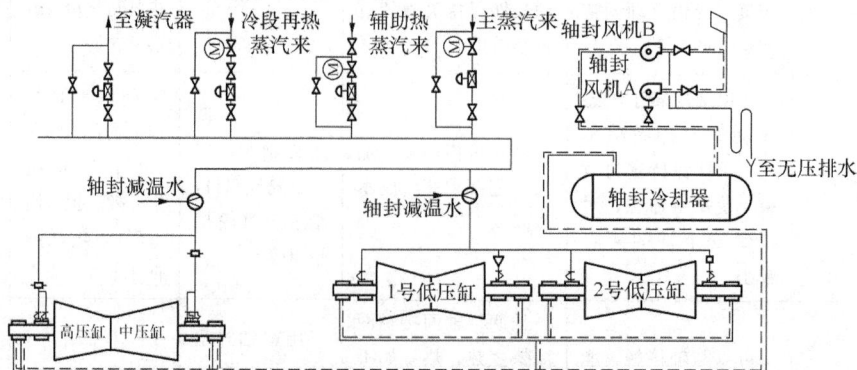

图 2-86 典型自密封轴封系统

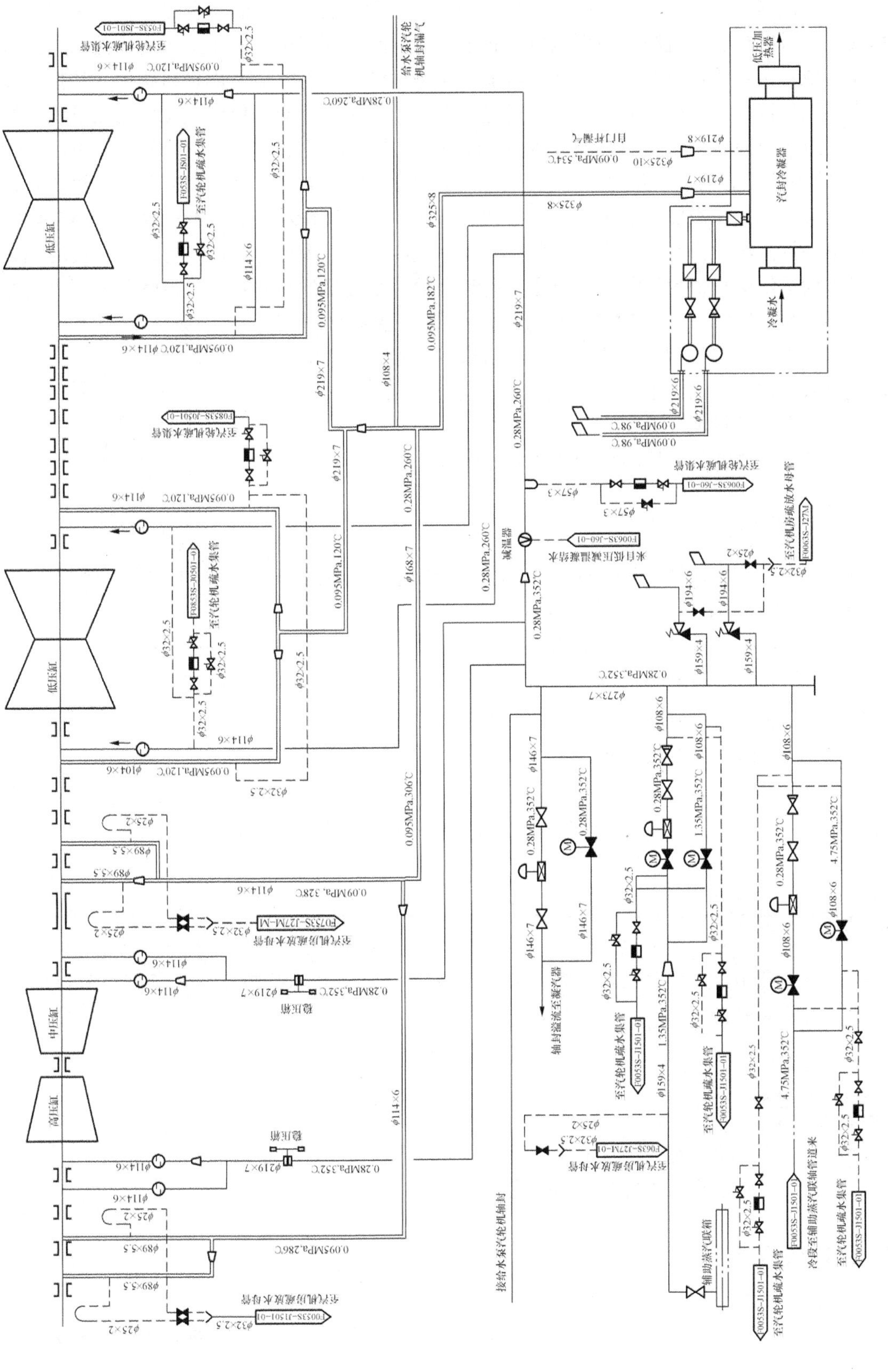

图 2 - 87　某大型机组的轴封系统

　　轴封供汽与转子表面金属之间的温差对转子的寿命影响较大,若温差过大,会引起轴封区域转子金属的热应力过高,降低汽轮机转子寿命;同时,将引起转子和静止部件的胀差过大,从而威胁机组的运行安全。机组冲转前,向轴封供汽的参数应考虑机组状态,选择与转子温度匹配的汽源,在机组冲转、升负荷过程中要分别切换不同的供汽汽源,满足系统参数要求。为避免转子弯曲,盘车装置投入前,不允许向汽轮机各轴封供汽。例如,东汽600MW汽轮机冷态启动时规定,在盘车、冲转及低负荷阶段,轴封供汽来自辅助汽源,供汽压力维持在0.124MPa(绝对压力);在25%～60%负荷阶段,汽封供汽由冷段再热提供,并自动维持供汽压力为0.127MPa(绝对压力);达到60%以上负荷时,高、中压缸的轴封漏汽可以满足低压缸轴封供汽的需要量,此时,轴封系统达到自密封。当母管蒸汽压力升至0.13MPa(绝对压力),所有供汽调节阀自动关闭,溢流调节阀自动打开,将多余蒸汽排至8号低压加热器或排往凝汽器,至此,汽封系统进入自密封状态。轴封供汽必须有不小于14℃的过热度,低压缸轴封供汽温度为120～180℃。

　　某大型机组的轴封系统图如图2-87所示。

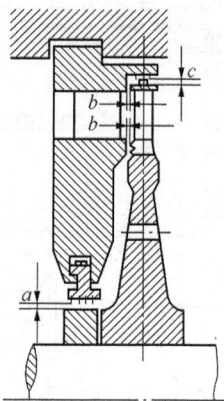

图 2-88　汽封位置示意图

任务验收

　　(1) 标注2-88图中的汽封位置和名称,说明这些汽封的作用和特点。(注:图中 a、b、c 为汽封间隙)

　　(2) 收集说明某机组汽封的形式及配置的情况。

　　(3) 分析自密封系统的工作特点。

　　(4) 分析轴封供汽温度对汽轮机运行的影响。

　　(5) 分析轴封汽源切换的原则。

任务六　轴 承 的 工 作

【任务描述】

　　认识各类轴承的结构及其工作原理。认识轴承的油膜振荡现象,分析防止和消除轴承油膜振荡的措施。

能力目标

　　(1) 认识各类轴承的结构及工作原理。

　　(2) 能分析消除轴承油膜振荡的措施。

任务实施

一、轴承的作用

　　轴承是汽轮机的一个重要组成部件,分为径向支持轴承和推力轴承两大类。径向支持轴承用来承担转子的质量和转子不平衡质量引起的离心力，并确定转子的径向位置，以保持转子旋转中心与汽缸中心一致，从而保证转子与汽缸、汽封、隔板等静止部分的径向间隙正确。推力轴承用以承受蒸汽作用在转子上的轴向推力，并确定转子的轴向位置，以保证汽轮机通流部分动、静间正确的轴向间隙。因此，推力轴承被看成是转子的定位点或称汽轮机转子对定子的相对死点。

单缸汽轮机的推力轴承放在前轴承箱中，多缸汽轮机的推力轴承放在前轴承箱或中轴承箱2号轴承后。图2-89为某三缸汽轮机轴系轴承支撑配置示意图。

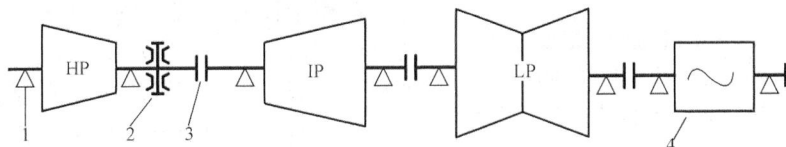

图2-89 某三缸汽轮机轴系轴承支撑配置示意图
1—支持轴承；2—推力轴承；3—联轴器；4—发电机

二、滑动轴承的工作

由于转子质量大、载荷重、转速高，为使汽轮机安全稳定地工作，汽轮机轴承都采用液体摩擦的滑动轴承。该类轴承承载能力大，使用寿命长，可靠性好。它工作时借助具有一定压力的润滑油在轴颈与轴瓦之间形成油膜，建立液体摩擦，依靠油膜力支承轴承载荷，大量润滑油流过轴承时还起到冷却作用，带走轴承工作产生的热量。滑动轴承工作的基本要求是：有足够的承载力，保持油膜稳定，使轴承平稳工作，并尽量减少轴承的摩擦损失。轴承的回油温度通常为50～60℃。

要想使得有负载作用的轴承两表面间形成稳定的油膜，建立液体摩擦，必须满足以下条件：

（1）两滑动面之间构成楔形间隙。

（2）两滑动面之间必须充满具有一定油性和黏性的润滑油。

（3）两滑动面之间必须具有相对运动，而且其运动方向是使润滑油由楔形间隙的宽口流向窄口。

（一）支持轴承的工作

支持轴承中的轴颈直径总是比轴瓦（滑动轴承的基本承力部件）内径小一些，转子在静止状态时，轴颈处于轴瓦底部，轴颈和轴瓦两者之间形成楔形间隙，如图2-90（a）所示（以圆筒形轴承为例）。轴瓦内圆直径大于轴颈直径，当连续向轴承供给一定压力和黏度的润滑油，转子旋转时黏附在轴颈上的油层便随之一起转动，并带动以后各层油旋转，从而把润滑油从楔形间隙的宽口带向窄口。由于间隙进口油量大于出口油量，因此，润滑油便聚积在狭窄的楔形间隙中而产生油压，当这个油压超过轴颈上的载荷时，就把轴颈抬起。轴颈被抬起后，间隙增大，产生的油压又降低一些，直到楔形间隙中的油压与轴颈上的载荷平衡时，轴颈便稳定在一定的位置上旋转。此时，轴颈与轴瓦完全由油膜隔开，建立了液体摩擦。

显然，轴颈转速越高，润滑油黏性越大，则油膜内压力越大，油膜厚度增加，承载能力增大，将轴颈抬得越高，轴颈中心就处在较高的偏心位置。随着转速的升高，轴颈中心的偏心位置也不相同，其轨迹近似一个半圆曲线，如图2-90（b）所示。当转速为无穷大时，理

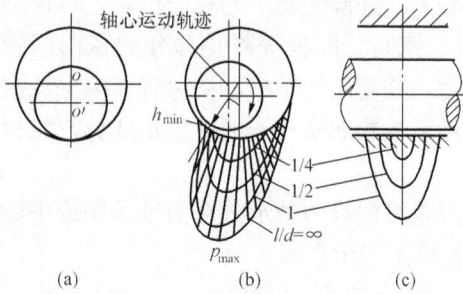

图 2 - 90　轴承中油膜的形成
(a) 轴颈在轴瓦中构成楔形间隙；
(b) 轴心运动轨迹及油楔中的压力分布（周向）；
(c) 油楔中的压力分布（轴向）

论上轴颈中心便与轴承中心重合，此时，油楔间隙不复存在，油膜被破坏，所以运行时轴颈中心位置是低于轴承中心位置的。轴承上载荷越大，油膜形成越困难，轴承载荷不能超过油膜所能承受的压力，否则油膜无法建立，轴瓦将被烧毁。油膜越厚，轴颈越高，油膜的稳定性将降低，油膜的厚度将影响轴承承载能力和轴承稳定性。

油楔中径向和轴向的油膜压力分布如图 2 - 90（b）和图 2 - 90（c）所示，在径向油楔进口处油压最低，然后逐渐增大，在靠近油楔间隙最小处附近时达最大值后又逐渐减小，在楔形间隙后（即最小间隙后）降至最低为零。在轴向沿轴承宽度（也称长度）方向，润滑油从两端流出，使得润滑油压在轴承宽度方向上从中间最大值往两端逐渐降低，到端部为零。由此看出，轴承宽度影响它的承载能力。当载荷、转速、轴瓦内径、轴颈直径以及润滑油等条件都相同时，轴承越宽（越长），产生的油压越大，承载能力越大，轴颈抬得越高；轴承越窄（越短），承载能力越小。但是，轴承太宽将不利于轴承的冷却，并增加汽轮机的轴向长度，因此，必须合理选择轴承的尺寸。

（二）推力轴承的工作

推力轴承是借助于轴承上若干片推力瓦片与推力盘之间构成楔形间隙建立液体摩擦的。当转子的轴向推力经过油层传给瓦片时，其油压合力

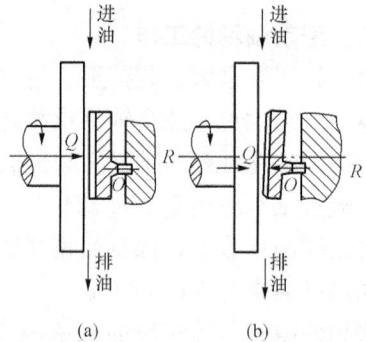

图 2 - 91　推力瓦片与推力盘间油楔的形成
(a) 油楔形成过程 1；(b) 油楔形成过程 2

Q 并不作用在瓦片的支承点 o 上，而是偏在进油口的一侧，如图 2 - 91（a）所示（以密切尔式推力轴承为例），因此，合力 Q 便与瓦片支点的支反力 R 形成一个力偶，使瓦块略微偏转，形成油楔。随着瓦块的偏转，油压合力 Q 逐渐向出油口一侧偏移，当 Q 与 R 作用在一条直线上时，油楔中的压力便与轴向推力保持平衡状态，如图 2 - 91（b）所示，在推力盘与瓦片之间建立了液体摩擦。

三、轴承的油膜振荡

随着机组容量的不断增加，导致轴颈直径的增大和轴系临界转速的下降，这两者都直接影响轴承的正常工作。轴径直径增大后，轴颈表面线速度增加，摩擦损失相应增加，特别当线速度达到一定数值（一般认为圆筒形轴承为 50～60m/s）后，轴承内润滑油流将从层流变为紊流，引起功耗的显著增加，机组效率降低，并引起轴瓦乌金温度和回油温度升高。轴系临界转速的下降则直接影响轴承工作的稳定性，即可能发生油膜振荡。

（一）油膜振荡现象

为了说明油膜振荡现象，观察一个受有一定载荷的轴承（以柔性大、轻载转子的轴承为例），当转速从零逐渐增加时，其轴颈中心的运动情况。轴颈中心涡动频率、振幅与转速的

关系如图 2-92 所示，横轴代表轴颈速度，纵轴代表轴颈中心的振动频率和振幅。当转速由零开始升高时，起初没有振动，只是随着不同的转速，轴颈中心处于不同的偏心位置。当转速升高到 A 点时，轴颈中心开始出现振动，但振动较小，振幅也不大，振动频率约等于 A 点转速的一半；继续升速时振幅基本不变，而频率总保持当时转速的一半所对应的频率；当转速升高到转子的一阶临界转速 n_{cl} 时（即 w_{cl}，图中 A_1 点），振动加剧，振幅突然增加，振动频率为 n_{cl} 所对应的频率；超过一阶临界转速后，振幅

图 2-92 轴颈中心涡动频率、振幅与转速的关系

又降低，频率也恢复为当时转速的一半所对应的频率；当转速升高到两倍一阶临界转速时（即 $2w_{cl}$，图中 A_2 点），振动又加剧，振幅增大，振动频率为此时转速的一半所对应的频率，即为 n_{cl} 所对应的频率；此后转速继续升高，振幅不再减小，频率始终保持一阶临界转速所对应的频率。由于转速升高到 A 点后，轴颈开始失去稳定，因此，A 点对应的转速称为失稳转速。A 点到 A_2 点间，轴颈中心发生频率为当时转速一半所对应的小振动，称为半速涡动。A_2 点以后，轴颈中心发生频率为转子一阶临界转速所对应频率的大振动，称为油膜振荡。油膜振荡发生后，在较大的转速范围内，涡动频率将保持转子一阶临界转速所对应的频率不变，振幅也始终保持在共振状态下的大振幅，即具有惯性效应。因此，油膜振荡不能用提高转速的方法来消除。

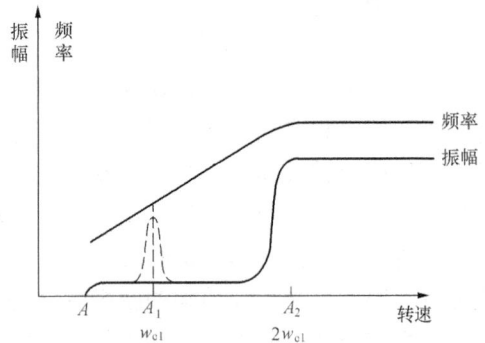

（二）油膜振荡发生的原因

由轴承的工作可知，在一定转速和载荷下，轴颈中心将处于某一偏心位置而达到平衡状态，油膜振荡的产生如图 2-93 所示。这时载荷 p 和油楔中油膜对轴颈的作用力 p_g 大小相等，方向相反，且作用在同一条直线上，即两者的总合力为零，轴颈中心稳定在 O' 点不动。如果轴颈受到一个干扰，使其中心从 O' 偏移到 O''，发生了偏心变化，油楔也就改变了，油膜产生的作用力的大小、方向也发生变化，p_g 变为 p_g'。这时载荷 p 与油膜作用力 p_g' 的总合力不再为零，而是力 F。如图 2-87 所示，F 可分解为沿油膜变形方向的弹性恢复力 F_r和垂直于油膜变形方向的切向分力 F_t。而切向分力 F_t 将破坏轴颈稳定的旋转，引起轴颈中心在轴承内涡动，称为失稳分力。这时轴颈不仅围绕其中心高速旋转，而且轴颈中心还围绕动态平衡点 O' 涡动。若失稳分力小于轴承阻尼力，涡动是收敛的，轴颈中心受到扰动而偏移后将自动回到平衡位置，此时，轴承的运行是稳定的；当失稳分力大于阻尼力时，涡动是发散的，属于不稳定工作状态，油膜振荡就是这种情况；当失稳分力等于阻尼力时，轴颈产生小振幅涡动，理论和实践证明，涡动频率接近当时转速的一半，称为半速涡动。如果半速涡动的角速度正好达到转子的一阶临界转速，则涡动被共振放大，使轴颈强烈振动，

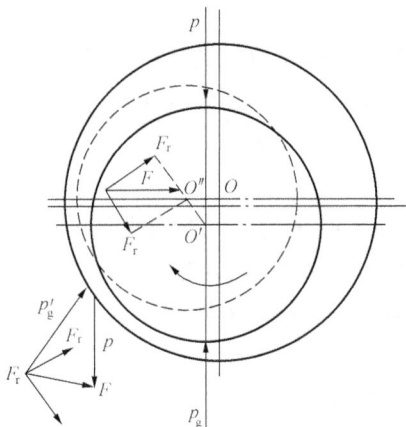

图 2-93 油膜振荡的产生

产生了油膜振荡。

（三）油膜振荡的防止和消除

发生油膜振荡时轴颈振幅很大，会引起轴承油膜破裂、轴颈与轴瓦碰撞甚至损坏。另外，因其振动频率刚好等于转子的一阶临界转速，成为转子的共振激发力，使转子发生共振，可能导致转轴损坏。半速涡动虽然振幅不大，不会破坏油膜，但由于振动产生动载荷，长期工作下，会引起零件的松动和疲劳损坏。因此，应设法消除油膜振荡和半速涡动。由前面的分析可知，只有当转子的转速高于失稳转速及一阶临界转速的两倍时，才有可能发生油膜振荡。因此，防止和消除油膜振荡的基本方法是提高转子的失稳转速和一阶临界转速。

刚性转子和一阶临界转速高于额定转速一半的挠性转子，在其工作转速范围内，只可能发生半速涡动，而不会发生油膜振荡。但对于大功率机组，转子一阶临界转速较低，可能低于工作转速的一半，此时，只能通过提高失稳转速，将失稳转速提高到工作转速之上，避免油膜振荡的发生。

由油膜振荡产生的原因分析可知，轴颈在轴承中运行不稳定的根本原因是轴颈受到扰动后产生了失稳分力。扰动越大，轴颈偏离其平衡位置的距离就越大，失稳分力也越大，越容易产生涡动和油膜振荡。在同一扰动强度下，轴颈稳定运行时的偏心距越大，其相对偏移就越小，失稳分力也越小，越不容易产生半速涡动和油膜振荡。也就是说，轴颈在轴瓦中平衡位置的偏心距越大，失稳转速越高，转子工作越稳定。

相对偏心率 K 是反映轴承稳定性能的指标，它是轴颈与轴瓦的绝对偏心距和它们的半径差之比。K 越大，失稳转速越高，越不容易产生半速涡动和油膜振荡；K 越小，转子工作越不稳定。通常认为 K 大于 0.8 时，轴颈在任何情况下都不会发生油膜振荡。防止和消除油膜振荡的常用措施有以下几种：

1. 增加比压

所谓比压，就是轴承载荷与轴承垂直投影面积（轴承长度×直径）之比。显然，比压越大，轴颈浮得越低，相对偏心率越大，轴承稳定性越好。增加比压的方法可以采用缩短轴承长度，以及调整轴瓦的中心等措施来达到。缩短轴承长度除减小轴瓦投影面积外，还可使轴瓦两端泄油量增加，轴颈浮得低，相对偏心率增大，调整轴瓦的中心主要是增大负载过小的轴承的比压。

2. 降低润滑油黏度

润滑油黏度越大，轴颈旋转时带入油楔中的油量越多，油膜越厚，轴颈在轴瓦中浮得越高，相对偏心率越小，轴颈就越容易失去稳定。因此，降低润滑油的黏度有利于轴承的稳定工作。降低润滑油黏度的办法主要是提高油温或者更换黏度小的润滑油。

3. 调整轴承间隙

对于圆筒形及椭圆形轴承而言，一般认为减少轴瓦顶部间隙可以增加油膜阻尼，产生（圆筒形轴承）或加大（椭圆形轴承）向下的油膜作用力，从而增大相对偏心率，特别是在加大轴瓦两侧间隙时（相当于增大椭圆度，即增大相对偏心率）效果更为显著。

4. 改进轴承结构

改进轴承结构，采用性能优良的轴承。现代大型汽轮机采用先进可倾瓦轴承，其设计失稳转速达到 4000r/min 以上，在运行时就不会产生轴承失稳涡动了。

综上所述，为了防止和消除油膜振荡的发生，应当从设计制造上着手考虑，比如尽量提高机组中各转子及轴系的一阶临界转速，并使它超过额定转速的一半；选择稳定性好的轴瓦结构形式与参数等。当新机组投运或运行机组大修后发现油膜振荡时，则应检查润滑油温、转子中心、轴承间隙、轴承紧力等是否合适，以便采取相应措施予以消除。除上述防止和消除油膜振荡的措施外，还应尽量做好转子的动、静平衡，以充分降低转子在一阶临界转速下的共振放大能力，减小振动的振幅。

四、轴承的结构

（一）支持轴承的结构

支持轴承主要由以下部件组成：

（1）轴承座。分为独立式和与主机联体式两类，多为铸铁件。

（2）轴承盖。它与轴承座构成轴承的主体，起着固定轴瓦的作用。

（3）轴瓦。由轴瓦体和乌金层构成。在轴瓦体内圆上开有燕尾槽，浇铸锡基合金（俗称乌金或巴氏合金），这种合金内含锑 $10\%\sim20\%$，铜 $5.5\%\sim6.5\%$，其余为锡。乌金层质软、熔点低，具有良好耐磨性能。一旦与轴颈发生摩擦，乌金磨损甚至熔化，以保护轴颈不被磨损，转子不受损伤。此时，汽轮机保护停机。轴瓦内表面应保持光滑，并保持轴颈与轴瓦的接触角不小于 $60°\sim70°$。

支持轴承按支撑方式分为固定式和自位式（可调式）。图 2-94 为自位式球面滑动轴承（属圆筒形轴承），当转子中心变化引起轴颈偏斜时，球面瓦枕可自动调位，

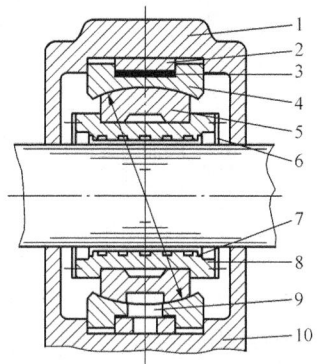

图 2-94 自位式球面滑动轴承
1—轴承盖；2—调整垫铁；3—调整垫铁片；4—轴枕；5—轴瓦壳体（球形瓦）；6—油挡；7—轴承合金；8—轴瓦（瓦胎）；9—进油孔；10—轴承座

使轴颈与轴瓦间的间隙在整个轴瓦长度内保持不变，油膜均匀稳定，使轴承工作更平稳。

支持轴承按轴瓦形状可分为圆筒形轴承、椭圆形轴承、三油楔轴承和可倾瓦轴承等。

1. **圆筒形轴承**

圆筒形轴承轴瓦内孔呈圆柱形，静止状态下，轴承顶部间隙约为侧面间隙的两倍，工作时轴颈下形成一个油膜。图 2-95 为固定式圆筒形支持轴承，轴瓦由上、下两半组成，用螺栓和止口连接起来。下瓦支持在三块垫块上，垫块用螺钉与轴瓦固定在一起，中间的垫片用来为轴瓦找中心，增、减它的厚度就可以调整轴瓦的径向位置。上瓦顶部的垫块和垫片则用来调整轴瓦与轴承盖之间的紧力。轴瓦一般用优质铸铁铸造，在轴瓦内部车出燕尾槽，浇以 ChSnSbll—6 锡基轴承合金（巴氏合金）。

润滑油从轴瓦侧下方垫块的中心孔引入，经过下瓦内的油路，由轴瓦水平结合面处流进。由于轴的旋转，使油先经过轴瓦顶部间隙，再经过轴和下瓦之间的间隙，然后，从轴瓦两端泄出，由轴承座油室返回油箱。下瓦进油口处的节流孔板用来调整进油量。水平结合面处的锁饼用来防止轴瓦转动。轴承在其面向汽缸的一侧装有油挡，以防止油从轴承座中甩出。圆筒形轴承轴颈旋转时只能形成一个油楔，可能发生油膜振荡现象。

圆筒形轴承多用于中、小容量的汽轮机，但因其承载能力大，故也有大型汽轮机仍采用圆筒形轴承。例如，哈汽 N600—16.7/535/535-Ⅰ型汽轮机低压转子除前轴承外的三个轴

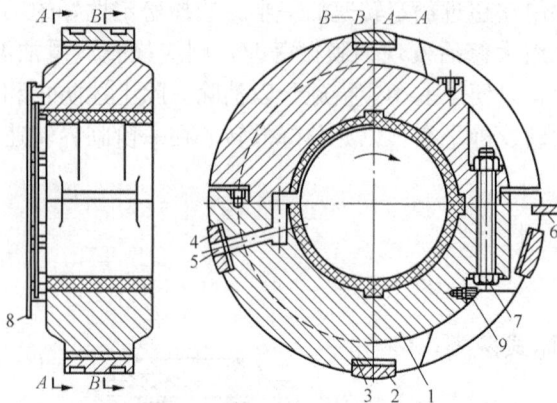

图 2-95　固定式圆筒形支持轴承
1—轴瓦；2—垫块；3—垫片；4—节流孔板；5—进油口；
6—锁饼；7—连接螺栓；8—油挡；9—止落螺钉

承采用了圆筒形轴承，国产引进型 300MW 汽轮机低压转子也采用圆筒形轴承。

2. 椭圆形轴承

椭圆形轴承的结构与圆筒形轴承基本相同，只是椭圆形轴承的侧面间隙加大了，其轴瓦内孔呈椭圆形。轴瓦内顶部间隙为轴颈直径的 $1/1000 \sim 1.5/1000$。轴瓦侧面间隙约为顶部间隙的两倍。由于轴瓦顶部间隙减小，这样轴瓦上、下部都可以形成油楔（因此又称双油楔轴承），即除下部的主油楔外，在上部又增加了一个副油楔，椭圆形轴承油楔压力分布图如图 2-96 所示。副油楔内的油膜

力向下作用，压低了轴心的位置，并使轴瓦中心与轴承中心不重合，增大了轴颈在轴瓦内的绝对偏心距，从而使其相对偏心率增加，轴承的稳定性好。此外，轴承侧隙加大，使油楔的收缩更剧烈，有利于形成液体摩擦及增大轴承承载能力。椭圆形轴承的比压可达 $1.2 \sim 2\text{MPa}$，甚至 2.5MPa，因此，在中容量和大容量机组上得到了广泛的应用。例如，东汽超临界 600MW 汽轮机低压转子采用了椭圆形轴承。

3. 三油楔轴承

三油楔轴承的结构如图 2-97 所示，轴瓦上有三个长度不等的油楔：上瓦两个，下瓦一个，每个油楔入口的最大深度为 0.27mm。为了使油楔分布合理又不使结合面通过油楔区，上、下瓦结合面不是放在水平位置，而是与水平面倾斜 35°，并用销子锁住。安装时要将轴瓦反转 35°，给找中心带来不便。

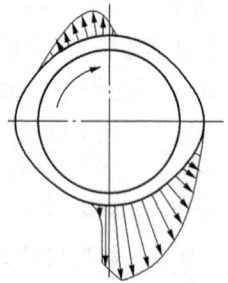

图 2-96　椭圆形轴承油楔压力分布图

润滑油首先从轴承进油口进入轴瓦的环形油室，然后分别经过三个进油口进入各油楔中。轴颈旋转时，三个油楔中均形成油膜，油膜力分别作用在轴颈的三个方向上。下部大油楔产生的油膜力起承受载荷的作用，上部两个小油楔产生的油膜力将轴颈往下压，使转轴比较稳定地在轴瓦中旋转，具有良好的抗振性能。由于每个油楔对应的工作瓦面曲率半径都比轴颈半径大，因此，对应轴颈中心的每一个小位移，都有一个较大的相对偏心率，故具有良好的稳定性。三油楔轴承的承载能力也较高，比压可达 3MPa。轴瓦底部开有高压油顶轴装置的进油口及油池。机组启动时，从顶轴油泵打来的高压油进入轴承将轴顶起，防止出现干摩擦。

随着加工制造和安装、检修工艺的不断提高，已能保证三油楔轴承中分面在安装、检修过程中不会错位。近年来已经有厂家将三油楔轴承 35°安装角改成水平中分面，而不必再反转。改成水平中分面后有两个油楔有接缝，试验证明，这条接缝对轴承性能影响不大，而且其严密程度也不会影响油楔中油膜的形成及其压力分布。

4. 可倾瓦轴承

可倾瓦轴承又称活支多瓦轴承，通常由3～5块或更多块能在支点上自由倾斜的弧形瓦组成。

图2-98所示的可倾瓦轴承有四块可倾瓦，瓦块相互独立。两下瓦块承受轴颈的载荷，两上瓦块保持轴承工作的稳定性。各瓦块均通过球面自位垫块6支承在轴承体2内，以自位垫块为支点，瓦块可以自由摆动，使瓦块与轴颈自动对中。自位垫块的平面端与被研磨成规定厚度的外垫片5紧贴，以保持适当的轴承间隙。轴承体为对分的上、下两半，在水平中分面处用定位销连接定位。

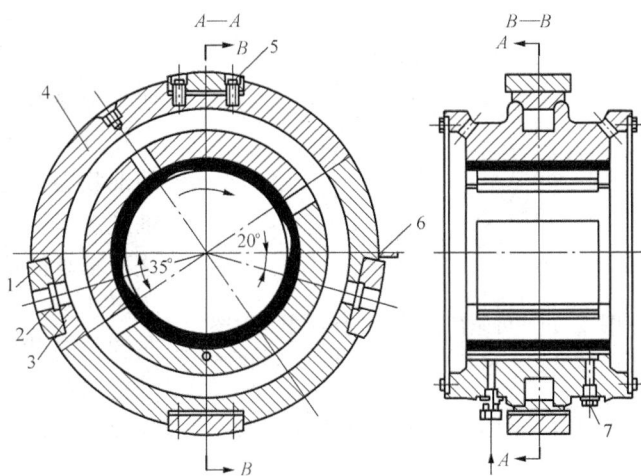

图2-97 三油楔轴承的结构

1—调整垫片；2—节流孔；3—带孔调整垫铁；4—轴瓦体；
5—内六角螺钉；6—止动垫圈；7—高压油顶轴进油

为了防止轴承两上瓦块的进油边与轴颈发生摩擦，该处巴氏合金被修成斜坡，并在这两块瓦块上装有弹簧11，该弹簧还可起到减振的作用。

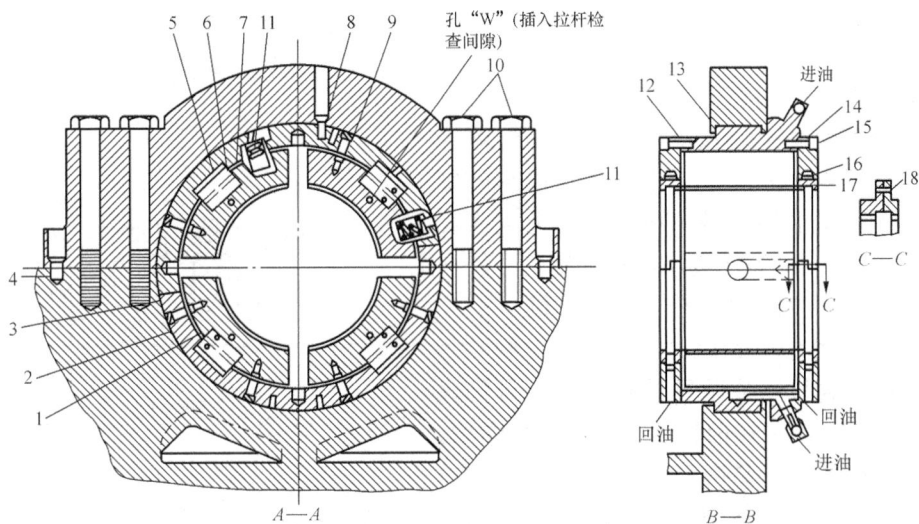

图2-98 可倾瓦轴承

1—轴瓦；2—轴承体；3—轴承体定位销；4—定位销；5—外垫片；6—自位垫块；7—内垫片；
8—轴承体定位销；9—螺塞；10—轴承盖螺栓；11—弹簧；12、14—挡油板；13—轴承盖；
15—螺栓；16—挡油环限位销；17—油封环；18—油封环销

轴承润滑油引入轴承体后通过位于垂直和水平中心线上的四个开孔进入瓦块，沿着轴颈与轴瓦之间分布，并向两端流出。油封环和挡油板可防止轴承两端过量泄油，并防止蒸汽进入轴承内。油通过油封环上的许多小孔和挡油板上的通道流入轴承座内。油封环为对分结构，用挡油环限位销固定在轴承体上。

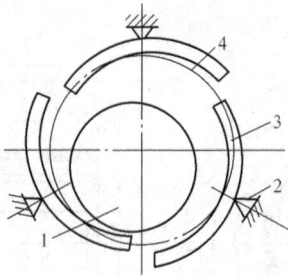

图 2-99　可倾瓦轴承的工作原理示意图
1—轴颈；2—支座；3—轴瓦；4—支承间隙圆

图 2-99 为可倾瓦轴承的工作原理示意图。瓦块在工作时可随转速、载荷及轴承温度的不同而自由摆动，自动调整到形成油膜的最佳位置，在轴颈四周形成多油楔。每个瓦块作用在轴颈上的油膜力总是通过轴颈中心的，故不易产生导致轴颈涡动的失稳分力，可防止油膜振荡的发生。这种轴承的稳定性和减振性好，承载能力大，比压可达到 4MPa，摩擦功耗也小，能承受各个方向的径向载荷。相对于三油楔轴承，其结构好、制造简单、检修方便，正越来越多地为现代大功率汽轮机所采用。例如，东汽超临界 600MW 汽轮机高、中压转子采用了可倾瓦轴承。

（二）推力轴承的结构

通常应用最广泛的是密切尔式（可倾瓦）推力轴承。传统的密切尔式推力轴承，在推力盘两侧各装有用青铜制成的 8～12 块扇形推力瓦，这些推力瓦都均布在同一圆周上。工作瓦块承受转子由高压端指向低压端的正向推力，非工作瓦（也称反向瓦、定位瓦）承担偶然发生的反向推力，限制转子的反向窜动（当机组快关或再热机组的高、中压调节汽阀关闭速度不一致时，有可能出现负推力的特殊工况）。在推力瓦的背面有一销钉孔，安装环的销钉松松插在瓦块的销钉孔上，瓦块可以围绕销钉略为转动，与推力盘之间构成楔形间隙，楔形间隙产生油膜力，承受转子轴向推力。推力瓦表面浇有厚度为 1.5mm 的乌金，当乌金熔化、轴向位移超过 1.2mm 时保护动作，脱扣停机。

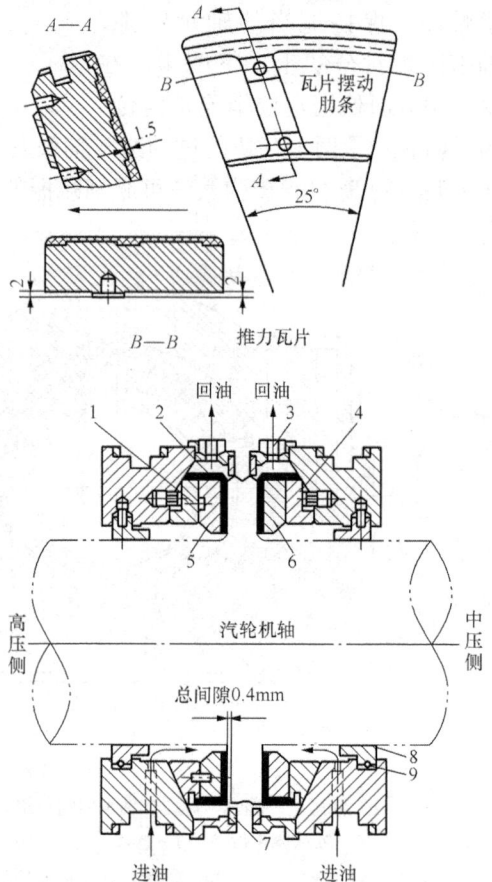

1. 单独的推力轴承

大容量汽轮机一般采用单独的具有自位球面的推力轴承，安装在前轴承箱或中轴承箱中。例如优化引进型 600MW 汽轮机的推力轴承为单独的自位轴承，安装在中轴承箱。如图 2-100 所示，为了保证各推力瓦受力均匀，自位轴承的轴承体支承面为球面，以自动适应推力盘的角度。当推力盘紧贴工作瓦块上时，推力盘与非工作瓦块之间的间隙称为窜动间隙。若间隙过小，可能引起推力轴承油温增高和瓦块摩擦烧瓦；若间隙过大，则当负荷突变时可能使瓦块受到冲击，或使汽轮机动静部分相碰。转子轴向窜动量一般为 0.40～0.60mm。

推力瓦片

图 2-100　单独推力轴承
1—球面座；2—挡油环；3—调节套筒；
4—推力瓦安装环；5—正向推力瓦；
6—反向推力瓦；7—出油挡油环；
8—进油挡油环；9—拉弹簧

运行中任何时候，轴承中都充满润滑油，油直接从支持轴承供油管路供给，经过节流孔送入推力轴承体内的环形油室，并在瓦块之间径向流动。推力轴承球面座上装有挡油环，挡油环围住推力盘外圆形成环形回油室。在工作面与非工作面挡油环的顶部设有回油孔，用调节套筒或针形阀来调节回油量和控制回油温度。推力轴承进油温度为 35～45℃，设计温升为 5～15℃，出口油温不超过 60～70℃。

2. 推力—支持联合轴承

推力轴承经常与支持轴承合为一体，称为推力—支持联合轴承。图 2 - 101 表示的是一种联合轴承的结构，它广泛应用在国产汽轮机中。为保证较均匀地将轴向推力分配到各个瓦片上，选用球面形支持轴瓦。轴承的径向位置靠沿轴瓦圆周分布的三块垫块及垫片来调整。轴承的推力瓦片分为工作瓦片和非工作瓦片（又叫定位瓦片），各有 10 片左右。工作瓦片承受转子的正向推力，非工作瓦片承受转子的反向推力。这些瓦片利用销子挂在它们后面的两半对分的安装环上，销子松宽地插在瓦片背面的销孔中，由于瓦片背面有一条突起的肋，使瓦片可以绕它略微转动，从而在瓦片工作面和推力盘之间形成楔形间隙，建立液体摩擦。为减少推力盘在润滑油中的摩擦损失，用青铜油封来阻止润滑油进入推力盘外缘腔室中，油挡用来防止润滑油外泄以及防止蒸汽漏入。推力轴承前下部的支撑弹簧支持着推力轴承的悬臂质量，以使支持轴承部分在轴颈全长上均匀受力。

润滑油从支持轴承下瓦调整垫片的中心孔引入，经过轴瓦的环形腔室，一路顺中分面进

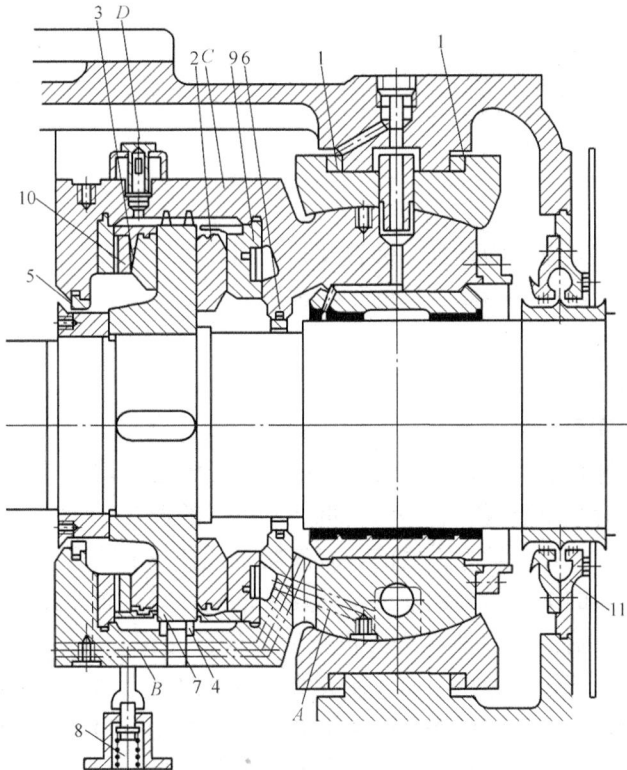

图 2 - 101 推力—支持联合轴承

1—调整圆环；2—工作瓦片；3—非工作瓦片；4、5、6—油封；
7—推力盘；9、10—瓦片安装环；8—支撑弹簧；11—油挡

入支持轴承，另一路经过油孔 A、B 流向推力盘两侧去润滑推力瓦。然后，两路油分别经过泄油孔 C、D 流回油箱，在泄油孔 D 上装有针形阀以调节润滑油量。

任务验收

（1）认识支持轴承的基本结构，并分析其工作原理。

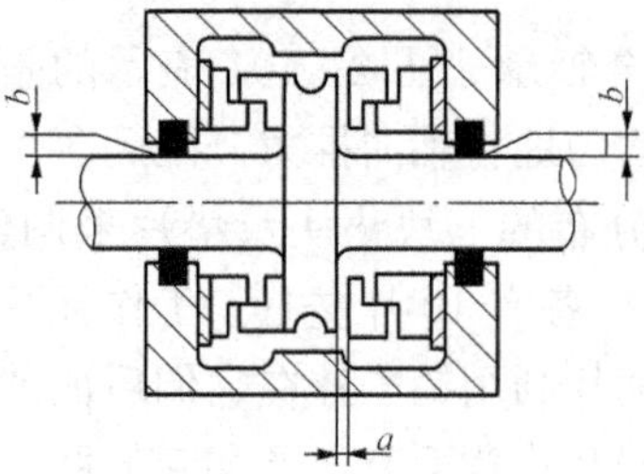

图 2 - 102 推力轴承简图

（2）在图 2 - 102 中标注各部分的部件名称，并分析推力轴承的工作原理？

（3）分析润滑油油压、油温对轴承工作的影响。

（4）收集、分析某典型汽轮机的轴承配置的情况，画出轴系支撑示意图。

（5）收集汽轮机轴瓦损坏的实例，分析汽轮机轴瓦损坏的主要原因。

（6）认识某汽轮机的轴承箱中装置的设备。

任务七 认识盘车装置

【任务描述】

认识各类盘车装置及其作用，分析典型机组盘车装置的工作过程。

能力目标

（1）认识电动盘车装置和液动盘车装置及其作用。

（2）能分析典型机组电动盘车装置的工作过程。

任务实施

一、盘车装置的作用

在汽轮机启动、冲转前或停机后，使转子以一定的转速转动一段时间，以保证转子均匀受热和冷却的装置称为盘车装置，它是汽轮机必不可少的设备。

汽轮机启动过程中，在锅炉点火之前，凝汽器需具有一定的真空度，以便凝结锅炉点火后通过旁路排入凝汽器的蒸汽，因此，要启动真空泵抽真空。而抽真空之前，应先向轴封供汽，以减轻真空泵的负荷。这些蒸汽进入汽缸后大部分滞留在汽缸上部，使转子和轴封的上、下部分受热不均，若转子静止不动，便会造成转子向上弯曲变形。转子弯曲后，其重心与旋转中心不相重合，机组冲转后势必产生很大的离心力而引起机组振动，甚至造成汽轮机动、静部分摩擦。因此，必须在轴封供汽前先投入盘车装置，带动转子做低速转动，使转子受热均匀，以利于机组顺利启动。汽轮机冲转前要求连续盘车至少 2～4h。对于具有中间再热机组，为减少启动时的汽水损失，锅炉点火后蒸汽经旁路系统排入凝汽器，这样汽轮机在冲转前，低压汽缸排汽口就要受来自旁路系统的蒸汽的影响，也会使低压汽缸产生上热下冷的现象。如果转子静止不动，同样会造成转子弯曲而影响机组的启动。因此，盘车要在低压旁路系统投入前投运。

在盘车过程中，运行人员可仔细检查汽轮机动、静部分是否有摩擦，转子各部分的振动是否在规定的范围之内，润滑油系统工作是否正常等，以便在冲转前及时发现问题，及时加以处理。

汽轮机停机后，汽缸内尚有残留的蒸汽，汽缸和转子等部件由热态逐渐冷却，其下部冷却快，上部冷却慢，如果转子静止不动，必然会因上、下温差而产生弯曲。弯曲程度随停机后时间的增长而增加，到某个时间达到最大值，以后随着部件冷却，上、下温差减小，弯曲也逐渐减小，这种弯曲称为弹性热弯曲。对于大型汽轮机，这种热弯曲可以达到非常大的数值，需要经过近百个小时才能逐渐消除。过大的上、下温差，可能造成转子永久弯曲。而转子热弯曲减小到规定数值前，不允许重新启动汽轮机。因此，停机后转子转速降至零时，必须投入盘车装置，将转子不间断的转动，使转子四周温度均匀，以防止转子发生热弯曲，并保证机组随时启动。较长时间的连续盘车，可以消除转子因机组长期停运和存放或其他原因引起的非永久性弯曲。

二、盘车装置的分类

根据汽轮机启停过程的特点，要求盘车装置既能在转子转速为零时投入而盘动转子，又能在蒸汽冲动汽轮机转子超过盘车转速后自动脱开，停止盘车。盘车啮合方式有远方操作（集控室 DCS 操作员站或现场控制盘）和就地利用手动啮合两种，既能自动盘车又可手动盘车。

不同的机组，盘车装置的结构也不相同。按驱动方式，可分为电动盘车、液动盘车、气动盘车等；按盘车转速，可分为低速盘车（2~4r/min）和高速盘车（40~70r/min）两种，它们在大型机组中都得到了广泛应用。

低速盘车启动力矩小，冲击载荷小，对延长零件的使用寿命有利。高速盘车可以加速汽缸内冷热汽（气）流的热交换，减小停机后上、下缸和转子内部的温差，保证机组能再次顺利启动；此外，高速盘车对轴颈轴承油膜的形成有利，可以减小轴颈与轴瓦之间的干摩擦，达到保护轴颈轴瓦表面的目的；但高速盘车需要较大的启动力矩，盘车功率要增大。因盘车转速下轴承油膜尚未形成，为防止轴承在盘车过程中产生干摩擦，并减小盘车功率，大机组设置高压油顶轴装置，在盘车装置投入前将轴颈顶起 0.03~0.04mm。

大、中型机组一般都采用电动盘车装置，它由电动机、减速器和离合器组成。根据盘车离合器的类型，常用电动盘车装置分为具有螺旋轴的盘车装置和具有摆动齿轮（或具有链轮—蜗轮蜗杆）的盘车装置两类。电动盘车装置还配备了单向棘轮式手柄，用于进行手动盘动转子。

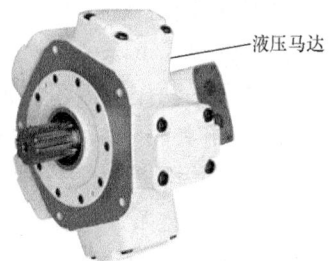

图 2-103　上汽 1000MW
汽轮机液压盘车

有的机组配有液压盘车装置，由控制滑阀控制油缸的进油和排油，使其活塞往复运动，通过活塞杆上的爪推动棘轮转动，带动盘车齿轮驱动机组转子低速转动。

图 2-103 为上汽 1000MW 汽轮机液压盘车装置，盘车转速为 60r/min。采用液压盘车装置时，需单独配置手动盘车装置。

三、盘车装置的结构及工作过程

(一) 具有螺旋轴的电动盘车装置

图 2-104 为具有螺旋轴的电动盘车装置,电动机 5 通过小齿轮 1 和大齿轮 2、啮合齿轮 3 和盘车齿轮 4 两次减速后带动汽轮机主轴转动。啮合齿轮的内表面铣有螺旋齿与螺旋轴相啮合,啮合齿轮可沿螺旋轴左、右移动,实现与盘车齿轮的啮合与脱开。推动手柄可以改变啮合齿轮在螺旋轴上的位置,并控制盘车装置电动机行程开关和润滑油门。

1. 投入盘车装置的过程

首先,拔出保险销,向左推转手柄(图示方向),啮合齿轮便向右移向盘车齿轮,同时,用手盘动联轴器,并继续推转手柄至工作位置,使啮合齿轮与盘车齿轮全部啮合。此时,润滑油错油门自动打开,向盘车装置供油,电动机行程开关闭合,盘车装置投入工作。依靠螺旋齿上的轴向分力,啮合齿轮被压紧在凸肩上,保持与盘车齿轮的完全啮合。

2. 盘车装置脱开切除的过程

启动过程中,当汽轮机转速大于盘车转速时,盘车自动脱扣。啮合齿轮由主动轮变为从动轮,螺旋齿上的轴向分力改变方向,将啮合齿轮向左推移,直至退出啮合位置,与盘车齿轮脱开。在润滑油门下油压及弹簧力作用下,手柄向右摆动至断开位置,润滑油门和电动机行程开关复位。此时,润滑油被切断,电动机电源断开,盘车装置停止工

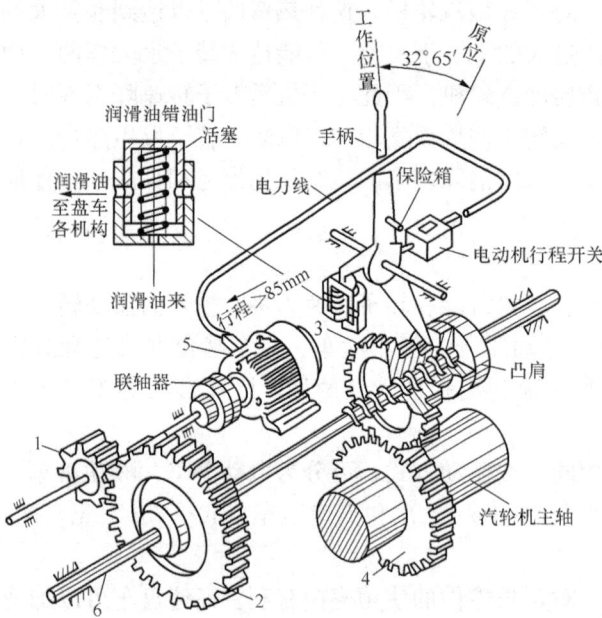

图 2-104 具有螺旋轴的电动盘车装置

1—小齿轮;2—大齿轮;3—啮合齿轮;
4—盘车齿轮;5—电动机;6—螺旋轴

作,保险销自动落入销孔将手柄锁住。

手动操作停止按钮,切断电源,也可使盘车装置停止工作。当电动机电源被切断后,盘车装置的转速迅速下降,而转子因惯性大,转速下降较慢,因此,啮合齿轮变成从动轮被推向左边,此后的动作与盘车装置自动退出时相同。

(二) 具有链轮—蜗轮蜗杆的电动盘车装置

图 2-105 为具有链轮—蜗轮蜗杆的电动盘车装置(又称具有摆动齿轮的盘车装置),电动机通过链轮、链条、蜗杆、蜗轮及几级齿轮传动减速后带动转子旋转。摆动齿轮 12 支承在两块侧板 11 上,侧板可绕主齿轮轴 10 摆动,并通过连杆机构与操纵杆连接,操纵杆动作可带动侧板摆动,进而控制摆动齿轮处于不同位置。当操纵杆移到投入位置时,摆动齿轮与盘车齿轮啮合;操纵杆移到退出位置时,摆动齿轮则与盘车齿轮退出啮合状态。

哈汽 600MW 超临界汽轮机采用具有链轮—蜗轮蜗杆的电动盘车装置,为侧装式(见图 2-106),盘车转速为 3.35r/min,安装在靠近发电机的汽轮机低压后轴承箱侧边的下部。侧

装式的优点是当揭开轴承盖检修轴承时，不需吊走盘车装置。在拆去或装上轴承盖的情况下，均可盘动转子，即能自动盘车又可手动盘车。

1. 停机时的自动投入

汽轮机停机时，将盘车控制开关投到"自动"位置，就进入自动投入程序。当汽轮机转速下降到约 600r/min 时，盘车自动程序电路接通，开始向盘车装置提供润滑油。当转速降到零时，压力开关自动闭合，接通供气电源，供气阀打开，压缩空气进入气动啮合缸活塞的上部，使活塞下移，带动操纵杆顺时针转动，使摆动齿轮摆向盘车齿轮与之啮合。活塞继续下移接通触点，盘车电动机启动，盘车装置投入运行。如果摆动齿轮与盘车齿轮的齿顶相碰不能啮合，它会滑过一个齿后与盘车齿轮啮合。转子转动后，压力开关自动打开，压缩空气供气阀关闭，盘车装置正常工作。

2. 汽轮机冲转后自动脱开

当转子转速高于盘车转速时，摆动齿轮变成了从动轮，在盘车齿轮的转矩作用下自动脱离啮合状态，并通过侧板带动操纵杆逆时针向"退出"位置转动，此时，气动啮合缸下部的供气阀被打开，压缩空气进入气缸下部，使活塞上移，操纵杆继续逆时针方向转动，使摆动齿轮完全脱开。当操纵杆达到退出位置时，电动机停止转动，供气阀关闭，切断压缩空气。汽轮机转速升到约 600r/min 时，自动程序不再起作用，盘车装置的润滑油被切断，盘车工作结束。

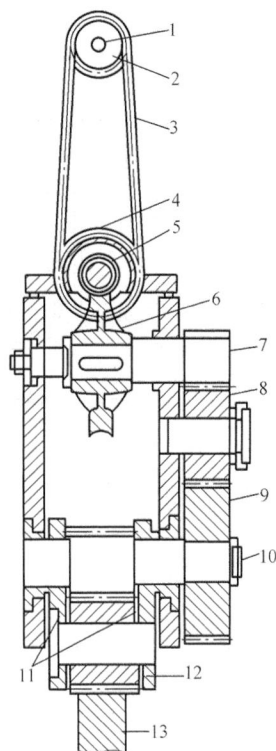

图 2-105 具有链轮—蜗轮蜗杆的电动盘车装置

1—电动机；2—主动链轮；3—链条；
4—链轮；5—蜗杆；6—蜗轮；7—蜗轮轴；
8—惰轮；9—减速齿轮；10—主齿轮轴；
11—侧板；12—摆动齿轮；13—盘车齿轮

（三）液压盘车装置

某 660MW 超临界汽轮机的液压盘车装置结构如图 2-107 所示。它主要由液力调速马达、超速离合器、中间轴和必要的轴承及紧固件组成，位于汽轮机高压段前轴承底座的前侧。

液压调速马达直接由顶轴油驱动，即当顶轴系统投入运行时，盘车即投入。液力调速马达通过有齿轴和超速离合器的外座圈连接，外座圈由护环和两个滚珠轴承支撑在壳体内，超速离合器的内座圈直接紧固在中间轴的端部。汽轮机正常运行时，向液力调速马达输送少量润滑油，使液力调速马达缓慢转动，以防止液压盘车装置和离合器的抗磨轴承发生静态腐蚀损坏。

超速离合器的啮合件封装在箱体内，投入盘车

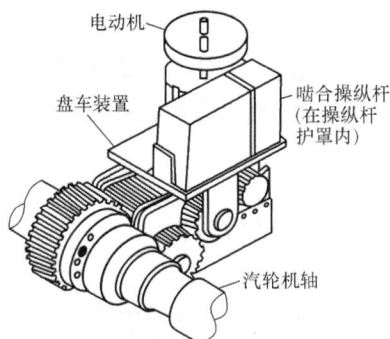

图 2-106 侧装式电动盘车装置

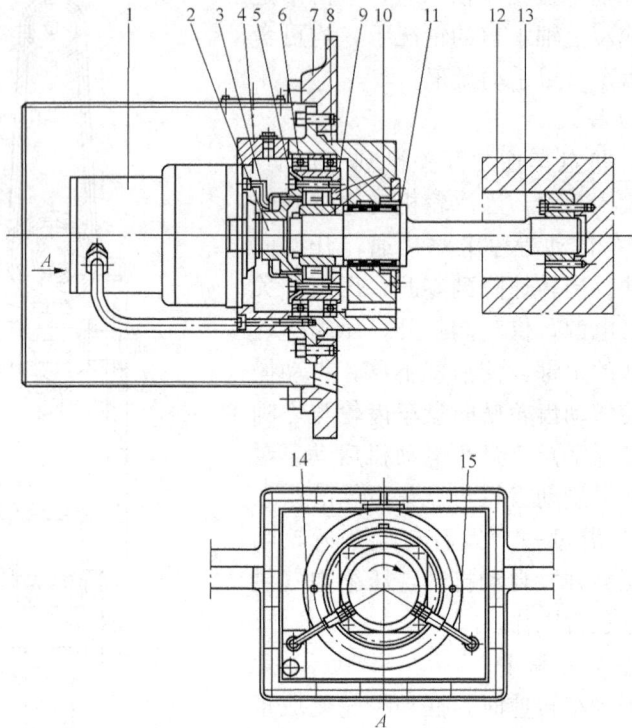

图 2-107　某 660MW 超临界压力汽轮机的液压盘车装置结构
1—液力调速马达；2—特殊外形轴；3—泄漏油管；4—罩壳；5—联轴法兰；
6—球形轴承；7—轴承座；8—缸体；9—汽缸环；10—超速离合器；
11—轴承；12—滑环轴；13—轴；14—顶轴油管；15—回油管

装置时，它们向内旋转，从而使内、外座圈之间产生刚性连接。汽轮机升速时，离合器的夹紧件向外旋转，断开连接，在更高转速下，离心力使得随内座圈一起旋转的啮合件收缩，直至与外座圈不再接触，这样在汽轮机运行过程中就不会产生磨损。

液压盘车装置通过盖子及汽缸与轴承座相连，轴系由液压盘车装置通过特殊仿形轴、轴法兰及超速离合器驱动。液压盘车装置的供油由液压顶升装置提供，液压顶升装置启动时，液压盘车装置也开启。液压顶升装置停机后，液压盘车装置相应地由润滑油回路的低压油进行润滑。盘车速度是由液压盘车装置供油管上的一个可调节流阀控制，当使用节流阀控制时，液压盘车装置的速度随汽轮机轴旋转所需的转矩下降或上升而变化。液压盘车装置的泄油将通过泄油管道流到轴法兰的颈部润滑超速离合器，滚珠轴承则由回油润滑。为了克服启动时的最小开机转矩并防止干摩擦，轴承将被短时释放，即通过从下面引入顶轴油将轴轻轻抬起。

任务验收

（1）收集说明电动盘车装置和液动盘车装置在大型汽轮机中的应用。

（2）分析东汽超临界 600MW 汽轮机盘车装置的工作过程。

（3）查阅某 600MW 机组运行规程，分析该机盘车装置何时投入、何时停止。

（4）查阅某 600MW 机组运行规程，分析该机盘车装置的启动方式及启、停时的注意事项。

项目三　汽轮机调节、保护及供油系统的工作

发电厂中的汽轮机是与锅炉、发电机协调运行的，并通过发电机出线与电网协调工作。汽轮机的控制必须保证机组能够按照电网的实际需要进行工作，并在发生意外时保证机组及系统的安全，即包括调节和保护两个方面。汽轮机调节与保护系统是控制汽轮机启动、停机、带负荷运行，防止出现严重事故的自动控制装置。它能适应各种运行工况的要求，及时地调整汽轮机的功率，满足外界电负荷（用电量）的变化需要，同时维持电网频率在 50Hz左右；并在机组出现异常时，自动改变运行工况，直至停机，以防止事故扩大。汽轮机的供油系统则用于向汽轮机调节系统的液压控制机构提供压力油，并向汽轮机保护系统提供安全油，以及向汽轮机润滑油系统提供润滑油、向顶轴油系统提供压力油等。

任务一　认识汽轮机调节系统

【任务描述】

明确汽轮机调节系统的任务。以简单的一级放大间接调节系统为模型，分析调节系统的基本工作原理和动作过程。从先进的数字电液调节系统角度认识调节系统的组成部件。从控制原理方框图入手，分析数字电液调节系统的基本控制功能，即转速控制和功率控制；认识数字电液调节系统的组成和各项功能。

能力目标

（1）能分析调节系统的基本工作过程。
（2）认识转速测量器件和功率测量器件。
（3）能分析电液转换器、线性差动位移变送器的动作过程。
（4）能分析单侧油动机的动作过程。
（5）能分析数字电液调节系统的控制原理及其系统组成。

任务实施

一、汽轮机调节系统的任务

由于电力用户对用电量的需求是随时变化的，而发电厂生产的电能又无法大量储存，因此，汽轮发电机组应能够随时按外界用户的电量（电负荷）需要来调整功率。为了保证各种用电设备正常运转，电力生产除应保证用户的供电数量外，还必须保证供电的质量。表征供电质量的指标主要是电压和频率，它们都与汽轮机的转速有关。发电机电压除与汽轮机转速有关外，还可以通过调整发电机的励磁电流进行调节。而供电频率则直接取决于汽轮发电机组的转速，转速越高则频率越高，反之则越低。对于具有一对磁极，工作转速为 3000r/min的发电机组，其发电频率为

$$f = \frac{(汽轮发电机机组每分钟转速 n)}{60} \qquad (3-1)$$

因此，机组在额定转速下（$n_0 = 3000 \text{r/min}$）运行时，发电频率为 50Hz。我国电力工业法规规定：电压误差在 ±6% 以内，频率误差在 ±1% 以内。即要求电网频率的变动不超过 ±0.5Hz，转速的波动不允许超过 ±30r/min。供电频率过高或过低，不仅影响用户的生产，而且也影响电厂本身的安全和经济运行。

由上述可知，汽轮机调节系统的任务如下：

（1）及时调整汽轮机的功率（即调节汽轮机的进汽量），满足外界用户的需要。

（2）始终保持汽轮机的转速在规定范围内，从而维持电网频率在规定范围（50±0.5）Hz 内。

调整汽轮机的功率和调节汽轮机的转速是密切相关的。汽轮发电机组运行时，转子上受到三个力矩的作用：一是蒸汽做功产生的主动力矩 M_T；二是发电机的电磁阻力矩 M_L；三是各种摩擦引起的摩擦力矩 M_F。在平衡状态下，这三种力矩的矢量和必然为零，即

$$M_T - M_L - M_F = 0 \qquad (3-2)$$

其中，摩擦力矩与蒸汽产生的主动力矩、发电机的电磁阻力矩相比非常小，常常可以忽略不计。作用在转子上的力矩平衡方程为

$$I \frac{d\omega}{dt} = M_T - M_L \qquad (3-3)$$

式中 I——汽轮发电机组转子的转动惯量（与其质量及分布有关）；

$\dfrac{d\omega}{dt}$——汽轮发电机组转子的角加速度。

当功率平衡时（外界用电量保持不变），$M_T = M_L$，则 $I \dfrac{d\omega}{dt} = 0$，因 $I \neq 0$，故 $\dfrac{d\omega}{dt} = 0$，即角速度 $\omega =$ 常数，汽轮机转速维持恒定；当外界电负荷减少时，阻力矩 M_L 相应减少，如果主动力矩 M_T 仍保持不变，则 $M_T - M_L > 0$，$I \dfrac{d\omega}{dt} > 0$，$\dfrac{d\omega}{dt} > 0$，即转子的角速度 ω 增加，汽轮机转速升高，发电频率也随之增加；反之，当外界电负荷增加时，转子的角速度将减小，汽轮机转速降低，发电频率降低。

由此可见，汽轮机转速的变化与汽轮机的输入、输出功率不平衡有着极其密切的关系，只要维持汽轮机输入、输出功率平衡，就能保持其转速的稳定。汽轮机的调节系统就是根据这个基本原理设计而成的，它能够感受汽轮机转速的变化，并根据这个转速变化来控制调节阀的开度，使汽轮机的输入和输出功率重新平衡，并使转速保持在规定的范围内，从而使汽轮发电机组的发电频率保持在规定的范围内，电频率直接与汽轮机转速相对应。而电压除与汽轮机转速有关外，还与发电机励磁电流有关。电压是通过发电机的励磁控制系统来调节的，不在汽轮机控制系统之内。所以，汽轮机调节系统的主要任务就是调节汽轮机的转速。

二、调节系统的工作原理

图 3-1 为一简单的一级放大间接调节系统示意图。当外界电负荷减少时，转速上升，调速器 1 的飞锤向外飞出，滑环 A 位移向上，杠杆以 C 为支点随滑环向上移动，同时带动错油门滑阀 2 上移，使压力油与油动机上部腔室接通，下部通泄油口。油动机活塞在上、下油压差的作用下向下移动，关小调节阀 5。在油动机活塞下移的同时，杠杆以滑环 A 为支点

反时针旋转，使错油门滑阀 2 下移回到中间位置，堵住上、下油口，切断进、出油动机的油路，油动机活塞停止运动，调节结束，汽轮发电机组处于新的平衡工况点运行。当外界电负荷增加时，其调节过程与上述相反。

在间接调节系统中，油动机活塞的位移是由错油门滑阀 2 离开中间位置而引起的。而油动机活塞的位移又反过来使错油门滑阀 2 重新回到了中间位置，这种作用在自动调节原理中称为反馈。这个反馈对滑阀的作用与调速器对滑阀的作用相反，称为负反馈，它是调节系

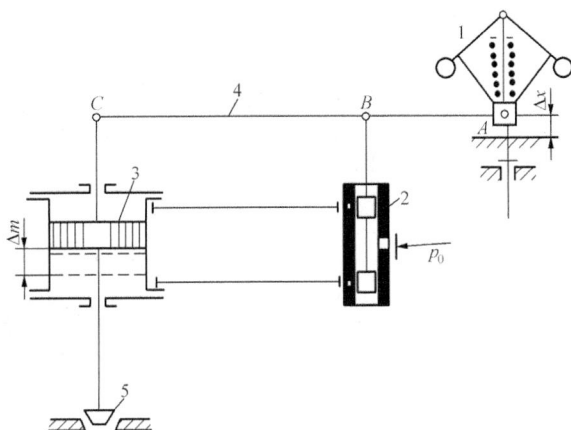

图 3 - 1　一级放大间接调节系统示意图
1—调速器；2—滑阀；3—油动机；4—杠杆；5—调节阀

统的重要组成部分，作用是使调节过程很快获得稳定。如果没有负反馈，滑阀就不能稳定在中间位置，调节系统将发生强烈振荡，从而导致调节系统不可用。

调节系统动作结束后并能保持汽轮机原来的转速不变，这是由于调节系统稳定时滑阀必须居于中间位置，即杠杆中间支点 B 的位置不变。但在新的稳定工况下，调节阀的开度必然发生变化，根据杠杆原理，调速器滑环也一定处于另一新的位置，所以，与此对应的转速也必定不同于原来的数值。也就是说，在稳定工况下，对应于汽轮机的不同负荷，汽轮机将有不同的转速。这种在汽轮机负荷改变、调节系统动作后，稳定转速并不能维持不变的调节称为有差调节。

三、调节系统的组成

一个闭环（有反馈）的汽轮机调节系统由下面四个部分组成：

（1）转速感受机构。感受汽轮机转速变化并将其转变为其他物理量变化的调节机构，如图 3 - 1 中的调速器。

（2）传动放大机构。感受调速器信号并经放大后以油动机位移传递的调节机构，如图 3 - 1 中的滑阀、杠杆及油动机。

（3）执行机构。接受油动机位移信号并依此改变汽轮机进汽量的调节机构，如图 3 - 1 中的调节阀以及与油动机活塞连接的杠杆。

（4）调节对象：即汽轮发电机组，当汽轮机进汽量改变时，汽轮机的负荷也发生相应的变化。

调节系统各机构的信号转换与传递关系如图 3 - 2 所示。

（一）转速感受机构

调节系统中的转速感受机构也称调速器，按其工作原理可分为机械式、液压式及电子式三大类。它们的输入信号是汽轮机的转速，输出信号则分别为机械位移、油压及电信号。由于传统的液压调节系统已经逐渐被淘汰，在此仅介绍目前普遍采用的数字电液调节系统（DEH）的电子调节装置。

1. 转速测量器件

转速测量器件主要由磁阻发讯器与频率（转速）变送器组成，它的作用是将汽轮机转速

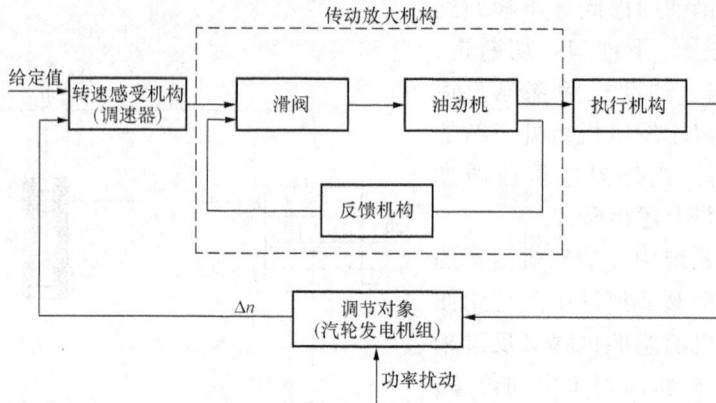

图 3-2 汽轮机调节系统方框图

信号转变为直流电压信号后发送给汽轮机数字电液调节系统。

如图 3-3 所示，磁阻发讯器由测速齿盘和测速头组成。测速齿盘装在汽轮机轴上，测速头固定在齿盘旁边的支架上，处于齿盘径向位置。测速头内装有永久磁钢、铁芯与绕组，铁芯端部与齿项之间留有较小的间隙。当齿盘随主轴转动时，铁芯与齿盘之间的间隙交替变化，从一个齿到另一个齿，气隙磁阻交变一次，相应绕组中的磁通量交变一次，从而在绕组两端感应出交变电动势，该电动势的频率 f 与齿数 z、汽轮机转速 $n(\mathrm{r/min})$ 的关系为

$$f = \frac{nz}{60} \tag{3-4}$$

该电动势经过频率电压变送器，将电动势频率 f 转换成直流电压信号。

2. 功率测量器件

如图 3-4 所示，将一矩形半导体薄片置于磁场 B 中，当沿薄片的一对边 1、2 通以电流 I_s 时，则另一对边 3、4 就会产生电动势 V_H，此为霍尔效应，该半导体薄片被称为霍尔元件。当霍尔元件用于测量发电机功率时，将发电机出线电压经电压互感器转换成电流 I_s，另将发电机电流经电流互感器后，接至激磁绕组上，产生磁场 B。电动势 V_H 的幅值正比于电流和磁场强度的乘积，也就是正比于发电机电流和电压的乘积。因此，V_H 可作为电功率测量信号，此信号较弱，需经过放大后再输出。三相功率要用三个霍尔元件来分别测量，其值相加。

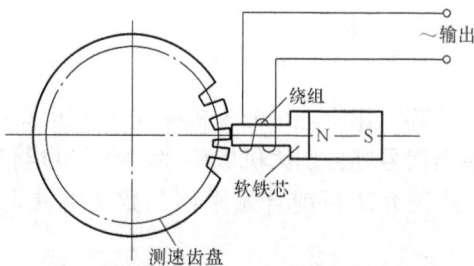

图 3-3 磁阻发讯器

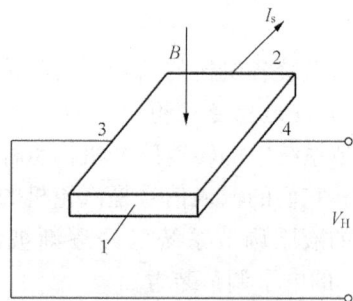

图 3-4 霍尔测功原理图

此外，电子调节装置还包括频差校正器、功率校正器及调节级压力校正器等，它们的工作原理在相关的热工控制教材中介绍。

（二）传动放大机构

不同的调节系统，传动放大机构的形式、组成也不相同，但都具有油动机滑阀（又称错油门）、油动机及反馈装置等主要部分，以进行信号的放大、传递和转换。数字电液调节系统的传动放大机构包括阀位调节信号放大器、电液转换器（电液伺服阀）、油动机及线性差动位移变送器（LVDT）等部件。

1. 电液转换器

电液转换器由磁力矩马达、断流式（滑阀式）或继流式（蝶阀式）错油门等组成，其作用是将阀位调节信号放大器输出的电流信号转换为油压信号，改变其错油门滑阀的位置，使油动机进油、排油或断油，控制进汽阀门的开度。它是 DEH 系统中的一个关键部件，要求具有较高的精确度、线性度、灵敏度和动态性能。根据磁力矩马达的不同结构，可分为动圈式电液转换器和动铁式电液转换器。

（1）动圈式电液转换器。动圈式电液转换器的结构如图 3-5 所示，主要由磁钢、控制线圈、十字平衡弹簧、控制套环、跟踪活塞、节流套筒等部件组成。

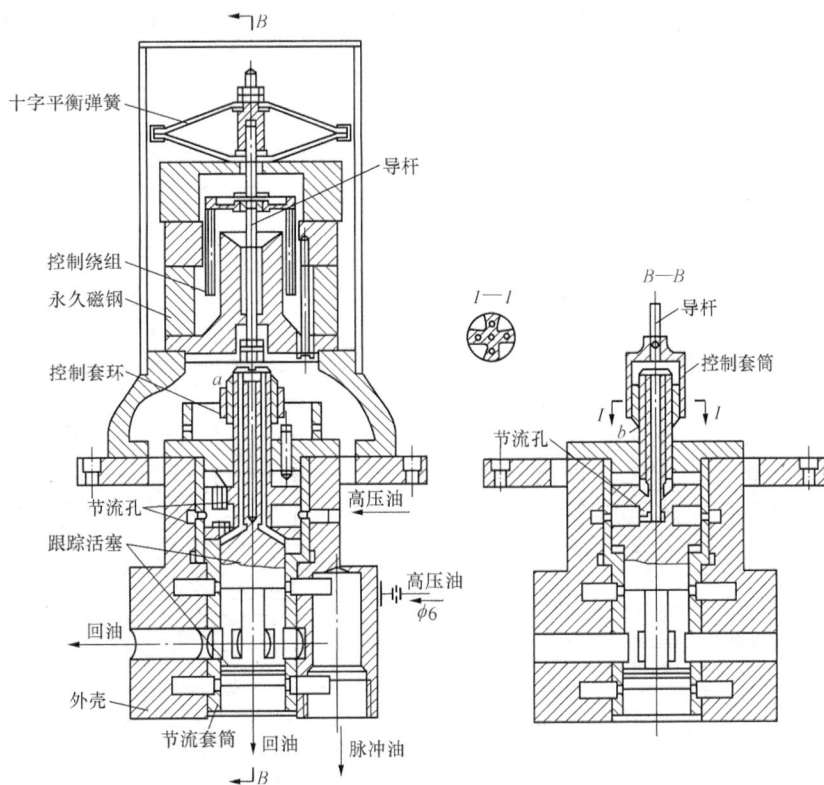

图 3-5　动圈式电液转换器的结构

当电子调节装置输出的电流被送入控制绕组时，安装在磁钢及磁轭间隙内的控制绕组在磁场及电流作用下产生了移动力，如果电流增加，则绕组移位向下。由于与导杆连接在一起的控制套环改变了跟踪活塞的控制喷油口 a 和 b，使套环上边缘的喷油口 a 开度增大，下边

b 排出的油量发生了变化，使活塞下部的排油量增加，上部排油量减小，从而改变了作用在跟踪活塞上、下面积上的油压力，使跟踪活塞下移。只有当喷油口 a 和 b 恢复到原来稳定的开度，活塞上、下油压的作用力达到平衡时，活塞才维持不动。活塞的位移也即绕组的位移，使上部十字弹簧产生变形，所增加的弹簧力与绕组所受的电磁力相平衡，控制绕组处于一个新的平衡位置。已经下移的跟踪活塞改变了其下凸肩所控制的脉冲油排油节流窗口，当减小排油节流窗口面积时，输出的脉冲油就会增加。为了保证输出的脉冲油与输入的电流信号呈线性关系，节流窗口必须做成二次曲线型。

控制绕组上绕有两层绕组。一层为直流绕组，输入直流电流作为控制信号；另一层为交流绕组，输入 50Hz 的 6.3V 交流电流，使套环产生脉动，防止套环卡涩。为了使控制套环与跟踪活塞之间有良好的同心度，以保持四周间隙均匀，有足够的润滑，在跟踪活塞的中心开有油孔。高压油经节流孔流入中心油孔，自活塞上端四个喇叭形的径向小孔流出。如图 3-5 中剖开平面 I-I 所示，压力油经四个径向节流孔流至套环与活塞端之间，四周压力均匀，使活塞自动对中。如果哪一侧间隙减小，相应喇叭口中的油压就会升高，相对 180° 的喇叭口中油压就会降低，在此油压差作用下，套环将作径向移动，维持四周间隙均匀。由于这四个径向喷油小孔的直径仅有 0.3mm，所以，高压油进入电液转换器之前，除需经过一般的刮片式滤油器外，还要经过磁性滤油器，以防止任何杂质进入堵塞小孔，也防止铁屑被强磁钢吸附、磨损绕组、产生短路或卡死现象。

（2）动铁式电液转换器。图 3-6（a）及图 3-6（b）分别为带双喷嘴式和带射流管式前置级放大器的电液转换器结构示意图。这类力反馈电液转换器一般具有线性度好、工作稳定、动态性能优良等优点。它是一个通用部件，可用于控制双侧进油或单侧进油的油动机。当控制单侧进油的油动机时，只利用右侧去油动机活塞腔室的油口，左侧的油口被堵塞。

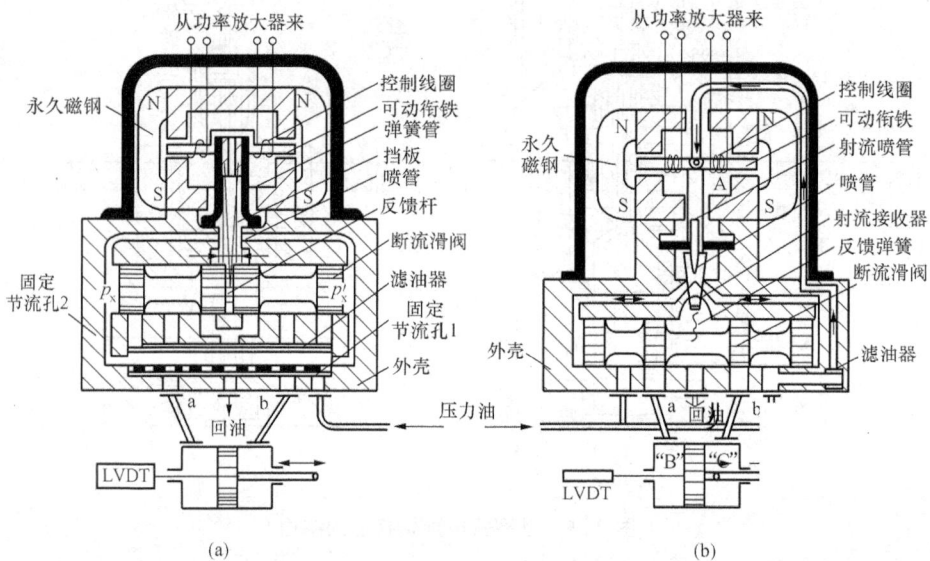

图 3-6 动铁式电液转换器结构
（a）双喷嘴式电液转换器 （b）射流管式前置放大器的电液转换器
LVDT—线性差动位移变送器

双喷嘴型电液转换器由控制绕组、永久磁钢、可动衔铁、弹性管、挡板、喷嘴、断流滑阀、反馈杆、固定节流孔、滤油器、外壳等主要部件构成。高压油进入电液转换器后分成两股油路，一路经过滤油器及左右端的固定节流孔到断流滑阀两端的油室，然后从喷嘴与挡板间的控制间隙中流出。在稳定工况时，挡板两侧的间隙是相等的，因此，排油面积也相等，作用在断流滑阀两端的油压也相等，使断流滑阀保持在中间位置，遮断了油动机的进、出油口；另一路高压油就作为移动油动机活塞用的动力油，由断流滑阀控制。

当阀位调节信号（电流）送入控制绕组，在永久磁钢磁场的作用下，产生了偏转扭矩，使可动衔铁带动弹簧管及挡板旋转，改变了喷嘴与挡板的间隙。间隙减小的一侧油路油压升高，间隙增大的一侧油路油压降低。在此油压差的作用下，使断流滑阀移动，打开了通向油动机的高压油及回油两个控制油口，使油动机活塞移动，用以调整调节汽阀的开度。

当可动衔铁、弹簧管及挡板旋转时，弹簧管发生弹性变形，反馈杆发生挠曲。待断流滑阀在两端油压差作用下产生位移时，就使反馈杆产生反作用力矩，它与弹簧管、衔铁吸动力等形成的反力矩一起与输入电流产生的主动力矩相比较，直到总力矩的代数和等于零时，断流滑阀达到一个新的平衡位置，在这一位置，断流滑阀位移与输入电流增量 ΔI 成正比。当输入信号方向相反时，滑阀位移方向也随之相反。随着油动机活塞的位移，阀位反馈信号逐渐增强。当阀位反馈信号将阀位偏差信号削弱至零时，滑阀便回复到原来的中间位置，重新遮断通向油动机的进、出油口，于是阀位控制装置便达到新的稳定状态。

采用弹簧管可以防止喷嘴排油进入电磁绕组部分，这就消除了油液污染电磁部分的可能。有的电液转换器在喷嘴挡板前置级液压放大器的回油通路上，加装了节流孔，使喷嘴扩散的喷油具有背压，油流不会产生涡流及汽蚀现象，从而提高了挡板运动的稳定性。

射流管式电液转换器由控制线圈、永久磁钢、可动衔铁、射流喷管、射流接收器、断流滑阀、反馈弹簧、滤油器及外壳等主要部件组成。高压油进入电液转换器后，也分成两路。一路经滤油器送入射流喷管，油从射流管高速喷出。在射流喷管正对面安置了一个射流接收器，上面有两个扩压通道。如果射流喷管处于中间位置，则左右两个扩压通道中形成相同压力，使断流滑阀两端油压相同，也处于中间位置，遮断了进、出油动机的油口。另一路高压油仍作为移动油动机活塞的动力油，由断流滑阀控制。

当阀位调节信号（电流）送入控制线圈时，在永久磁钢磁场的作用下，控制线圈发生了扭转，使可动衔铁带动射流喷管偏离中间位置，而射流喷管喷出的油流在接收器两个扩压通道中形成不同的油压。在这两个油压差值的作用下，断流滑阀产生位移，打开油动机进油和回油两个控制窗口，油动机活塞移动，从而控制了调节阀的开度。在断流滑阀偏离它的中间位置时，它通过反馈弹簧力使偏转了的射流管达到一个新的平衡位置，从而使整个调节过程很快的稳定下来。

这两种电液转换器对加工精度、装配工艺要求都很高，断流滑阀与套筒之间的间隙很小，对油清洁度要求高。另外，还有一些其他形式的电液转换器，在此不再一一介绍。

2. 油动机

油动机是传动放大机构的最后一级放大（功率放大）器，压力油作用在油动机活塞上控制调节汽阀的开度，要求其输出功率大。油动机按进油方式分为双侧进油油动机和单侧进油油动机。衡量油动机性能的两个重要技术指标是提升力和时间常数。

（1）双侧进油油动机。双侧进油油动机进、排油示意图如图 3-7 所示。油动机活塞的

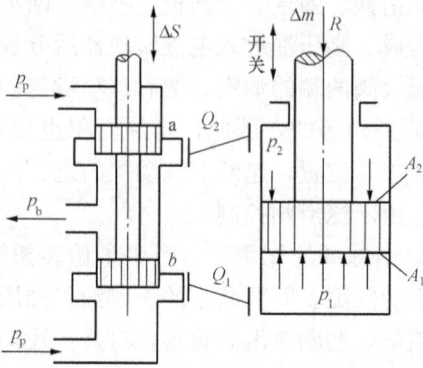

图 3-7　双侧进油油动机进、排油示意图

一侧进入油压为 p_p 的压力油，另一侧与排油相通（油压为 p_b），Δs 表示滑阀的位移，a、b 为滑阀控制的油动机进、排油口，Q_2、Q_1 为油动机的进、排油管路，由于存在流动阻力，则作用在活塞两侧的压力分别为 p_1 和 p_2，Δm 为油动机的位移。

双侧进油油动机在调节过程中，当活塞上侧进油时，下侧排油；当下侧进油时，上侧排油。在稳定状态下，两侧既不进油也不排油。因此，必须配置断流式滑阀来控制油动机的进、排油，用以推动油动机活塞。

双侧进油油动机的提升力是指油动机作用在调节汽阀开启方向的力，它主要取决于活塞两侧的压差与活塞的面积。排油压力一定时，提高主油泵出口压力、减小流动压力损失或增加油动机活塞面积，都可以增大油动机的提升力。油动机的最大提升力应当比开启调节汽阀所需要的力大得多，以克服作用在阀芯上的蒸汽力以外的阻力，确保调节汽阀能顺利开启。

双侧进油油动机的时间常数是指当滑阀位移为最大时油动机活塞在最大进油量条件下走完整个工作行程（从空负荷位置到满负荷位置）所需要的时间。油动机动作时，开启与关闭调节汽阀的速度，取决于油动机活塞的移动速度，也就是取决于油动机活塞两侧的进、排油速度。油动机时间常数的大小对汽轮机甩全负荷时调节性能的影响最为重要，因为这时要求迅速将调节汽阀暂时关闭，以防止汽轮机超速过大。大功率汽轮机的油动机时间常数通常为 $0.1\sim0.25\text{s}$。为了减小油动机时间常数，可以增大滑阀油口宽度 b 和滑阀最大位移 ΔS_{max}，也可提高压力油的压力；在保证油动机最大提升力的条件下还可以减小油动机活塞面积，以增大活塞移动速度。

双侧进油油动机开大、关小调节汽阀都依靠压力油。而在油泵故障、压力油管破裂等特殊情况下失去压力油时，油动机活塞无法动作，致使调节汽阀无法关闭。为此，一般调节汽阀杆上都装有压缩弹簧，在压力油失去的情况下依靠弹簧力作用也能使调节汽阀关闭；而在压力油正常的情况下，它能协助油动机活塞加速调节汽阀的关闭，油动机时间常数减小，提高了汽轮机的安全性。但是，在油动机活塞驱使调节汽阀开启的过程中，它使油动机提升力的富裕程度相对减小，开启阀门的时间延长。

（2）单侧进油油动机。单侧进油油动机进、排油示意图如图 3-8 所示，单侧进油油动机在活塞的同一侧实现进、排油。在调节过程中，当需要开大调节汽阀时，油动机进油通道打开，活塞一侧进油，克服另一侧弹簧力作用，使活塞产生位移；当需要关小调节汽阀时，油动机活塞有油的一侧与排油接通，使活塞在另一侧弹簧力作用下移动。

单侧进油油动机开启调节汽阀时的提升力是指作用在油动机活塞上的油压作用力与弹簧作用力之差。随着油动机活塞的上移，弹簧不断被压缩，其变形力不断增大，故

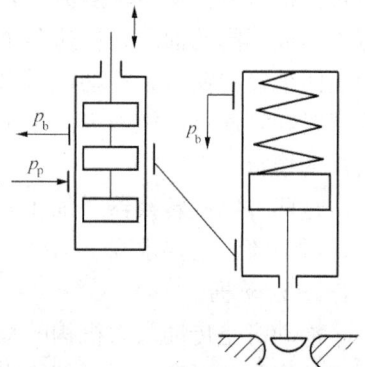

图 3-8　单侧进油油动机
进、排油示意图

提升力不断减小。单侧进油油动机的提升力与油动机活塞行程有关，在相同油动机尺寸及油压下，单侧进油油动机的提升力比双侧进油油动机的提升力小，这是它的一个缺点。但是，单侧进油油动机是靠弹簧力关闭的，不需要压力油，这不仅保证在压力油失去的情况下仍能可靠地关闭调节汽阀，而且可大大减少机组甩负荷时的用油量，这是其最大优点。大功率汽轮机通常设计成一个油动机驱动一个调节汽阀，这样每个油动机所需要的提升力就可减小，由于其耗油量少，所以主油泵的设计容量可明显减小。目前，单侧进油油动机在大功率汽轮机上的应用越来越广泛。为使调节汽阀能可靠提升，要求油动机的最小提升力必须大于开启调节汽阀所需的力，并留一定的富余量。同时，油动机关到最小位置时仍需要有一定的弹簧作用力，以保证调节汽阀关闭后阀芯能紧压在阀座上。

单侧进油油动机的时间常数通常是指关闭时间常数，即当滑阀开度为最大时，油动机活塞由最大工作行程位置关闭到工作行程位置为零时所需要的时间。单侧进油油动机关闭调节汽阀的速度取决于弹簧力和排油速度，由于弹簧力和排油压差都与油动机活塞位置有关，所以其速度是一个变量。在相同几何尺寸及油压条件下，双侧进油油动机时间常数小于单侧进油油动机时间常数。但是，双侧进油式油动机时间常数受主油泵容量的限制而难以进一步减小，而单侧进油油动机只要弹簧设计合理、滑阀的排油口足够大，就能将时间常数减小到需要的数值。使用单侧进油油动机对提高调节系统稳定性、可靠性及甩负荷性能都有益处。

3. 线性差动位移变送器（LVDT）

线性差动位移变送器的作用是把油动机活塞的位移（代表汽阀的开度）转换成电压信号，反馈到伺服放大器前。LVDT 工作原理简图如图 3-9 所示，LVDT 由芯杆、绕组、外壳等组成，具有体积小、性能稳定、可靠性强的特点。在外壳中有 3 个绕组，一个是一次侧绕组，缠绕在芯杆上，供给交流电源；在外壳中心的两侧各绕有一个相同的二次侧绕组，这两个绕组反向连接，因此，二次侧绕组的净输出是两绕组感应电动势的差值。当铁芯上的绕组处于中间位置时，两个二次侧绕组的感应电动势相等，变送器输出的电压信号为零。当铁芯与绕组有相对位移时，二次侧绕组的感应电动势经整形滤波后，转变为铁芯与绕组间相对位移的电压信号输出。在实际装置中，外壳是固定不动的。铁芯通过杠杆

图 3-9　LVDT 工作原理简图

与油动机活塞连杆相连，这样，其输出的电压信号便可模拟油动机的位移，也就代表了进汽阀的当前开度。为了提高控制系统的可靠性，每个执行机构中安装两个位移传感器。

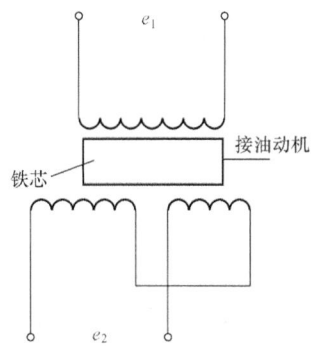

（三）执行机构

调节汽阀及其开启装置被称为执行机构。汽轮机的功率调节就是通过改变调节汽阀开度，从而改变汽轮机的进汽量来实现的。

1. 开启装置

开启装置的作用是把油动机活塞的位移传递给调节汽阀，使其产生相应的位移。开启装置有提板式、杠杆式和凸轮式三种。大功率汽轮机通常采用杠杆式和凸轮式开启装置。

（1）杠杆式开启装置。杠杆式开启装置如图 3-10 所示，一个或几个调节汽阀吊装在杠杆上，阀杆与杠杆之间用圆销连接，圆销穿装在腰子槽内，阀杆和杠杆可在腰子槽内做相对运动。杠杆被油动机向上提起时，通过圆销带动调节汽阀。调节汽阀的开启顺序由调节汽阀关

闭状态下圆销到腰子槽顶部的距离与圆销到杠杆支点的距离的比值决定，比值小的调节汽阀先开。通过调节螺母可以调整圆销到腰子槽顶部的距离，从而可以调整调节汽阀开启顺序。

（2）凸轮式开启装置。凸轮式开启装置如图 3-11 所示，油动机通过齿轮、齿条带动凸轮轴转动，凸轮也跟着一起转动并推动杠杆带动调节汽阀。调节汽阀的开启顺序由凸轮型线和安装角决定。为了保证执行机构的特性接近线性关系，凸轮型线往往按转角与升程呈线性关系进行设计。

图 3-10 杠杆式开启装置
1—杠杆；2—调整螺母

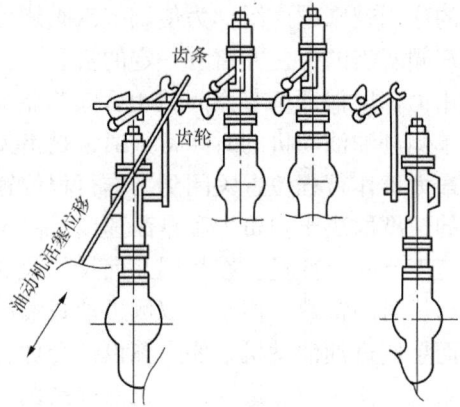

图 3-11 凸轮式开启装置

2. 调节汽阀

（1）调节汽阀的结构形式。调节汽阀按结构不同可分为单座阀和带预启阀的阀门。单座阀如图 3-12 所示，其结构简单，但所需要的提升力大，一般只在中、小型汽轮机上使用。现代大功率汽轮机的调节汽阀为了减小阀门提升力，采用带预启阀的结构。带预启阀的阀门分为带普通预启阀的阀门和带蒸汽弹簧预启阀的阀门。

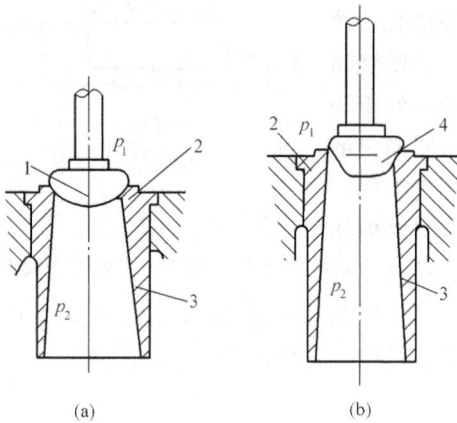

带普通预启阀的阀门如图 3-13 所示，在开启带普通预启阀的阀门时，首先提升预启阀，让蒸汽经预启阀进入汽轮机，由于预启阀的蒸汽作用面积较小，因此，所需的提升力大为减小。当预启阀开启到一定程度后，带动主阀一起提升，由于主阀开始提升时前、后压差已经减小，所以主阀所需的最大提升力也相应减小。

图 3-12 单座阀
（a）球形阀 （b）锥形阀
1—球形阀芯；2—阀座；3—扩压管；4—锥形阀芯

带蒸汽弹簧预启阀的阀门如图 3-14 所示，当蒸汽弹簧预启阀处于全关位置时，压力为 p_1 的新蒸汽自 B 孔漏入 A 室，这时 A 室压力 $p_2' = p_1$，主汽阀紧贴在阀座上，保证有较好的严密性。当预启阀开启时，由于 B 孔节流而产生阻尼作用，使 p_2' 很快降至 p_2，从而减少了主阀前、后的压差，使主阀所需的提升力减小。只要保证预启阀的通流面积流过的流量大于 B 孔漏入 A 室的蒸汽量，就能起到减小提升力的作用。这种形式的调节汽阀在大型汽轮机上得到了广泛采用。

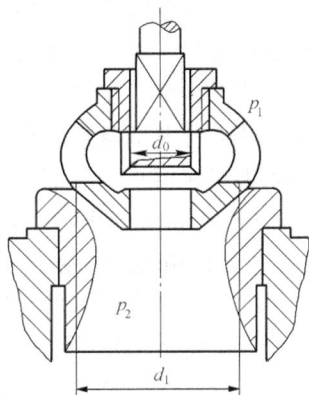

图 3-13　带普通预启阀的阀门

图 3-14　带蒸汽弹簧预启阀的阀门

（2）阀门的升程流量特性。阀门的升程流量特性是指阀门通过的蒸汽流量与阀门升程之间的关系，它影响着调节系统的品质和机组运行的稳定性。单个调节汽阀的升程流量特性如图 3-15 所示，当升程 $L=0$ 时，流量 $G=0$；当阀门开度较小时，阀后压力较低，阀门前、后的压比较小，阀内为临界流动，若阀门前压力不变，则流量与升程近似成正比；随着阀门开大，阀后压力逐渐升高，阀门前、后压比逐渐增大，而阀门前、后压差逐渐减小，随着升程 L 的增加，流量 G 的增大趋缓；当升程 L 超过调节汽阀的有效升程后，阀门前、后压比很大，压差很小，通流能力受到限制，流量的增加很小，通常认为阀门前、后压比达 $0.95\sim0.98$ 时就算全开。

汽轮机采用喷嘴调节时，多个调节汽阀是依次启闭的。多个阀门总的升程流量特性如图 3-16 所示，如果后一个调节汽阀是在前一个调节汽阀开足后再开启，那么阀门总的升程流量特性曲线将是波浪形的，这将直接影响调节系统静态特性的形状，对调节不利。因此，通常在前一阀尚未开足时就开启后一阀，即阀门开启时有一定的重叠度（一般在前一阀开至阀门前、后压比达 $0.85\sim0.90$ 时开启后一阀）。此时，阀门总的升程流量特性如图 3-16 中虚线所示，线性度较好。但在重叠部分，阀门都在部分开启状态下，节流损失增加，经济性下降，所以，阀门之间重叠度的选择应适当。

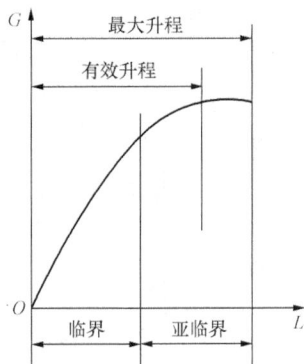

图 3-15　单个阀的升程流量特性

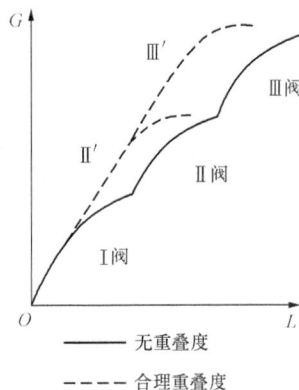

图 3-16　多个阀门总的升程流量特性

四、数字电液调节系统（DEH）

早期的液压调节系统由机械部件和液压部件组成，主要依靠液体作为工作介质来传递放大信号，这种调节系统的调节精度低，反应速度慢，调节功能少。而后出现的电液调节系统主要由电气部件和液压部件组成，利用电气部件能方便地测量调节系统调节变量，传输控制信号，并且信号的综合处理能力强，控制精度高，操作、调整与调节参数的修改方便；由于操纵调节汽阀需克服达数吨的蒸汽作用力和弹簧力，因而仍然保留了做功能力大、惯性小的液压执行元件。目前，普遍采用的数字电液调节系统（digital-electro-hydrulic control system，简称 DEH）采用电子元件和电气设备对机、炉、电及其相关工作系统的状态进行监视，以数字方式传递信号，计算机分析判断、发出（电气的）控制指令，然后通过电液伺服阀（转换器、伺服放大器）将电气指令信号转换为液压执行机构的液压执行信号，达到完成控制操作的目的。数字电液调节系统将固体电子器件（数字计算机系统）与液压执行机构的优点结合起来，使调节系统执行机构（油动机）的尺寸大大缩小，能够解决日趋复杂的汽轮机控制问题，并且具有迟缓率小、可靠性高、便于组态和维护等特点。

（一）DEH 系统的组成

数字电液调节系统（DEH）主要由数字式控制器、液压控制系统、进汽阀门和高压供油系统（EH）组成，并与工作站（操作员站和工程师站）、数据采集系统（DAS）、机械测量系统（TSI）、防超速保护（OPC）、危急遮断系统（emergency trip system，简称 ETS）、自动同期装置（AS）相连接，还留有与锅炉燃烧控制系统（BMS）等的通信接口。其中，液压控制系统、进汽阀门、高压供油系统（EH）和危急遮断系统（ETS）又称为 DEH 的液压伺服系统。DEH 系统还是分布式控制系统（DCS）的一个子系统，可实现机、炉协调控制（CCS）。图 3-17 是 DEH 系统的原理示意图。

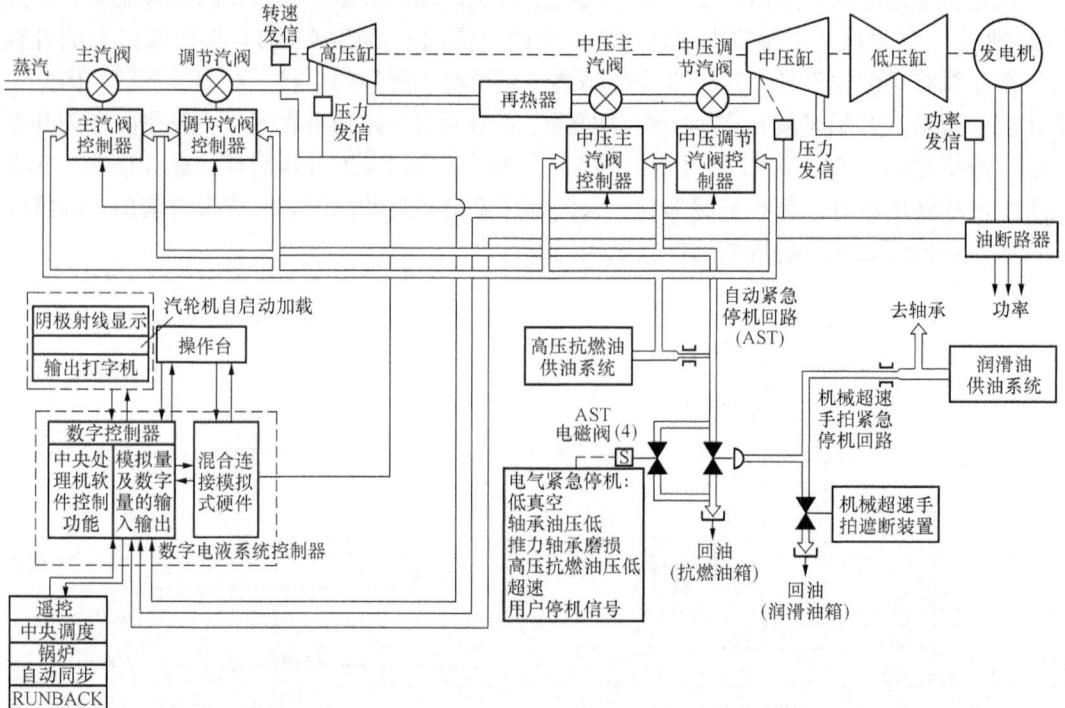

图 3-17 DEH 系统的原理示意图

1. 工作站

工作站是 DEH 系统的外围设备。操作员站也称操作台，它包括终端设备、显示器和键盘，是操作员运行监视和操作的平台。通过显示界面，运行人员可以了解各系统的组成、运行状态和参数，以及重要参数的变化趋势，进行控制方式选择和控制参数设置。工程师站是以工控计算机为主体，配置有显示器和打印机，供运行工程师对系统组态和控制程序进行离线或在线的调试和修改，监测数据的储存、复制和表格打印。

2. 数字式控制器

数字式控制器是 DEH 系统的核心设备，安装在计算机房的控制柜内。它由三台主计算机和若干个微处理器、单片机组成，通过总线进行连接，完成数据处理、通信、运算、监测和控制任务。其中两台主计算机的结构和功能相同，互为备用，完成基本控制数据的采集、处理和运算，发出流量请求指令，再经阀门管理器转换为阀门开度指令；另一台主计算机完成运行参数检测、图像生成、转子应力计算和机组自动启动程序控制等任务。

阀门管理器接受数字式控制器发出的蒸汽流量请求值，进行主蒸汽压力修正和阀门特性线性化处理，使输出的阀门开度指令与机组的功率需求对应；并接受确定阀门控制方式（单阀或顺序阀调节）指令，当选择"单阀"调节时，流量请求值除以 4。

每一个开度连续可控的进汽阀都配置一个信号放大器（Vcc卡），它由数/模（D/A）转换卡、比较器（Σ）和功率放大器组成（见图 3-18）。阀门管理器输出阀门开度指令，经数/模（D/A）转换引入比较器（Σ），由于采用断

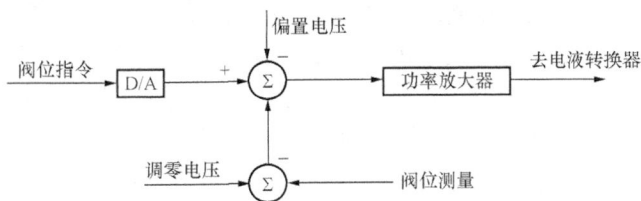

图 3-18　阀门控制的 Vcc 卡

流式错油门控制油动机的进油或排油，将阀位反馈信号也引入比较器（Σ），与阀门开度指令相比较，其差值输入功率放大器，进行功率放大。若阀位反馈信号与阀门开度指令不相等，则输出差值信号至电液转换器，控制油动机改变阀门开度。当两者相等时，断流式错油门返回关断位置，切断油动机的油路，阀门开度与开度指令一致。当高压调节阀选择"顺序阀"控制时，各调节阀设置不同的偏置电压，偏置电压小的阀门先开启。

3. 液压控制系统

液压控制系统是控制进汽阀开度的执行机构，它响应从数字式控制器来的电指令信号，控制各进汽阀的开度，每一个进汽阀都配置一套液压控制系统。根据各进汽阀的作用不同，该系统分为控制（伺服）型和开关型两种。控制型液压执行机构由电液转换器（电液伺服阀）、单侧进油的油动机、阀位测量和快速卸载阀等部件组成。开关型液压执行机构，不需要接受调节信号控制，故不配置电液转换器和阀位测量装置。

（二）DEH 系统的调节过程

DEH 系统的调节过程为：给定信号（机组并网前，给定信号为转速给定值；机组并网后，给定信号为功率给定值）形成以后，送往电液转换机构，转换为液压信号，控制执行机构，从而控制机组的转速或负荷。当机组处于稳定运行阶段，机组的被控值（转速或负荷）等于给定值，调节系统不动作；出现内扰（蒸汽参数如压力或温度的变动）或外扰（外界负荷的变动）时，机组的给定值与被控值不一致，调节系统将动作，直到给定值与被控值重新

达到一致，机组又处于平衡状况。整个调节系统的工作过程包括控制信号的形成和控制信号的执行两个阶段，控制信号的形成及控制原理在有关热工控制教材中介绍，控制信号（电信号）如何转换为液压信号控制进汽阀门的详细情况（即液压控制部分）将在任务三中介绍。

（三）DEH 系统的主要功能

不同的机组、不同的制造厂家，其数字电液调节系统的构成和具体控制逻辑略有不同，但总体要求是基本相同的，即应具备监视、保安、控制、调节等各项功能。

（1）转速自动控制。在机组启动并网前和甩负荷、跳闸后，对机组转速进行自动控制。DEH 系统提供在汽轮机寿命损耗允许条件下，与汽轮机所处不同热状态和蒸汽参数相适应的升速率和目标转速，实现从盘车转速到额定转速的自动升速控制。也可以由操作员设置升速率和目标转速，自动控制升速过程。甩负荷、跳闸后，控制最大转速小于 3300r/min。

（2）负荷控制。DEH 系统根据协调控制（CCS）主控器或运行人员给出的负荷指令或外负荷的变化，自动调节汽轮发电机组的输出功率。当出现异常工况（如转子应力过大、真空降低、汽压降低、辅机故障等）时，系统可将负荷指令限制到一个适当值，并发出负荷限制报警信号。

（3）阀门试验及阀门管理。运行人员可对进汽阀门逐个进行在线活动试验并选择汽轮机的进汽方式（单阀或顺序阀、高压或中压进汽阀、高压和中压进汽阀控制进汽）。在活动试验时，汽轮机能正常运行；在阀门切换时，扰动值小于额定值的 1.5%。

（4）热应力计算和控制功能。DEH 系统可计算高、中压转子的热应力，并将实时热应力值与极限值比较，自动设定升速率或变负荷率的允许值。当任一热应力超过极限值时，发出保持转速或保持负荷的信号。在机组运行过程中，系统还可根据汽轮机转子热应力对其寿命消耗进行计算并累计，计算结果将在 CRT 上显示并打印。

（5）程序控制启动（automatic turbine control，ATC）。DEH 系统编制有启动自动控制程序，当机组启动冲转条件具备，选择"程序控制启动"方式时，启动程序按机组的温度状态和应力允许值，设定各阶段的目标转速和升速率，将机组转速由盘车转速提升到额定转速，通过自同期装置（AS）进行并网带初始负荷。有些机组的启动程序可以自动将负荷带到额定值。在程序控制启动过程中，显示启动进程，操作员可随时切换为"操作员自动"或"手动"。

（6）保护功能。DEH 系统具有 OPC 防超速和危急遮断（ETS）保护功能，以及阀门快关功能，并可通过 DEH 操作员站完成汽轮机超速试验，以保证保护系统性能可靠。

（7）自动检测。DEH 系统具有检查输入信号的功能，一旦出现异常时，发出报警信号，提醒运行人员干预，但仍能维持机组安全运行。该装置具有内部自诊断和偏差检测装置，该系统发生故障时，能切换到手动控制，并发出报警。

（四）DEH 系统的控制方式

DEH 的控制方式有"手动"、"操作员自动"、"程序控制"、"协调控制"、"遥控"五种，其中"操作员自动"是基本控制方式。除"手动"方式外，都具有自动控制和监视功能。

（1）手动方式。这是一种开环控制方式，操作员通过"操作盘"上的阀位增或阀位减按钮，直接控制阀门的开度。在下列情况下自动进入"手动"方式：系统刚上电、总阀位信号故障、刚并网时，转速低于 2980r/min、与执行机构接口的控制卡看门狗超时，按动"手动"按钮时等。

（2）操作员自动（OA）方式。在 DEH 系统正常的条件下，阀位限制未投入，可由"手动"方式切换为"操作员自动"方式。在此方式下，由操作员设定目标转速和升速率、目标负荷和升负荷率，系统按此设定自动控制机组启动、停机和变负荷。

（3）程序控制方式（ATC）。该方式也称自动程序控制启动方式。在机组启动时，由"操作员自动"切换为"程序控制方式"后，DEH 系统按机组的温度状态和预定的程序，以及转子应力水平进行冲转、升速、暖机、并网、带初始负荷。此后，自动切换为"操作员自动"方式，由操作员设定目标负荷和升负荷率，完成升负荷过程。

（4）协调控制方式（CCS）。协调控制是在机、炉自动控制系统均完好，机组已正常运行的条件下投入的运行方式。在此方式下，DEH 系统接受 CCS 主控制器发出的调节信号。若汽轮机为"手动"，则采用"炉跟机"方式；若锅炉为"手动"，则采用"机跟炉"方式。

（5）遥控方式。厂级管理计算机和电网调度均可通过"增、减负荷"按钮，以遥控方式对 DEH 系统发出增、减负荷指令。

任务验收

（1）分析动铁双喷嘴式电液转换器和单侧油动机的动作过程。

（2）通过识读 DEH 系统的工作原理图，认识 DEH 系统的组成部分。

（3）认识 DEH 系统的主要功能。

任务二　调节系统特性分析

【任务描述】

通过调节系统静态特性试验，确定静态特性曲线；运用静态特性指标，从一次调频和二次调频的角度分析调节系统静态特性对机组运行的影响。明确调节系统动态特性的要求和影响因素。分析再热器对调节系统性能的影响；进行高、中压调节阀匹配，设置合理的旁路系统；选择恰当的中压调节阀快关方式。

能力目标

（1）认识静态特性指标——速度变动率 δ 和迟缓率 ε。

（2）能分析速度变动率 δ 和迟缓率 ε 对机组运行的影响。

（3）会做 DEH 系统的静态特性试验。

（4）能分析中间再热机组调节存在的问题及解决方案。

任务实施

一、调节系统的静态特性

（一）调节系统的静态特性试验

由调节系统的工作原理可知，汽轮机的调节均为有差调节，即在稳定工况时，一定的汽轮机功率与一定的汽轮机转速相对应。稳态时，调节系统输入量转速 n 与输出量汽轮机功率

P 之间是一一对应的关系，称为调节系统的静态特性，其关系曲线称为调节系统的静态特性曲线。静态特性曲线是在单机稳定运行工况下，调速器设定值一定时，汽轮机功率和转速间的关系曲线。调节系统的静态特性曲线常常通过综合空负荷试验和带负荷试验来获得。

空负荷试验是在汽轮机未带负荷的条件下，测取调速器特性和传动放大机构特性的试验。调速器特性是汽轮机转速 Δn 与调速器输出信号 Δi 的关系，在数字电液控制系统中，调速器的输出信号为机组转速与额定转速的偏差信号（在 DEH 中已被转化为电流信号）。传动放大机构特性是调速器输出信号 Δi 与油动机行程 Δm 的关系。数字电液调节系统静态特性线的获取如图 3 - 19 所示，在第二、三象限中显示了数字电液调节系统相应的特性曲线，各坐标值由中心向外逐渐增大。空负荷试验的方法和步骤如下：

（1）将调速器设定值设置在高限值。

（2）缓慢操作主汽阀（通过软件或机械强制），改变机组转速，转速每上升（或下降）10r/min 并稳定后，记录一次转速、调速器输出信号和油动机行程，直至转速达到最大（或最小）。

（3）将调速器设定值设置在中间值，重复上述试验。带负荷试验是在汽轮发电机组并网的条件下，主蒸汽压力、温度及汽轮机背压不变时，控制调节汽阀开度，使汽轮发电机负荷由零逐渐增加到额定负荷，记录各稳定负荷工况下油动机位移 m 和功率 P，并作出如图 3 - 19 中第三象限曲线所示的调节阀特性曲线 Δm—ΔP。具体试验方法和步骤如下：

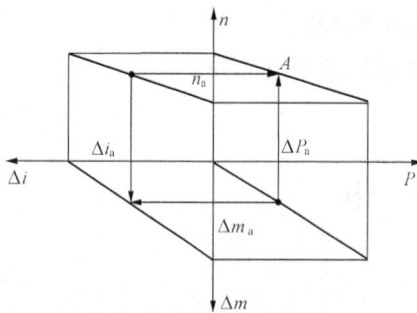

图 3 - 19　数字电液调节系统
静态特性线的获取

1）确定负荷的测点，由空负荷至满负荷，测点一般不少于 12 个。由于特性曲线在空、满负荷附近较陡，故在此附近的测点相应要多一些。

2）带负荷试验时汽轮发电机并网运行，因此，应选择在电网周波比较稳定的时候进行。

3）额定负荷下检查初、终参数是否为额定值，若符合要求，即可开始记录第一次数据。

4）按预先设定的负荷测点，逐步降低负荷，并在各测量点稳定 3～5min 后记录数据，直至空负荷。

5）再以同样的顺序逐步增加负荷，直至满负荷，并记录相应数据。

利用上述试验所得的数据，在与图 3 - 19 相同的坐标系中绘制调速器特性曲线 Δn—Δi、传动放大机构特性曲线 Δi—Δm 和调节阀特性曲线 Δm—ΔP，并由此在第一象限中得出调节系统的静态特性曲线 Δn—ΔP。

通过上述试验，理论上可以精确地得出一个 DEH 系统的静态特性曲线，但这一方法对试验条件的要求比较苛刻，要在实际生产中进行该试验仍具有一定难度。因此，对于 DEH 系统，仅进行流量指令与阀门开度对应关系的检查和调速器高、低限复核试验，由此来衡量系统静态特性的情况。

流量指令与阀门开度对应关系的检查在停机状态即可进行，将进汽管路隔离并强制有关信号后复归汽轮机，然后通过 DEH 控制软件输入流量指令，记录各调节汽门的开度指令、实际开度和就地油动机的行程，据此即可作出流量指令与阀节汽门开度对应关系曲线。调速器低限复核试验通常在机组首次冲转达 3000r/min 后进行，在 DEH 操作界面上手动逐渐减小调速器指令，在该指令到达最小值后记录汽轮机转速。调速器高限复核试验因试验过程机组转速将大于额定转速，因此，通常需要在机组带 25% 以上负荷连续运行数小时解列后，方可进行该试验。在 DEH 操作界面上手动逐渐增大调速器指令，在该指令到达最大值后，记录汽轮机转速。汽轮机的高、低限转速应与制造厂提供的数据一致（对于大型汽轮机组通常为 2850r/min 和 3210r/min）。

（二）调节系统的静态特性指标

传统液压调节系统的静态特性可通过下列参数和曲线系列进行衡量：速度变动率、迟缓率、静态特性曲线（四方图）。这些特性参数均可通过机组的空负荷、带负荷试验测得。对于 DEH 系统，由于其系统结构和控制方式与传统液压调节系统有很大不同，因此，其静态特性与传统系统有一定的差别，基本上是由系统软件的内部设定值决定的，甚至还可以方便地进行改动，但衡量 DEH 系统静态特性的主要指标依然是速度变动率和迟缓率。

1. 速度变动率

（1）速度变动率的定义。汽轮机调节系统是利用转速变化作为调节信号，为保证调节系统的稳定性，要求转速与调节阀的开度一一对应（在进汽参数不变时，转速与汽轮机功率一一对应），即有差调节。调节过程转速变化的幅度用速度变动率表示。在额定参数下单机运行时，汽轮机空负荷所对应的转速 n_1 和额定负荷所对应的转速 n_2 之差与机组额定转速 n_0 之比的百分数，称为调节系统的速度变动率，用 δ 表示，即

$$\delta = \frac{n_1 - n_2}{n_0} \times 100\% \qquad (3-5)$$

速度变动率 δ 是衡量调节系统静态品质的一个重要技术指标，它反映了汽轮机由于负荷变化所引起转速变化的大小。显然，δ 越大，说明在一定负荷变化下转速变化越大，调节系统静态特性曲线就越陡；反之，静态特性曲线越平坦。δ 的大小对并列运行机组的负荷分配、甩负荷时转速的最大飞升值及调节系统的稳定性等都有影响。一般要求调节系统的速度变动率 δ 在 3%～6% 范围内，大型机组速度变动率 $\delta = 4.5\%$～5.0%。这种转速变化范围仍不能满足用户对供电频率的要求，必须通过同步器进行手动调节，以保证供电频率的变化范围为 (50 ± 0.5) Hz。

在 DEH 系统中，速度变动率是在系统软件中设定的，通常只需在软件中改变电子放大器的增益（即图 3-19 第三象限中传动放大机构特性曲线 Δi—Δm 的斜率），就可改变系统的速度变动率。例如，日本东芝 600MW 机组配套的 OSMAP 控制系统，速度变动率的设定是通过系统主控制器的 T3047 功能块实现的，该功能块是一个比例运算模块，其输入端 FSSPDC008 即为速度变动率的设定值。若不通过维护软件要对速度变动率的值进行验证，通常也可以采用模拟转速信号的方式在 DEH 操作界面上获得，具体的方法依不同的系统而定。

（2）速度变动率对机组运行的影响。汽轮发电机组在电网中并列运行，当外界负荷发生变化时，将使电网频率发生变化，从而引起电网中各机组均自动地按其静态特性承担一定的负荷变化，以减少电网频率的改变，这一过程称为一次调频。一次调频不能精确地维持电网频率不变，但能减缓频率变化的程度。在一次调频过程中，并列运行的各机组所自动承担的负荷变化相对值（即占电网总容量的百分数）与该机的额定功率和速度变动率 δ 有关。

　　并列运行机组负荷的自发分配（一次调频）如图 3 - 20 所示，该图为两台汽轮机并列运行时的静态特性曲线，两台机的额定功率分别为 P_1 和 P_2，速度变动率分别为 δ_1 和 δ_2。当外界负荷减少 ΔP，使电网频率上升 Δn 时，两台机组的功率均按其调节系统的静态特性发生变化，Ⅰ号机减少功率 ΔP_1，Ⅱ号机减少功率 ΔP_2，$\Delta P_1 + \Delta P_2 = \Delta P$。则有

$$\frac{\Delta n}{\delta_1 n_0} = \frac{\Delta P_1}{P_1}$$

$$\frac{\Delta n}{\delta_2 n_0} = \frac{\Delta P_2}{P_2} \tag{3 - 6}$$

则

$$\frac{\Delta P_1}{P_1} : \frac{\Delta P_2}{P_2} = \frac{\delta_2}{\delta_1} \tag{3 - 7}$$

　　由式（3 - 7）可知，并列运行机组当外界负荷变化时，δ 越大，机组额定功率 P 越小，分配给该机组的负荷变化量就越小；反之，则越大。因此，根据电网负荷经济调度的原则以及机组负荷变动的适应性，带基本负荷机组（功率大、效率高的机组）的速度变动率应选大一些（一般取 4%～6%），使电网频率变化时负荷变化较小，即减小其参加一次调频的作用；而带尖峰负荷的调频机组（效率低、负荷变动适应性强的中、小机组）的速度变动率应选小一些（一般取 3%～4%）。

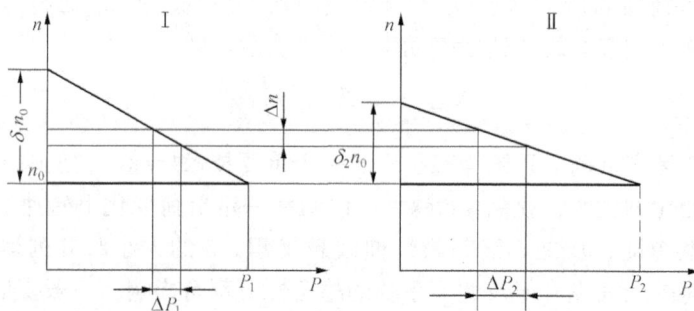

图 3 - 20　并列运行机组负荷的自发分配（一次调频）

　　并列运行的某台机组，如果速度变动率特别小，则当电网频率改变时，将引起这台机组功率大幅度地波动，导致机组工作不稳定，影响机组安全、经济运行，所以速度变动率不应小于 3%；但如果某台机组的速度变动率特别大，则外界电负荷改变时，它的功率变化很小，即一次调频能力很差，这就增加了电网中其他机组调频的负担，所以机组的速度变动率又不能太大。同时，δ 越大，汽轮机甩负荷时的最大飞升转速越高，为使甩负荷时危急保安器不动作，速度变动率一般不超过 6%。

　　为了使汽轮发电机组能在空载、并网、部分负荷、额定负荷等不同工况下稳定运行，调节系统在不同的负荷区段应有不同的速度变动率，即调节系统静态特性曲线应有合理的形状。如图 3 - 21 所示，静态特性曲线应连续而平滑地向功率增加的方向倾斜，两端斜率大、中间斜率小，且无突变。曲线初始段（10%P_0 区域）的斜率应大些，以提高机组在空负荷时的稳定性，使机组顺利并网；另一方面，可防止机组并网后电网频率降低时，自动带上过多负荷，使机组加热过快而产生过大的热应力和胀差。额定负荷区域的曲线斜率也应大些，这样可以使机组稳定在经济工况附近工作，以提高运行的经济性；并且，当电网频率较低

时，机组不易带上过大负荷而引起严重超载。中间负荷区域的曲线斜率应较小，以增强机组的一次调频能力。

电网频率变化时，电网中各机组参与增、减负荷。但是从经济运行角度考虑，对于大容量机组仍希望其运行在最大连续出力点上（即经济负荷点），要求频率变化对运行点的影响尽量小，这就要有较大的速度变动率 δ。可是，随着电网容量的不断扩大，单机功率的大小也是相对变化的，所以要求汽轮机调节系统具有在运行中可以调整的速度变动率。减小速度变动率对稳定电网频率有明显的效果。

2. 迟缓率

(1) 迟缓率的定义。由于调节信号传递过程的延时，以及各调节部件的摩擦、间隙和过封度等因素的影响，当外界负荷变化使转速改变时，机组的功率并未及时变化，而是当转速改变到某一数值时，功率才开始变化，这种调节的不灵敏现象称为调节系统的迟缓现象。迟缓现象使调节系统的静态特性线由一根变成了一条静态特性带，如图 3-22 所示。静态特性带的纵向宽度 $\Delta n_\varepsilon = n_a - n_b$，转速上升时沿图中上行线变化，转速降低时沿图中下行线变化。通常用迟缓率来表示调节系统迟缓程度的大小。在同一功率下由于迟缓而引起的最大转速改变量 Δn_ε 与额定转速 n_0 之比的百分数，称为调节系统的迟缓率，用 ε 表示。即

$$\varepsilon = \frac{\Delta n_\varepsilon}{n_0} \times 100\% = (n_a - n_b) \times 100\% \tag{3-8}$$

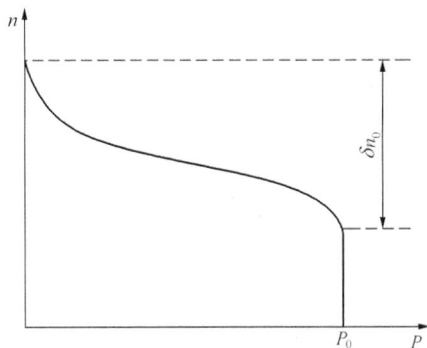

图 3-21 静态特性曲线的合理形状

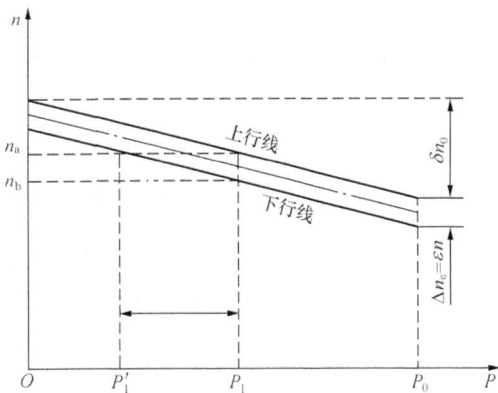

图 3-22 考虑迟缓现象后的调节系统静态特性

迟缓率 ε 是反映调节系统静态品质的又一重要指标，它反映了调节系统的灵敏程度。ε 过大，会引起调节系统晃动，使调节过度恶化，并对机组运行产生不良影响。因此，在调节系统的设计、制造、安装调试、运行及检修中，应设法把 ε 减小到最低限度。由于整个调节系统的迟缓率是由各个组成元件的迟缓率积累而成的，所以要减小调节系统的迟缓率，就应该尽量设法提高每个元件的灵敏度。在运行中，还要注意对油质的监视，以防止因油质恶化而引起的卡涩。国际电工委员会建议大功率汽轮机调节系统的迟缓率为 0.06%。调速系统的形式不同，其能达到的转速控制精度也不相同，目前，对迟缓率有如下要求：

1) 高压抗燃油纯电调系统：$\varepsilon \leqslant 0.067\%$。

2) 低压汽轮机油纯电调系统：$\varepsilon \leqslant 0.1\%$。

3) 机械/液压调节系统：$\varepsilon \leqslant 0.3\%$。

4) 给水泵汽轮机调节系统：$\varepsilon \leqslant 0.1\%$。

（2）迟缓率对机组运行的影响。迟缓率对汽轮机的正常运行十分不利，因为它延长了汽轮机从负荷发生变化到调节汽阀开始动作的时间，造成了汽轮机不能及时适应外界负荷改变的不良现象。如果迟缓率过大，还会使汽轮机在突然甩负荷后，转速上升过高，从而引起超速保护装置动作，这也是汽轮机正常运行所不允许的。

由汽轮机调节系统的静态特性曲线可以看出，由于迟缓现象使调节系统存在一个不灵敏区，在该区域内，调节系统没有调节作用，汽轮机功率和转速的单值对应关系遭到破坏，它所产生的后果随机组运行方式的不同而不同。当机组孤立运行时，由于汽轮机的功率只取决于外界负荷，不能任意变动，则单值对应关系的破坏反映在转速上，即汽轮机的转速在不灵敏区内任意波动，迟缓率对机组运行转速的影响见图 3-23（a），其自发波动的范围（相对值）即为 ε。当机组并列在电网中运行时，由于转速决定于电网频率，不能随意改变，这种单值对应关系的破坏则反映在功率上，造成功率可在一定范围内自发摆动，迟缓率对运行机组功率的影响见图 3-23（b），其自发摆动范围与迟缓率和速度变动率的大小有关。

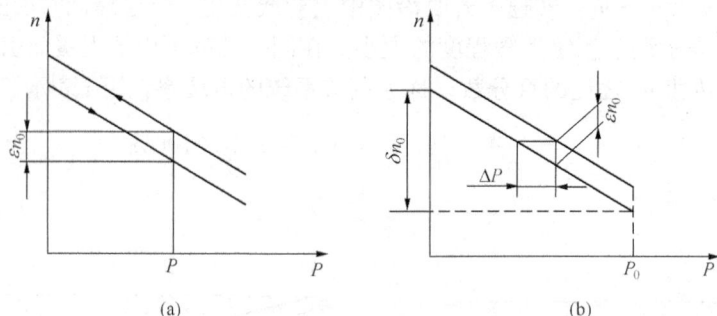

图 3-23　迟缓率对机组运行的影响
（a）对运行机组转速的影响　　（b）对运行机组功率的影响

当机组转速变化 δn_0 时，对应的功率变化为额定功率 P_0，当转速变化 εn_0 时，对应的功率变化为 ΔP，根据相似三角形对应边成比例的关系可得

$$\frac{\varepsilon n_0}{\delta n_0} = \frac{\Delta P}{P_0} \tag{3-9}$$

则

$$\Delta P = \frac{\varepsilon}{\delta} P_0 \tag{3-10}$$

由上式可知，并列运行机组自发性负荷摆动的大小与迟缓率成正比，与速度变动率 δ 成反比。

（三）电网对机组一次调频的要求

现代广义的一次调频，需考虑汽轮机、锅炉、发电机及电网间的相互配合与制约关系，应以整台机组作为控制对象。从功能上既要有传统一次调频的快速性，又要有现代控制的整体协调性。汽轮机快速响应外界负荷、频率的变化，锅炉跟随汽轮机的快速响应，满足汽轮机的要求。对于电网中快速的负荷变动所引起的周波变动，汽轮机调节系统、机组协调控制系统根据电网频率的变化情况，利用锅炉的蓄能，自动改变调节汽阀的开度，即改变发电机的功率，使之适应电网负荷的随机变动，来满足电网负荷变化的过程就是一次调频。频率是电能质量的最重要控制指标之一，一次调频是发电厂保证供电质量的重要手段，为保证电网安全经济运行，提高电能质量及电网频率的控制水平，各上网电厂机组对电网频率支持要快，同时又要保证机组的安全稳定运行，这就要求机组的一次调频程序在安全前提下，能快速适应各种工况。而由于一次调频运行方式对机组并无有利之处，对电网却非常有利（电网系统更稳定），因此，根据电网要求，所有并网运行的机组都必须具备并投入一次调频功能，机组原则上都必须参与一次调频，电厂运行人员未经许可不得无故退出一次调频功能，电网会对并列运行机组一次调频的投入情况和相关性能进行考核。

　　传统液压调节系统机组是通过调节系统内部固有的静态特性（由转速感受机构、传动放大机构、执行机构及阀门机构的特性决定）实现一次调频的；DEH 系统机组的一次调频则是将传统液压调节系统的固有功能通过一定控制策略来实现，即采取将频差信号叠加在汽轮机调节汽阀指令处的设计方法。一次调频在 DEH 系统机组的实现方式原则上应与在液调系统机组的调频效果相一致，并保持相似的汽轮机静态特性。在 DEH 系统中，一般都有一次调频回路和一次调频函数曲线。一次调频回路又称频率校正回路。图 3 - 24是 300MW 机组 δ 为 5％时的最大一次调频函数曲线，由汽轮机转速对应一次调频负荷量叠加在负荷指令上，形成修正后的实际负荷指令。实际一次调频函数曲线还要考虑调频死区和调频范围。一次调频死区是指为了防止在电网频差小范围变化时汽轮机调

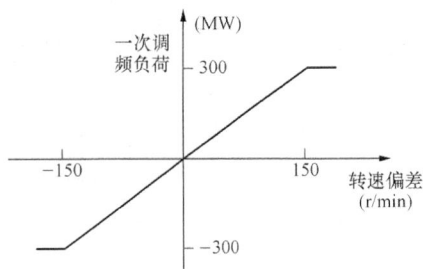

图 3 - 24　300MW 机组 δ 为 5％时的
最大一次调频函数曲线

节汽阀不必要的动作而设置的频差，也可以说是为了机组的稳定运行，当电网频率基本稳定在额定值时，机组对频率的微小波动不产生调节作用，即当频率变化超过额定频率时，才起调节作用。因此，在额定转速附近设置了死区，一般死区大小为±2r/min。

　　（四）机组的二次调频

　　由调节系统静态特性曲线可以看出，当不考虑迟缓率影响时，汽轮机的每一个负荷都对应着一个确定的转速。对孤立运行机组，它的转速随负荷的变化而变化，即发电频率将随负荷变化而变化，使供电质量无法保证；对并网运行机组，它的转速取决于电网频率，当电网频率不变时，机组只能带一个与该转速对应的固定负荷，而不能随用户用电量的变化而变化。显然，这样的调节系统是不能满足机组运行要求的。因此，调节系统必须能通过上、下平移静态特性曲线，在转速不变的情况下改变机组的负荷，或者在负荷不变的情况下改变机组的转速。

　　当外界负荷变化时，将引起电网频率发生变化，从而使并列在电网中的各机组均自动地按其静态特性曲线承担一定的负荷变化（一次调频），但此时电网频率不能保证供电质量。一次调频后，通过平移某些机组的静态特性曲线，人为地改变机组的负荷分配，使之与外界负荷相适应，以恢复电网频率，这一过程称为二次调频。只有经过二次调频后，才能精确地使电网频率保持精确不变。二次调频是一个人工干预的过程，通常由指定的部分机组来完成，这些机组称为调频机组。通过改变调频机组的负荷分配，将电网负荷变化转移到由调频机组来承担，消除一次调频过程留下的频率偏差，使电网频率回到额定值；而网中不参加二次调频的机组，其功率自动回到扰动前的数值。

　　人为分配并列运行机组负荷（二次调频）如图 3 - 25 所示，并列运行的两台机组，当外

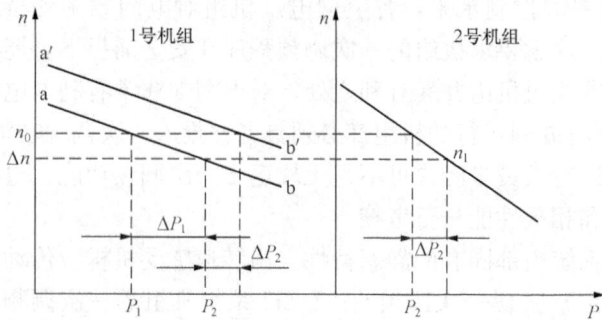

图 3-25　人为分配并列运行机组负荷（二次调频）

界负荷增加时，电网频率降低，汽轮机转速从 n_0 下降到 n_1，两台机组按各自的静态特性曲线分别自动增加负荷 ΔP_1 和 ΔP_2，即机组进行了一次调频。操作 1 号机组的同步器，使静态特性曲线由 ab 上移到 $a'b'$，则电网频率恢复原始值，2 号机组的负荷减至原负荷 P_2，其减少的负荷 ΔP_2 由 1 号机组承担。也就是说，1 号机组经过二次调频后，承担了外界增加的全部负荷 $\Delta P = \Delta P_1 + \Delta P_2$，并保持了电网频率不变。显然，由于一次调频的存在，二次调频的负担大大减轻了。

传统液压调节系统机组设置有平移静态特性线的专门机构——同步器，它是通过转速偏差（频率）调节汽阀开度（即机组负荷）来实现二次调频；而 DEH 系统机组则取消了同步器，它是通过加、减负荷设定（手动或 AGC 自动），由负荷偏差改变调节汽阀开度来实现二次调频。

1. 二次调频的实施

二次调频通常是由网调调度来实施，具体方法有以下两种：

（1）由电网调度人员根据负荷潮流及电网频率，给各厂下达负荷调整命令，由各电厂进行调整。

（2）采用自动调频控制系统（AGC），由计算机（电脑调度员）对各厂机组进行遥控。参与该系统的机组必须具有协调控制系统。

2. 一次调频与二次调频的区别

一次调频与二次调频都能改变发电机组的负荷，从而调节电网频率，维护电网的稳定。两者的区别在于以下几个方面：

（1）一次调频属于有差调节，二次调频属于无差调节。在调节系统静态特性曲线上，一次调频表现为负荷点在静态特性曲线上移动，而二次调频表现为静态特性曲线的平移。

（2）能量支持的需求不同。一次调频阶段，一般不需要锅炉燃料调节支持，但是，如果没有相继进行二次调频，则锅炉蓄能将随时间增加逐渐耗尽，需要通过燃料调节保持汽压稳定，才能保持一次调频的结果；二次调频的能量支持需靠相应调整锅炉燃料量获得，即最终实现电网负荷变化与热力系统燃料提供的能量变化相平衡。

（3）响应方式不同。一次调频是由于调节系统的自身特性，使机组负荷随着电网频率的变化相应增、减，发电负荷与供电负荷相适应，从而稳定了电网频率；二次调频是在电网频率波动后，由调度系统发出指令，使电网发电负荷与供电负荷相适应，维持电网稳定。

（4）响应时间不同。一次调频是利用锅炉蓄热，直接由汽轮发电机组自动实现的，负荷增、减很快，这一阶段响应时间的数量级为几秒；二次调频通过电网调度系统和机组协调系统实现，反应时间较长，负荷增、减相对较慢，这一阶段响应时间的数量级为十几秒到几十秒。

二、调节系统的动态特性

调节系统从一个稳定状态过渡到另一个稳定状态过程中的特性，称为调节系统的动态特性，它与过渡过程及时间有关。研究调节系统动态特性的目的是掌握动态过程中各参数（如功率、转速、调节阀开度及控制油压等）随时间的变化规律并判断调节系统是否稳定，评定调节系统调节品质以及分析影响动态特性的主要因素，以便提出改进调节系统动态品质的措施。

（一）动态特性指标

传统液压调节系统动态特性的重要指标主要有稳定性、超调量、过渡时间。这些特性主要取决于转子飞升时间常数、中间容积时间常数、油动机时间常数、速度变动率、迟缓率等系统本身各元件的特性。系统的动态特性通常由机组的甩负荷试验获得。DEH 系统的动态特性则由于系统中间环节的计算机化而得到了很大程度的改善。另外，在传统液压调节系统中用于衡量其动、静态特性的某些参数，在 DEH 系统中的影响已逐渐减小，只是如果要将某个特定的数字电液调节系统与另外的调节系统作性能比较时，这些参数还是有一定的参考价值。

1. 稳定性

一个运行中的汽轮机调节系统，当外界负荷、蒸汽参数等发生变化时，它的输出量（功率或转速）就发生变化，如果这些干扰所引起的输出量的变化随着时间的推移而能稳定在某一个定值（见图 3-26 中的 1、2、3 三条曲线）上，则这个调节系统就是动态稳定的调节系统。曲线 4 的转速（称为被调量）随着时间的延长变化越来越大，这种系统称为动态不稳定的调节系统。

显然，汽轮机的调节系统必须是动态稳定的。只有动态稳定，才能使调节系统从一个稳定状态过渡到另一个稳定状态，才能使汽轮机功率与转速保持单值对应的关系。而且，过渡过程中被调量的振荡次数不能太多，一般不超过 3~5 次。

2. 超调量

图 3-27 为汽轮机甩全负荷时的转速过渡过程曲线，过渡过程中的最大动态转速与最后的稳定转速之差称为转速超调量，用 $\Delta n_{\max}$ 表示。甩负荷后，汽轮机的最大动态转速 $n_{\max} = \Delta n_{\max} + (1+\delta)n_0$，式中 $(1+\delta)n_0$ 为机组的最后稳定转速，它取决于 δ 的大小。在同类型的调节系统中，速度变动率 δ 越大，超调量（相对值）越小，其稳定性就越好；但 δ 越大，甩负荷后机组达到的 $n_{\max}$ 就越高。为了保证甩负荷时不致引起超速保护装置动作而停机，汽轮机甩全负荷时，最大动态转速 $n_{\max}$ 必须低于超速遮断装置的动作转速。机械超速遮断装置的动作转速为 $(110\% \sim 112\%)n_0$，最大动态转速 $n_{\max}$ 应不超过 $(107\% \sim 109\%)n_0$。

3. 过渡过程时间（快速性）

调节系统受到扰动后，从调节过程开始到被调量与新稳定值的偏差 Δ 小于允许值的最短时间，称为过渡过程时间，图 3-27 中的 Δt 为机组甩全负荷时的过渡过程时间。显然，过渡过程时间越短，系统的稳定性越好。对甩全负荷的过渡过程时间 Δt 一般要求小于 5~50s。由于被调参数绝对稳定在某一数值上是不可能的，也是没有必要的，所以在汽轮机调节系统中 Δ 一般取 5%，即转速的摆动范围只要不大于 5%，就可认为调节系统已达到新的稳定状态。

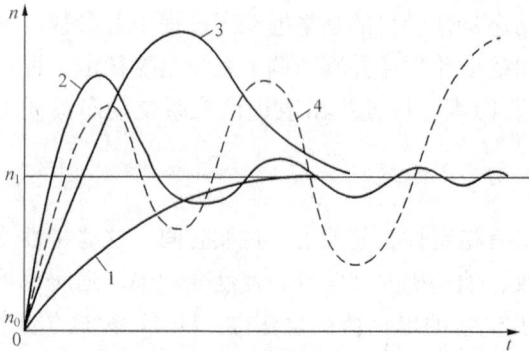

图 3-26 汽轮机甩负荷时转速的几种过渡过程　　图 3-27 汽轮甩全负荷时转速的过渡过程曲线

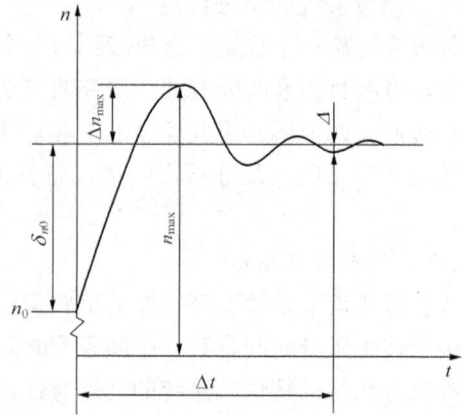

（二）影响动态特性的因素

1. 转子飞升时间常数 T_a

转子飞升时间常数是指转子在额定功率时的蒸汽主力矩 M_T 作用下，转速从零升高到额定值时所需要的时间，用 T_a 表示，即

$$T_a = \frac{I_e(\omega_0 - 0)}{M_T} \tag{3-11}$$

式中　I_e——汽轮发电机组转子的转动惯量；

　　　ω_0——额定转速时转子的角速度。

由式（3-11）可知，I_e 越小、M_T 越大，则 T_a 越小。甩负荷时，T_a 越小，转子的最大飞升转速越高，且过渡过程的振荡加剧。随着机组容量不断提高，M_T 大大增加，但转子的转动惯量 I_e 却增加不多，使得 T_a 越来越小（中小机组 T_a 约为 11~14s，高压机组为 7s，中间再热机组仅为 5~8s）。因此，机组功率越大，超速的可能性也越大，甩负荷后控制动态超速也越困难。

2. 中间容积时间常数 T_v

汽轮机的中间容积是指调节汽阀后的蒸汽管道、蒸汽室、通流部分以及抽汽管道和中间再热管道的蒸汽容积。通常用中间容积时间常数来表示中间容积储存蒸汽能力的大小，用 T_v 表示。即

$$T_v = \frac{V\rho_V}{nG_m} = \frac{V}{nG_V} \tag{3-12}$$

式中　　　　V——中间容积；

　　　　　　n——多变指数；

　　ρ_V、G_m、G_V——额定工况下，中间容积的密度、质量流量、体积流量。

由上式可知，中间容积 V 越大，则 T_v 越大。即中间容积中储存的蒸汽量越多，甩负荷时，即使调节汽阀很快关闭到空负荷位置，但中间容积中的蒸汽仍将继续流入汽轮机，使汽轮机转速额外飞升。所以，中间容积的存在使动态超调量增加，甩负荷时容易超速。

3. 速度变动率 δ 和迟缓率 ε

由于甩同样负荷、δ 大时，转速变化大，反馈信号强，可使调节系统快速动作，所以超

调量小，动态稳定性好。由于调节系统迟缓现象的存在，甩负荷时调节汽阀关闭延时，不能及时改变汽轮机的进汽量，超调量增大，动态稳定性变差。

4. 油动机时间常数 T_m

油动机时间常数是指油动机滑阀开度为最大时，油动机处在最大进油量条件下走完整个工作行程所需要的时间，用 T_m 表示。T_m 越大，则调节汽阀关闭速度越慢，进入汽轮机的蒸汽量增加，超调量越大，过渡过程时间越长，调节系统的动态品质越差。

三、大型中间再热机组的调节

(一) 再热器对调节系统性能的影响

大型中间再热机组的再热器是串接在高、中压缸间的中间容积。由于存在这样巨大的中间容积，当外界要求机组增加负荷时，调节系统开大高压调节汽阀，此时高压缸的进汽量增加，其功率也随之增加。而中、低压缸的功率，则是随着再热器内蒸汽压力的逐渐升高而增加的；同时，由于再热蒸汽压力的升高，高压缸前、后的压差将逐渐减小，其功率略有下降。因此，汽轮机的总功率不是随调节汽阀的开大立即增加到外负荷所要求的数值，而是缓慢地增加到外界负荷要求的数值，导致机组调节时功率变化滞后。另外，为了保证再热温度符合要求，锅炉过热器和再热器的蒸汽流量必须近似保持一定比例，故机组只能采用单元制连接，从而使主蒸汽系统的蓄热能力相对减小，而锅炉燃烧调节过程时间较长，更加大了功率变化的滞后。再热机组调节时，功率变化的滞后降低了机组对外界负荷变化的适应性，即降低了机组参加一次调频的能力，造成电网频率波动。为了克服机组功率变化的"滞后"，当机组负荷突然变化时，将高压调节汽阀暂时过开，使高压缸瞬时多承担一些额外的负荷变化，以弥补中、低压缸功率变化的滞后。调节系统中，采用动态校正器进行高压调节汽阀的过调。

(二) 高、中压调节汽阀的匹配及旁路装置

机组甩负荷或跳闸时，即使高压调节汽阀快速关闭，再热器内储存的蒸汽量，也能使汽轮机超速 $40\% \sim 50\%$。因此，再热机组必须设置高压调节汽阀和中压调节汽阀，以便在机组甩负荷时，两种调节汽阀同时关闭，以确保机组的安全。增加中压调节汽阀后，由于节流损失，机组运行的经济性将有所降低。高、中压调节汽阀的开启顺序如图 3-28 所示，为了减少运行时中压调节汽阀的节流损失，机组负荷高于 30% 额定负荷时，中压调节汽阀处于全开状态，机组的负荷仅由高压调节汽阀来控制；在低于 30% 额定负荷时，中压调节汽阀才参与控制。

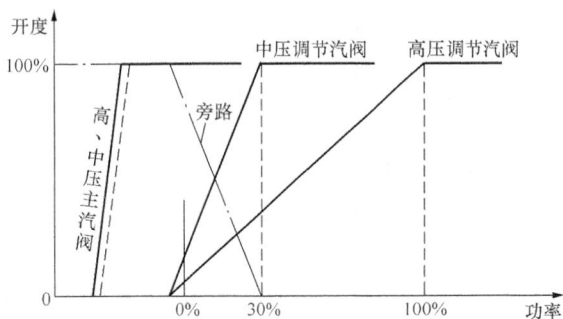

图 3-28 高、中压调节汽阀的开启顺序

为了解决汽轮机空转流量和锅炉最低负荷之间的矛盾，并保护再热器，需要设置旁路系统。旁路系统的形式各不相同，一般常用的旁路系统有高/低压两级串联旁路和一级大旁路两种，其他形式只是在这两种基本形式基础上再进行组合。

采用高/低压两级串联旁路时，由于保护再热器的需要，当机组在低负荷（如低于 30% 额定负荷）运行时，随着中压调节汽阀的关小，应将高/低压两级旁路都开启，以维持锅炉

的最低负荷为 30%。这样，锅炉就有一部分蒸汽流量经高压旁路减温减压器后进入再热器，以起到冷却再热器的作用。然后，由再热器出来后再进入低压旁路减温减压器，最后排向凝汽器。当机组负荷继续下降，高/低压旁路进一步打开到空载时，汽轮机就只有空载流量流过，而锅炉仍维持最低负荷蒸发量，多余的蒸汽通过旁路进入凝汽器。由于再热器有蒸汽流量通过（冷却再热器），并且中压调节汽阀前蒸汽有一定压力，因此，控制空载转速时，就一定要高、中压调节汽阀同时调节。采用一级大旁路时，机组的空载转速由高压调节汽阀控制。

图 3-29 是某台 600MW 机组的高、中压调节阀开启顺序。中压调节汽阀开启顺序是错开的，并且在空载时两只中压调节汽阀的开度已经很大，所以主要由高压调节汽阀来控制汽轮机空载转速。在这里必须说明，高、中压调节汽阀的开启是与旁路装置相配合的。

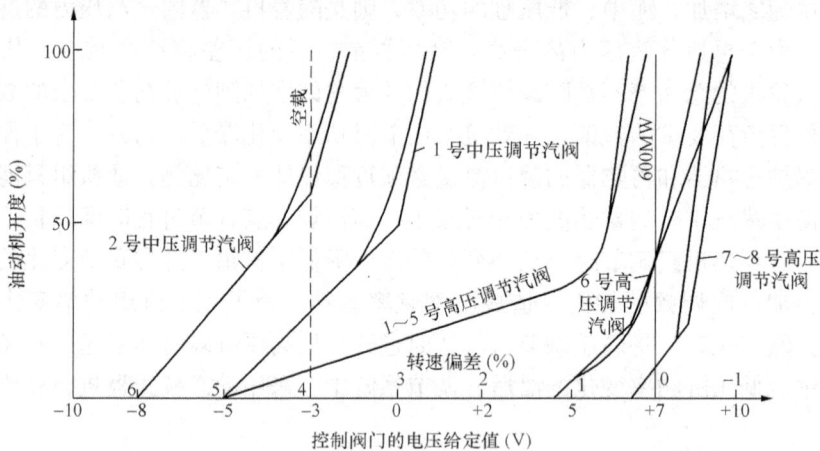

图 3-29　某台 600MW 机组的高、中压调节汽阀开启顺序

（三）中压调节汽阀的快关功能

汽轮机调节系统的另一个重要特性是：当系统发生故障时，能够快速地降负荷（即快关功能），防止负荷不平衡，造成转速过大飞升。对于中间再热机组，降负荷不外乎有以下三种调节方式：

（1）只关高压调节汽阀。

（2）只关中压调节汽阀。

（3）同时关高、中压调节汽阀。

图 3-30～图 3-32 为三种关阀方式的功率变化曲线（关阀信号均在 $t=0$ 时发出，1s 后再打开，并将功率恢复到原有水平）。

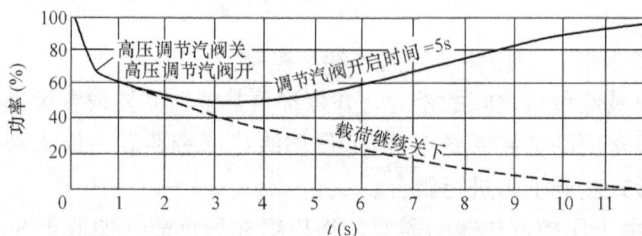

图 3-30　只关高压调节汽阀的功率变化曲线

只关高压调节汽阀的功率变化曲线如图 3-30 所示，当高压调节阀关到 1s 时，汽轮机仍有 60% 的整机功率，这是因为高压缸功率占的比例较小，中压缸功率仍有迟延的缘故。如果继续关下而不打开，当高压缸调节阀关下时，

由于锅炉出口流量受到剧变，高压调节汽阀前压力将上升到汽包中的压力，且由于锅炉仍在燃烧加热，压力会继续升高（一般为 $70 \sim 140 \text{kPa/s}$）。汽压升高甚至会使安全阀动作。同时，由于迅速关阀门，使汽温巨变，引起较大的热应力。直流锅炉也类似。

只关中压调节汽阀的功率变化曲线如图 3-31 所示，在 1s 时间内功率可降到 40% 以下，作用比较明显，且由于再热器容积较大，再热蒸汽的压力比主蒸汽压力低很多，再热安全阀整定压力一般调整在高于额定再热压力的 10% 左右，即使再热压力升高而使安全阀打开问题也不大。此外，引起的汽缸热应力危害也不大。

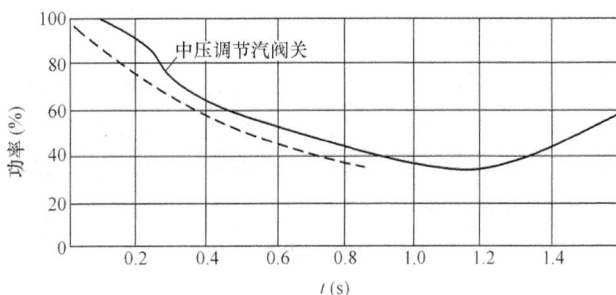

图 3-31　只关中压调节汽阀的功率变化曲线

同时关高、中压调节汽阀的功率变化曲线如图 3-32 所示，显然这种方法对降低机组负荷是最有效的，在 0.5s 时已降至 40% 以下，1s 时降至 15% 以下。然而，由于高压调节汽阀关下所引起的汽压、汽温的变化仍然比较明显。

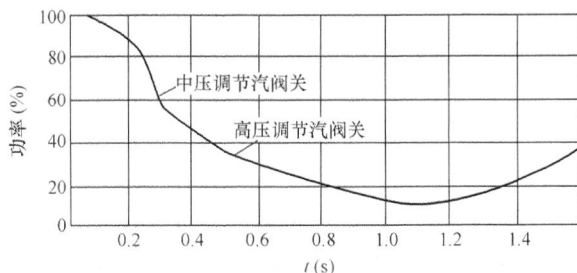

图 3-32　同时关高、中压调节汽阀的功率变化曲线

从上述比较来看，采用关中压调节汽阀的方法较为合理，但应注意使轴向推力的变化在允许的范围内。当电网发生故障时，由稳定控制装置计算、判定后，发出快控指令，中压调节汽阀在约 0.2s 内快速关闭，当全关状态维持一定时间（闷缸时间可调）后，重新开启。甩负荷时，关高、中压调节汽阀对防止动态超速则更加有利。高压调节汽阀的动作视电网故障的严重程度而定，或不动、或关至 50% 额定负荷所对应的位置、或关至带厂用电运行。

（四）配汽方式

目前，600MW 以上汽轮机组多数采用混合式配汽方式，即喷嘴—滑压混合式调节，其主要特点是在低参数（低负荷）向高参数（高负荷）过渡时采用滑参数方式，在高参数区段则采用喷嘴调节方式。采用这种方式，大功率机组的安全性、经济性都能够得到合理保证。

任务验收

（1）分析速度变动率 δ 与迟缓率 ε 对机组运行的影响。

（2）认识机组一次调频和二次调频在电网稳定中的作用。

（3）认识调节系统动态特性指标。

（4）分析再热器对调节系统性能的影响。

（5）选择某国产 600MW 机组高、中压调节汽阀的开启方式、旁路配置及中压调节汽阀的快关方式。

任务三 DEH 液压伺服系统的运行

【任务描述】

以某超临界 600MW 汽轮机 DEH 液压伺服系统为例，分析其液压控制系统的工作过程和供油系统的运行，其危急遮断系统的动作在任务四"汽轮机保护系统的遮断"中分析。对比分析液压执行机构（伺服型和开关型）的控制原理，认识液压执行机构的组成部件；认识高压供油系统的供油装置、抗燃油再生装置及自循环冷却——滤油系统；分析高压供油系统的漏油情况和液压执行机构的故障处理，进行高压油泵的启动和高压供油系统的经常性维护。

能力目标

(1) 能识读大型机组的 DEH 液压伺服系统图。
(2) 能分析伺服型和控制型执行机构的动作过程。
(3) 能分析快速卸载阀的动作过程。
(4) 能识读高压供油系统图。
(5) 能识读高压供油系统的运行参数。

任务实施

液压伺服系统是 DEH 的一个组成部分，以抗燃油作为工作介质。在 DEH 调节系统中，数字式控制器输出的阀位信号，经 D/A 数模转换器转变成模拟量，送入液压伺服系统。DEH 液压伺服系统由伺服放大器、电液转换器（电液伺服阀）、油动机（或称油缸）、快速卸载阀和线性位移差动变送器（简称 LVDT）等部件组成，是 DEH 调节系统的末级放大与执行机构。该系统按功能又可分为液压控制系统、供油系统和危急遮断系统。图 3-33 为某超临界 600MW 汽轮机 DEH 液压伺服系统图。

图 3-33 中液压伺服系统由下列四大部分组成：

(1) 液压控制系统。根据 DEH 系统数字控制器发出的指令控制相应阀门。

(2) 供油系统。向液压控制系统提供参数合格的抗燃油。

(3) 危急遮断系统。在监视参数超限、危及安全运行时，自动或手动使机组跳闸停机。

(4) 遮断试验系统。用于系统试验。

一、DEH 的液压控制系统

液压控制系统中有伺服型和开关型两类执行机构。伺服型执行机构控制高压主汽阀和高压调节汽阀、中压调节汽阀的开度；开关型执行机构控制中压主汽阀全开或关闭。中压主汽阀是开关型的双位阀，其控制系统没有伺服放大器和电液转换器，仅配置油动机和快速卸载阀。危急遮断油压建立，该阀打开；汽轮机跳闸，该阀关闭。伺服型和开关型液压控制系统具有以下相同的特点：

(1) 所有的进汽阀都配置一个单侧进油的油动机，其开启依靠高压动力油，关闭依靠弹簧力。这是一种安全型的机构，在系统漏油时，油动机向关闭方向动作。

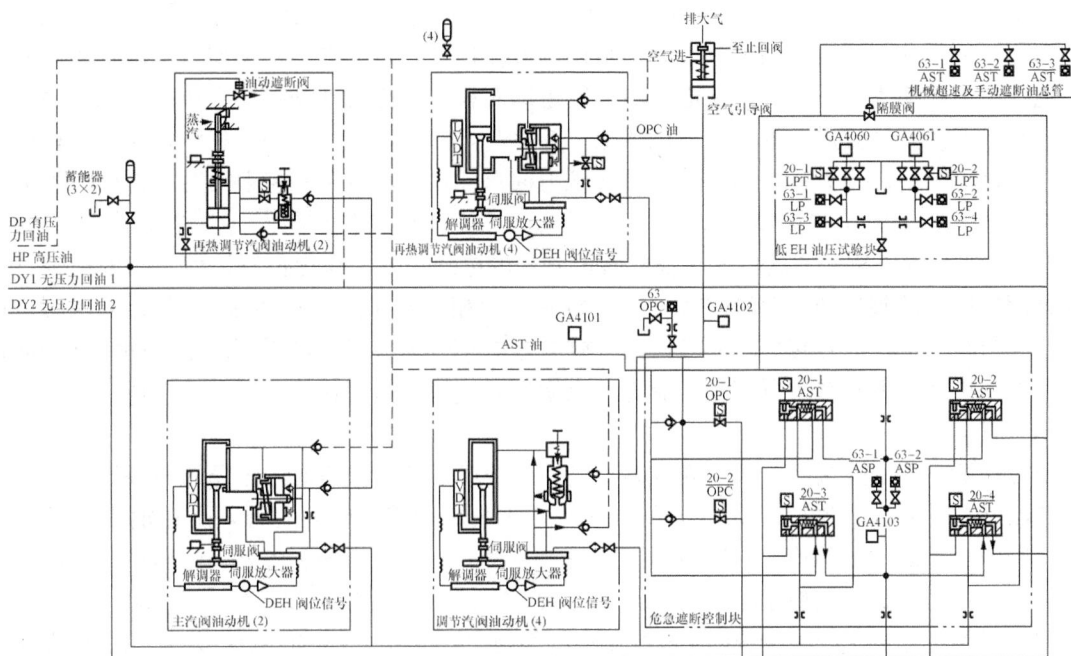

图 3-33 某超临界 600MW 汽轮机 DEH 液压伺服系统图

（2）在油动机的油缸上有一个控制块的接口，控制块内装有隔绝阀、滤网、快速卸载阀、止回阀和电液伺服阀（开关型不装），并加上相应的附加组件构成一个整体，成为具有控制和快关功能的组合执行机构。

（一）液压执行机构的工作原理

1. 伺服型执行机构

图 3-33 中，600MW 超临界机组液压控制系统的伺服型执行机构有高压主汽阀 2 个、高压调节汽阀 4 个和中压调节汽阀（也称再热调节汽阀）4 个。伺服型执行机构可以将汽阀控制在任意的开度位置上，成比例地调节进汽量以适应需要，故又称为控制型执行机构。

高压主汽阀和调节汽阀的液压控制原理如图 3-34 所示。DEH 系统阀门管理器输出的

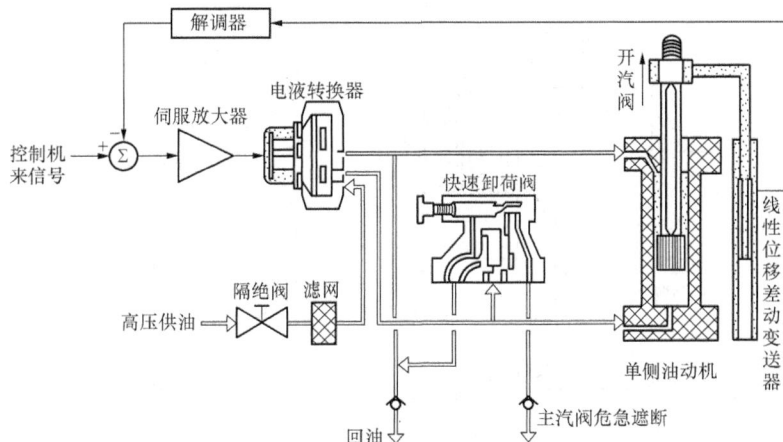

图 3-34 高压主汽阀和调节汽阀的液压控制原理

阀位信号，经 D/A 转换器转换为阀位调节的电压信号，它与阀位测量的电压信号比较，其差值经过伺服放大器进行功率放大后，转换成电流信号，再在电液转换器（电液伺服阀）中将电流信号转换为液压信号，使电液转换器主阀芯移动，控制油动机的高压抗燃油通道。当电液转换器使高压抗燃油进入油动机活塞下腔室时，使油动机活塞向上移动，通过杠杆或连杆带动进汽阀使之开大；当电液转换器使压力油自油动机活塞下腔室泄出时，借助弹簧力使活塞下移，从而关小进汽阀门。当油动机活塞移动时，同时带动线性差动位移变送器（LVDT），将油动机活塞的位移转换成阀位测量的电压信号，作为负反馈信号与前面经计算机处理后送来的阀位调节信号比较（由于两者极性相反，实际上是相减）。在原输入阀位调节信号与阀位反馈信号相等、使输入伺服放大器的信号为零时，伺服阀的主滑阀回到中间位置。油动机活塞下腔室不再有高压油进入或泄出时，蒸汽阀门便停止移动，停留在一个新的工作位置。

油动机下腔室连接一个快速卸载阀。当发生故障需紧急停机时，危急遮断装置动作，危急遮断（AST）母管油压降低，止回阀打开，使快速卸载阀快速打开，迅速泄去油动机活塞下腔的压力油，在弹簧力的作用下迅速关闭各高、中压主汽阀和各高、中压调节汽阀，以实现对机组的保护。在快速卸载阀动作的同时，工作油还可以排入油动机的上腔室，从而避免回油旁路的过载。当机组转速超过 103% 额定转速时，OPC 电磁阀动作，防超速保护（OPC）母管的油压降低，高、中压调节汽阀的快速卸载阀快速打开，迅速泄去其油动机活塞下腔室的压力油，在弹簧力的作用下迅速关闭高、中压调节汽阀。

中压调节阀的液压控制原理如图 3-35 所示。由于中压调节汽阀在 30% 的负荷下已全开，且再热器的容积很大，在危急状态时，需要以更快的速度关闭，以减小动态超速值。因此，这种控制系统采用碟阀型的快速卸载阀，使泄油口增大。另外，由于快速卸载阀的结构不同，在控制块内需单独设置试验电磁阀，由控制室的开关控制其通/断电。试验电磁阀是三通阀，机组运行时处在断电状态，高压油经节流孔直接通往快速卸载阀的上部腔室，快速卸载阀关闭，电液伺服阀可控制油动机下腔室建立油压；在进行阀门活动试验时，通过供电开关使机组运行时处在断电状态，高压油经节流孔直接通往快速卸载阀的上部腔室，快速卸

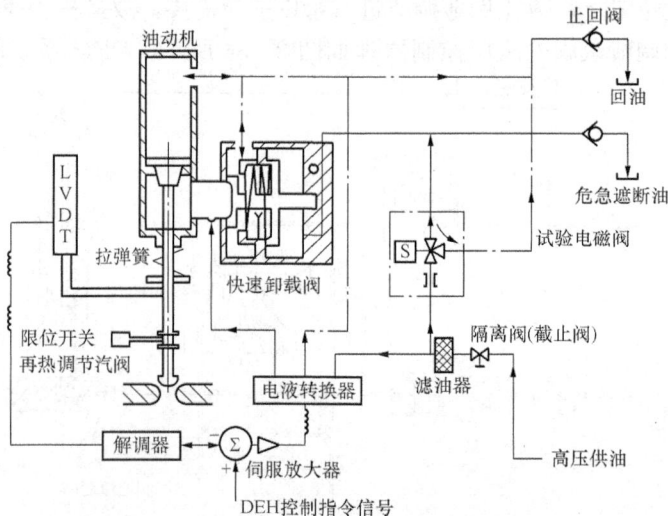

图 3-35 中压调节汽阀的液压控制原理

载阀电磁阀通电，快速卸载阀的上部腔室与回油相通，快速卸载阀打开，其油动机泄油，中压调节汽阀关闭；电磁阀再次断电时复位，中压调节汽阀又开启，活动试验结束。

2. 开关型执行机构

上述液压控制系统的开关型执行机构有左、右中压主汽阀（也称再热主汽阀）。中压主汽阀的液压控制原理如图 3-36 所示。

由于开关型执行机构没有控制功能，因此与控制型执行机构的不同之处如下：

（1）由于没有控制功能，故不设置 LVDT、电液伺服阀及伺服放大器。高压抗燃油自隔绝阀引入，经过一个固定节流孔板后，直接进入油动机的下腔室。该节流孔板的作用是：在快速卸载阀打开时，油动机下腔室可快速泄油，且避免控制油压产生较大的波动。

（2）中压主汽阀的油动机通过快速卸载阀，接受 ETS 危

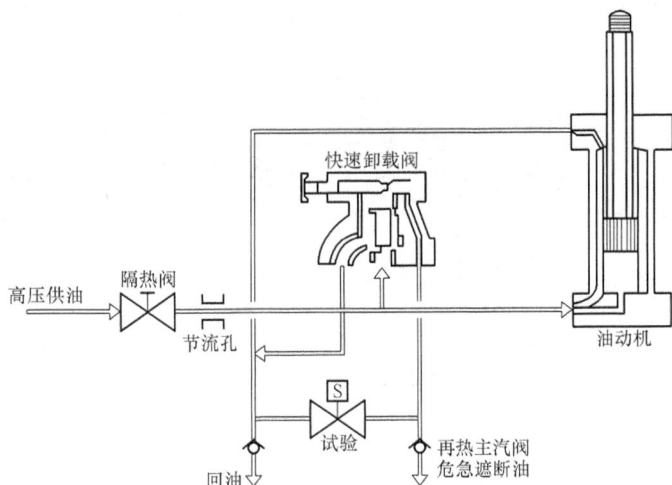

图 3-36 中压主汽阀的液压控制原理

急遮断油压信号控制。当 DEH 系统挂闸复位，危急遮断油压建立，快速卸载阀关闭，油动机活塞在控制油压的作用下，克服弹簧力移动，中压主汽阀自动全开；当危急遮断装置动作，危急遮断油压降低，快速卸载阀打开，其油动机泄油，在弹簧力的作用下中压主汽阀迅速关闭。

（3）增设 1 个两位二通电磁试验阀，用以定期进行阀门活动试验，保证该汽阀处于良好的状态。当电磁阀通电打开时，快速卸载阀上油室与回油管相通，使快速卸载阀打开，关闭中压主汽阀；当电磁阀断电关闭，中压主汽阀再逐渐打开，活动试验结束。

（二）液压执行机构的主要部件

伺服型执行机构和开关型执行机构的部件类似。

1. 隔离阀

高压抗燃油经隔离阀供给电液伺服阀（或直接供给油动机），关闭该阀可切断高压油路，使汽轮机在运行条件下即可活动其控制的进汽阀，或者停用、检修其控制的液压执行机构（更换滤网、检修或调换电液伺服阀、电磁阀、卸载阀、线性位移变送器等）。该阀安装在执行机构的控制块上。

2. 滤网

为保证供给电液伺服阀的高压抗燃油的清洁度，以确保电液伺服阀中的节流孔、喷嘴和滑阀能正常工作，所有进入伺服阀的高压抗燃油均先经过一个 $10\mu m$ 的滤网进行过滤。在正常工作条件下，滤网每 6 个月更换一次，被更换下来的滤网，当有合适的滤网清洗设备时，彻底清洗干净后还可再使用。

3. 止回阀

图 3-35 中，在油动机的控制油路上设有两个止回阀。一个是通往危急遮断油路总管去的止回阀，当检修某台运行中的油动机时，其对应的隔离阀已关闭，使油动机活塞下的油压消失，由于其他油动机还在工作，该止回阀则阻止危急遮断油总管上的油倒流入油动机；另一个止回阀安装在回油管路上，以防止油动机检修期间，由压力回油总管来的油倒流到被检修的油动机。两个止回阀共同保证了油动机的不停机检修。

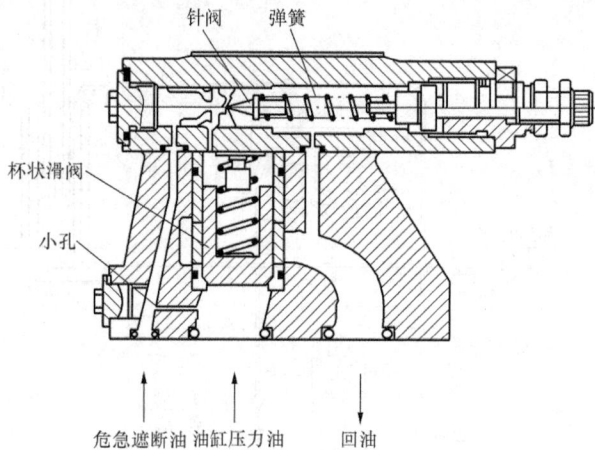

图 3-37 快速卸载阀的常用结构形式

4. 电液转换器

电液转换器是将电信号控制指令转换为液压信号并进行放大的装置，其结构原理已在项目三的任务一中详细介绍。

5. 线性差动位移变送器（LVDT）

LVDT 是将调节汽阀位移转换为电压信号并进行反馈的装置，其结构原理已在本项目任务一中详细介绍。

6. 快速卸载阀

快速卸载阀（也称快速卸荷阀）安装在执行机构控制块上，其常用结构形式如图 3-37 所示。当危急遮断油路（AST）泄油时，所有油动机的快速卸载阀打开；当 OPC 油路泄油时，控制高、中压调节汽阀油动机的快速卸载阀打开。快速卸载阀打开时，单侧进油油动机活塞下腔室的油经快速卸载阀迅速排出。这时不论伺服放大器输出信号大小，油动机活塞在弹簧作用下迅速下移，相应的进汽阀快速关闭。

在图 3-37 中，快速卸载阀的上部装有一杯状滑阀，滑阀下部的腔室与进入油动机活塞下腔室的高压油管路相通，承受高压油的作用力。在滑阀底部附近有一个小孔，使少量的压力油通过小孔经节流孔和针形阀排入回油管。此油路在针形阀前与滑阀上部的油室相通，在此油压和弹簧力的作用下，滑阀关闭排油口。调节针形阀的开度，可以调整滑阀上部油室的油压。在小孔出口另一侧的油口，经过止回阀与危急遮断油路（高、中压主汽阀）或 OPC 油路（高、中压调节汽阀）相通。正常运行时，由于小孔的节流作用，小孔出口油压低于危急遮断油或 OPC 总管的油压，该止回阀关闭。

由于 OPC 油管经过止回阀与危急遮断油路相通，当汽轮机故障、AST 电磁阀动作、危急遮断油总管失压时，止回阀打开，OPC 油路的油压也降低，使各阀门油动机快速卸载阀的杯形滑阀上部油压急剧下降，其下部的高压油推动滑阀上移，滑阀套筒上的泄油孔被打开，从而使各油动机内的高压油失压，在弹簧力的作用下油动机的活塞迅速下降，关闭所有的进汽阀，实行紧急停机。当 OPC 油路失压，其通往危急遮断油路的止回阀关闭，仅控制高、中压调节汽阀的快速卸载阀打开，使高、中压调节汽阀迅速关闭。在一定时间后 OPC 油路油压恢复，高、中压调节汽阀由 DEH 系统控制再开启。

这种快速卸载阀也可手动关闭进汽阀，进行阀门活动试验。在手动关闭任何一个进汽阀时，首先要关断其油动机的进油隔离阀，然后将针形阀杆反向慢慢旋出，从而改变针形阀控制的泄油口，缓慢地降低快速卸载阀中杯形滑阀上部的油压，使杯形滑阀上升，开启快速卸载排油口，改变油动机活塞下腔室的动力油压，使进汽阀慢慢关闭。此后，如要重新打开汽阀，应首先将针形阀的压力调整杆调到最高油压位置，然后慢慢打开其油动机的进油隔离阀。

由于中压调节汽阀在30％的负荷下已全开，且再热器的容积很大，在危急状态时，需要以更快的速度关闭，以减小动态超速值，因此，采用碟阀式的快速卸载阀，以增大泄油口，其结构原理不再一一介绍。

7. 阀门限位开关盒

阀门限位开关是一种机械——电气结构开关，用以指示阀门是处于全开还是全关位置。由杠杆、传动轴、半圆转轮、四个撞击块和四个行程开关等组成。行程开关装在开关盒的适当位置上，杠杆与阀门连杆或油动机杆相连，将阀门连杆的移动转换为半圆转轮绕轴的转动。四个撞击块分两组装在转轮的适当位置（可调）。在阀门全开时，两个撞击块分别与两个行程开关接触；在阀门全关时，另两个撞击块分别与另两个行程开关接触。当撞击块与行程开关接触时，发出声、光指示信号。

二、高压（EH）供油系统

由于汽轮机的蒸汽参数提高、功率增大，蒸汽作用在主汽阀和调节汽阀上的力相应增大，开启阀门所需的提升力也越来越大，因此，必须提高压力油的油压以增加油动机的提升力，减小油动机尺寸，改善调节系统的动态特性。但压力油油压提高，泄漏的可能性增大，容易引起火灾，所以多数大型机组的调节系统采用抗燃油。高压抗燃油是三芳基磷酸酯型的合成油，其自燃点在560℃以上，正常工作温度为20～60℃，具有良好的抗燃性能和稳定性，因而在事故情况下若有高压动力油泄漏到高温部件上时，发生火灾的可能性大大降低。但由于高压抗燃油润滑性能差，且有一定的毒性和腐蚀性，不宜在润滑油系统内使用，因而单独设置高压抗燃油的供油系统。

高压供油系统的主要任务是提供高压抗燃油，并由它来驱动电液伺服执行机构。高压供油系统由供油装置、抗燃油再生装置、自循环滤油系统、自循环冷却系统及油管路等组成。图3-38为某600MW超临界机组高压供油系统图。

在图3-38中，供油装置设两路独立的泵组，既可以同时工作，又可以单独运行。正常运行时，一台油泵工作，另一台油泵备用。当由于某种原因系统压力偏低时，通过压力控制器使备用油泵投入工作，以满足系统对压力和流量的需要。两高压泵的出口管上连接有卸载阀，高压供油母管（HP）上连接有高压蓄能器和弹簧式溢流安全阀。系统的设计工作油压力为（14.0±0.5）MPa，允许正常工作压力设置为11.0～15.0MPa。当高压供油母管压力达到（17.0±0.2）MPa时，弹簧式溢流安全阀动作，使系统不至于承受过高的油压冲击，起过压保护作用。

各执行机构的回油通过低压回油母管（DP），先经过一个1μm的回油滤油器，然后通过冷油器回到油箱。在低压回油母管上，接低压蓄能器，以减小回油压力波动。在有压力回油管路上安装一个弹簧加载止回阀，当因回油流量波动（如系统快速关闭）或滤网堵塞，致使回油压力超过0.24MPa时，使回油直接通过该阀回到油箱，以降低回油压力，避免回油过滤器的损坏。回油过滤器装在油箱旁边的压力回油管路上，为了便于调换滤芯，在回油过

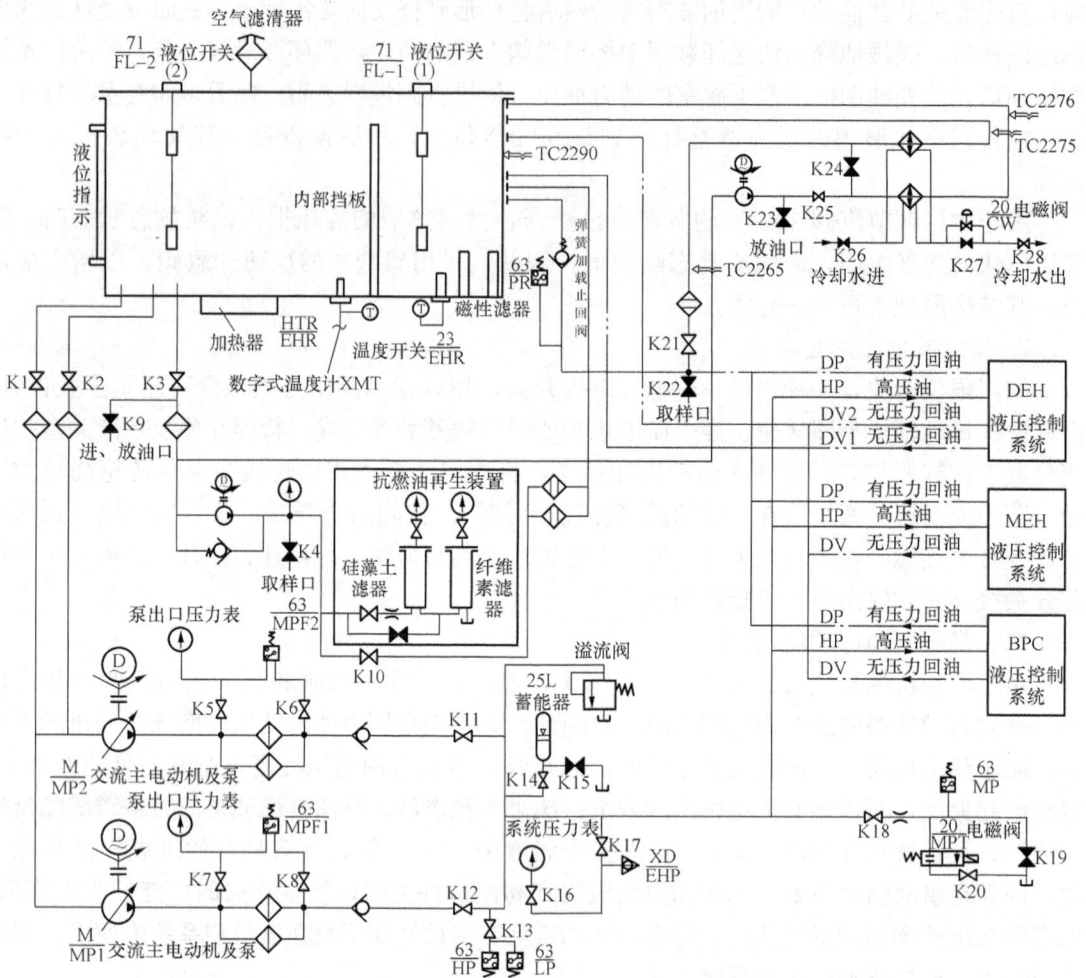

图 3-38 某 600MW 超临界机组高压供油系统图

滤器外壳上装有一个可拆卸的盖板。回油过滤器后面的有压力回油管路上布置冷油器，用以冷却从系统返回的油液，另有一台冷油器装在自循环冷却—滤油系统中。

除此之外，高压供油系统设有自成体系的冷却—滤油系统，配置专门的循环泵将油从油箱中吸出，进行过滤和冷却后，再返回油箱。即使液压控制系统不工作，油液的冷却和过滤也可进行。同时，系统还设置油再生泵组，可按油液质量需要随时投入再生装置，以改进油液的品质。

（一）供油装置

如图 3-38 和图 3-39 所示，供油装置主要由油箱、电动柱塞油泵、控制块、卸荷阀、滤油器、磁性过滤器、溢流阀、蓄能器、抗燃油加热器、ER 端子箱和一些对油压、油温、油位进行报警、指示和控制的标准设备所组成。它的主要功能是提供执行机构所需要的液压油及压力，同时保持液压油的正常理化特性和运行特性。

1. 油箱

油箱的设计容量应满足 1 台汽轮机和 2 台给水泵汽轮机控制系统的正常控制用油。由于

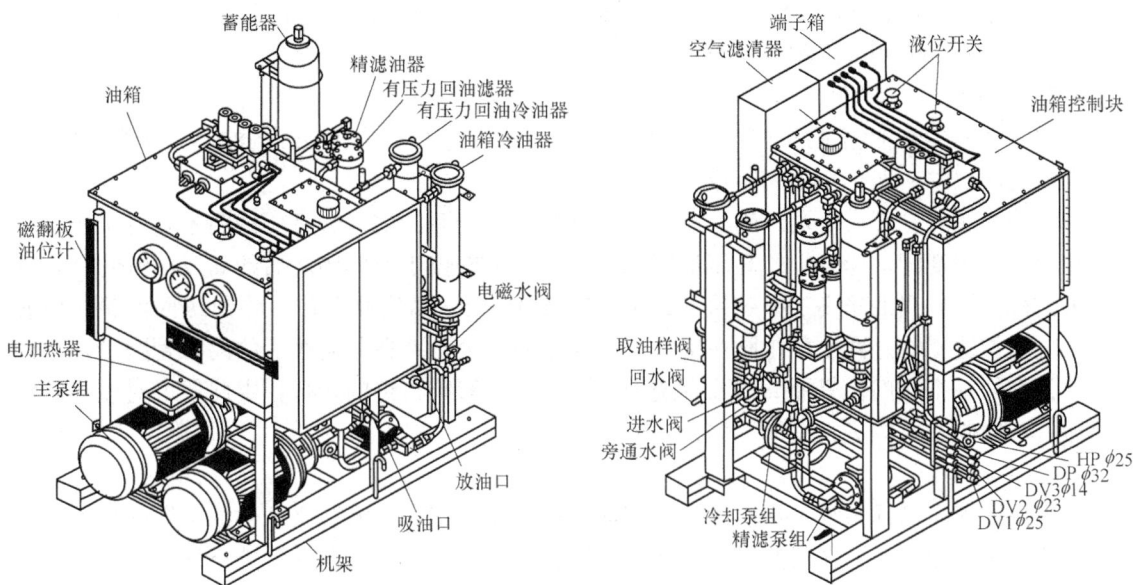

图 3-39　高压供油系统的供油装置

抗燃油有一定的腐蚀性，油箱全部采用不锈钢板（1Cr18Ni9Ti 或 1Cr18Ni9）焊接而成，并设有人孔板，供维修清洁油箱时用。

　　油箱板上装有油位报警和低油位遮断信号液位开关、空气滤清器（过滤空气以确保油系统的清洁度）、控制块组件等液压元件。油箱中还插有三个磁性棒（磁性滤油器），用以吸附油箱中游离的磁性微粒。油箱侧面装有磁翻柱式液位计，油箱底部有一个手动泄放阀，以泄放油箱中的抗燃油；还装有一组电加热器，用于在油箱油温低于20℃时加热抗燃油。

　　2. 油泵

　　考虑系统工作的稳定性和特殊性，采用由交流电动机驱动的高压变量柱塞泵（流量可变）。泵组根据系统所需流量自行调整，以保证系统的压力不变。采用变量式液压能源，减轻了蓄能器的负担，也减轻了间歇式供油特有的液压冲击，同时，变量式液压泵也有利于节能。

　　油泵启动后，以全流量向调节保护系统供油，同时也给蓄能器充油。当油压达到系统的整定压力 14.5MPa 时，高压油推动恒压泵上的控制阀，控制阀操作泵的变量机构，使泵的输出流量减少。当泵的输出流量和系统用油流量相等时，泵的变量机构维持在某一位置；当系统需要增加或减少用油量时，泵会自动改变输出流

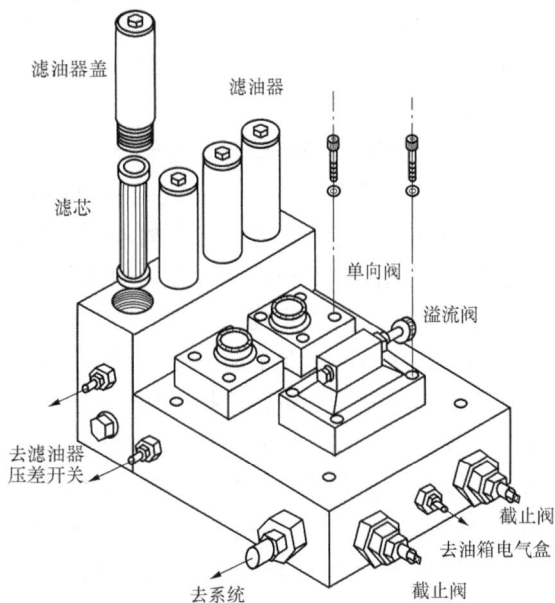

图 3-40　控制块示意图

量，维持系统油压在 14.5MPa；当系统瞬间用油量很大时，蓄能器将参与供油。油泵出口的压力可在 0～21MPa 之间任意设置。

3. 控制块

控制块安装在油箱顶部或侧面。如图 3-40 所示，它由四个 10μm 的滤芯、两个单向阀、一个溢流阀部件、两个截止阀组成。

每个滤芯均分开安装及封闭，两个单向阀装在每个泵的出口侧高压油路中，可防止油泵在卸载或备用期间，母管中的高压油回流。一个溢流阀位于单向阀之后的高压油母管中，它用来监视油压，当油压高于整定值（17±0.2）MPa 时，溢流阀动作，将油送回油箱，以确保系统正常地工作。两个截止阀在正常工况时全开，分别装在单向阀后的高压管路上，手动关闭其中的一个阀门，只隔离双泵系统中的一路，不影响机组的运行，由此便可对该路的滤油器、单向阀及泵等进行在线维修或更换。

4. 蓄能器

为保证高压供油系统工作油压，维持油动机的正常工作，需在高压供油系统中配置一定数量的高压蓄能器，并在回油管路上装设低压蓄能器。高压蓄能器的理论充气压力整定值为 8.6～9.8MPa，低压蓄能器的理论充气压力整定值约为 0.2MPa。

高压蓄能器可采用活塞式蓄能器或球胆式蓄能器。活塞式高压蓄能器的结构如图 3-41 所示，它实际上是一个有自由浮动活塞的油缸。活塞的上部是气室，下部是油室，油室与高压供油母管相通，为了防止泄漏，活塞上装有密封圈。蓄能器的气室充以干燥的氮气，充气时用隔离阀将蓄能器与系统隔绝，然后打开其回油阀排油，使油室压力为 0，此时从蓄能器顶部气阀充气，活塞落到下限位置。机组运行时，蓄能器中的气压与系统中的油压相平衡，不会发生气体泄漏。但停机时，因系统中无油压，会发生一定的漏气，当气室压力小于一定值时，需要再次充气。在执行机构动作而油泵又没有连续向高压供油母管输油的情况下，蓄能器的储油借助气体膨胀被活塞压入母管，以保证执行机构动作需油量及所需的动作油压。当母管油压达到系统整定压力 14.5MPa 时，卸荷阀动作使高压油处于卸荷状态工作，无压力油送入母管，这时活塞式蓄能器的气室压力也是 14.5MPa，用以维持系统的油压和补充系统的用油量。

低压蓄能器通常采用球胆式蓄能器，其结构如图 3-42 所示。丁基橡胶制成的球胆装在不锈钢壳体内，通过壳体上的充气阀可以向球胆内充入干燥的氮气。壳体下端接压力回油管，球胆将气室与油室分开，起隔离油气的作用。由于丁基橡胶球胆可以随氮气的压缩或膨胀任意变形，因此使低压蓄能器在回油管路上起调压室的缓冲作用，减小回油管中的压力波动。当球胆中氮气压力降到一定值时，必须再充气。

一般在高压供油母管上布置 6 个高压蓄能器，其中 2 个布置在油箱控制块上方，吸收泵出口压力的高频脉动分量，维持油压平稳；另外 4 个分别放置在汽轮机左、右两侧调节汽阀旁的两个支架上，在某段时间将油泵输出的液压能储存起来，短期地或周期性地向执行机构输送压力油，补充系统内的漏油消耗或用作应急的动力源。每个蓄能器均通过单独的高压截止阀与高压油母管相连。一般在油动机回油管上布置 4 个低压蓄能器，每个蓄能器通过截止阀与回油管相接，并通过截止阀与无压回油管相连，以缓解油动机快关时产生的压力冲击。当蓄能器需要在线维修或更换时，只需关闭蓄能器进口截止阀，然后打开其常闭回油截止阀，排出存油后，可进行维修或拆下蓄能器。

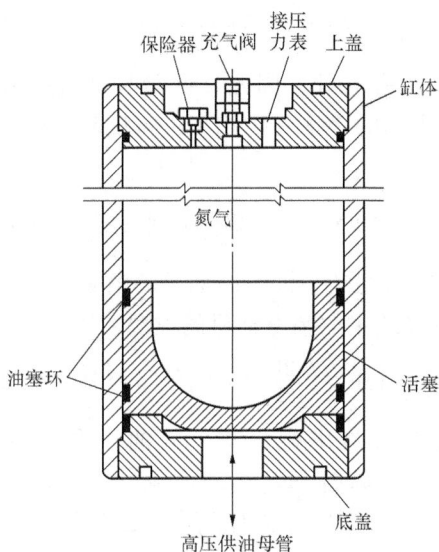

图 3-41　活塞式高压蓄能器的结构

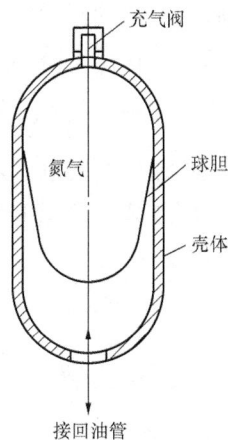

图 3-42　低压蓄能器的结构

5. 电器箱（ER 端子箱）

在图 3-38 中，电器箱内装有接线端子排及以下各压力开关组件：

（1）压差开关 $\left(\dfrac{63}{\text{MPF1}}、\dfrac{63}{\text{MPF2}}\right)$ 分别指示两油泵出口的高压过滤器进、出口侧的压差。当压差达到 0.24MPa 时，触点开关动作报警，表示此滤油器被堵塞，需要清洗或更换。

（2）回油压力开关 $\left(\dfrac{63}{\text{PR}}\right)$ 感受有压力回油管路中油压过高（例如回油滤芯堵塞），当压力增加到 0.24MPa 时，接点闭合，可提供报警信号，并打开回油滤芯的旁路阀。

（3）连锁压力开关 $\left(\dfrac{63}{\text{MP}}\right)$ 感受母管油压过低信号，当压力低至（11.2±0.2）MPa 时，接点闭合，提供启动备用油泵信号。

（4）压力油压高开关 $\left(\dfrac{63}{\text{HP}}\right)$ 感受母管油压过高信号，当压力高到（16.2±0.05）MPa 时，接点闭合，提供报警信号。

（5）油压低压力开关 $\left(\dfrac{63}{\text{LP}}\right)$ 感受母管油压过低信号，当压力低到（11.2±0.2）MPa 时。接点闭合，提供报警信号；当母管油压降至 9.99MPa，$\dfrac{63}{\text{LP}}$ 再次发出油压低的报警信号；当母管油压降至 9.31MPa，$\dfrac{63}{\text{LP}}$ 发出汽轮机跳闸信号。

（6）母管油压传感器 $\left(\dfrac{\text{XD}}{\text{EHP}}\right)$ 将 0～21MPa 的压力信号转换成 4～20mA 的电流信号，此信号可驱动一个记录仪；或者送到电厂计算机去，以监视 EH 油压；也可将信号送给装在控制室中的压力指示器。

（7）试验电磁阀 $\left(\dfrac{20}{\text{MPT}}\right)$ 可对备用油泵启动开关 $\left(\dfrac{63}{\text{MP}}\right)$ 进行遥控试验。当电磁阀动作时，

就使高压工作油路泄油。随着压力的降低，备用油泵压力开关$\left(\dfrac{63}{MP}\right)$触点翻转使备用油泵启动。此电磁阀以及压力开关与高压油母管用节流孔隔开，因此，试验时母管压力不会受影响。备用油泵启动开关的试验还可以通过打开现场的手动常闭阀来进行试验，此常闭阀和电磁阀及压力开关均装在端子箱内。

（8）压力式温度开关$\left(\dfrac{23}{HER}\right)$整定在 20℃。在连锁状态，当油箱油温低于 20℃时，此温度开关可用作控制加热器通电，对油箱加热，同时切断主油泵电动机的电源，并启动循环油泵。当油箱油温超过 20℃时，停加热器，同时接通主油泵电动机的电源。

（9）测温开关$\left(\dfrac{20}{CW}\right)$来的信号控制一个继电器，再由该继电器操作电磁水阀，当油箱温度超过上限值 56℃时电磁水阀打开，冷却水流过冷油器，当油温降到下限值 37℃时电磁水阀关闭，冷油器停止工作。

（10）浮子型液位报警开关$\left(\dfrac{71}{FL-1}、\dfrac{71}{FL-2}\right)$安装在油箱顶部。当液位改变时，浮子推动微动开关，便能提供高、低油位报警信号；在极限低油位时，提供遮断开关动作信号（停 EH 主油泵）。

（二）抗燃油再生装置

抗燃油再生装置是保证液压控制系统油质合格的必不可少部分，当油液的清洁度、含水量和酸值不负荷要求时，应启动再生装置，以改善油质。如图 3-43 所示，抗燃油再生装置主要由硅藻土过滤器和波纹纤维过滤器（精密过滤器）等组成，其作用是储存吸附剂和使抗燃油得到再生，使油保持中性并去除水分等。硅藻土过滤器用以调节三芳基磷酸脂抗燃油的理化特性，及时除去水分并降低抗燃油的酸值；波纹纤维过滤器用以对抗燃油中的颗粒物进行过滤。每个过滤器的外壳上均装有压差指示器，当过滤器滤芯的污染程度达到设计值时，压差指示器发出报警信号，表明滤芯需要更换。关闭相应阀门，打开过滤器壳体上盖，即可调换滤芯。

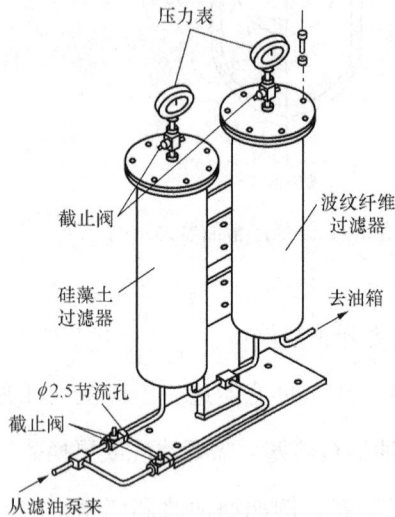

图 3-43　抗燃油再生装置

（三）自循环冷却—滤油系统

高压供油系统除正常的系统回油冷却和滤油外，还增设电动循环油泵、冷油器和过滤器等设备，组成一个独立的自循环冷却—滤油系统，实现在线油循环，以确保油温能控制在正常范围内，并保证抗燃油的质量。机组正常运行时，系统的流量较小，滤油效率较低，因此，经过一段时间的机组运行以后，抗燃油的品质会变差，而要达到油质的要求则必须停机，重新进行油循环。为了不影响机组的正常运行，保证油系统的清洁度，可启动循环油泵从油箱内吸入抗燃油，经过并联布置的过滤器后回油箱。停机后或启动前也可进行该项操作。循环油泵可以由温度开关$\left(\dfrac{23}{CW}\right)$控制，也可以由人工控制启动或停止。冷油器的冷却水流量由电磁阀控制。在非正常工况（例如：环境温度过高等）下工作时，油箱油温能控制在正常的工作温度范围之内。

三、高压供油系统的运行维护

（一）高压油泵的启动

如果高压供油系统在环境温度较低的场合下启动，油温低于20℃时，系统受电后，投入温度控制装置，自动启动油加热器。在低于20℃时，高压油泵被闭锁，不能启动运行。在油温高于20℃，运行人员在集控室操作台上启动一台高压油泵A。待A泵正常运行时，操作备用泵试验电磁阀，使其带电动作，此时另一台油泵B连锁启动，然后备用泵试验电磁阀断电，停油泵A，置于备用状态。用以上同样方法作油泵A连锁启动。油泵互备用连锁试验完成后，选择一台油泵（A或B）运行，检查供油系统运行正常。

在运行时，运行人员应每隔1h记录高压供油系统的运行参数。以某600MW超临界机组高压供油系统为例，其运行参数记录如表3-1所示。表中某些参数的说明如下：

表 3-1　　　　　　　　某 600MW 超临界机组高压供油系统运行参数记录

	参数名称	工作范围	记录		参数名称	工作范围	记录
高压供油系统	供油母管油压	(14.0±0.5) MPa		汽轮机油系统	系统油压	0.8～1.0MPa	
	工作油压	(14.0±0.5) MPa			泵出口油压	>0.28MPa	
	泵出口油压	(13.4±1.1) MPa					
	油箱油位	500～730mm			油箱油位	油箱中心线以上300mm	
	油箱油温	35～60℃			油箱油温	45～55℃	
	系统漏油情况	无			系统漏油情况	无	
	过滤器压降 p_3	<0.24MPa			薄膜阀上腔油压	0.8～1.0MPa	
	过滤器压降 p_4	<0.24MPa					

（1）供油母管油压。该油压可从两个地方读得，一是供油系统油压表，二是集控室CRT上。此信号是压力变送器 $\dfrac{XD}{EHP}$ 采集而来，它是供油系统的重要参数之一。如果供油母管油压低于一定值，油动机的提升力不能开启进汽阀，汽轮机必须跳闸停机。油压高是指供油母管油压达到17MPa以上。由于溢流阀的排油不通过冷油器，如果长时间处于高油压溢流工况，不仅油泵的耗功增大，而且油温也会急剧升高，造成油质变坏或在高压下使油泵损坏。油管破裂、高压蓄能器破裂、油泵泄漏过大或损坏、油温过低、高压蓄能器回油截止阀没关以及溢流阀没调整好或卡死等原因会造成供油母管油压高或低。

（2）高压油泵出口油压。从供油装置面板的压力表上可以看出A泵或B泵的工作压力。考虑油泵出口过滤器压差及油路损失，泵出口油压高于母管压。如果过滤器被堵将使油泵出口油压和母管油压之差增大，泵出口压力升高，超过泵的许可工作压力会造成系统油温升高和泵的损坏。

（3）油箱油位。油箱油位表示油箱内储油多少。当油位低于一定值时（从油箱底部以上读取），油泵吸入口滤网露出液面，泵将吸入空气，油泵将产生气蚀、系统压力不稳定或建立不起来压力，造成油压低跳闸，故在此油位下系统不能工作。正常工作情况时，油泵向蓄能器及管路充油，此时油箱油位下降；停泵后蓄能器放油及部分管路内的油液返回油箱，此时油箱油位升高。再生装置的波纹纤维过滤器放气，也将使油位下降。正常无漏油情况下，1个月内油位下降不会超过 20mm。油位不正常下降的原因有高压蓄能器内胆漏气及油系统外泄漏等。

（4）油箱油温。油箱油温能反映系统是否正常工作。如油温低于 20℃时，油泵不能启动；油温高于 60℃时，抗燃油的酸值将升高，油质会变坏。引起油温升高的原因有因溢流阀卡死而导致溢流、冷却水温过高、冷却水电磁阀控制开关失灵、冷却水进/出水截止阀没开以及冷却水控制电路故障等。

（二）高压供油系统漏油情况

高压供油系统漏油包括 EH 油管断裂喷油、焊缝漏油及各部件安装面漏油。一旦发生漏油，将导致系统油压下降、油箱油位不正常下降。喷油是液压伺服系统常见故障，喷出的抗燃油造成环境污染，油溅在保温层上应及时铲除，更换保温层，否则会被腐蚀或造成火灾。油溅在电缆、非金属材料或油漆部件上要及时擦干净，否则会被腐蚀，造成大批电缆短路。巡检人员应特别注意系统的漏油情况，一旦发现漏油，应用油盘接好漏下来的油，并查明原因。喷油事故发生时，应紧急按下供油装置附近的停泵按钮或集控室连锁和停泵开关。

任务验收

（1）分析国产某 600MW 机组高、中压主汽阀及调节汽阀的动作过程。
（2）分析快速卸载阀的动作过程。
（3）识读国产某 600MW 机组高压供油系统图。

任务四　汽轮机保护系统的遮断

【任务描述】

从汽轮机保护系统的两大组成部分高压保安系统和低压保安系统的角度，分析保护系统的遮断过程。以某 600MW 机组的高压保安系统为例，分析危急遮断控制块（AST 和 OPC 电磁阀）的遮断过程和隔膜阀的动作原理。以某 600MW 机组的低压保安系统为例，分析低压保安系统的主要功能，认识低压保安系统的主要部套。

能力目标

（1）能识读大型机组的电气危急遮断系统图。
（2）会分析电气危急遮断系统的遮断过程。
（3）能识读大型机组的低压保安系统图。
（4）会分析机械危急遮断系统的遮断过程。

任务实施

为了防止汽轮机在运行中发生重大损伤事故，除了要求调节系统动作可靠以外，机组还必须配置完善的自动保护系统。保护系统的作用是对主要运行参数、转速、轴向位移、真空、油压及振动等进行监视，当这些参数超过一定范围时，保护系统动作，汽轮机降负荷或停止运行。因此，汽轮机的保护可分为预防性保护和危急遮断保护两大类。预防性保护包括监视参数越限报警、备用辅机切换及运行工况改变等功能；危急遮断保护用于在异常情况下能自动或手动紧急停机，以保护设备和人身安全。危急遮断保护系统以隔膜阀为分界点（300、600MW 机组），压力较低的部分（汽轮机油压为 1.96MPa）为低压保安系统，压力较高的部分（油压达到 14MPa）为高压保安系统，即 DEH 系统中的 ETS 部分。

一、高压保安系统

高压保安系统就是我们习惯所称的电气危急遮断系统（emergency trip system，简称 ETS）。这个系统的作用是：防止运行中因部分设备失常而导致汽轮机发生重大损失，快速关闭所有进汽阀门，实现紧急停机，以保护汽轮机的安全。机组监视的停机参数有如下各项：机组超速（电气超速 110%）、主蒸汽温度异常下降、凝汽器真空过低、轴承润滑油压力低、抗燃油压过低、油箱油位过低、机组轴向位移超限、汽轮机振动超限、转子偏心度超限、胀差超限、排汽温度超限、轴承润滑油温超限等，还提供一个可接所有外部遮断信号的遥控遮断接口。

某 600MW 超临界压力机组的电气危急遮断系统如图 3-44 所示。该系统的执行元件由

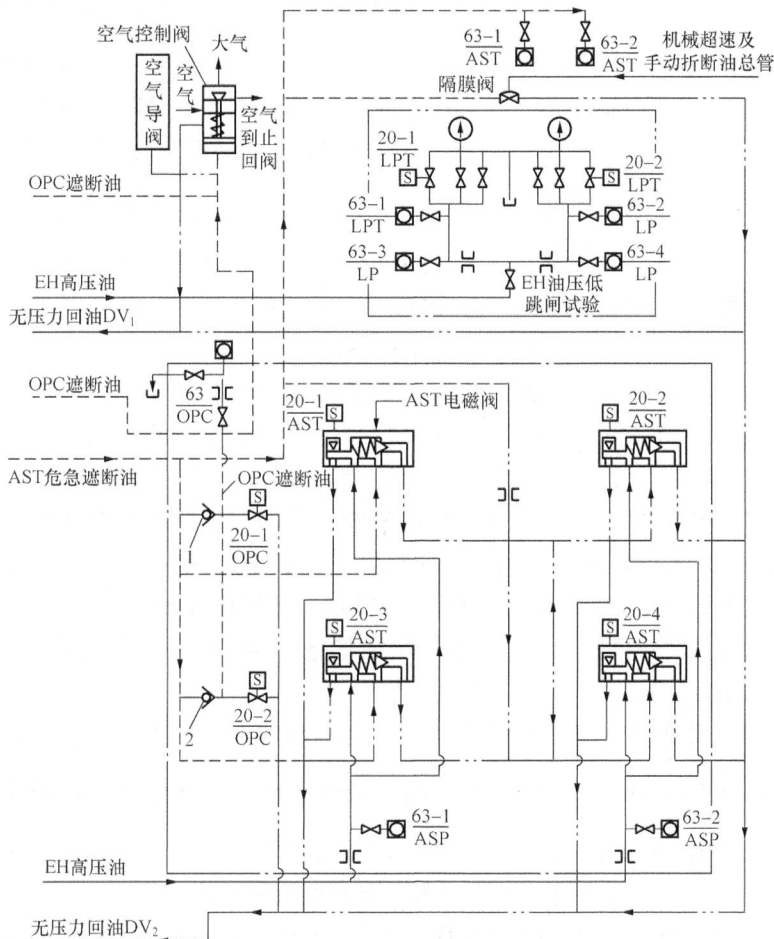

图 3-44　某 600MW 超临界机组的电气危急遮断系统

1、2—止回阀

一个带有四只自动停机遮断电磁阀$\left(\dfrac{20}{\text{AST}}\right)$和两只超速保护控制阀$\left(\dfrac{20}{\text{OPC}}\right)$的危急遮断控制块（也称电磁阀组件）、隔膜阀、两只止回阀以及压力开关等组成。

（一）危急遮断控制块

危急遮断控制块的主要功能是为自动停机危急遮断（AST）与超速保护控制（OPC）母管之间提供接口。控制块上装有6只电磁阀（4只AST电磁阀，2只OPC电磁阀），内部有两只止回阀，共同构成超速保护——危急遮断保护电磁阀组件，由DEH控制器的OPC部分和AST部分所控制。控制块内加工了必要的通道，以连接各元件。所有孔口为了连接内孔而必须钻通的通孔，都用螺塞塞住，每个螺塞都用"O"形圈密封。

1. AST电磁阀

AST电磁阀是将遮断保护装置发出的电气跳闸信号转换为液压信号的元件。AST电磁阀布置简图如图3-45所示，4只AST电磁阀$\left(\dfrac{20-1}{\text{AST}}\sim\dfrac{20-4}{\text{AST}}\right)$两两并联$\left(\dfrac{20-1}{\text{AST}}\text{和}\dfrac{20-3}{\text{AST}}、\dfrac{20-2}{\text{AST}}\text{和}\dfrac{20-4}{\text{AST}}\right)$，再串联组合在一起。这种串并联混合布置，可避免电磁阀误动作和拒动作，提高系统的可靠性，并可进行在线试验。每一项电气跳闸信号同时引入4只AST电磁阀的断电继电器，两个并联电磁阀组$\left(\dfrac{20-1}{\text{AST}}\text{和}\dfrac{20-3}{\text{AST}}\text{或}\dfrac{20-2}{\text{AST}}\text{和}\dfrac{20-4}{\text{AST}}\right)$中至少各有一个电磁阀动作，才可以将AST母管中的压力油泄去，使各进汽阀关闭，进而保证汽轮机的安全。在复位时，两组电磁阀中至少要有一组关闭，AST母管中才可以建立起油压，使汽轮机具备启动的条件。

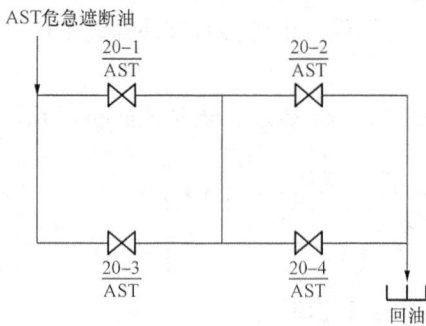

图3-45　AST电磁阀布置简图

4只串并联布置的AST电磁阀由危急跳闸装置（ETS）电气信号所控制，正常运行时这四只AST电磁阀通电关闭，封闭危急遮断母管的泄油通道，使主汽阀和调节汽阀执行机构油动机的活塞下腔建立油压。当机组发生危急情况时，任意一个EST（跳闸）信号输出，这4号电磁阀失电被打开，使AST母管的油液经无压回油管路排至EH油箱。这样主汽阀和调节汽阀执行机构上的快速卸载阀就快速打开，使各个进汽阀快速关闭，机组事故停机。分组一个一个地进行AST电磁阀在线试验。试验前一组电磁阀时，该电磁阀动作后，阀后油压等于危急遮断油压；试验后一组电磁阀时，该电磁阀动作后，阀后油压等于回油油压。

2. OPC电磁阀

OPC电磁阀是防止严重超速的保护装置，也称超速保护电磁阀。2只超速保护电磁阀$\left(\dfrac{20-1}{\text{OPC}}、\dfrac{20-2}{\text{OPC}}\right)$并联布置，通过两个止回阀和危急遮断油路相连接。这种并联布置，即使一路拒动，另一路仍可动作，提高了系统的可靠性。另外，还可以进行在线试验，即对1个回路进行在线试验时，另一路仍有保护功能，以避免保护系统失控。

正常运行时两个OPC电磁阀断电常闭，封闭OPC母管的泄油通道，使高、中压调节汽阀油动机活塞的下腔建立油压。当出现下列情况时，OPC电磁阀通电打开，并报警。

（1）转速超过103%的额定转速（3090r/min）时。

（2）甩负荷时，中压缸排汽压力仍大于额定负荷的 15％对应的压力时。

（3）转速加速度大于某一值时。

（4）发电机负荷突降，发电机功率小于汽轮机功率一定值时。

此时，使两只 OPC 电磁阀通电被打开，OPC 母管油液经无压回油管路排至油箱。各调节汽阀执行机构上的快速卸载阀快速开启，使各高、中压调节汽阀关闭；同时，使空气引导阀打开，各回热抽汽的气动止回阀迅速关闭，延时 2s，OPC 电磁阀断电，OPC 母管油压恢复，高、中压调节汽阀重新开启。需要着重指出的是，OPC 保护从本质上来说是一种预保护，保护动作时并不脱扣汽轮机，而是切除功率给定，转为转速控制，如果条件允许，可以马上并网、升负荷。

（二）止回阀（单向阀）

两只止回阀安装在自动停机危急遮断（AST）油路和超速保护控制（OPC）油路之间，当 OPC 电磁阀通电打开，止回阀维持 AST 的油压，使主汽阀和再热主汽阀保持全开。当转速降到额定转速，OPC 电磁阀失电关闭，调节汽阀和再热调节汽阀重新打开，从而由调节汽阀来控制转速，使机组维持在额定转速。当 AST 电磁阀动作，AST 油路油压下跌，OPC油路通过两个止回阀油压也下跌，将关闭所有的进汽阀而停机。

（三）隔膜阀

隔膜阀也称薄膜阀，它连接低压保安油（汽轮机油）系统与高压保安油（EH 油）系统，并将两种油路隔开。其作用是当低压保安油系统的压力降到不允许的程度时，通过高压保安油系统遮断汽轮机。

隔膜阀装在前轴承座侧面，隔膜阀原理图如图 3-46 所示。当机组正常运行时，低压保安油通入阀盖内隔膜（或活塞）上面的腔室中，克服了弹簧力，使隔膜阀保持在关闭位置，堵住 AST 母管通向回油的通道，使高、中压主汽阀和高、中压调节汽阀执行机构的油动机下腔室建立油压，各执行机构正常工作。当汽轮机发生转速飞升，使机械式危急遮断器动作或手动前轴承箱侧危急遮断阀时，低压危急遮断油母管泄油，隔膜阀在弹簧力的作用下打开，使 AST 油母管泄油，可通过快速卸载阀使高、中压主汽阀和高、中压调节汽阀关闭，强迫汽轮机停机。

二、低压保安系统

图 3-47 为某 300MW 机组的低压保安系统，它由危急遮断器、危急器遮断滑阀、危急遮断器杠杆、低压遮断集成块、危急遮断器试验阀组、手动遮断阀、复位阀组件等组成。

润滑油分四路进入低压保安系统，第一路经低压遮断集成块进入危急器遮断滑阀下腔室，接受低压遮断集成块中电磁阀和手动遮断阀的控制；

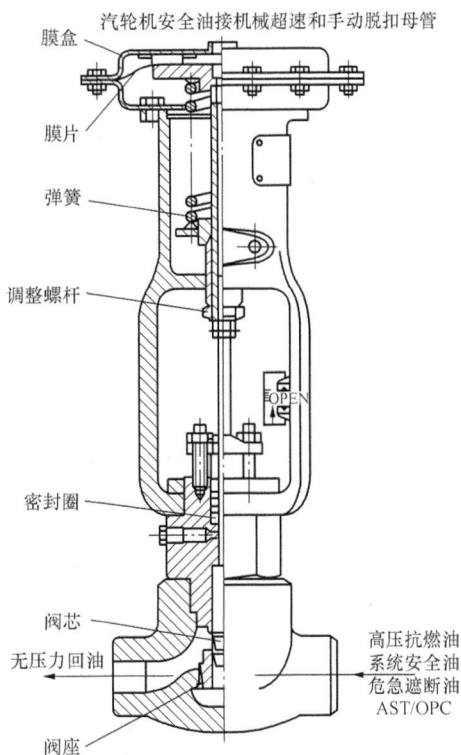

图 3-46　隔膜阀原理图

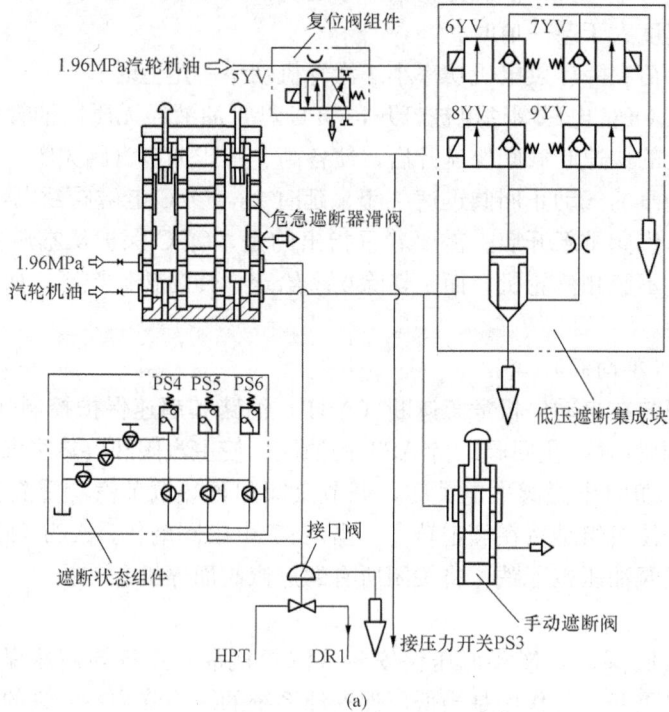

(a)

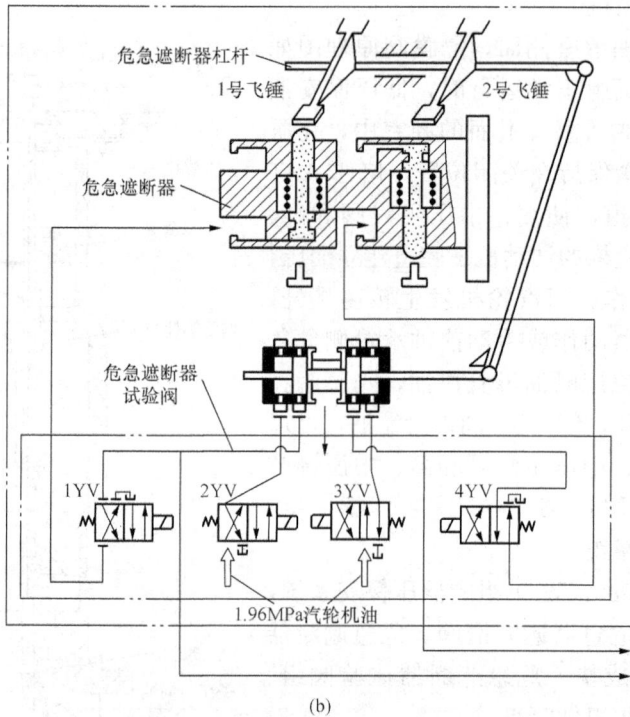

(b)

图 3-47　某 300MW 机组的低压保安系统

(a) 低压保安系统主要部套；(b) 危急遮断器试验原理

第二路经复位电磁阀（设在复位阀组件中），进入危急遮断器滑阀上腔室，接受复位电磁阀控制；第三路经节流孔进入隔膜阀上部形成低压保安油，接受危急遮断器滑阀的控制；第四路进入危急遮断器试验阀组，并受其控制。

（一）低压保安系统的主要功能

1. 挂闸

系统设置了复位阀组件，其中的复位电磁阀供挂闸用。挂闸过程为：按下挂闸按钮（设在 DEH 操作盘上），复位电磁阀带电动作，泄掉危急遮断器滑阀上腔室的压力油，危急遮断器在其底部油压力的作用下上升到上止点，将低压保安油的排油口堵住，建立低压保安油。当遮断状态组件检测到低压保安油已建立后，向 DEH 发出信号，使复位电磁阀失电，通往危急遮断器滑阀上腔室的油管压力恢复，监视压力开关 PS3（设置在压力开关集成块上），检测到该油压信号后向 DEH 发出信号，则挂闸过程完成。

2. 遮断

从可靠性角度考虑，低压保安系统设置电气停机、机械超速保护及手动停机三种冗余的遮断手段。

（1）电气停机。机组监视的电气停机参数有凝汽器真空低、润滑油压低及轴向位移大等，此功能由低压遮断集成块完成。低压遮断集成块由 4 个先并联后串联的电磁阀和 1 个卸荷阀组成，控制着危急遮断器滑阀下腔室的油压。该系统一旦接到电气停机信号，4 个电磁阀（6YV、7YV、8YV、9YV 中分别有一个电磁阀动作即可）带电动作，泄掉卸荷阀上部油压，则卸荷阀打开，泄掉危急遮断器滑阀下腔室油压，使其掉闸。进而泄掉隔膜阀上部低压保安油，使隔膜阀打开，泄掉高压保安油，快速关闭各主汽阀和调节汽阀，遮断机组进汽。

（2）机械超速保护。此功能由危急遮断器、危急遮断器杠杆及危急遮断器滑阀完成。当转速达到危急遮断器设定值时，危急遮断器的飞锤飞出，打击危急遮断器杠杆，使危急遮断器滑阀掉闸，泄掉隔膜阀上部的低压保安油，使隔膜阀打开，泄掉高压保安油，快速关闭各进汽阀，遮断机组进汽。

（3）手动停机。系统在机头设有手动遮断阀，为机组提供紧急状态下人为遮断机组的手段，它控制的是危急遮断器滑阀下腔室油压。运行人员在机组紧急状态下，按下手动遮断阀按钮，使危急遮断器滑阀掉闸，泄掉低压保安油，并将隔膜阀打开，泄掉高压保安油，快速关闭各进汽阀，遮断机组进汽。

（二）低压保安系统的主要部套

1. 危急遮断器

危急遮断器是超速保护的关键部套，按其撞击子的结构特点可分为飞锤式和飞环式。

飞锤式危急遮断器的结构如图 3-48 所示。它安装在汽轮机转子延长轴的径向通孔内，主要由飞锤、压缩弹簧、调整螺母等组成。飞锤与汽轮机转轴垂直，一端用定位螺塞固定，另一端用调整螺母压紧压缩弹簧，飞锤被压缩弹簧压向定位螺塞，其重心与转子旋转轴中心 O 偏离一定的距离 r_0，故又称偏心飞锤。

正常转速下，飞锤的不平衡离心力小于弹簧的压力，飞锤保持与定位螺塞接触。此时，危急遮断器控制的危急遮断器滑阀关低压保安油的泄油口，低压保安油压正常。当汽轮机工作转速达额定转速的 $110\% \sim 112\%$ 时（即危急遮断器的动作转速），飞锤的不平衡离心力增大到略超过弹簧的约束力，飞锤动作，迅速向外飞出。随着飞锤向外飞出，飞锤的偏心距增大，其不平衡离心力相应不断增大；同时，弹簧的压缩增加，弹簧力也随之增加。由于离心力的增大速度大于弹簧力的增大速度，所以飞锤一经飞出，就一直走完全程，达到极限位置（碰到凸肩 F，此时偏心距为 $r_0 + \Delta r_{max}$），继而打击危急遮断器杠杆，使危急遮断阀掉闸，接通低压保安油的排油口，低压保安油快速泄掉，使隔膜阀迅速打开，高压油系统中的AST母管泄油，从而关闭所有主汽阀及调节汽阀，机组紧急停机。

随着汽轮机转速因汽源切断而降低，飞锤离心力减小，当转速降到飞锤离心力小于弹簧约束力时，飞锤开始回复。随着飞锤回复，偏心距减小，离心力和弹簧力同时减小，但离心力的减小速度大于弹簧力，弹簧力超出离心力的部分不断增大，所以飞锤一旦回复，便一直运动到原来的位置。飞锤回复时的转速称为危急遮断器的复位转速（3050r/min），但危急遮断滑阀不能自动复位。

飞环式危急遮断器的工作原理与飞锤式相同，其结构如图3-49所示。偏心式飞环套在短轴上，当汽轮机转速升高到略大于动作转速时，偏心飞环所受的离心力大于弹簧力，飞环向外飞出。

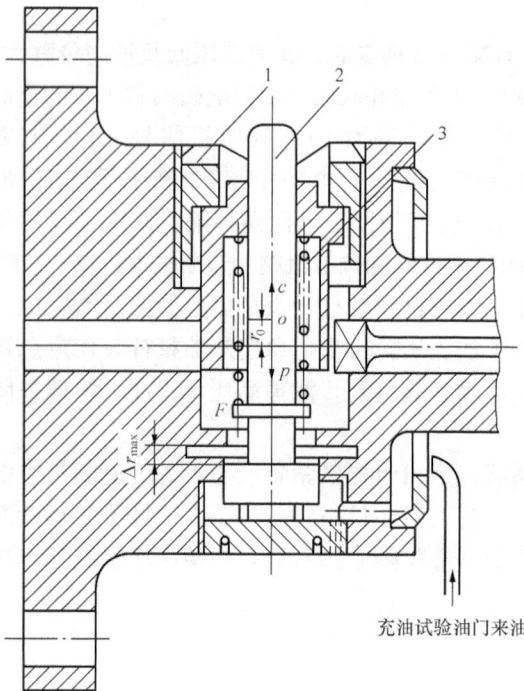

充油试验油门来油

图3-48 飞锤式危急遮断器的结构
1—调整螺帽；2—偏心飞锤；3—压缩弹簧

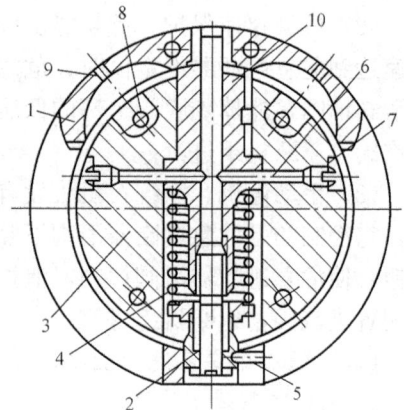

图3-49 飞环式危急遮断器
1—飞环；2—调整螺帽；3—主轴；4—弹簧；
5、7—螺钉；6—圆柱销；7—油孔；
8—排油孔；9—套筒

2. 危急遮断器滑阀

危急遮断器滑阀是低压保安系统中控制低压保安油压的泄油阀，安装在前轴承箱内，它主要由大滑阀、小滑阀及弹簧等组成。低压部分的遮断信号（包括电气、机械及手动）都必须通过危急遮断器滑阀掉闸后，泄掉低压保安油，从而使隔膜阀打开，泄掉高压保安油，遮断汽轮机。

在图 3-47 中，机组挂闸时，复位阀组件的电磁阀带电，泄掉大滑阀上部油压，大滑阀在上、下油压差的作用下移动到上止点，处于工作位置。1.96MPa 的汽轮机油经 $\phi 4$ 节流孔进入低压保安油路，因此时排油口被截断，故隔膜阀在油压作用下关闭；同时，通过遮断状态组件发出已建立低压安全油的信号，DEH 接收到该信号，使复位阀组件失电，1.96MPa 的汽轮机油通过节流孔进入危急遮断器滑阀上部，由于挂闸油压仅作用在大滑阀上部外边很小的环形面积上，其向下作用力小于向上作用力，所以大滑阀处于上限工作点位置。还有一路 1.96MPa 的汽轮机油进入低压遮断集成块，受低压集成块控制，当低压集成块电磁阀带电时，打开泄油通道，使危急遮断器滑阀掉闸，实施遮断。

当危急遮断器动作时，危急遮断器杠杆将小滑阀压下，压力油进入大滑阀上腔室。此时，大滑阀上部受到油压作用的面积大于下部腔室受到油压作用的面积，大滑阀向下落下，接通了低压安全油和排油口，低压安全油快速泄掉，隔膜阀打开，泄掉高压安全油，使主汽阀、调节汽阀迅速关闭，实现停机。

3. 危急遮断器杠杆

危急遮断器杠杆是安全保护系统中的重要元件之一，它在危急遮断器与危急遮断器滑阀之间起了传递信号的桥梁作用。在机组事故超速时，它能把危急遮断器撞击子（飞锤或飞环）击出的信号传给危急遮断器滑阀，实现停机；在机组正常运行时，为了做危急遮断器的某一撞击子的喷油击出试验，而且又不允许将撞击子的击出信号传给危急遮断器滑阀，这时它又起了隔离信号的作用。

4. 低压遮断集成块

如图 3-47 （a）右上部分所示，低压遮断集成块由 4 个电磁阀及 1 个卸荷阀组成，4 个电磁阀两两并联后再串联，两组中分别有 1 个电磁阀激励，就可以泄掉低压安全油，从而使汽轮机跳闸。为了保证低压遮断电磁阀动作可靠，要对它进行定期试验，该试验将引起汽轮机跳闸，因此，必须在汽轮机转速低于 100r/min 以下进行试验。

5. 危急遮断器试验阀

危急遮断器试验阀的作用是在机组额定转速时不实际提高转速，而试验危急遮断器撞击子动作情况，防止其卡涩。

如图 3-47 （b）下部分所示，进行飞锤喷油试验时，首先把喷油试验开关切至试验位置，然后选择飞锤，不能同时选择两个飞锤。若选择 1 号飞锤进行喷油试验时，2YV 电磁阀激励，靠油压作用使杠杆右移，右移成功后，DEH 发出信号，使 1YV 喷油电磁阀激励，1.96MPa 的汽轮机油通过喷油电磁阀注入飞锤，使飞锤飞出。由就地传感器检测飞锤是否飞出，若飞出，表明试验成功。然后，DEH 发出指令，使电磁阀 1YV、2YV 失电，恢复到试验前的状态。在做某一撞击子的击出试验时，另一个撞击子仍承担超速保护功能。试验过程中，如果发生汽轮机超速事故，危急遮断器仍能正确动作，紧急停机，确保汽轮机组的安全。

6. 手动遮断阀

如图 3-50 所示，手动遮断阀由罩子、弹簧、套筒、阀壳、按钮、法兰、轴及 DN20 管接头组成，安装在前轴承箱前。它的作用是在现场由运行人员手动停机。来油接危急遮断器滑阀下安全油，排油去前轴承箱。

手动遮断阀的动作过程是：用手将按钮按入前箱，使其达到极限点。A 油口打开，排油迅速泄至前轴承箱，危急遮断器滑阀动作，从而关闭主汽阀和调节汽阀，实现停机。操作完毕，轴在弹簧力的作用下，将恢复到初始位置，A 油口关闭。

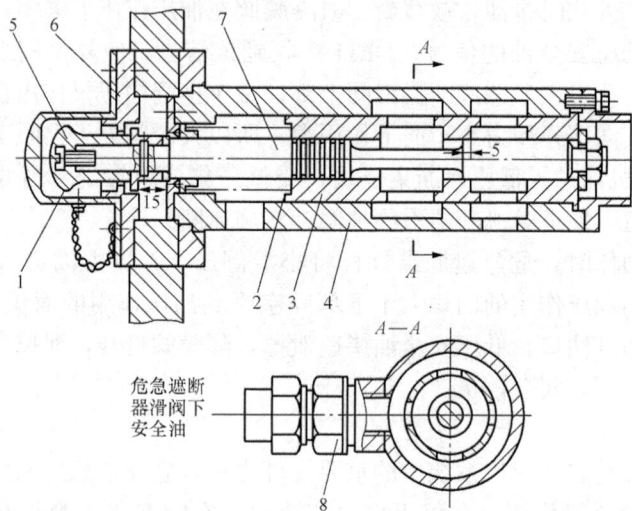

图 3-50 手动遮断阀

1—罩子；2—弹簧；3—套筒；4—阀壳；5—按钮；6—法兰；7—轴；8—接头

任务验收

（1）认识 ETS 系统的监控参数。

（2）分析 AST 电磁阀和 OPC 电磁阀的动作过程。

（3）认识低压保安系统的主要功能。

（4）识读国产某 300MW 机组的低压保安系统图。

（5）分析飞锤式危急遮断器及危急遮断滑阀的动作过程。

任务五 汽轮机供油系统的运行

【任务描述】

从汽轮机油供油系统的角度，明确供油系统的作用，认识其主要设备。重点分析润滑油系统和顶轴油系统的运行。

能力目标

（1）认识不同形式的主油泵，能对比分析主油泵、双并联射油器供油系统和主油泵、油涡轮增压泵供油系统的特点。

（2）能区分高压启动油泵、交流润滑油泵、直流事故油泵、氢密封备用油泵、顶轴油泵的不同功能。

（3）能识读大型机组的润滑油系统图和顶轴油系统图。

（4）能分析润滑油系统的运行原则。

任务实施

一、供油系统的作用

汽轮发电机组的供油系统对保证机组安全稳定运行至关重要，供油的任何瞬时中断，都将造成轴瓦乌金因中断冷却而熔化，使机组的转子失去支承，动、静部分严重磨损；调节系统断油，机组将失去控制。大型汽轮发电机组的供油系统既有采用汽轮机油作为润滑油和氢密封油、采用高压抗燃油作为调节用油的系统，也有都采用汽轮机油的系统。对于采用汽轮机油作为润滑油和氢密封油、采用高压抗燃油作为调节用油的系统，其润滑油系统和高压抗燃油系统完全独立；都采用汽轮机油的系统在原理上则与国产机组传统的油系统类似。独立的高压抗燃油系统已在本项目任务三中进行了详细分析，在此仅介绍均采用汽轮机油的供油系统。

供油系统的主要作用如下：

（1）向汽轮发电机组各轴承及传动机构提供润滑油。

（2）向盘车装置及顶轴装置等供油。

（3）向调节系统和保护装置提供压力油。

（4）向氢冷发电机提供氢密封用油。

据此，一般将供油系统分为润滑油系统、顶轴油系统、调节/保安油系统三个部分。

二、供油系统的主要设备

汽轮机油供油系统的主要设备包括主油箱、主油泵、射油器或油涡轮增压泵、高压启动油泵（采用汽轮机油作控制用油时设置）、交流润滑（辅助）电动油泵、直流事故油泵、氢密封备用油泵、顶轴油泵、冷油器及油净化装置等。

1. 主油箱

油箱的作用是储油，分离油中的水分、气体及沉淀物，过滤杂质。随着机组容量的增大，系统用油量也随之增加，油箱的容量也相应增加，为了使油系统设备布置紧凑和安装、运行、维护方便，通常大型汽轮机的主油箱采用组合式（集装式）油箱，其结构如图 3-51 所示。

主油箱一般布置在汽轮机发电机组前端的厂房零米地面或运转层下面，可使轴承的回油靠重力回到油箱。油箱体是一个由钢板卷制焊接而成的圆筒形容器，箱体上布置交流润滑电动油泵、直流事故油泵、密封油备用高压电动油泵（氢密封备用油泵）、油烟分离与除雾装置、排烟风机、油位计、高低油位报警

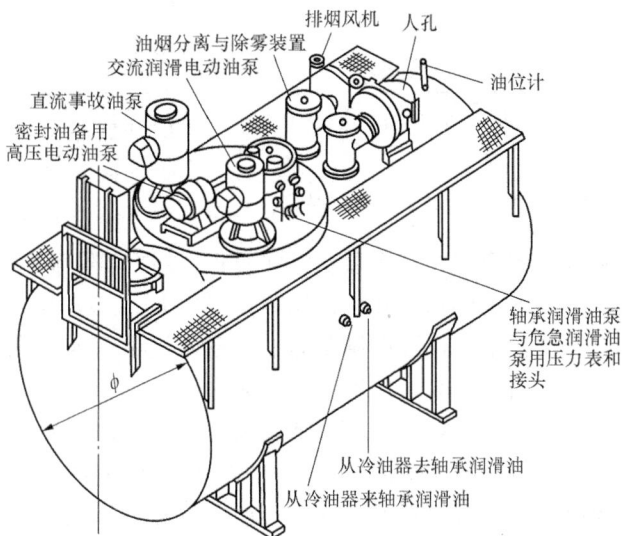

图 3-51　组合式油箱结构

器、油压表以及其他监视和控制装置。油箱内部装有内部油管路、射油器或油涡轮增压泵、电加热器、滤油器、止回阀、节流孔板等。主油箱顶部开有人孔，底部设有排油孔，其底板应具有一定的倾斜度，以便排油或杂质沉淀后排除。为使油中夹带的空气分离出来，并使油中水分和固体杂质沉降下来，油在主油箱内的滞留时间至少为 8min，同时，主油箱也应具有足够的油表面积。为防止杂质进入油系统，返回主油箱的回油应通过滤油器或滤网过滤。

2. 主油泵

主油泵的作用是在机组正常运行时，向供油系统供油。大型汽轮机的主油泵通常采用双吸式离心泵，但也有采用齿轮泵的，一般安装在汽轮机高压转子前端短轴上，由汽轮机主轴驱动。此外，还可在润滑油系统中设置两台交流润滑油泵（互为备用），以一台交流润滑油泵取代主油泵（即由交流电动机驱动离心泵，从而取消汽轮机主轴驱动的主油泵），这种供油系统称为电动泵供油系统。

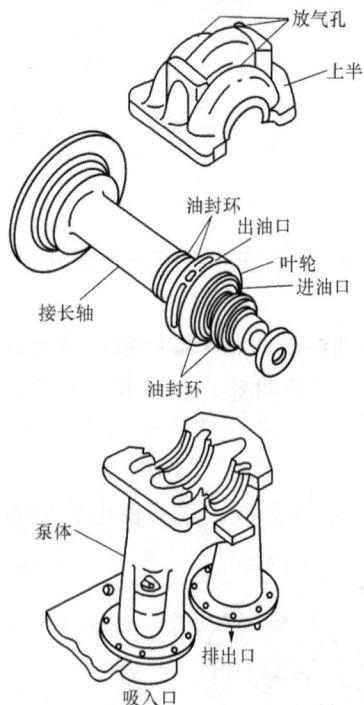

图 3-52　双吸式离心泵的结构

双吸式离心泵的结构如图 3-52 所示。泵轮直接由汽轮机主轴带动，供油量大、出口压头稳定、轴向推力小，且负荷适应性好。但双吸式离心泵不能自吸油，必须采用其他方法向离心泵的进口供油。机组启动升速和停机阶段，由交流辅助油泵向离心式主油泵供油；当汽轮机转速达到 90% 额定转速时，离心泵的出油即可由射油器或油涡轮增压泵供给。如果离心式主油泵的吸油管道中进入了气体，泵的正常工作会被破坏，从而将造成供油系统的工作不稳定，因此，离心泵的进口必须保持一定的正压。

齿轮泵通过减速器与汽轮机主轴相连，由汽轮机驱动，其特点是自吸能力强，可直接从主油箱吸油，且工作过程不受空气的影响，并能在低转速下继续向润滑油系统供油，机组润滑油系统可靠性高。但齿轮泵要求转速低，在主轴与齿轮泵间需用减速器连接，增加了机械损失，使供油系统本身效率、可靠性降低。

3. 射油器和油涡轮增压泵

射油器又称注油器，装在主油箱内油面以下的管道上，它实质上是一个射流泵，其优点是结构简单、工作稳定、易于制造和调整，缺点是噪声大且效率不高。射油器由喷嘴、混合室、控制盘（止回板）、导柱、喉部和扩散管段等部分组成。国产大型机组一般采用多孔射油器，其结构如图 3-53 所示。

射油器由主油泵提供压力油，随着机组升速，主油泵提供的压力油压逐渐升高。此时，射油器出口压力高，还没有引射能力，其混合室为正压，控制盘向下盖住了底部的吸油口，如果密封良好，射油器流量则等于喷嘴压力油流量。主油泵来的压力油以很高的速度从喷嘴射出，在混合室中形成一个负压区，油箱中的油被吸入混合室。同时，由于油的黏性，高速油流带动吸入混合室的油进入射油器喉部，从油箱中吸入的油量基本等于主油泵供给喷嘴进口的压力油量，油流通过喉部进入扩散管段以后速度降低，部分动能又转变为压力能，使压力升高，最后将有一定压力的油供给系统使用。

图 3-53 多孔射油器的结构

为了防止喷嘴被杂质堵塞和异物进入系统，在射油器的吸油侧装有一个可拆卸的多孔钢板滤网，在一定程度上，这个滤网还起着稳定射油器工作的作用。在混合室吸油孔的上方，装有一个可上、下自由移动的控制盘（止回板），当主油泵和射油器正常工作时，混合室中是负压，控制盘被顶起，油箱中的油可通过 8 个吸油孔吸入混合室。而在机组启、停等过程中电动辅助油泵工作时，控制盘落下，阻止了系统中的油经吸油孔倒流回油箱。

供油系统既可采用单射油器，也可采用双射油器。但大型机组的供油系统通常采用双射油器，两个射油器在供油系统中并联或串联。由于并联双射油器在机组运行中调整油压时互相不受干扰，调整方便，所以目前大机组多采用并联双射油器供油系统。主油泵、并联双射油器供油系统如图 3-54 所示，机组正常运行时，主油泵向射油器 2、3 供压力油，射油器 2 出口油压较低，向主油泵进口供油；射油器 3 出口油压较高，向润滑油系统供油。

油涡轮增压泵作为主油泵的前置泵，

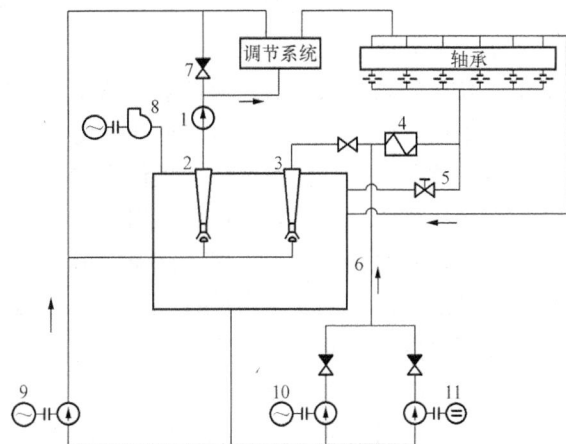

图 3-54 主油泵、并联双射油器供油系统
1—主油泵；2、3—射油器；4—冷油器；5—溢油阀；6—油箱；
7—止回门；8—排烟风机；9—高压启动油泵；
10—交流润滑油泵；11—直流事故油泵

具有体积小、供油量大及效率高等优点。油涡轮增压泵供油系统总效率高于50%，而多孔射油器供油系统效率为25%～37%左右，且油涡轮增压泵在非设计工况下仍可保持较高的效率，减少了主油泵的功率。此外，由油涡轮增压泵向主油泵进口供油，使主油泵入口油压提高，维持润滑油系统供油能力的转速比主油泵、射油器供油系统低，提高了启、停机过程中的安全可靠性。采用油涡轮增压泵的供油系统如图3-55所示。

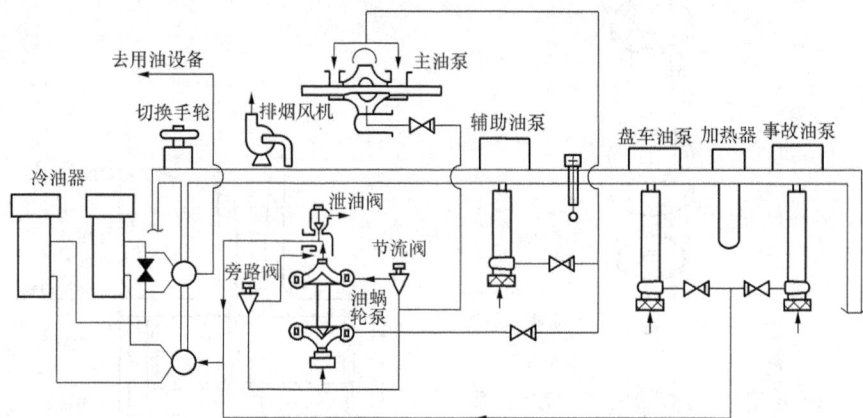

图3-55　主油泵、油涡轮增压泵的供油系统

采用油涡轮增压泵时，需设置两个节流阀和一个泄压阀，以调节油压和流量。增压泵的喷嘴节流阀用来控制从主油泵出口至油涡轮的供油量，以使油涡轮驱动增压泵，并将油输送至主油泵进口。旁路节流阀则使油从主油泵出口绕过油涡轮流向供油管路。泄压阀用以调整轴承油压。

4. 辅助油泵

辅助油泵包括一台或多台交流润滑油泵和一台直流事故油泵。若调节用油与润滑用油共用同一供油系统，则辅助油泵还应增设一台高压启动油泵，同时提供调节用油和润滑用油；而对于采用独立高压抗燃油供油系统供调节用油的，则不必设置高压启动油泵。对于国产传统机组，高压启动油泵是通过保证射油器正常工作向润滑系统供油的；而有的机组（如三菱公司350MW机组）其高压启动油泵是在同一根泵轴上装有高压离心泵和低压离心泵，由高压离心泵供调节用油，而由低压泵提供润滑用油。

交流润滑油泵的作用是在汽轮机启、停过程中代替主油泵工作；在事故状态下，作为主油泵的备用泵及时自动投入工作。交流润滑油泵工作时，可提供全部低压氢密封备用油和经冷油器的润滑油。在汽轮机启动过程中，交流润滑油泵在盘车投入之前投入工作，直至主油泵正常工作时停止，此时，汽轮机的转速大约在2700r/min以上。在停机或事故状态下，油压低至整定值时，交流润滑油泵自动启动。直流事故油泵是交流润滑油泵的备用泵，它只在交流电源或交流润滑油泵发生故障时才投入工作。当油压低至整定值时，直流事故油泵投入工作，它是润滑油系统的最后备用泵。交流润滑油泵和直流事故油泵不会自动停止运行，必须在控制室内操作三位（启动、自动、停止）开关，手动停泵。

除了主油泵外，其他油泵的吸入口均要浸没在主油箱最低运行油位150mm以下和主油箱箱底150mm以上。泵的布置应避免吸油管内存在气袋和吸油时夹带空气。直流事故油泵的吸油口应低于所有其他泵的吸油口，甚至其他泵失油也要保证直流事故油泵提供停机用油。

5. 氢密封备用油泵

氢密封备用油泵通过刚性联轴节由交流电动机驱动，水平安装在油箱顶部，其出口通过止回阀与高压密封油母管相通。在机组启、停时，主油泵的排油压力低，不能满足高压备用氢密封油和机械超速危急遮断用油的要求，而交流润滑油泵的出油压力较低，只能满足轴承润滑和低压备用氢密封油的需要，故由氢密封备用油泵向主油泵出口油管供油，把高压密封油总管压力升到所需的压力。当交流润滑油泵启动时，氢密封备用油泵也同时启、停。两泵在工作时，能提供机组正常运行中主油泵和射油器供应的全部油量。当机组转速达到2700r/min左右，主油泵和射油器的供油能满足润滑油系统的全部用油时，氢密封备用油泵、交流润滑油泵和直流事故油泵都处于备用状态；当油压低至整定值时，氢密封备用油泵投入工作。氢密封备用油泵不会自动停止运行，必须在控制室内手动停泵。

6. 顶轴油泵（顶轴油系统）

顶轴油泵的作用是在汽轮机启、停时投入，将高压油送入轴承与轴颈之间，形成油膜，以减轻转子对轴瓦面上的正压力，从而减小启、停时的摩擦阻力矩，防止轴瓦和轴颈相互损伤。此外，形成的油膜大大减小了摩擦力，这既可选择容量较小的盘车电动机，也可防止盘车电动机超载。

目前，大型汽轮机组多数设有顶轴油系统，但有些机组不设顶轴油系统（如东芝公司600MW机组、GE公司350MW机组等）。机组是否设顶轴油系统取决于转子的重量。汽轮机组由静止状态准备启动时，轴颈底部尚未建立油膜，此时投入顶轴油系统，为了使机组各轴颈底部建立油膜，将轴颈托起，以减小轴颈与轴瓦的摩擦，同时，也使盘车装置能够顺利地盘动汽轮发电机转子。某600MW机组顶轴油系统如图3-56所示。

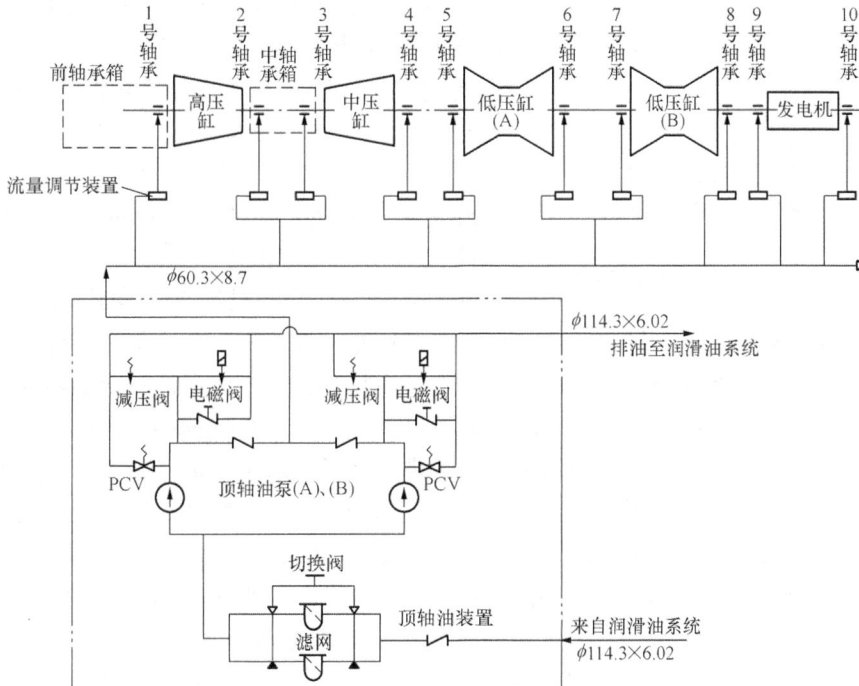

图 3-56 某 600MW 机组顶轴油系统

　　该系统主要包括两台100％额定容量的顶轴油泵和滤网、压力调节阀、压力开关以及阀门、管道等部件，其油源、回油均来自汽轮机的润滑油系统。

　　自润滑油系统来的润滑油经滤网后，进入顶轴油泵，顶轴油泵出口的顶轴油经其母管之后，通过各支管送往汽轮发电机组的各个支承轴承。每台顶轴油泵的出口管道上均装有一个电磁阀、一个止回阀。当一台顶轴油泵启动时，其对应的电磁阀仅开启几秒钟，使顶轴油泵出口的顶轴油经节流孔板减压后，回至润滑油箱。随后，该电磁阀关闭，并靠油压使止回阀强制关闭。于是，顶轴油经另一个止回阀进入顶轴油母管。采取上述措施的目的是避免在顶轴油泵启动时电动机过载。此外，顶轴油泵出口管道上还设有压力调节阀（PCV）和减压阀，汽轮发电机的每个轴承（顶轴油的）进油口处均设有顶轴油流量调节装置，可手动调整所需的顶轴油流量。顶轴油泵进口管道上设有两个100％容量的滤网（互为备用），其过滤精度为 $10\mu m$，还装有压差开关。当滤网前、后压差达到整定值时，压差开关即发出报警信号，提醒运行人员手动更换滤网。顶轴油系统投运时，在主控室或就地操作盘上均可启动

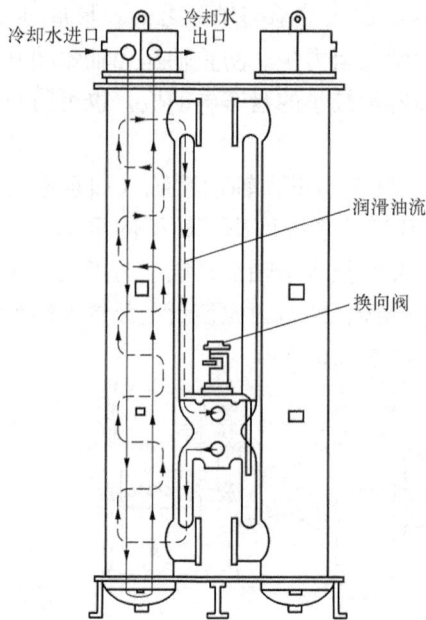

图 3 - 57　管壳型双联冷油器示意图

或停止顶轴油泵的运行。当顶轴油母管内的油压降到一定值时，压力开关动作，发出报警信号；当润滑油箱下的油位降至低—低油位或顶轴油泵进口压力过低时，顶轴油泵自动停运。只有在汽轮机转速高于 2900r/min 或另一台备用顶轴油泵已经运行的情况下，才能手动停运原来运行的顶轴油泵。

　　7. 冷油器

　　冷油器的作用是冷却流往轴承的润滑油，它安装在交流润滑油泵和射油器的出口，不管从哪里来的润滑油，在进入轴承前都经过冷油器。通常设置两台并联的冷油器，正常情况下，一台运行，另一台备用；特殊情况下，如高温季节或冷油器脏污时，两台冷油器可同时投入运行。

　　图 3 - 57 为管壳型双联冷油器示意图。冷油器的上端为冷却水进、出水室，中间用隔板隔开，下端为换向水室。冷却水进入进水室，经过第一流道的管束到换向室，在该处改变方向进入第二流道的管束，然后通过出水室的出口排出。冷却水管两端均胀接在管板上，冷却水管外侧定位有一系列横向挡板，引导润滑油绕流过冷却水管外侧，进行热交换。润滑油在冷油器壳体内绕管束外绕流，而冷却水在管内流动。流向冷油器的润滑油由手动操作的换向阀控制，它可使油流向任何一台冷油器，且在切换冷油器时不影响进入轴承的润滑油流量。两台冷油器的进油口通过一根联通管和一个切换阀相连，该阀能使备用冷油器先充满油，以保证备用冷油器能迅速投入运行，再切断原工作冷油器。冷油器的冷却水流量由供水管上的手动操作阀调节，因而冷油器出口油温也是可调节的。正常运行时，调节冷却水量使冷油器进油温度为 60～65℃时，出口油温维持在 43～49℃之间，同时，保证最高轴承回油温度不超过 71℃。当无法保证最高轴承回油温度低于 81℃时，应紧急停机。在机组启动过程中，通常油温较低，这时应切断冷油器的冷却水，并使油温上升至要求值。在盘车时，冷油器出口油温最好在

21～35℃之间。

8. 油净化装置（油净化系统）

油净化装置的作用是清除汽轮机油中的水分、固体粒子及其他杂质。在运行过程中，轴封漏汽可能进入轴承箱，冷油器的冷却水可能漏入其油侧，使润滑油含水；而管道及设备的磨损和锈蚀，使润滑油受固体污染。因此，润滑油会出现水解、氧化和酸化，而且这种变化是恶性循环的。为了保持润滑油的清洁度和理化性能，大型机组几乎都设有油净化系统，它主要由净油装置、输油泵、排烟装置等组成，通过沉淀、过滤处理，使汽轮机油质达到使用要求。

润滑油在运行中因轴承的摩擦耗功和转动部件的鼓风作用，会使其一部分受热并分解为油烟，同时，由于轴承座挡油环处会漏入一部分水蒸气和空气，而使油中含有水分和气体。为了及时有效地将上述烟气、气体和水蒸气排出系统之外，以保证润滑油的品质，主油箱顶部设有排烟装置（包括排烟风机、油烟分离及除雾装置）。排烟装置维持主油箱在微负压状态，将主油箱中的油气排出，由管道排到主厂房外，防止危及人员和设备的安全。

三、润滑油系统的运行

某 600MW 超临界机组的润滑油系统如图 3-58 所示。

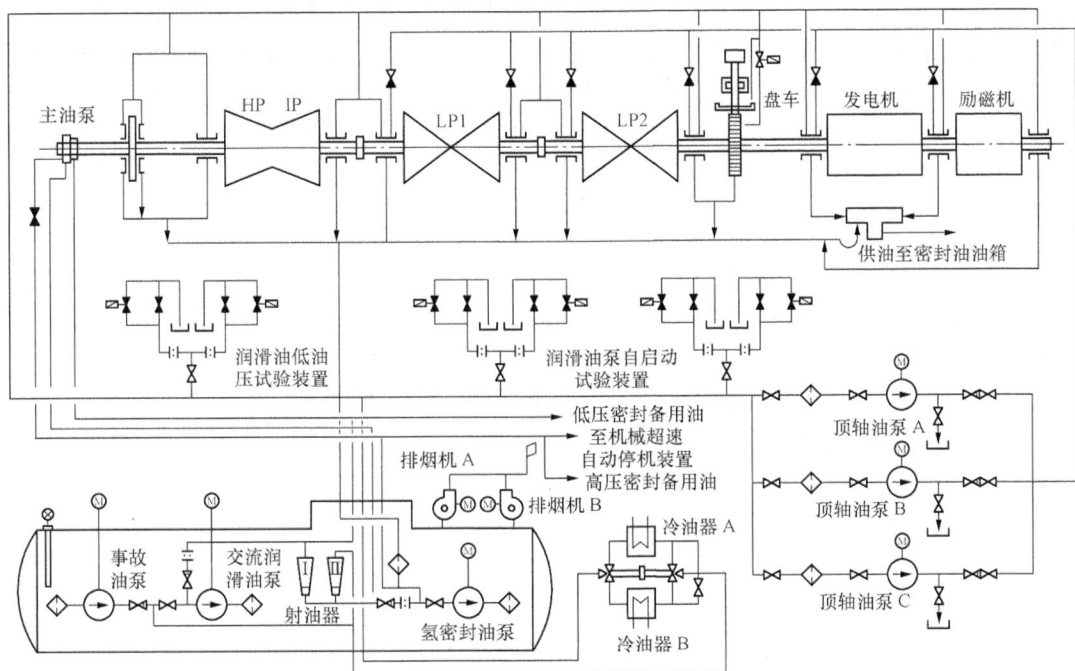

图 3-58 某 600MW 超临界机组的润滑油系统

汽轮发电机组在额定转速下运行时，润滑油系统由主油泵供油。另外，主油泵的压力油进入机械超速保护装置和发电机密封油系统，同时也进入油箱内部管道，为射油器提供动力油。从Ⅰ号射油器排出的油，供主油泵吸入口；Ⅱ号射油器排出的油，通过冷油器供汽轮发电机组轴承润滑用油。

润滑油供油系统是个封闭系统，所有用油装置的回油，通过油箱顶部回到回油槽中，靠自身重力通过滤网流入油箱。当油箱中油位过高或过低时，油位指示器和油位开关都会发出报警信号（在机组初始运行期间，必须经常监视油箱回油槽中的油位）。为了除去进入润滑油系统中的水分，在汽轮机运行期间，油净化装置必须投入工作。

交流润滑油泵和氢密封油泵是主油泵的备用泵，用于在启动、停机和偶然事故时保持轴承润滑油和发电机密封油母管的油压。机组启动前，交流润滑油泵手动其三位（启动、自动、停止）开关，置于"启动"位置，启动交流润滑油泵，进行油循环；机组转速接近额定转速（2850～2900r/min）时，主油泵出口油压已经建立，射油器出口已建立适当的轴承润滑油压后，手动停交流润滑油泵，并将控制开关调到"自动"位置。当停机或偶然事故引起轴承润滑压力降低至 0.08MPa 左右时，交流润滑油泵和密封备用油泵同时启动，供给机组所需的全部用油。在机组盘车装置运行期间，此两台油泵必须运行。若停机持续时间较长，发电机可排氢降压，当氢压低于润滑油压 0.05MPa 左右后，可手动停密封备用油泵。

直流事故油泵是交流润滑油泵的备用泵，它受三位开关和压力开关的控制，机组启动前，三位开关置于"断开"位置；交流润滑油泵启动、润滑油压正常、压力开关整定后，三位开关置于"自动"位置。当轴承润滑油母管油压降到其整定值（0.04MPa 左右）时，直流事故油泵自动启动，由电厂蓄电池供电，只能连续运行 1h 左右。在此期间，若交流润滑油泵恢复正常，润滑油压力增加时，直流事故油泵必须借助手动控制开关才能停下。

正常运行情况下，冷油器出口处的润滑油温是 43～49℃。如果油箱中油温低于 10℃，黏度太大，则油不易循环。因此，供油系统不应投入运行，应利用油箱中的电加热器升温到 20℃以上，才能启动交流润滑油泵，进行油循环。在启动油循环阶段，若油温低于 30℃，必须关闭冷油器的冷却水，使油温达到适当温度。此后，调整通过冷油器的冷却水流量，以保持冷油器出口温度为 43～49℃。

任务验收

（1）认识主油泵、油涡轮增压泵、高压启动油泵、交流润滑油泵、直流事故油泵、氢密封备用油泵、顶轴油泵。

（2）识读国产某 600MW 机组润滑油系统图和顶轴油系统图。

（3）分析高压供油系统的运行原则。

项目四　汽轮机凝汽设备的运行

凝汽设备属于凝汽式汽轮机的辅助设备，但它同时又是凝汽式机组的一个重要组成部分，在热力循环中起着冷源的作用。凝汽设备工作性能的好坏将直接影响整个机组的热经济性和安全性。

任务一　认识汽轮机的凝汽设备

【任务描述】

明确凝汽设备的任务。以表面式凝汽器为立足点，认识其基本结构及典型凝汽器的结构特点。从机组运行的角度，分析对凝汽器的技术要求。认识抽气设备，重点分析水环式真空泵的工作过程和运行。认识空气冷却系统（以下简称空冷系统）及空气冷却凝汽器（以下简称空冷凝汽器）。

能力目标

（1）认识表面式凝汽器的基本结构。

（2）认识典型凝汽器的结构特点。

（3）分析水环式真空泵的工作过程和运行原则。

任务实施

一、凝汽设备的组成及任务

降低汽轮机的排汽压力和温度，可以提高循环热效率。而降低排汽参数的有效办法是通过凝汽设备来完成的。凝汽设备主要由凝汽器、抽气设备、凝结水泵、循环水泵及其连接管道和附件等组成，图4-1为最简单的凝汽设备原则性系统图。

凝汽设备的工作过程是：汽轮机做完功的排汽进入凝汽器，并在其中凝结成洁净的凝结水，排汽凝结时放出的热量被循环水泵送入凝汽器冷却管中被冷却水带走，凝结水通过凝结水泵从凝汽器底部的集箱（热井）中抽出，升压后送入主凝结水系统。当比体积很大的排汽在密闭的凝汽器中凝结成水时，其体积骤然缩小（在0.005MPa压力下，蒸汽被凝结成水时，体积缩小为原来的1/28050），使凝汽器内形成高度真空，外界空气就会通过处于真空状态下的不严密处漏

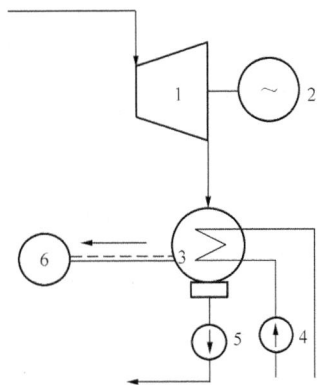

图4-1　凝汽设备原则性系统图

1—汽轮机；2—发电机；3—凝汽器；

4—循环水泵；5—凝结水泵；6—抽气设备

入凝汽器的汽侧空间，此外还有随同排汽进入凝汽器的空气。为了防止这些不凝结气体在凝汽器中逐渐积累，使凝汽器的真空下降，需要采用抽气设备将空气不断地从凝汽器中抽出，从而维持凝汽器的真空，保证机组安全经济运行。

综上所述，凝汽设备的主要任务如下：

（1）在汽轮机排汽口建立并维持高度真空度，提高循环热效率。

（2）将汽轮机排汽凝结成洁净的凝结水，作为锅炉给水重复利用。

（3）凝汽设备还是凝结水和补给水进入除氧器之前的先期除氧设备，它还接受机组启停和正常运行中的疏水以及甩负荷过程中的旁路排汽，以回收热量并减少工质损失。

由于凝结水泵和循环水泵在《泵与风机运行》教材中有详细介绍，在此主要认识凝汽器和抽气设备。

二、凝汽器

凝汽器可分为混合式与表面式两大类。现代火力发电厂和核电站都采用表面式凝汽器，其特点是冷却介质与蒸汽通过管壁间接换热，从而保证了凝结水的洁净。表面式凝汽器大多采用水作为冷却介质。

（一）表面式凝汽器的工作过程及基本结构

表面式凝汽器的基本结构如图4-2所示。凝汽器外壳2多是钢板焊接而成，外壳两端有水室，水室的外端有端盖7、12。水室与外壳间装有管板3，管板将水室与蒸汽室隔开。为数甚多的冷却水管（铜管、钛管或不锈钢管）装在管板上，冷却水管两端开口与水室相通。冷却水从进水口10流入水室，在水室中分别流入各冷却水管。同时，通过管壁吸收管外排汽的热量使蒸汽凝结。被排汽加热的冷却水经出水口5流出。汽轮机的排汽从进口1（凝汽器的进汽口又叫做喉部）进入凝汽器的蒸汽空间，和冷却水管外壁接触而凝结。所有的凝结水最后集中在下部的热水井16中，然后由凝结水泵抽出。在凝汽器外壳靠近下侧设有空气抽出口14，凝汽器汽侧空间的空气就是从此口被抽气设备抽出。为了避免管束的振动和减少管子的挠度，在两管板之间还装有若干块中间隔板，将冷却水管紧托在中间隔板上。凝汽器中冷却水流经的空间如水室、冷却水管内部称为水侧，而蒸汽流经的空间如铜管外部则称为汽侧。

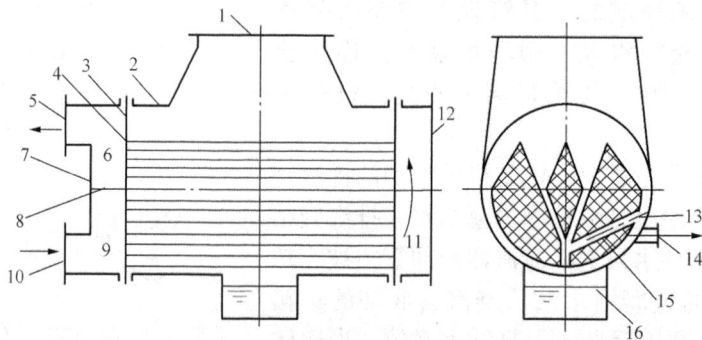

图4-2 表面式凝汽器的基本结构示意图

1—排汽进口；2—外壳；3—管板；4—冷却水管；5—冷却水出口；7、12—水室端盖；8—水室隔板；

6、9、11—水室；10—冷却水进口；13—挡板；14—空气抽出口；15—空气冷却区；16—热水井

　　表面式凝汽器是由外壳、端盖、管板、中间隔板、支架以及与汽轮机排汽口连接处的补偿装置等部件所组成。

1. 外壳和喉部

　　现代汽轮机的凝汽器外壳均采用 8～22mm 厚的钢板焊接结构。外壳通常为圆柱形、椭圆形和矩形，现代大型机组凝汽器常采用矩形。为保证刚度要求，大型凝汽器多采用内置式支撑钢管支撑。

　　汽轮机排汽缸与凝汽器之间过渡的颈部，通称凝汽器的喉部。在喉部通常布置低压加热器、加热器抽汽管组、给水泵汽轮机排汽以及低压旁路的排汽装置等。对于排入凝汽器的低能级蒸汽，喉部可采用简单的分配与扩散结构；对于排入凝汽器的中、高能级蒸汽，喉部通常采用多级多孔节流分配集管装置，并在某一级内喷水减温，然后排入凝汽器。喉部的结构不但要保证有足够的强度和刚度，还要有良好的气动性能，使汽流阻力降低至最小。

2. 水室和端盖

　　凝汽器的端盖由生铁铸成或由钢板焊成。端盖上开有人孔门，供检修时使用。端盖与管板围成水室。有的水室内装有水平隔板，将水室分成独立的几个部分，构成冷却水所需要的流程数。有的水室内装设有垂直挡板，使凝汽器成为对分形式，以便在不停机时，进行凝汽器半边清洗。此时，端盖也相应采用对分的形式。

　　大型凝汽器水室的尺寸很大，容积可达 $30～50m^3$，循环水接管直径达 1.5～2m。水室结构应尽可能减少冷却水的阻力损失，并使水均匀分配至冷却水管内。若采用胶球清洗时，应力求避免涡流区和死角。水室的每个流道应设置放水、放气接口。当冷却水为海水时，为避免海水对水室的腐蚀，水室采用橡胶衬里或环氧树脂涂层。

3. 管板与隔板

　　管板装在外壳的两端，用焊接方法或螺栓与外壳和水室相连接。它的作用是固定冷却水管并将凝汽器的汽侧和水侧分开。管板一般由 15～20mm 厚的钢板制成，通常采用普通钢板。当冷却水为海水时，则用锡黄铜或不锈钢为宜。管板上所受的力正比于水侧与汽侧的压力差。为避免管板弯曲，在两块管板之间用支撑螺杆连接起来，增加其刚性。管板和外壳以及水室的所有法兰结合面，应用橡胶或石棉绳密封，以防漏水。

　　为了减少冷却水管的弯曲和消除在运行中的振动，在汽室冷却水管的中部，隔一定距离装有中间隔板作为支撑。大型凝汽器的中间隔板可采用等跨距、不等跨距、对称式以及混合式布置。中间隔板的管孔中心通常较两管板相应管孔中心抬高几毫米，凝汽器中间隔板示意如图 4-3 所示。这样可以使冷却水管与管板紧密接触，改善冷却水管的振动性能。而且隔板管孔中心抬高后，使冷却水管成为拱形，当凝

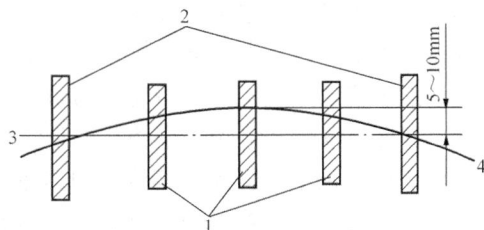

图 4-3　凝汽器中间隔板示意图
1—中间隔板；2—前、后管板；3—凝汽器中心线；4—铜管中心线

汽器工作时，可减少热应力。同时，还使凝结水沿弯曲的冷却水管流向两端管板，减少下面冷却水管上积聚的水膜，提高传热效果；在凝汽器停用放水时，也便于把水放净。

4. 冷却水管及管束布置

凝汽器的冷却水管应具有足够的抗腐蚀性能、机械性能及良好的导热性能。凝汽器的运行经验表明，冷却水管往往由于冷却水质不良、电化学作用以及冷却水对管子入口的冲蚀等

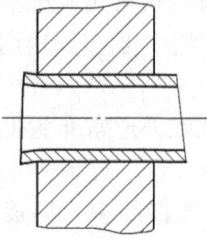

图4-4 铜管在管板上的胀接

原因而受到严重的损坏。冷却水管的振动及安装时建立的应力集中也会引起冷却水管的损坏。为了防止冷却水管的腐蚀，除了在运行中要密切监视和严格处理冷却水质外，还应合理地选择冷却水管的材料。应用最广泛的冷却水管材质是铜合金，所以冷却水管常称为铜管。采用海水、咸水或污染超限的淡水冷却的凝汽器，宜采用钛管或不锈钢管。

铜管在管板上的安装要有高度的严密性，防止冷却水漏入汽侧恶化凝结水水质。铜管在管板上的固定方法通常为胀接法，如图4-4所示。用胀管器将铜管头部胀接在管板上，这种方法的工具和工艺都较简单，严密性也较好。为满足大机组特别是直流锅炉对凝结水水质的更高要求，还可在胀口处涂施密封涂料，保证其密封效果。

冷却水管在管板上的排列方式及管束布置形式，都将直接影响凝汽器的换热效果。如图4-5所示，凝汽器冷却水管在管板上的排列方式有正方形排列（顺列）、三角形排列（错列）和辐向排列三种。

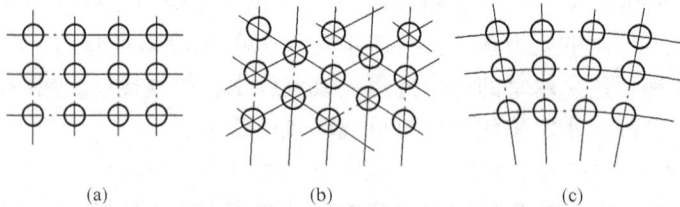

图4-5 冷却水管在管板上的排列方式
(a) 正方形排列；(b) 三角形排列；(c) 辐向排列

正方形排列多用在主凝结区，这种排列的汽流途径弯曲较小，阻力较小，节距相同，冷却水管数目相同时需要较大的管板面积，而且上排冷却水管上的凝结水逐渐下流时会进一步被冷却，增加了凝结水的过冷却度。三角形排列多用于向心抽汽式凝汽器的主凝结区，这种排列布置紧凑，在节距相同时能在单位管板面积上排列较多的冷却水管，换热面积增大；同时在增加传热效果及减少过冷却度方面也较正方形排列好。辐向排列多用于汽、气混合物的空气冷却区，这种排列由于蒸汽由外圆向中心流动，随着蒸汽的凝结，蒸汽流量减少，蒸汽通道也在逐渐减小，因此，其流动阻力近似不变，传热效果好。除在大型凝汽器中应用辐向排列外，还常在凝汽器的进口处采用。这是因为进口处蒸汽流量大，流速高，采用管距较大的辐向排列可降低蒸汽流速，减少流动阻力。在同一个凝汽器中，管子的排列往往不是只用一种方法，而是采用混合排列法。虽然铜管在管板上的排列方式只有三种，但由它们组成的管束在管板上的布置方法则是多种多样的，有均匀向心管束、带状管束、山峰形管束、教堂窗形管束、双山峰形管束等。600MW机组多采用的教堂窗形和双山峰形管束布置，如图4-6和图4-7所示。

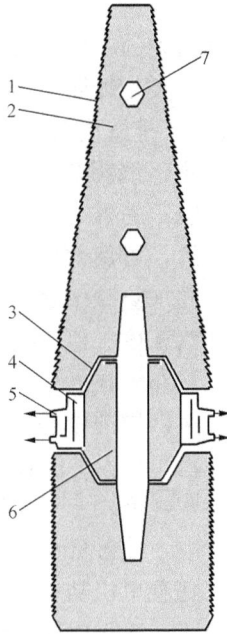

图 4 - 6　教堂窗形管束布置
1、2—钛管；3—挡板；4—空气冷却区；
5—抽气口；6—预冷区；7—拉杆

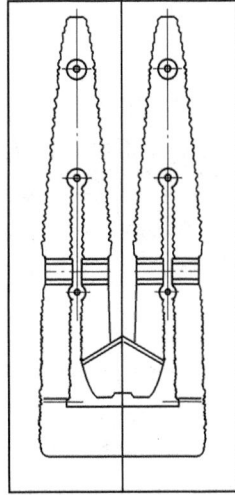

图 4 - 7　双山峰形管束布置

凝汽器冷却面积的布置，应考虑凝汽器的热交换特点，即蒸汽在凝汽器内的凝结是在高真空条件下进行的。由于蒸汽中含有不凝结的气体，因此，随着蒸汽的不断凝结，不仅蒸汽空气混合物的容积流量和速度逐渐降低，而且混合物中的空气相对含量急剧增加。这样必将导致局部传热系数和单位热负荷显著地降低，使各部分的热负荷不均匀，汽阻增加。为消除或减少上述缺陷，根据理论分析和运行经验已经总结出一些基本的管束布置原则。例如：为减少蒸汽进入管束的阻力，应使进汽侧管子排列较稀，使其有较大的通流面积；为使凝结水不致过分冷却，应在管束四周留有足够的蒸汽通道，便于一部分蒸汽能直接进入凝汽器的底部，对凝结水起回热作用；为了减少蒸汽的流动阻力，应减少顺着汽流的管子排数，尽量使进汽口至排汽口的途径短而直；在管束中间收集凝结水，即可减少过冷却度，又可提高传热效果；为了增强冷却效果，应当用专门挡板划出部分管子为空气冷却区，其位置与热水并不宜太近；为了防止蒸汽绕过主管束直接进入空气冷却区、防止汽—气混合物绕过空气冷却区进入抽气口，应在管束和壳体间加装阻气板等。

（二）表面式凝汽器的分类

电厂中常用的凝汽器有多种形式，常见的分类如下。

1. 按汽侧压力分

按凝汽器的汽侧压力可分为单压式和多压式凝汽器。单压式凝汽器是指汽侧只有一个汽室的凝汽器，汽轮机的排汽口都在一个相同的凝汽器压力下运行。随着汽轮机单机功率的增大和多排汽口的采用，把凝汽器的汽侧分隔成与汽轮机排汽口对应的、具有两个或两个以上互不相通的汽室，冷却水串行通过各汽室的管束，由于各汽室的冷却水温度不同，所建立的压力也不相同，这种具有两个或两个以上压力的凝汽器，称为双压或多压凝汽器。

2. 按汽流的形式分

凝汽器的抽气口安装在不同的部位，就构成了凝汽器中的不同汽流方向。按汽流的流动方向不同，现代凝汽器分为汽流向心式和汽流向侧式两大类，如图 4 - 8（a）、（b）所示。汽流向侧式凝汽器，它的抽气口布置在凝汽器两侧，这样，排汽由排汽口到抽气口的流程较短，汽阻较小，能保证有较高的真空；另外，在管束的中部设有蒸汽通道，可使部分蒸汽畅通无阻地到达热井加热凝结水，使凝结水温度接近排汽温度。汽流向心式凝汽器，其抽气口布置在管束的中心位置，蒸汽由管束四周向中心流动，汽阻小，而且蒸汽可以从两侧流向热井以加热凝结水，但由于下部管束不易与蒸汽接触，使各部分管子的热负荷不均匀。随着单机功率增大，凝汽器的尺寸和

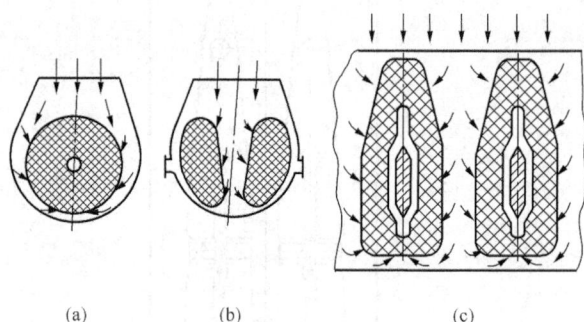

图 4 - 8 凝汽器中的不同汽流方向
(a) 汽流向心式；(b) 汽流向侧式；
(c) 多区域汽流向心式

冷却水管数量剧增，为加大管束四周的进汽边界，缩短蒸汽流程以减小汽阻，出现了多区域向心式凝汽器，如图 4 - 8（c）所示。独立区域由两个到十几个，平行布置于矩形外壳内，每个区域中部都有空冷区。

3. 按其他方式分

按冷却水在冷却水管中的流程，还可分为单流程、双流程和多流程凝汽器。单流程是指冷却水在凝汽器的一端进入由另一端直接排出，双流程是指冷却水在凝汽器中要经过一次往返后才排出，依次类推，还有三流程和四流程。流程数越多，水阻越大，一般多采用单流程或双流程凝汽器。按凝汽器的冷却介质不同，又可分为水冷却式和空气冷却式凝汽器。其中，水冷却式凝汽器应用最为广泛，空气冷却式凝汽器在缺水地区使用。另外，凝汽器冷却水进、出水室用垂直隔板分成对称独立的两部分，称为对分式。这种形式的凝汽器可以进行不停机情况下的单侧清洗或检修，增加了运行的灵活性，减少了机组的启停次数，多用于现代大型机组。

（三）机组运行对凝汽器的要求

作为大容量、高参数机组的凝汽器，机组运行对其提出了下列要求。

1. 传热性能要好

为了提高机组的热经济性，应加强凝汽器的传热效果。因此，冷却水管常采用传热性能好的铜合金管，并具有合理的管束布置；及时抽走积聚在冷却水管表面的空气；定期清洗凝汽器冷却水管，防止冷却水管结垢。

2. 具有高度的严密性

为了让蒸汽在汽轮机内尽可能多地做功，凝汽器的工作压力很低，即有很高的真空度，这就要求凝汽器本体及真空系统具有高度的严密性，以防止空气漏入，影响凝汽器内换热条件，降低真空和污染凝结水。但是要使凝汽器本体与真空系统做到绝对严密是不太可能的，因此，必须设置抽气设备（真空泵等）来不断地抽出漏入凝汽器的空气，降低其汽侧空间空气的含量等。其次，水侧的密封性要好，以防止循环水渗漏使凝结水力质变坏，这一点对于

对水质要求严格的大机组来说更为重要。

3. 凝结水的过冷却度要小

凝结水过冷却度是指凝结水温度 t 比排汽压力对应的饱和温度 t。低的数值，用 δ 表示，即

$$\delta = t_c - t_s \tag{4-1}$$

过冷却度的存在，使汽轮机排汽的冷源损失增加，因而降低了机组的经济性。过冷却度越大，说明被冷却水额外带走的热量越多，这部分热损失要靠锅炉多燃烧燃料来弥补。而且，过冷却度越大，凝结水中的含氧量也越大。因此，过冷却度应尽可能地小，现代凝汽器要求凝结水过冷却度不超过 $0.5\sim1℃$。为了减小过冷却度，应在管束中及管束四周留有足够的蒸汽通道，便于凝汽器上部的一部分蒸汽经过通道直接和下部凝结水表面接触，起到了回热加热的作用。有了蒸汽通道以后，还会减小凝汽器的汽阻。

4. 汽阻和水阻要小

由于凝汽器内抽气口的压力最低，蒸汽空气混合物在凝汽器内由排汽口流向抽气口，在流经管束时存在流动阻力，凝汽器入口处压力与抽气口处压力的差值称为凝汽器的汽阻。汽阻的存在会使凝汽器喉部压力大于其下部压力，凝结水的过冷却度及含氧量增大，将引起热经济性降低和铜管的腐蚀。大型机组凝汽器的汽阻不应超过 $0.27\sim0.4$ kPa。

水阻是指冷却水在凝汽器中的流动阻力，它由冷却水在冷却水管中的沿程阻力、进出冷却水管的局部阻力和水室中的流动阻力三部分组成。水阻大将增加循环水泵的耗电量，显然水阻越小越好。影响水阻的主要因素有管束的布置、管口的形状和管内壁的清洁度。大多数双流程凝汽器水阻在 0.049 MPa 以下，单流程凝汽器的水阻也不超过 0.039 MPa。

5. 凝结水的含氧量要小

凝结水的含氧量过大将会引起主凝结水系统中的管道和设备腐蚀，并使传热恶化。为保证其含氧量达到标准，应减小凝结水的过冷却度。凝汽器内设置回热通道（如图4-8所示）或真空除氧装置，以减小凝结水的过冷却度。图4-9为凝汽器内的真空除氧装置示意图。

（四）典型凝汽器介绍

国产 600MW 超临界机组采用 N-3800-1 型凝汽器结构，如图4-10所示。它是双壳体、双流程、双背压、双进双出、横向布置结构的凝汽器。

凝汽器刚性地坐落在水泥基础上，壳体板下部中心处设有固定死点座，运行时以死点为中心向四

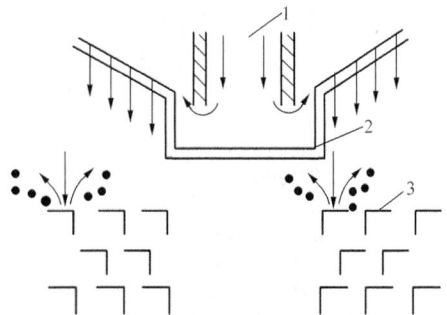

图4-9　凝汽器内的真空除氧装置
1—凝结水入口；2—淋水盘；3—角铁

周自由膨胀。凝汽器与后汽缸之间设有橡胶补偿节，可补偿相互间的胀差。循环水连通管及后水室均设有支架支撑并且允许自由滑动，以适应凝汽器的自身膨胀。中间水室处的管板与壳体间布置有波形补偿节，用以补偿壳体与冷却管纵向热膨胀差值和改善冷却管的振动情况，同时可减少凝汽器冷却管与管板间焊口处所承受的拉力或压力。凝汽器下部有4个小支撑座和4个大支撑座，呈对称布置，在每个支撑座下面布置有调整垫铁。

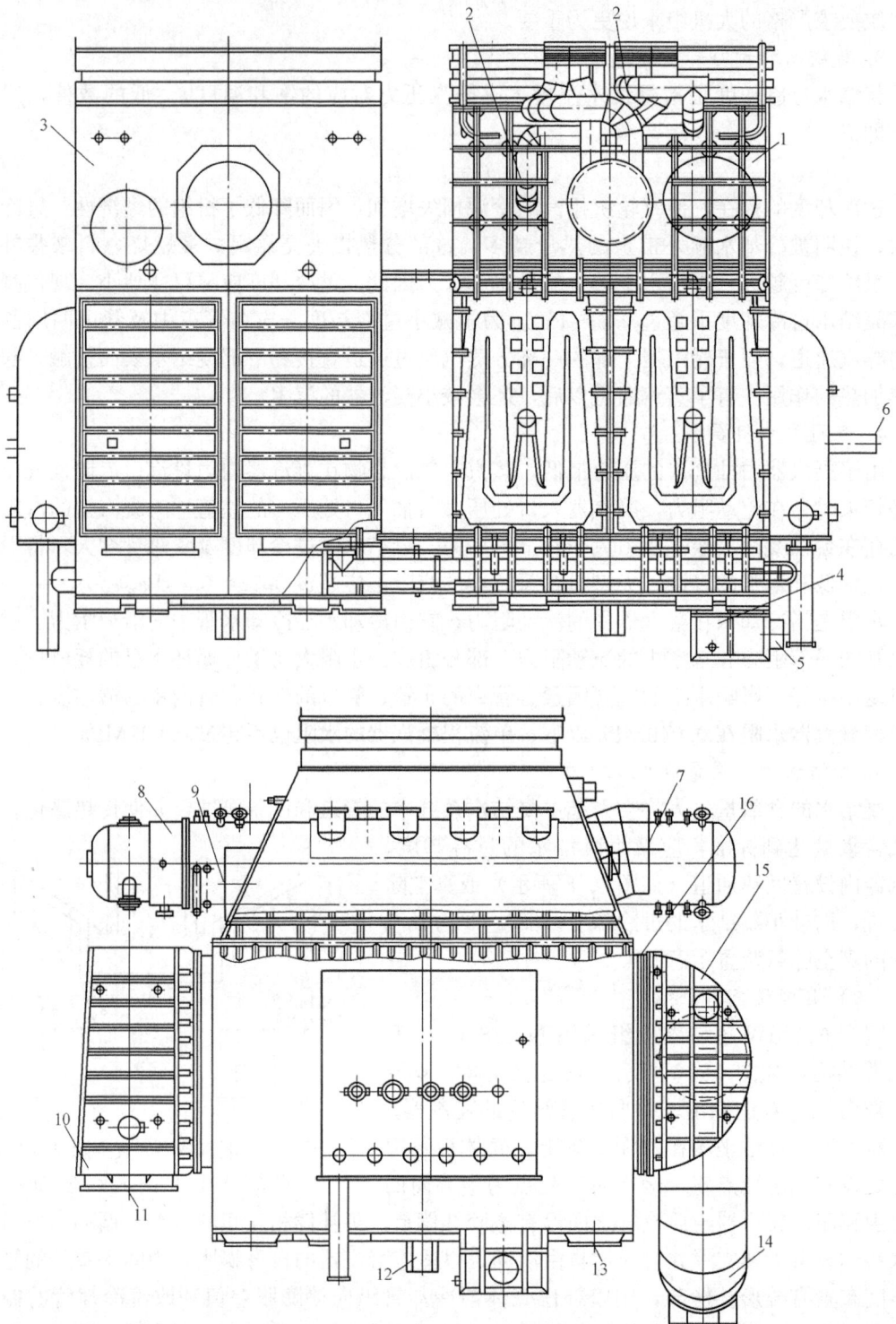

图 4-10　N-3800-1 型凝汽器结构

1—高压侧；2—低压加热器抽汽接口；3—低压侧；4—凝结水集水箱；5—凝结水出口；6—疏水联箱；
7—给水泵汽轮机排汽接口；8—低压加热器；9—减温减压器接口；10—前水室；11—冷却水进（出）口；
12—死点座；13—支撑座；14—冷却水连通管；15—中间（后）水室；16—膨胀节

1. 主凝结区

凝汽器的主凝结区有 36 985 根 $\phi25\times0.5mm$，$L=11\,461mm$ 的 TP304 不锈钢管，5525 根 $\phi25\times0.7mm$，$L=11\,461mm$ 的不锈钢管安装在空冷区和顶部三排及通道外侧。管子两端胀接在管板上。借助中间管板支撑，冷却管由进水侧向出水侧呈抬高形式布置，以减少运行中的振动，同时，停机时冷却水也可因冷却管的倾斜而将管中的水排出。

凝汽器管束呈带状山峰形布置，周围的汽流通道可以使汽流进入管束内部并减少汽流阻力。每个管束中心区为空气冷却区，用挡汽板与主凝结区隔开。不凝结气体与未凝结的少量蒸汽经过空气冷却区时，使蒸汽能够尽可能凝结，并使空气冷却降温，剩下的微量蒸汽随同不凝结气体进入空气管。低压缸排出的蒸汽进入凝汽器后，迅速地分布在冷却水管的全长上，通过管束间和两侧的通道使蒸汽全面地沿冷却水管表面进行热交换并被凝结成水，部分蒸汽则由管束两侧的通道流向管束下面，对淋下的凝结水进行回热，剩余未凝结的微量蒸汽和被冷却的空气汇集到空冷区的抽空气管内，被抽气设备抽出。

2. 壳体

凝汽器壳体结构具有足够的刚度和强度要求，能够在充水、高真空运行、安全阀排放及地震力等各种工况的危险组合条件下，保证其变形不危害凝汽器的安全运行，并能防止来自汽轮发电机组振动的影响。为了防止凝汽器喉部的变形传给汽轮机排汽缸及凝汽器壳体，凝汽器喉部加装了足够的纵向和横向撑杆，用于加强喉部刚性。为了改善汽流流动状态，喉部一般制成扩散形。

低压旁路三级减压减温装置安装在凝汽器喉部前水室侧，凝汽器壳体上部布置有 7 号、8 号共壳体的低压加热器和 2 台减温减压器，还布置有抽汽管组，该管从凝汽器上部引出。凝汽器上部与低压缸之间采用橡胶补偿节结构，以补偿凝汽器与低压缸的相对膨胀。凝结水集水箱为矩形，位于凝汽器下部壳体的底部，其上装有凝结水出水管及排水管，排水管上的真空隔离门能在 1h 内排出正常水位下的全部凝结水。

3. 水室

水室与前后管板之间采用螺栓连接，水室作成蜗壳状，能使水充满全部冷却管。每个水室设置供排气和排水用的接口。排气阀采用双向呼吸阀，并确保设备在各种异常工况下均能安全运行。每个水室设置快开式的圆形焊接结构的人孔。为保证操作人员进入水室底部时安全，在水室进出口设置安全格栅。凝汽器中每一中间管板穿管孔洞两侧有足够好的导角，以防止不锈钢管在运行中被切断。

运行时，冷却水由 $\phi2220\times4$ 的冷却水连通管进入凝汽器的两个前水室，流经低压凝汽器的两个管束区后，由两个后水室流出，经连通管进入高压凝汽器的两个后水室，流经两个管束区后，进入前水室最后排出。

三、抽气设备

机组启动和正常运行过程中，抽气设备都要投入运行。机组启动时，需要把一些汽、水系统管道和设备中所积聚的空气抽出来，以便加快启动速度。而正常运行时，通过抽气设备及时抽出凝汽器中的不凝结气体，以维持凝汽器的规定真空；及时抽出加热器中的不凝结气体，以保证加热器有较高的换热效率。抽气设备的形式很多，按其工作原理可分为射流式抽气器和机械式（或称容积式）真空泵两大类。

射流式抽气器按其工作介质又可分为射汽抽气器和射水抽气器两种。它们均是利用具有一定压力的流体在喷嘴中膨胀加速，以很高的速度将吸入室内的低压气流吸走。从系统上看，射汽抽气器的系统复杂、经济性差，在大机组滑参数启动时，还需要另设汽源；当负荷变化时，需要不断地调整蒸汽参数，若把新蒸汽节流到 1.6～1.8MPa 供射汽抽气器使用，就显得复杂而不合理。射水抽气器的系统简单、能耗少、设备价格低、运行和维护简单方便，在抽吸同样的空气量时，射水抽气器的效果好，可以维持较高的真空，能在较短时间内（通常为 5～6min）建立起所需要的真空，且可回收凝结水。

机械式真空泵一般有液柱式和液环式两种。它是利用运动部件在泵壳内的连续回转或往复运动，使泵壳内工作室的容积变化而产生抽气作用。机械式真空泵与射水抽气器相比，虽然造价高、维护工作量大，但它具有启停灵活、效率高、占地少、运行费用低、噪声小等优点，因此，在 300MW 及以上机组中被广泛应用。

（一）液柱式真空泵

液柱式真空泵的结构如图 4-11 所示，其工作原理是：工作水从专用水箱经过吸水管进入泵中心，然后从一个固定喷嘴喷出，进入不停旋转着的工作轮的叶片槽道中。叶片将水流分成许多断续的小股水柱，这些小水柱相当于一些小活塞，将空气吸入管处的空气夹带在小活塞之间带入聚水锥筒，然后经扩压管压缩排入水箱，工作水循环使用，气体自水箱中析出。

液柱式真空泵启动前要先开启工作水系统，泵体内要有一定的工作水，然后才能启动真空泵，最后开启与凝汽器相连的空气阀。运行中要注意检查泵的振动和声音，监视工作水温和水箱内水位。真空泵发生效率下降、真空降低时，应检查工作水温，若水温过高，应及时换水，增加冷却水量。这是因为抽吸一定量空气时，工作水温越高，吸入口压力也越高，凝汽器形成的真空就越低。

（二）液环式真空泵

1. 液环式真空泵的工作原理

液环式真空泵又称水环式真空泵，其结构如图 4-12 所示，它的主要部件是叶轮和泵壳。叶轮由叶片和轮毂构成，常用工作性能好的叶片有径向平板式，也有向前弯式（向叶轮旋转方向）。泵壳内部形成一个圆柱体空间，叶轮偏心地安装在这个空间内，同时在壳体侧面的适当

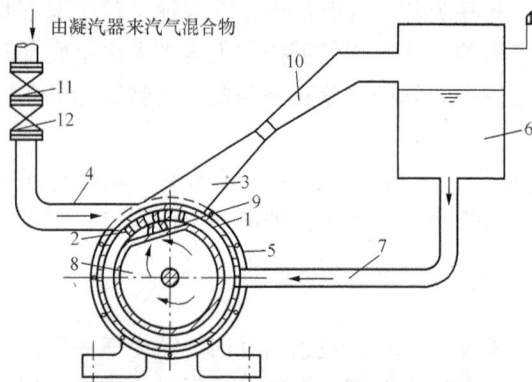

图 4-11 液柱式真空泵的结构示意图

1—叶轮；2—叶片；3—聚水锥筒；4—空气吸入管；5—外壳；6—水箱；7—吸水管；8—吸入管；9—喷嘴；10—扩压管；11—闸阀；12—止回阀

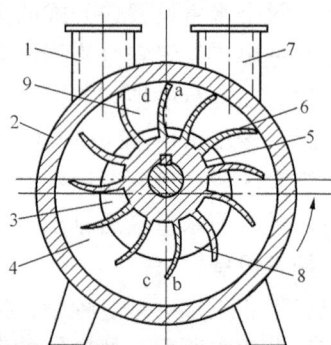

图 4-12 水环式真空泵的结构示意图

1—吸气管；2—泵壳；3—空腔；4—水环；5—叶轮；6—叶片；7—排气管；8—吸气口；9—排气口

位置上开有吸气口和排气口，形成吸气和排气的轴向通道泵壳不仅为叶轮提供工作空间，而且更重要的是壳体还直接影响泵内工作介质（水）的运动，从而影响泵内能量的转换。

水环式真空泵工作前，需要先向泵内注入一定量的水。电动机带动叶轮旋转，水受离心力的作用，形成沿泵壳旋转流动的水环。这样，由水环内表面、叶片表面、轮毂表面、壳体的两个侧表面围成了许多密闭小空间。由于叶轮偏心安装，所以处于不同位置小空间的容积是不同的。也就是说，对于某一指定小空间，随着叶轮的转动，其容积也是不断由小变大、再由大变小，呈周期性变化。在旋转的前半周，即由 a 空间转向 b 空间，小空间的容积由小变大，压力降低，可通过与吸气管连通的吸气口吸入气体；在后半周，即由 c 空间转向 d 空间，小空间的容积由大变小，已经被吸入的气体压缩升压，当压力达到一定程度时，通过与排气管连通的排气口将气体排出。这样，水环泵就完成了吸气、压缩、排气三个连续的工作过程，达到抽气的目的。

水环式真空泵排气时，泵内的水会排出一小部分。经过气—水分离器后，这一小部分水又送回泵内，以减小工质的损失。由于泵内的水温决定了各小空间在旋转过程中所能达到的真空，因此，作为工质的水应当及时冷却，使其尽可能保持所能达到的最低温度。同时，为了保持水环恒定的径向厚度，运行中必须连续向泵内补水。

2. 真空泵组的运行

水环真空泵组工作系统如图 4-13 所示，真空泵组主要由水环式真空泵、气水分离器、冷却器及其联接管道、冷却器阀门和控制部件组成。

由凝汽器抽吸来的气体，经气体吸入口 1、气动蝶阀 5 沿抽空气管进入水环式真空泵 7，该泵由电动机 6 通过联轴器驱动。由真空泵排出的水和气体混合物经泵出口管进入气水分离器 16，分离后的气体经止回阀 8 从气体排出口排向大气，分离出来的水与通过水位调节器 10 的补充水一起进入冷却器 13。冷却后的水分为两路：一路直接进入泵体，维持真空泵的水环和降低水环的温度；另一路经节流孔板喷入真空泵进口的抽空气管，使即将抽入真

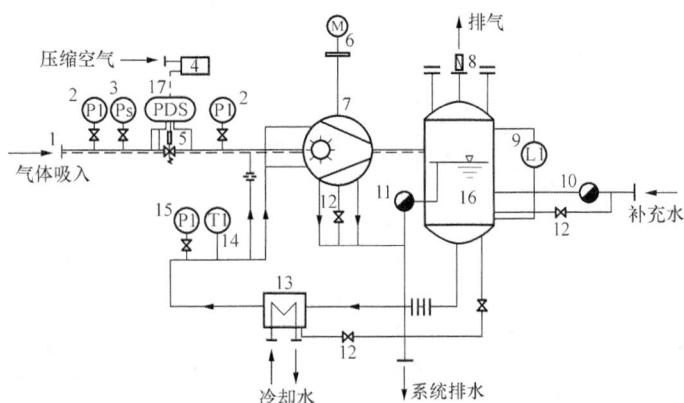

图 4-13 水环真空泵组工作系统图

1—气体吸入口；2—真空表；3—压力表；4—电气控制箱；5—气动蝶阀；6—电动机；7—水环式真空泵；8—止回阀；9—液位计；10—自动补水阀；11—自动溢水阀；12—球阀（常闭）；13—热交换器；14—温度计；15—压力计；16—气水分离器；17—压差开关

空泵的气体中所携带的蒸汽冷却凝结下来，以提高真空泵的抽吸能力。冷却器的冷却水一般可直接取自凝汽器冷却水进水，冷却器出水接入凝汽器冷却水出水。气水分离器高水位溢水、真空泵和冷却器停用时的放水排入地沟。

真空泵组启动前要进行注水，通过自动补水阀 10 或其旁路阀 12 向气水分离器注水，系统通过工作水管使真空泵与气水分离器实现水位平衡。气水分离器的水位通过自动补水阀 10 和自动溢水阀 11 维持在正常范围内。同时，正常的水位使真空泵水环运行在最佳工况，

保证真空泵的出力和效率。

任务拓展

为在富煤缺水地区建设发电厂，需采用空气冷却机组（以下简称空冷机组）。空冷机组与常规湿式冷却机组相比，全厂用水量可节约 2/3 左右。目前，空冷机组的冷却系统主要采用海勒式间接空冷系统、哈蒙式间接空冷系统以及直接空冷系统。这三种冷却系统所采用的凝汽器各有所不同。

一、认识三种空冷系统

空冷机组所采用的空气冷却系统，按结构形式和运行方式可分为间接空冷系统和直接空冷系统两大类。间接空冷系统又分为带混合式凝汽器和带表面式凝汽器间接空冷系统两种。间接空冷系统是将冷凝汽轮机排汽所用的冷却水通过空气冷却塔（以下简称空冷塔）冷却，且循环使用。直接空冷系统是将汽轮机排汽直接进入空冷凝汽器冷凝，并回收利用。

1. 海勒式间接空冷系统

海勒式间接空冷系统也称带混合式凝汽器间接空冷系统。海勒式空冷机组原则性汽水系统如图 4-14 所示。冷却系统主要由混合式凝汽器、调压水轮机和装有全铝制散热器的空冷塔组成。系统中的冷却水是高纯度的中性水（pH 值为 6.8～7.2）。中性冷却水进入凝汽器直接与汽轮机排汽混合换热，蒸汽凝结成水。混合水的 97% 返回空气冷却器内冷却、3% 的混合水经处理后送至回热系统。水轮机一方面可调节混合式凝汽器喷嘴前的水压；另一方面可回收能量，减少冷却水循环的功率消耗。

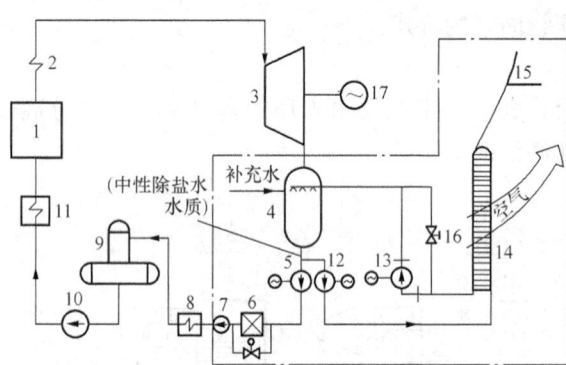

图 4-14　海勒式空冷机组原则性汽水系统

1—锅炉；2—过热器；3—汽轮机；4—喷射式凝汽器；5—凝结水泵；6—凝结水精处理装置；7—凝结水升压泵；8—低压加热器；9—除氧器；10—给水泵；11—高压加热器；12—冷却水循环泵；13—调压水轮机；14—铝制散热器；15—空冷塔；16—旁路节流阀；17—发电机

海勒式间接空冷系统的优点是以微正压的低压水运行，较易控制，其年平均背压低于直接空冷机组，略低于哈蒙式间接空冷机组，故机组的经济性较高。

其缺点是设备多，系统复杂，冷却水循环泵的泵坑较深，自动控制系统复杂，全铝制散热器的防冻性能差。

2. 哈蒙式间接空冷系统

哈蒙式间接空冷系统，即带表面式凝汽器间接空冷系统。哈蒙式空冷机组原则性汽水系统如图 4-15 所示，冷却系统由表面式凝汽器、全钢制散热器、空冷塔及膨胀水箱等组成。该冷却系统与常规湿式系统大体相近，不同之处是用空冷塔代替湿冷塔，用不锈钢管凝汽器代替铜管凝汽器，用除盐水代替循环水，用密闭式循环冷却水系统代替开式循环冷却水系统。在哈蒙式间接空冷系统回路中，因冷却水在温度变化时体积发生变化，故应设置膨胀水箱。在膨胀水箱水面上充满着一定压力的氮气，它既能避免冷却水和空气接触，又能补偿冷却水容积的膨胀。

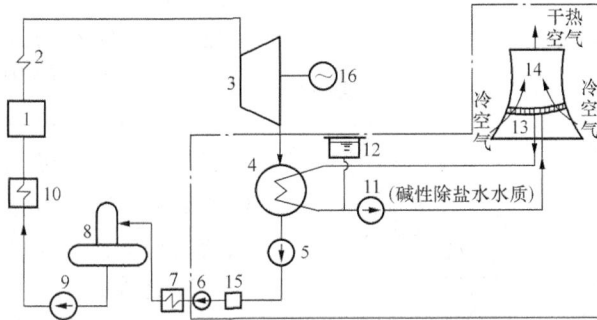

图 4-15 哈蒙式空冷机组原则性汽水系统

1—锅炉；2—过热器；3—汽轮机；4—表面式凝汽器；5—凝结水泵；6—凝结水升压泵；
7—低压加热器；8—除氧器；9—给水泵；10—高压加热器；11—循环水泵；12—膨
胀水箱；13—全钢制散热器；14—空冷塔；15—除铁器；16—发电机

哈蒙式间接空冷系统的优点是节约厂用电，系统设备少，冷却水系统与汽水系统分开，两者水质可按各自要求控制，冷却水量可根据季节要求来调整，在高寒地区，在冷却水系统中可充以防冻液防冻。缺点是空冷塔占地面积大，基建投资多，系统中需要进行两次换热，且都是表面式换热，使得全厂热效率有所降低。

3. 直接空冷系统

直接空冷系统是指汽轮机的排汽直接用空气来冷却凝结，空气与蒸汽间进行热交换，所需冷却空气通常由机械通风方式供给。直接空冷的凝汽设备称为空冷凝汽器（空冷岛），它由外表面镀锌的椭圆形钢管外套矩形翅片的若干个管束组成，这些管束也称散热器。

直接空冷机组原则性汽水系统如图 4-16 所示。汽轮机排汽经粗大的排汽管道送至空冷凝汽器内，轴流冷却风机使空气流过散热器外表面，将排汽凝结成水，并经凝结水泵送回回热系统。

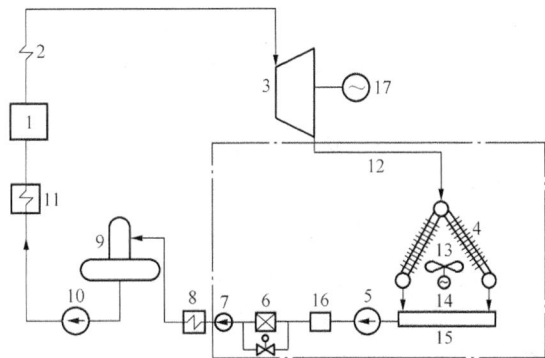

图 4-16 直接空冷机组原则性汽水系统

1—锅炉；2—过热器；3—汽轮机；4—空冷凝汽器；5—凝结水泵；
6—凝结水精处理装置；7—凝结水升压泵；8—低压加热器；
9—除氧器；10—给水泵；11—高压加热器；12—汽轮
机排汽管道；13—轴流冷却风机；14—立式电动机；
15—凝结水箱；16—除铁器；17—发电机

直接空冷系统的优点是设备少，系统简单，基建投资较少，占地面积小，空气质量的调节灵活。其缺点是运行时粗大的排汽管道密封困难，维持排汽管内的真空困难，启动时建立真空需要的时间较长。

二、空冷凝汽器的结构形式

（一）管束的基本形式

空冷凝汽器管束基本形式有顺流式和逆流式两种，如图 4-17 所示。

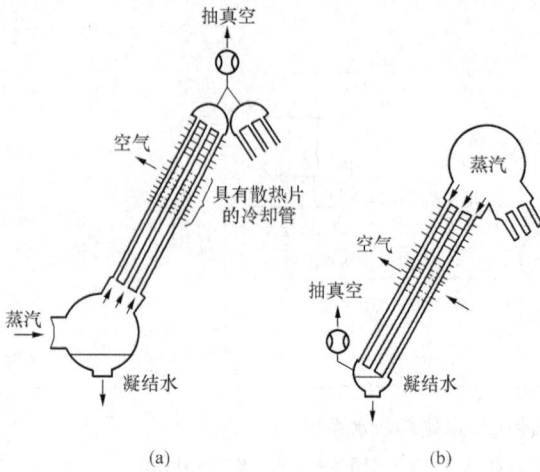

图 4-17 空冷凝汽器管束的基本形式

(a) 逆流式；(b) 顺流式

1. 顺流式

在顺流式情况下，蒸汽从配汽总管向下流动，凝结水的流动方向与蒸汽流动方向相同，冷凝液膜较薄，传热效果好，汽阻也小。但在低负荷或低温条件下，翅片管底部的凝结水可能出现过冷现象，这将增加凝结水的溶氧量，并可能导致凝结水冻结，甚至管子破裂。

2. 逆流式

在逆流式情况下，蒸汽从翅片管底部进入，凝结水流动方向与蒸汽流动方向相反，这样可避免凝结水过冷现象，防止冻结。由于凝结液膜较厚，故传热系数降低，汽阻较大。

目前，为提高传热性能，防止凝结水冻结，空冷凝汽器管束以顺流式为主，逆流式为辅，两者采用一定的面积配比。

(二) 空冷凝汽器的类型及结构

1. GEA 型

GEA 型空冷凝汽器布置如图 4-18 所示。汽轮机排汽进入斜顶式空冷器，翅片管为椭圆管穿矩形翅片，采用横向排列，翅片管与管箱采用焊接连接，以防空气漏入。为防止空冷凝汽器在低温环境下发生凝结水冻结，常采用主凝汽器与辅助凝汽器的连接系统，主凝汽器为顺流式，辅助凝汽器为逆流式，两者面积配比为 7∶1。

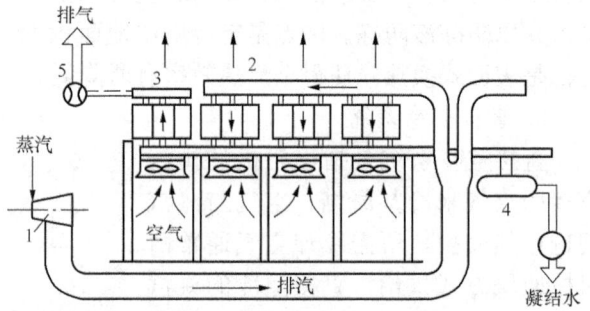

图 4-18 GEA 型空冷凝汽器布置

1—汽轮机；2—主凝汽器；3—辅助凝汽器；
4—凝结水箱；5—抽气器

2. 赫德逊（HUDSON）型

HUDSON 型空冷凝汽器如图 4-19 所示。蒸汽在翅片管内冷凝后，凝结水进入防冻疏水罐，然后再进入凝结水箱。未凝结的余汽和空气一起进入上排管的 4 根余汽冷凝管，蒸汽继续冷凝，剩余少量蒸汽和空气由抽气器抽出。空冷凝汽器的每一个管束由主冷凝管束（顺流式）和辅助冷凝管束（逆流式）组成，其出口管箱按管排数相应的隔开，互不相通，分别运行在不同的压力和温度条件下。各管排的凝结水也分别进入疏水罐中汇合。在顶排管留

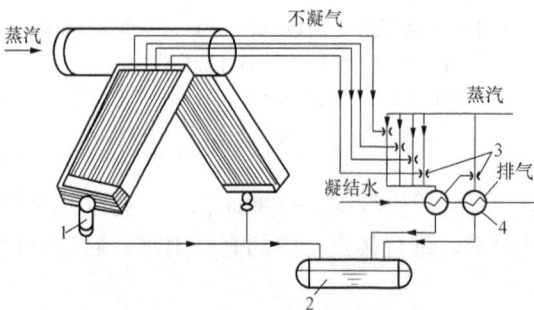

图 4-19 HUDSON 型空冷凝汽器

1—防冻疏水罐；2—凝结水箱；
3—抽气器；4—抽气器冷却器

4 根作为余汽冷凝管。

3. 拉默斯（LUMMUS）型

（LUMMUS）空冷器为斜顶式，翅片管为平行排列的水平 U 形管，具有一定倾斜度，以便凝结水排放。整个空冷凝汽器由主冷凝管束和辅助冷凝管束组成。LUMMUS 型空冷凝汽器及系统如图 4-20 所示。辅助冷凝管束的作用是在抽气前对抽气中所含蒸汽进行最大限度的冷凝，降低抽气器的耗功并回收工质。辅助冷凝管束布置在主凝结管束之后，以使余汽与热空气相接触，避免凝结水冻结。

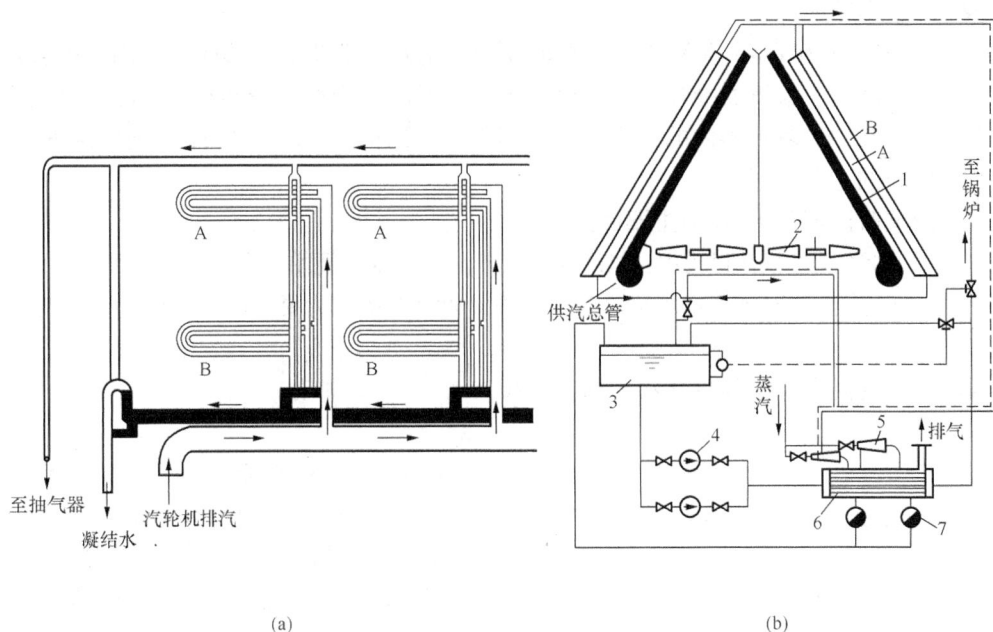

图 4-20 LUMMUS 型空冷凝汽器及系统

(a) 空冷凝汽器；(b) 空冷凝汽器系统

1—进汽管；2—风机；3—凝结水箱；4—凝结水泵；5—抽气器；6—抽气器冷却器；7—疏水器；

A—主冷凝管束；B—辅助冷凝管束

任务验收

（1）认识国产某 600MW 机组凝汽器的结构。

（2）分析水环式真空泵组的运行原则。

任务二 凝汽器的热力特性分析

【任务描述】

从凝汽器压力（真空）的确定着手，分析影响它的主要因素，认识凝汽器真空在机组运行中的重大意义。分析典型机组凝汽器的特性曲线，认识它在机组运行中的指导作用。对比单压凝汽器，分析多压凝汽器的热力特性及特点。

（1）能分析冷却水进口温度 t_{w1}、冷却水的温升 Δt、凝汽器端差 δ_t 对凝汽器真空的影响。

（2）能依据凝汽器特性曲线，在负荷变化（D_c 变化）、季节变化时，及时调整冷却水量 D_w，以维持机组在最佳真空下运行。

（3）认识多压凝汽器的结构特点。

🌱 **任务实施**

凝汽器的压力（真空）是凝汽器运行时所监视的最重要参数，影响它的因素很多，例如凝汽器内的蒸汽量、凝汽器冷却水量、冷却水进口温度、凝汽器冷却水管污脏、真空系统严密性下降等。其中，凝汽器内的蒸汽量 D_c、凝汽器冷却水量 D_w、冷却水进口温度 t_{w1} 是决定凝汽器压力的主要因素。

一、影响凝汽器压力 p_c 的主要因素

在表面式凝汽器的换热过程中，被凝结的蒸汽与冷却水之间始终存在一个温度差。因此，凝汽器中蒸汽的饱和温度 t_c 比冷却水出口温度 t_{w2} 高，两者之差称为凝汽器的端差，用 δ_t 表示。即

$$\delta_t = t_c - t_{w2} \tag{4-2}$$

因凝汽器的温升（又称冷却水的温升）$\Delta t = t_{w2} - t_{w1}$，则有

$$t_c = t_{w1} + \Delta t + \delta_t \tag{4-3}$$

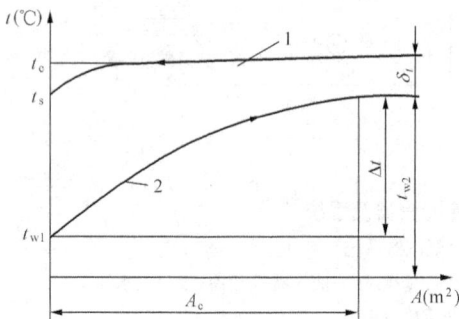

图 4-21　凝汽器中蒸汽和冷却水温度沿冷却表面的变化关系
1—饱和蒸汽放热过程；2—冷却水的吸热过程

以上各温度沿凝汽器冷却表面的变化关系如图 4-21 所示。凝汽器中的蒸汽压力 p_c 与其饱和温度 t_c 是相对应的，因此，冷却水进口温度 t_{w1}、凝汽器温升 Δt、凝汽器端差 δ_t 将直接影响凝汽器的压力。

（一）冷却水进口温度 t_{w1} 的影响

由式 4-3 可知，当其他条件不变时，冷却水进口温度 t_{w1} 越低，凝汽器的压力越低，真空越高。t_{w1} 的高低取决于当地的气温和供水方式。供水方式分为从江河湖海中直接取水的直流供水方式和通过冷却塔或喷水池散热的循环供水方式两种，直流供水方式的 t_{w1} 随季节变化明显，循环供水方式的 t_{w1} 较恒定。

（二）凝汽器温升 Δt 的影响

汽轮机的排汽在凝汽器中放出热量，由冷却水吸收后带走，其热平衡方程为

$$D_c(h_c - h_c') = D_w c_p(t_{w2} - t_{w1}) \tag{4-4}$$

式中　D_c——凝汽器的蒸汽量（又称凝汽器的负荷），kg/h；

　　　h_c——凝汽器的排汽焓，kJ/kg；

　　　h_c'——凝结水焓，kJ/kg；

　　　D_w——凝汽器的冷却水量，kg/h；

　　　c_p——却水比热容，对于淡水 $c_p = 4.19$kJ/（kg·℃）；

t_{w1}、t_{w2}——冷却水进、出口温度，℃。

因 $\Delta t = t_{w2} - t_{w1}$，$h_c - h_c'$ 是每千克蒸汽的凝结放热量，在凝汽式汽轮机通常排汽压力范围内约为 2180kJ/kg，则有

$$\Delta t = \frac{2180}{4.19}\left(\frac{D_w}{D_c}\right) = \frac{520}{m} \tag{4-5}$$

式中　D_w/D_c——凝汽器的循环倍率 m，一般 m 为 50～80。

由式（4-3）可知，当其他条件一定时，凝汽器温升 Δt 越低，凝汽器的压力越低，真空越高。汽轮机运行时，凝汽器的蒸汽量是由外界负荷决定的，降低 Δt 主要依靠冷却水量 D_w 来实现。

冷却水量 D_w 主要由循环水泵的容量和运行台数决定。增加冷却水量 D_w，则 Δt 减小，排汽压力 p_c 降低，汽轮机发出的功率增加。但不是真空越高越好，因为增加冷却水量，循环水泵功耗将增加。若只有一台循环水泵工作，且冷却水量可连续调节，汽轮机功率增加及水泵耗功增量与冷却水增量的关系曲线如图 4-22 所示。随着循环水量的增加，曲线 1 是机组电功率增量 ΔP_T 的变化曲线，曲线 2 是循环水泵所耗功率增量 ΔP_P 的变化曲线。由图 4-22 可见，当两曲线差值 $\Delta P = \Delta P_T - \Delta P_P$ 为最大时，提高真空后所增加的汽轮机功率与为提高真空使循环水泵多消耗的厂用电之差即达到最大，此时的真空值称为最佳真空。运行中，机组要尽量保持在凝汽器的最佳真空下工作。实际

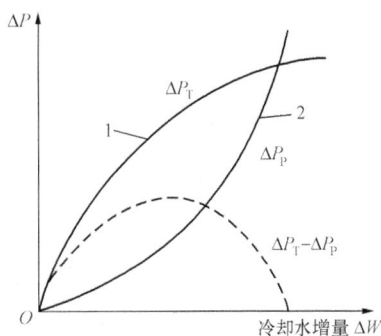

图 4-22　汽轮机功率增加及水泵耗功增量与冷却水增量的关系曲线

上，运行的循环水泵可能有几台，冷却水量也不能连续调节，所以应通过试验确定不同负荷及不同冷却水进口温度下的最佳真空。

对于一台结构已定的汽轮机，蒸汽在末级存在极限膨胀压力。若排汽压力低于该值，则蒸汽的部分膨胀只能发生在动叶之后，产生膨胀不足损失，汽轮机功率不再增加，反而还因凝结水温降低、最末级回热抽汽量增加而使机组功率减小。凝汽器的极限真空就是指使汽轮机做功达到最大值的排汽压力所对应的真空。

（三）凝汽器端差 δ_t 的影响

汽轮机排汽放出的热量 Q 全部通过冷却水管传给了冷却水，其传热方程为

$$Q = KA_c\Delta t_m = D_w c_p \Delta t \tag{4-6}$$

式中　K——凝汽器的总体传热系数，通常采用经验公式确定，kJ/（m²·h·℃）；

　　　A_c——冷却水管外表面总面积，m²；

　　　Δt_m——排汽至冷却水的平均传热温差。

利用排汽至冷却水的平均传热温差 Δt_m 公式，即

$$\Delta t_m = \frac{\Delta t}{\ln\dfrac{\Delta t + \delta_t}{\delta_t}} \tag{4-7}$$

有

$$\delta_t = \frac{\Delta t}{e^{\frac{A_c K}{c_p D_w}} - 1} \tag{4-8}$$

由式（4-3）可知，当其他条件一定时，凝汽器端差 δ_t 越低，凝汽器的压力越低，真空越高。由式（4-8）可知，对于一台凝汽器（A_c 为定值），在其他参数不变的前提下，δ_t 随 D_w 的减小而减小，但 Δt 又会增加，因此，很难确定 D_w 与 δ_t 的对应关系。K 增大时，传热加强，δ_t 要减小。K 值与冷却水进口温度 t_{w1}、冷却水流速、蒸汽流速和流量、凝汽器结构、冷却表面清洁程度及空气含量等有关。

若冷却水量 D_w 一定，由式（4-5）和式（4-8）可得

$$\delta_t = \frac{\alpha D_c}{e^{\frac{A_c K}{c_p D_w}} - 1} \tag{4-9}$$

式中 α——常数。

由式（4-9）可知，若 K 也不变，则 δ_t 与 D_c 成正比。图 4-23 为凝汽器端差 δ_t 与单位面积负荷 $d_c = \dfrac{D_c}{A_c}$ 和冷却水进口温度 t_{w1} 的关系试验曲线。

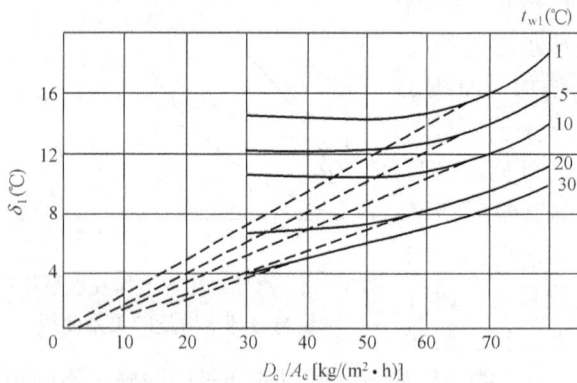

图 4-23　凝汽器端差 δ_t 与单位面积负荷 D_c/A_c 和
冷却水进口温度 t_{w1} 的关系试验曲线

试验证明，当凝汽器负荷（凝汽量）下降不大时，漏入空气量小，K 变化不大，δ_t 与 D_c 成正比降低，如图 4-23 右侧实线倾斜段所示；当凝汽器负荷下降较多时，凝汽器真空提高，漏入空气量增大，K 减小，δ_t 增大，同时，D_c 下降又使 δ_t 减小，两方面共同作用使 δ_t 下降缓慢或不变，如图 4-23 实线转折段和水平段所示。δ_t 保持不变的工况取决于冷却水进口温度 t_{w1}，t_{w1} 越低，真空越高，漏入的空气量相对越多，对 K 的影响就越显著，δ_t 保持不变的工况发生得越早。当冷却水量 D_w 改变后，需重新确定 δ_t 与 D_c 的关系。

综上所述，凝汽器负荷减小但偏离设计值不大时，Δt 和 δ_t 都随负荷下降而减小，使排汽温度降低，凝汽器真空上升；凝汽器负荷减小但偏离设计值较大时，虽然 δ_t 不随负荷下降而减小，但 Δt 却一直是随负荷的减小而下降，所以排汽温度总是随负荷的减小而下降，凝汽器真空上升。

二、凝汽器的热力特性

凝汽器运行中的一些主要参数大多偏离设计值，凝汽量 D_c 随机组负荷的变化而变化；冷却水进口温度 t_{w1} 则随当地气象条件的不同而改变；冷却水量 D_w 也随循环水泵的运行方式而变化。另外，凝汽器运行中冷却表面被污脏，清洁系数降低，导致传热系数下降；运行中真空系统严密性下降，漏入真空系统的空气量增多，又使传热恶化。所有这些运行因素的变化，最终导致凝汽器压力（真空）偏离设计工况，在非设计工况下运行，称为凝汽器的变工况运行。凝汽器压力 p_c 随 D_c、D_w 和 t_{w1} 变化而变化的规律称为凝汽器的热力特性或称为凝汽器的变工况特性，它们之间的关系曲线称为凝汽器的特性曲线。凝汽器的特性曲线可以指导运行人员监视凝汽器的运行，确定汽轮机的最安全最合理的运行方式。用计算和试验方法均能绘出凝汽器的特性曲线。图 4-24、图 4-25 分别为某 300MW 机组 N-1500-1 型凝

汽器和某 600MW 机组 N - 40000 - 1 型凝汽器的特性曲线。

由图 4 - 24 可见，当冷却水量 D_w 和冷却水进口温度 t_{w1} 不变时，凝汽器压力随排汽量的减少而降低，即凝汽器的真空随机组负荷降低而升高；当冷却水量 D_w 和机组负荷一定时，凝汽器压力随冷却水进口温度 t_{w1} 的降低而降低。因此，凝汽器在寒冷季节运行时，可得到较高的真空。由图 4 - 25 可见，双背压凝汽器高、低压侧之间的压力差随负荷率的升高而升高，在冷却水进口温度 t_{w1} 较高时尤为明显。

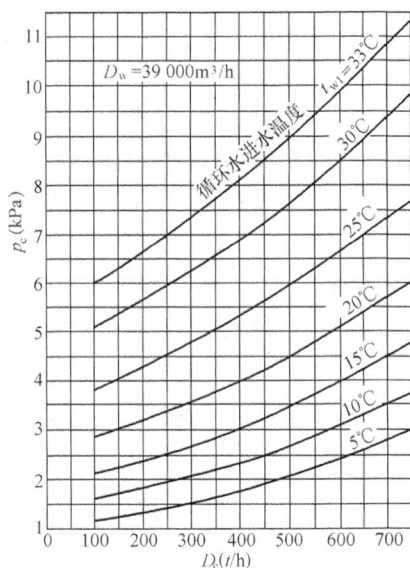

图 4 - 24 某 300MW 机组 N - 1500 - 1
型凝汽器特性曲线

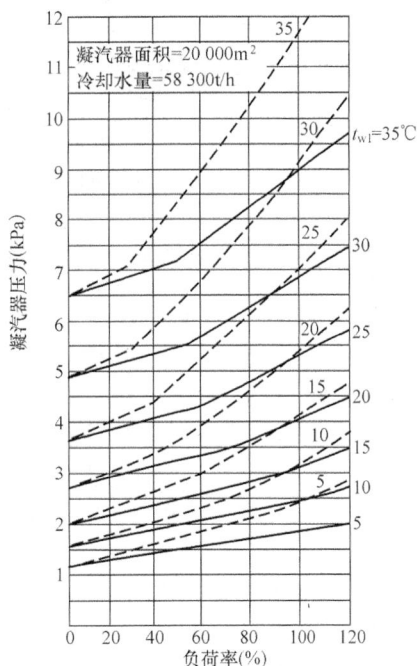

图 4 - 25 某 600MW 机组 N - 40 000 - 1
型凝汽器特性曲线
——低压侧；－－－高压侧

三、多压凝汽器

大功率汽轮机都具有两个及以上的低压缸，每个低压缸为双分流，有两个排汽口。如果将一个或多个排汽口与一个凝汽器的壳体相连接，每个壳体又互不相通，则每一个排汽口或多个排汽口便形成各自的背压。多压凝汽器就是把汽轮机排汽口对应的凝汽器壳体做成独立的汽空间，或者把一个壳体分隔成几个独立的互不相通的汽空间。冷却水先流经第一个壳体（或汽室），而后依次流过下一个壳体，于是在壳体内形成了不同的压力区段。冷却水流经的第一个壳体所形成的压力最低，以后依次升高，冷却水最后流过的那个壳体压力最高。如图 4 - 26 所示，凝汽器汽侧用密封分隔板隔为两个汽室，冷却水串行流过各汽室。各汽室进口水温不同，形成高压汽室和低压汽室，构成双压式凝汽器。同理，还有三压式、四压式等凝汽器。

1. 多压凝汽器的热力特性

双压凝汽器蒸汽和冷却水温度沿冷却水管长度分布的曲线如图 4 - 27 所示，虚线表示单压凝汽器，实线表示双压凝汽器。双压凝汽器两汽室的传热面积和热负荷各为单压式的 1/2（$A_c/2$ 和 $Q/2$），冷却水量相同，所以两汽室的冷却水温升各为 $\Delta t/2$。冷却水流经第一汽室

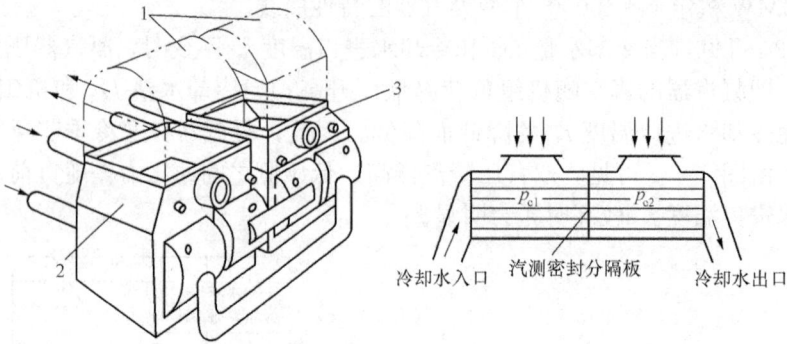

图 4-26　双压凝汽器示意图

1—汽轮机低压缸；2—低压凝汽器；3—高压凝汽器

后，温度由 t_{w1} 上升至 $t_{w,m}$，流经第二汽室后，温度由 $t_{w,m}$ 上升至 t_{w2}。排汽热量的一半在第一汽室被冷却水带走，蒸汽在该汽室内的 t_{c1} 温度下凝结，与之相对应的饱和蒸汽压力为 p_{c1}；另 1/2 热量在第二汽室被从第一汽室流入的冷却水带走，蒸汽在该汽室内的 t_{c2} 温度下凝结，与此相对应的饱和蒸汽压力为 p_{c2}。如两汽室的冷却面积相同，则第一汽室蒸汽是在比单压凝汽器低的温度下凝结，即 $t_{c1} < t_c$，相应的 $p_{c1} < p_c$，形成凝汽器低压侧；在第一汽室吸收热量、温度上升至 $t_{w,m}$ 的冷却水进入第二汽室，蒸汽在第二汽室内比单压凝汽器高的温度下凝结，即 $t_{c2} > t_c$，相应的 $p_{c2} > p_c$，形成凝汽器高压侧。

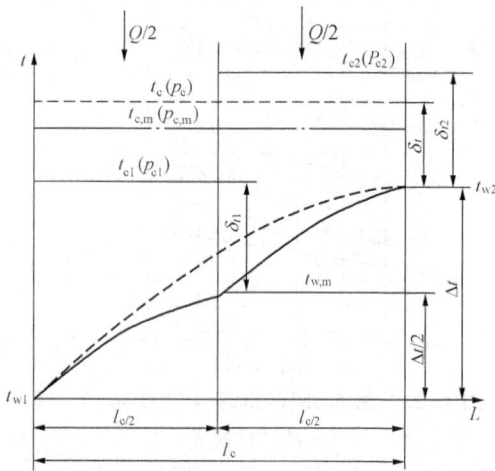

图 4-27　双压凝汽器蒸汽和冷却水温度
沿冷却水管长度分布的曲线

单压凝汽器蒸汽凝结温度为

$$t_c = t_{w1} + \Delta t + \delta_t \qquad (4-10)$$

双压凝汽器低压汽室蒸汽凝结温度为

$$t_{c1} = t_{w1} + \frac{\Delta t}{2} + \delta_{t1} \qquad (4-11)$$

双压凝汽器高压汽室蒸汽凝结温度为

$$t_{c2} = \left(t_{w1} + \frac{\Delta t}{2} \right) + \frac{\Delta t}{2} + \delta_{t2} = t_{w1} + \Delta t + \delta_{t2} \qquad (4-12)$$

双压凝汽器的低压汽室端差 δ_{t1} 和高压汽室端差 δ_{t2} 分别为

$$\delta_{t1} = \frac{\Delta t}{2 e^{\frac{A_c K_1}{8.38 D_w}} - 1} \qquad (4-13)$$

$$\delta_{t2} = \frac{\Delta t}{2 e^{\frac{A_c K_2}{8.38 D_w}} - 1} \qquad (4-14)$$

双压凝汽器的平均压力用平均折合压力表示，即蒸汽凝结平均温度 $t_{c,m} = \frac{t_{c1} + t_{c2}}{2}$ 对应的饱和压力。

单压凝汽器与双压凝汽器的平均排汽温度之差为

$$\Delta t_c = t_c - t_{c,m} = \frac{\Delta t}{4} + \delta_t - \frac{\delta_{t1} + \delta_{t2}}{2} \tag{4-15}$$

由式（4-15）可知，Δt_c 由 Δt、δ_t、δ_{t1} 和 δ_{t2} 确定。由于 $\Delta t = 520/m$，可知循环倍率 m 越小，Δt_c 越大。凝汽器端差与传热系数有关，而传热系数与冷却水进口温度 t_{w1} 有关。当 Δt 一定时，t_{w1} 大于某一温度值时，Δt_c 为正，而且 t_{w1} 越大，Δt_c 越大，说明多压凝汽器的平均折合压力低于单压凝汽器的排汽压力，热经济性好。由此可见，气温高的地区（t_{w1} 高）、缺水地区（m 小）的机组更适宜采用多压凝汽器。

2. 多压凝汽器的特点

（1）在一定条件下，多压凝汽器的平均折合压力低于单压凝汽器的排汽压力，提高了机组的热经济性（一般其热效率可提高 0.15%～0.35%）。例如，某 600MW 机组采用双背压凝汽器可使机组热耗率降低 8.4kJ/（kW·h），机组出力约增加 600kW。在机组功率相同时，可减少冷却面积和冷却水量。

（2）多压凝汽器低压侧的凝结水应输送到高压侧，并利用喷淋或淋水盘方式进行加热，以提高凝结水出口温度，减小低压加热器的抽汽量，从而减小发电热耗率，提高循环热效率；同时，还可提高凝结水的除氧效果。这一过程称为多压凝汽器凝结水的回热。具体方法有两种：一是将低压凝结水用泵打至高压汽室内特制的喷嘴中，使水雾化，充分与高压汽室蒸汽接触而被加热，如图 4-28（a）所示；二是将低压凝结水水位提高，从而克服两汽室的压差，依靠重力作用使低压凝结水自流到高压侧的底盘上，与高压侧凝结水混合后再由底盘下的许多小孔流出，再由高压侧蒸汽加热到接近其蒸汽压力下的饱和温度，如图 4-28（b）所示。

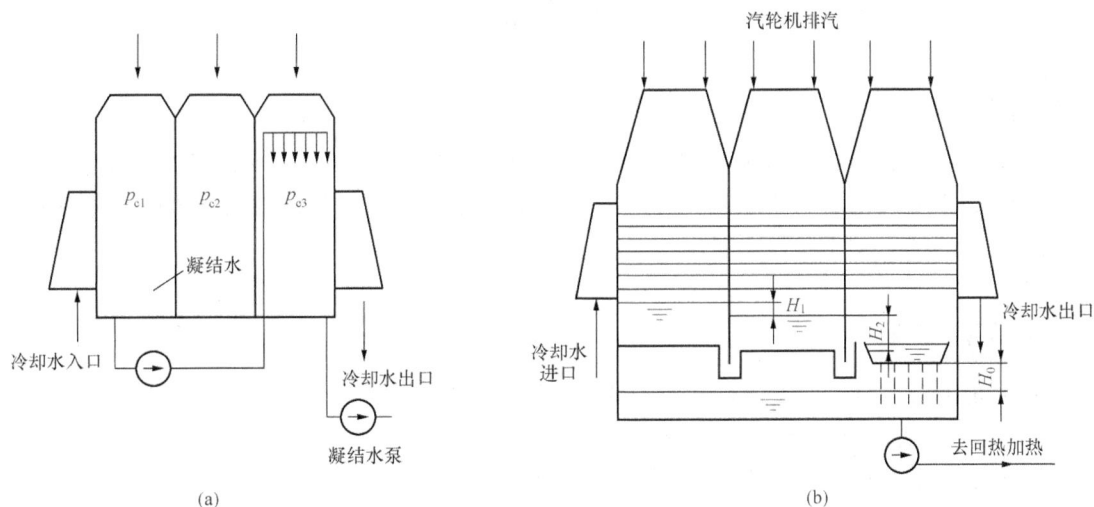

图 4-28　多压凝汽器的凝结水回热方式
（a）水泵输送；（b）凭水位差自流
H_1、H_2—水位标高差；H_0—凝结水从凝水孔落下的高度

（3）多压凝汽器非凝结气体的抽出，可采用串联抽气或并联抽气系统。串联抽气是将高压侧的抽气引至低压侧的空冷区集气管，与低压侧的空气混合在一起，由低压侧冷端抽出。并联抽气是高、低压侧各有一套抽气系统，两壳体的抽气系统互不干扰，易于保证双背压运行。

（4）运行中当机组事故停机和正常停机时，均需破坏真空以加速停机并减少转子惰走时间，通常的做法是打开凝汽器上的真空破坏阀。而多压凝汽器的每一个壳体（或汽室）上均装有真空破坏阀，事故时各阀开启不易做到同步，为同步可采用一套共用的真空破坏阀，如图 4 - 29 所示。

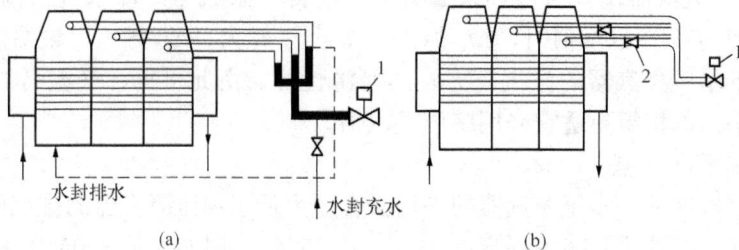

图 4 - 29　多压凝汽器真空破坏阀的布置
(a) U形管密封；(b) 止回阀密封
1—真空破坏阀；2—止回阀

任务验收

（1）依据典型机组的凝汽器特性曲线，分析凝汽器负荷、季节及冷却水量变化时，凝汽器真空的变化。

（2）分析某国产 600MW 机组多压凝汽器的凝结水回热系统。

任务三　凝汽器的运行

【任务描述】

认识凝汽器运行中需要监视的参数，分析这些参数发生变化的原因及调整措施。进行凝汽器投运前的相关试验，重点完成真空严密性试验。分析凝汽器启动和停运原则，进行机组真空下降的处理。

能力目标

（1）能通过监视凝汽器运行参数的变化，进行参数调整。

（2）能进行真空严密性试验的操作。

（3）能分析凝汽器启动和停运原则。

（4）能进行机组真空下降的处理。

任务实施

一、凝汽器运行参数的监视

凝汽器运行的好坏对汽轮机的安全性和经济性都有很大的影响。它可以从下述几个方面进行衡量：是否达到并保持最有利的真空，凝结水过冷却度的大小，以及凝结水水质是否合格。为了确保凝汽器经济合理地运行，必须对凝汽器真空 p_c，排汽温度 t_c，凝结水温度 t_s，冷却水进、出口温度 t_{w1} 和 t_{w2}，冷却水进、出口压力 p_{w1} 和 p_{w2}，被抽出气汽混合物温度、凝结水含盐量、含氧量等参数进行经常性的监视和分析。表 4-1 为某 660MW 超临界机组凝汽器运行监视的参数。

1. 凝汽器真空的监视

凝汽器在运行中应该从各方面采取措施以获得良好真空，即维持最佳真空（或经济真空），提高机组的经济性。对每台汽轮机的凝汽器可通过试验或计算确定最佳真空。影响凝汽器最佳真空的主要因素是进入凝汽器的蒸汽流量 D_c、汽轮机排汽压力 p_c、冷却水的进口温度 t_{w1}、循环水量（或是循环水泵的运行台数）、汽轮机的出力变化及循环水泵的耗电量变化等。实际运行中则是根据凝汽量 D_c 及冷却水进口温度 t_{w1} 来选用最佳真空下的冷却水量，即合理调度使用循环水泵的容量和台数或调整叶片安装角度。

表 4-1　　　　　　　　　某 660MW 超临界机组凝汽器运行监视的参数

序号	监视参数	单位	数值	仪表安装地点	仪表名称
1	大气压力	kPa	101.1	表盘	大气压力计
2	凝汽器压力	kPa	-91	凝汽器喉部	真空压力表
3	冷却水进口温度	℃	18	冷却水进口管道	温度计
4	冷却水进口压力	MPa	0.15	冷却水进口管道	压力表
5	冷却水出口温度	℃	30	冷却水出口管道	温度计
6	冷却水出口压力	MPa	0.12	冷却水出口管道	压力表
7	凝结水温度	℃	36	凝结水泵前或后	温度计
8	凝结水流量	t/h	1360	凝结水管	流量计

在其他条件相同的情况下，冷却水进口温度 t_{w1} 越低，排汽温度 t_c 越低，凝汽器真空就越高（凝汽器压力越低），对汽轮机的经济运行越有利。但是冷却水进口温度 t_{w1} 不取决于凝汽器的运行工况，而取决于供水方式、气候条件和所处地区。冬季的水温低，所以真空较好；夏季的水温高，真空要差一些。循环供水比直接供水的水温低，所以循环供水的真空较直接供水的真空高。

凝汽器温升 Δt 是凝汽器经济运行的一个重要指标。Δt 可用于监视凝汽器冷却水量是否满足汽轮机排汽冷却（一定的蒸汽流量下有一定的温升值）；另外，Δt 还可供分析凝汽器冷却水管是否堵塞、清洁等。凝汽器温升 Δt 大的原因有蒸汽流量增加，冷却水量减少，冷却水管清洗后较干净；Δt 小的原因有蒸汽流量减少，冷却水量增加，冷却水管结垢或脏污，真空系统漏空气严重。设计时，选用的额定负荷下的凝汽器温升 Δt 一般为 5~7℃。

在其他条件相同的情况下，增加冷却水量即增加了冷却倍率 m，凝汽器温升 Δt 必然减小，排汽温度 t_c 也要降低，从而使凝汽器真空得到提高。此外，当冷却水量增加时，冷却水管内的流速增大，改善了蒸汽与冷却水之间的热交换条件，从而使传热端差减少，亦有利于真空的提高。

凝汽器端差 δ_t 越小，说明冷却水吸收的热量越多，冷却水管的传热情况越好，凝汽器的真空就越高，即运行情况越好。对一定的凝汽器，其 δ_t 与冷却水进口温度 t_{w1}、凝汽器单位面积蒸汽负荷 D_c/A_c、凝汽器铜管的表面洁净度、凝汽器内的漏入空气量以及冷却水在管内的流速有关。一个清洁的凝汽器在一定的冷却水进口温度和冷却水量及单位蒸汽负荷下有一定的端差值指标。一般当冷却水量增加时，冷却水出口温度越低，端差越大，反之亦然；单位蒸汽负荷越大，端差越大，反之亦然。实际运行中，若端差值比端差指标值高得太多，则表明凝汽器冷却水管脏污，致使传热条件恶化。端差增加的原因有凝汽器冷却水管水侧或汽侧结垢，凝汽器汽侧漏入空气，冷却水管堵塞，冷却水量减少等。

2. 凝结水过冷却度的监视与消除

凝结水的过冷却对发电厂热力设备的经济性和安全性都是不利的，它将增加冷源损失，使汽轮机消耗更多的回热抽汽，以便将凝结水加热到预定的锅炉给水温度，从而增大了热耗（燃料消耗增大）。例如，在无回热的热力系统中，凝结水每过冷却 7℃，发电厂的热效率就要降低 1%。此外，凝结水过冷却会使凝结水中的含氧量增加，从而加剧了对热力设备及管道的腐蚀作用，并可能成为给水被活性腐蚀气体严重污染的原因。出现凝结水过冷却的主要原因如下：

（1）凝汽器汽侧漏空气或抽气设备运行不良。凝汽器中由于任何原因有空气积存时，都会使蒸汽的分压力减小，凝结水的温度就低于凝汽器总压力下的饱和温度，其过冷却度增大。因此，保证真空系统的严密性和抽气设备的正常工作，不仅是维持凝汽器高度真空的重要条件，也是防止凝结水过冷却的有效措施之一。

（2）凝结水水位过高。运行中当凝结水水位过高，以致淹没了下面几排冷却水管时，也会造成凝结水的过冷却。为了防止凝结水水位过高，除了运行中严格监视凝汽器水位外，还可以通过凝结水泵的运行特性进行低水位运行。即采用泵自身调节运行方式，在运行中始终开大凝结水泵出口门，借水泵在合理的低汽蚀范围内运行以自动调节水量，维持凝汽器在较低水位下工作。

（3）凝汽器在构造上存在缺陷。凝汽器冷却水管排列不佳或布置过密，使管束之间蒸汽没有足够的通往凝汽器下部的通道，凝结水自上部管子流下，落到下部管子上面再度冷却，从而产生过冷却。所以现代凝汽器都设计成回热式，便于消除或减少凝结水的过冷却。

此外，凝汽器冷却水量过多、冷却水进口温度过低或冷却水管破裂而使冷却水漏入凝结水（此时凝结水质严重恶化，如硬度超标等），都会导致凝结水的过冷却。

3. 凝结水水质的监视

凝结水水质不良，不仅使锅炉受热面结垢、传热恶化，汽轮机叶片也将结垢，效率降低，而且有可能引起锅炉爆管、汽轮机轴向推力过大等事故，将直接威胁锅炉和汽轮机的安全运行。所以运行中必须对凝结水进行化学分析，鉴别其水质是否合格。某 660MW 超临界机组凝结水水质技术参数见表 4-2。

表 4-2　　　　　　　　　　某 660MW 超临界机组凝结水水质技术参数

序号	项目	数据	序号	项目	数据
1	总硬度	0mol/L	6	油	约 0mg/L
2	溶解氧	30μg/L	7	钠	≤10μg/L
3	铁	≤10μg/L	8	pH 值	8~8.5
4	铜	≤5μg/L	9	电导率（25℃）	≤0.2μS/m
5	二氧化硅	≤15μg/L			

　　汽水在机、炉间不同参数和形态的循环，不可避免地会携带溶解的各种金属盐类和泄漏的其他盐类杂质（包括凝汽器泄漏及换热器、水箱、加药泵等部位），尽管是微量的，但不间断的积存，都将形成危害。机组基建阶段，停运期间，启动时保护不当、冲洗不净、未采用除盐水冲洗及负荷的变动等原因使腐蚀加剧。当锅炉补给水操作控制不当时，会带入一些可溶性盐类；当疏水未经处理回到系统中时，也会造成一些污染。因此，凝结水处理的首要任务是除掉金属的腐蚀产物、胶硅、悬浮杂质，同时还应除掉可溶盐类，为此应考虑设置凝结水精处理设备。凝结水精处理设备是最直接的、最后的水质把关设备，它可阻止一切盐类和固体杂质漏过，因此是不可缺少的关键设备。

二、凝汽器的运行

（一）凝汽器投运前的试验

　　为了确保机组的运行性能，凝汽器在正式投入运行前，其水侧必须进行水压试验，汽侧必须进行灌水试验，真空系统必须进行严密性试验。

　　1. 水侧的水压试验

　　水侧的水压试验压力应符合图纸规定，用于水压试验的水温应不低于 15℃。试验步骤如下：

　　（1）关闭所有与水室连接的阀门。

　　（2）灌清洁水并缓慢加压至试验压力（水室底部）。

　　（3）维护此压力 30min。

　　在试验过程中必须注意水室法兰、人孔及各连接焊缝等处有无漏水、渗水及整个水室有无变形等情况发生。如发现问题应立即停止试验，并采取补救措施。若在规定时间内不能做完全部检查工作，则应延长持压时间。

　　2. 汽侧的灌水试验

　　为了检验壳体及冷却管的安装情况，在凝汽器运行前对其进行灌水试验是必不可少的，但不能与水侧水压试验同时进行（应在水侧水压试验前进行），汽轮机检修后再次启动前也要做灌水试验。灌水试验水温应不低于 15℃。试验步骤如下：

　　（1）关闭所有与壳体连接的阀门。

　　（2）灌入清洁水，灌水高度应高于凝汽器与低压缸连接处约 300mm。

　　（3）维持此高度 24h。

　　在试验过程中如发现冷却管及与端管板连接处、壳体各连接焊缝等处有漏水、渗水及整个壳体外壁变形等情况应立即停止试验，放尽清洁水，进行检查，找出问题的原因并采取处理措施。试验后放掉壳体内的水，并对其吹干。

　　3. 真空系统的严密性试验

　　为了检测机组的安装水平，保证整个真空系统的严密性，以满足机组安全、稳定运行的需要，应进行真空系统严密性试验。检测方法是关闭凝汽器抽气出口阀、停运抽气设备，测量真空度下降的速度。试验步骤如下：

　　（1）试验时机组负荷稳定在 80% 额定负荷以上，关闭凝汽器抽气出口阀，停运抽气设备，注意凝汽器真空度应缓慢下降，30s 后开始记录真空度读数，1 次/min，记录 8min。

　　（2）第 8min 后开启凝汽器抽气出口阀，投运抽气设备。

　　（3）取其中后 5min 的真空下降值计算每分钟的真空下降平均值。DL/T932—2005《凝汽器与真空系统运行维护导则》规定：机组容量＜100MW，真空下降速度＜0.40kPa/min；机组容量＞100MW，真空下降速度＜0.27kPa/min。目前，大型机组真空严密性试验的真空下降速度可达到0.2kPa/min以下；真空严密性优良的机组，其真空下降速度可小于0.1kPa/min。机组真空严密性指标不合格时，应及时进行运行中检漏并消除缺陷，或者利用停机机会灌水检漏。机组正常运行时，每月应进行一次真空严密性试验；停机时间超过15天，机组投运后3天内也应进行真空严密性试验。

（二）凝汽器的启动与停运

凝汽器必须在汽轮机启动前投入运行。首先启动抽气设备，使凝汽器内形成一定的真空。启动凝汽器前，应检查与凝汽器相连的各阀门，使之处于正确状态。凝汽器进水前，应仔细清扫冷却水管路。凝汽器投入循环冷却水后，开启水室顶部的放空气阀门，为了避免形成空气囊，水室的充水不应太快，但必须使水室内充满冷却水。为了启动凝结水泵，热井内应预先灌入由补水箱来的凝结水，灌入的水位高度根据凝结水泵的吸入高度而定，然后进行凝结水再循环。汽轮机转子冲转时，真空不宜过低。在转子静止状态下，禁止有蒸汽排入凝汽器。

汽轮机在解列前，负荷逐渐减小，汽轮机排出的蒸汽量也减小，减负荷运行时，必须注意凝汽器水位及真空度是否正常。若不正常，必须采取措施，使之处于正常水位。同时，应注意并维持排汽温度正常。汽轮机完全静止后，停止向凝汽器供给冷却水。为了从汽轮机中抽出剩余蒸汽，凝结水泵及抽气设备应迟一些停用（一般晚停10～15min）。停用抽气设备及凝结水泵后，打开所有疏水管，直到下次启动以前，才关闭这些疏水管。当凝汽器短期停用时，为避免下次启动设备时形成空气囊，凝汽器水侧仍旧用水充满；当凝汽器长期停用时，应排出凝汽器中的冷却水，以防止汽轮机和凝汽器生锈，必要时应采用干燥措施。

当冷却管脏污需要进行半侧清洗或当冷却管损坏需要进行堵管操作时，凝汽器允许半侧运行。当凝汽器半侧运行时，机组减负荷至75%的额定负荷以下，此时真空有所降低，运行时间应小于24h，否则，应停机处理。

（三）凝汽器的运行故障及处理

1. 凝汽器真空下降原因检查程序

凝汽器的运行故障主要是凝汽器真空下降（凝汽器压力升高）。凝汽器真空下降不但影响到整台机组的经济性而且还影响到机组的寿命和安全性。若发现凝汽器真空下降应查明原因，设法消除，其检查程序如下：

（1）核对排汽温度、凝结水温度，检查负荷有无变动。

（2）检查有无影响真空的操作。

（3）检查循环水进、出口压力及温度有无变化。

（4）检查抽气设备工作是否正常。

（5）检查热井水位及凝结水泵工作是否正常。

（6）检查其他对真空度有影响的因素。

（7）在检查原因的同时，若凝汽器压力升至机组所规定的报警值或停机值，应报警或停机。

（8）紧急停机时，立即打开真空破坏阀。

2. 凝汽器真空下降的处理方法

凝汽器真空下降时，应视低压缸排汽温度升高的情况，开启低压缸排汽喷水。低真空停机时，应联系锅炉运行人员立即切除高、低压旁路，禁止锅炉及主蒸汽管道、再热蒸汽管道疏水向凝汽器排汽。

根据凝汽器真空下降的具体原因进行下列处理：

（1）真空下降时，应检查当时机组有无影响真空的操作，有这种操作时应立即停止操作或恢复原运行方式，使真空恢复正常。

（2）若循环水进口压力急剧下降、循环冷却水中断或不足，如有备用循环泵，应立即启动循环泵；若循环冷却水全部中断，应立即进行不破坏真空紧急停机，待凝汽器排汽温度降至 50℃ 左右时，再启动循环泵向凝汽器通冷却水。此外，还应检查低压排汽安全阀是否动作。

（3）凝汽器真空逐渐下降，循环水进水压力下降，温升增大，表示循环冷却水量不足，如有备用循环泵，应启动备用循环水泵，并检查循环水泵及循环水系统运行情况。

（4）凝汽器真空逐渐下降，若循环冷却水进口压力升高，温升增加，应分析凝汽器运行情况，做相应处理。

（5）循环水系统的操作不当，如误关进、出水阀，引起循环冷却水中断或减少现象，应进行分析检查。

（6）真空下降时，应检查轴封蒸汽系统是否正常，检查轴封蒸汽调节阀和调温阀是否正常，轴封蒸汽溢流调节阀和调节旁路阀是否误开，轴封蒸汽母管压力是否正常，注意检查低压轴封有无吸气声。

（7）若真空泵运行不正常，则应启动备用真空泵，停用故障泵并关闭进气隔绝阀。

（8）真空下降时，应检查凝汽器水位是否升高，水位升高，会引起真空下降并伴有凝结水过冷度增大，水位高至抽气口，真空急剧下降。凝汽器水位升高时，应关闭凝汽器补水阀，开大凝结水泵出口调节阀，增开凝结水泵，查明原因，进行相应处理。

（9）真空下降时，应检查真空系统是否漏空气，进行临时堵漏隔绝，并通知检修处理。

三、凝汽器的清洗

凝汽器在运行中，由于循环冷却水水质不良，其中的悬浮物、有机物、微生物以及钙、镁盐类等会堵塞或沉积在冷却水管内，从而导致传热恶化，真空度下降，影响机组的热经济性。当发现真空度缓慢下降且传热端差逐渐增大，冷却水出口温度稍有升高，以及抽气设备抽出的空气温度与冷却水进口温度之间的温差增大时，即可判断是凝汽器冷却水管脏污或堵塞。此时，应根据结垢、堵塞的情况及严重程度，对凝汽器进行清洗。作为预防性措施，在凝汽器运行中，对其进行定期清洗。

凝汽器的清洗方法分为化学清洗和物理清洗两种。凝汽器化学清洗是采用适当浓度和温度的清洁剂注入循环冷却水管，通过化学反应过程除去管内污垢。这种方法除垢率高、清洁时间短、劳动强度低，但可能会对管壁造成腐蚀。目前，火力发电厂凝汽器清洗大多采用物理清洗，通常有以下三种方法：

（1）人工捅洗凝汽器。即采用捅条由人工对循环冷却水管进行往复捅刷，以除掉管内的结垢，这种方法只能清除软垢和少量的硬垢，且劳动强度大，只适用于小机组。

　　（2）胶球清洗凝汽器。即采用胶球系统与循环水系统并联的方式，运行中即可清洗，但只能清除软垢。

　　（3）高压水喷射清洗凝汽器。即采用高压力水喷射并通过被清洗设备的管道，能将管内污垢大部分去除，清洗效果较好，但劳动强度大、除垢率不高、清洗时间长，且对凝汽器管的机械损伤严重。上述清洗方法大多需在停机或减负荷的情况下进行，因此，大型机组多采用海绵胶球连续清洗，这种方法可在机组正常运行时定期、自动对凝汽器进行清洗。

　　（一）胶球清洗系统的工作过程

　　单元制胶球清洗系统如图 4-30 所示，胶球清洗系统由二次滤网（净水器）、装球室、胶球泵、收球网、阀门管道及自动控制部分组成。其工作过程是：清洗时把密度（湿态）与循环冷却水相近的海绵橡胶球装入装球室，其数量约等于每一个流程中铜管数的 10%，湿态球直径较铜管内径大 1～2mm。然后，启动胶球泵，胶球就在比循环冷却水进口压力略高一点的水流带动下，通过输球管进入凝汽器的进口管，与通过二次滤网来的主循环冷却水混合并进入凝汽器的前水室。海绵球随水流经冷却水管流出，经收球网把球收回，进入收球网的网底，通过引出管又把球吸收到胶球泵，随后又打入装球室，以此再循环。由于海绵球是多孔柔软的弹性体，在循环冷却水进、出口压差的作用下进入凝汽器的冷却水管，在管中海绵球呈卵形，与冷却水管内壁有整圈接触，这样在胶球经过冷却水管时，就将其内表面擦洗了一次，从而达到了清洗凝汽器冷却面的目的。

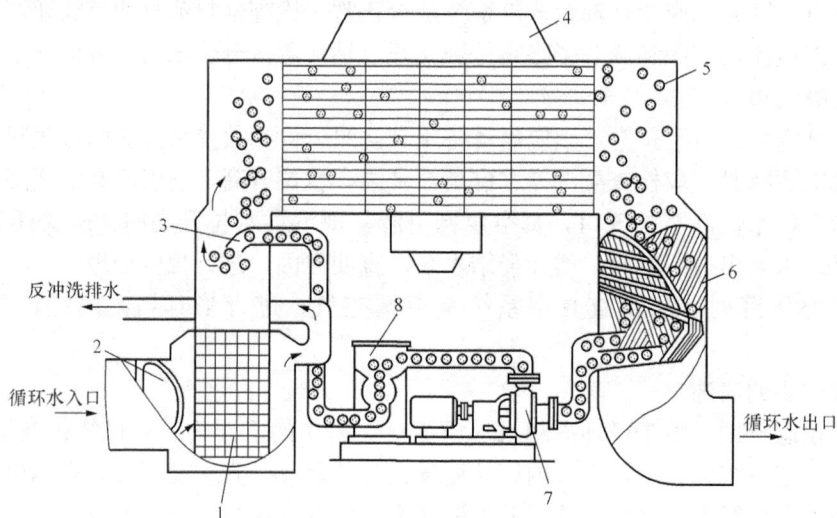

图 4-30　单元制胶球清洗系统

1—二次滤网；2—反冲洗蝶阀；3—注球管；4—凝汽器；
5—胶球；6—收球网；7—胶球泵；8—装球室

　　（二）胶球清洗系统的部件

　　1. 胶球泵

　　胶球泵用一定水量从收球器抽取胶球，并将其输送至注球管。它是双通道离心泵，叶轮采用特殊设计，能保证泵高速运转下不造成传输过程中胶球的损伤，具有不堵球、通球量大以及对胶球磨损小等特点。胶球泵安装的相对位置不宜太高，以防汽蚀。

2. 胶球

清洗胶球是整个清洗系统中最重要的部分。清洗球的正确选择十分重要，它决定了凝汽器清洗系统能否发挥最大功效。所选胶球直径必须大于冷却水管的内径，否则，将起不到任何清洗作用。

3. 收球装置

收球装置安装于凝汽器的冷却水出口管中，其功能是将胶球从冷却水中分离，完成收球器自动反洗并保证系统正常运行。收球器的主要部件有收球网、导流板、收球器、驱动机构等。当收球网处于胶球循环位置时，收球网覆盖整个管道横截面，用于各路胶球和冷却水；当收球网处于反冲洗位置时，冷却水从后面反洗收球网，将收球网的杂质冲洗干净。

4. 装球室

装球室用于存储、更换胶球及观察胶球运动，故安装在便于操作人员接近的地方，放气、放水盒接至排水地沟。

5. 胶球管路及阀门

胶球管路短直、流畅，球阀或蝶阀安装在便于操作处。装球室进口阀在装球室的进口处，管系严密不漏。清洗系统中安装有二次滤网时，一般二次滤网出口应在凝汽器间。

6. 二次滤网

二次滤网的主要作用是过滤冷却水，除去较大的悬浮物，防止冷却水管和管口堵塞，保证胶球正常运行。在配有二次滤网的胶球清洗系统中，二次滤网的安装部位应离开凝汽器进口一段距离，这样对投球管的布置有利。因二次滤网排污是依靠循环冷却水压差来实现的，故其排污管路应短直、流畅，尽量减小管水阻，以保证排污效果。

7. 控制装置

控制柜或程序控制柜应在通风、干燥且靠近装球室处安装。

（三）胶球清洗系统的运行

胶球清洗系统运行的准备工作有泡球、选球、加球、放气四个步骤。胶球清洗系统的运行操作可以手动控制，也可以程序控制。采用手动控制操作时，应按如下顺序：收球网关闭，收球网板处于收球位置；胶球泵进口阀开启；装球室出口阀开启；胶球泵启动；胶球泵出口阀开启；装球室切换阀开启，延时清洗 30min；装球室切换阀关闭，延时收球 20～30min；胶球泵出口阀关闭；胶球泵停止；装球室出口阀关闭；胶球泵进口阀关闭；收球网开启，收球网板处于平行或反洗位置，运行结束。若运行二次收球、运行结束时，收球网板不得打开，将装球室内球取出后，再进行以上操作收球。采用程序控制操作时，程序启动后，系统按程序设计要求自动进行清洗和收球，动作顺序与手控操作相同。

胶球清洗系统较长时间停用时，应每三天活动 1 次各操作轴，若停用期处于冬季，则应将胶球管路、球阀、泵及装球室中存水放净。胶球清洗系统的检修随机组大、小修同时进行。

此外，因胶球清洗方法存在除

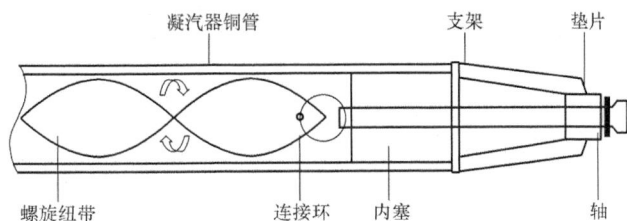

图 4-31 凝汽器螺旋纽带清洗装置工作原理

垢效率不佳、易"死球"而堵塞管路、胶球易磨损且回收率低等问题，近年来国内很多电厂改造应用了凝汽器螺旋纽带除垢装置。它是一种在线自动清洗装置，既能防垢，又能强化换热、降低汽耗、提高真空度，从而确保机组安全稳定高效运行。凝汽器螺旋纽带清洗装置工作原理如图4-31所示。在每根循环冷却水管内安装1根塑料纽带，汽轮机运行时，循环冷却水驱动插在管内的纽带长期不停地自身旋转，旋转着的螺旋纽带将水的层流状态变为紊流，使碳酸钙水垢不能在管壁上滞留而带出水管，从而达到除垢、防垢的目的；同时，冷却水在纽带的作用下做螺旋线流动，增加了冷却水热交换流程，提高了换热效果。螺旋纽带清洗装置因能长期保持管内壁干净无垢（只要螺旋纽带转动，就不会结垢），已成为胶球清洗的成熟替代品，它在达到胶球清洗方式经济效益的基础上，还进一步提高了汽轮机的热效率，目前，已投入该装置的电厂均达到降低发电标煤耗6g/（kW·h）以上，节能减排效益显著。

任务验收

（1）查阅相关资料，对比、熟悉600MW和1000MW机组凝汽器运行的监视参数。

（2）在仿真机上完成真空系统严密性试验。

（3）根据真空下降原因，在仿真机上完成正确的处理程序。

（4）分析海绵胶球连续清洗系统。

项目五　汽轮机的变工况运行

汽轮机的通流部分是在给定的功率、蒸汽参数和转速等条件下设计的。汽轮机的实际运行条件与其设计条件相符合时的工作状况称为汽轮机的设计工况。汽轮机在设计工况工作时，不仅效率最高而且安全可靠。在实际运行中，汽轮机的实发功率将根据外界的需求而变化，汽轮机的初终参数和转速也有可能变化，这些均会引起汽轮机内各项参数及零部件受力情况的变化，从而影响汽轮机的经济性和安全性。这种与设计条件不相符合的运行工况称为汽轮机的非设计工况或变工况。

造成汽轮机变工况运行的主要原因有如下几个方面：

（1）外界负荷的变化。由于外界负荷的变化，使得进入汽轮机的蒸汽量发生变化。

（2）锅炉及凝汽器运行工况的变化。锅炉及凝汽器运行工况变化将分别引起汽轮机进汽及排汽参数的变化。

（3）汽轮机本身状态的变化。如通流部分结垢、加装喷嘴或叶片折断等，将引起汽轮机通流部分面积的变化。

研究变工况的目的，在于分析汽轮机在不同工况下的效率，各项热经济指标以及主要零部件的受力情况，以便设法保证汽轮机在变动工况下安全、经济地运行。为此，着重分析电厂使用的等转速汽轮机在不同工况下运行的热力特性，即讨论汽轮机负荷的变化、蒸汽参数的变化以及不同调节方式对汽轮机工作的影响。

任务一　喷嘴的变工况分析

【任务描述】

认识渐缩斜切喷嘴的蒸汽流动特性，分析喷嘴前、后压力与流量之间的关系。

能力目标

会分析变工况时喷嘴前、后压力与流量之间的关系。

任务实施

流量变化是汽轮机变工况的主要原因，因此，研究喷嘴的变动工况，主要是分析喷嘴前、后压力与流量之间的变化关系，喷嘴的这种关系是以后研究汽轮机级和整个汽轮机变工况特性的基础。喷嘴又分渐缩喷嘴和缩放喷嘴两种形式。缩放喷嘴只在设计工况下才能得到较高的速度系数，在变工况下由于产生激波，速度系数剧烈下降，所以在设计汽轮机时都尽可能避免使用缩放喷嘴。为此，在这里只分析渐缩喷嘴的变工况特性。

一、初压不变，改变背压时渐缩斜切喷嘴的变工况

图 5-1 为一渐缩斜切喷嘴，其中线段 A-K-L 表示喷嘴轴线，K、L 分别表示喷嘴出口

最小截面和斜切出口截面。为了便于讨论,变工况后喷嘴的初压、背压及喷嘴压力比分别表示为 p_{01}^*、p_{11} 和 ε_{nL}。

(一)蒸汽流动特性的变化

(1)当 $p_{11}=p_{01}^*$,即 $\varepsilon_n=1$ 时,喷嘴前、后压力相等,蒸汽不流动,喷嘴出口蒸汽速度 $c_{11}=0$,其压力变化情况如图 5 - 1(b)中 aa' 所示。

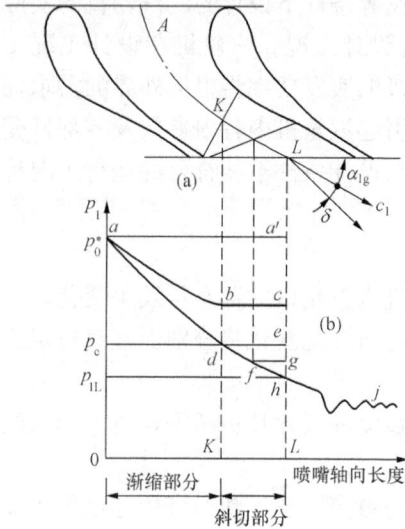

图 5 - 1 渐缩斜切喷嘴的变工况

(2)当 $p_{01}^*>p_{11}>p_c$,即 $1>\varepsilon_{nl}>\varepsilon_c$ 时,汽流处于亚临界状态,蒸汽在喷嘴最小截面 K 处的压力为 p_{11},蒸汽仅在喷嘴的渐缩部分膨胀加速,斜切部分只起导向作用。喷嘴出口汽流速度小于临界速度,即 $c_{11}<c_c$,射汽角 $\alpha_1=\alpha_{1g}$。其压力变化情况如图 5 - 1(b)中 abc 线所示。

(3)当 $p_{11}=p_c$ 时,即 $\varepsilon_{nl}=\varepsilon_c$ 时,蒸汽在喷嘴的最小截面 K 处膨胀到临界状态,该处压力等于临界压力 p_c,在斜切部分不产生膨胀。喷嘴出口蒸汽速度等于临界速度,即 $c_{11}=c_c$,射汽角 $\alpha_1=\alpha_{1g}$。其压力变化情况如图 5 - 1(b)中 ade 线所示。

(4)当 $p_{11}<p_c$,即 $\varepsilon_{nl}<\varepsilon_c$ 时,蒸汽在喷嘴最小截面 K 处已膨胀到临界状态,此后蒸汽在斜切部分将继续膨胀,达到超临界状态,现分以下三种情况讨论:

1)当 $p_c>p_{11}>p_{1L}$,即 $\varepsilon_c>\varepsilon_{nl}>\varepsilon_{nL}$ 时,蒸汽在喷嘴斜切部分要继续膨胀,压力由 p_c 降至 p_{11},汽流速度由 c_c 增加到 c_{11},汽流方向偏转一个角度 δ,汽流射汽角 $\alpha_1=\alpha_{1g}+\delta$。其压力变化情况如图 5 - 1(b)中 $adfg$ 线所示。

2)当 $p_{11}=p_{1L}$ 即 $\varepsilon_{nl}=\varepsilon_{nL}$ 时,蒸汽在喷嘴斜切部分膨胀达到极限,此时喷嘴出口汽流速度 $c_{11}\gg c_c$,汽流偏转角 δ 也达到最大值,汽流射汽角 $\alpha_1=\alpha_{1g}+\delta_{max}$。其压力变化情况如图 5 - 1(b)中线 $adfh$ 所示。

3)当 $p_{11}<p_{1L}$,即 $\varepsilon_{nl}<\varepsilon_{nL}$ 时,蒸汽在喷嘴出口截面 L 处只能膨胀到 p_{11},由 p_{11} 继续膨胀过程将在喷嘴外进行。由于此时没有喷嘴壁面的约束,因而膨胀是紊乱的,并不能使汽流速度增加,却造成损失增加。其压力变化情况如图 5 - 1(b)中 $adfhj$ 切线所示。

由上述分析可知,渐缩斜切喷嘴能够在较大背压变化范围($1>\varepsilon_{nl}>\varepsilon_{nL}$)内良好地工作。

(二)蒸汽流量的变化

根据

$$G=\frac{A_n c_{1t}}{v_{1t}} \tag{5 - 1}$$

和

$$c_{1t}=\sqrt{\frac{2k}{k-1}p_0^* v_0^* \left[1-\left(\frac{p_1}{p_0^*}\right)^{\frac{k-1}{k}}\right]} \tag{5 - 2}$$

可得出

$$G=A_n\sqrt{\frac{2k}{k-1}\frac{p_0^*}{v_0^*}(\varepsilon_n^{\frac{2}{k}}-\varepsilon_n^{\frac{k+1}{k}})} \tag{5 - 3}$$

由式（5-3）可以看出，在初参数不变和喷嘴尺寸一定的情况下，流过喷嘴的流量只与喷嘴后压力有关，其关系曲线如图5-2所示。

当 $p_1=p_0^*$，即 $\varepsilon_n=1$ 时，$G=0$，随着背压 p_1 的减小，流量就按式（5-3）的规律逐渐增大，如图5-2中的 CB 曲线所示；当背压 p_1 等于临界压力 p_c 时，流量达到最大值 G_c，此后背压若再继续降低时，蒸汽在斜切部分发生膨胀，但由于最小截面处始终保持为临界状态，故通过喷嘴的流量仍保持临界流量 G_c 不变，如图5-2中的 BA 线所示。综上所述，当喷嘴前蒸汽参数不变时，流过喷嘴的流量只与喷嘴后压力有关。当 $p_1 \leqslant p_c$ 时，即

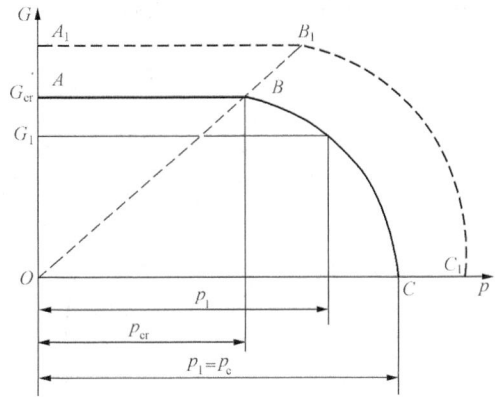

图5-2　渐缩喷嘴的流量与出口压力的关系曲线

$$G = G_c = 0.648 A_{\min} \sqrt{p_0^*/v_0^*} \tag{5-4}$$

当 $p_1 > p_c$ 时，$G < G_c$，并且流量按式（5-3）的规律变化，p_1 越大，流量 G 越小。图5-2中所示曲线的 BC 段，可近似地用椭圆方程式表示，即

$$\left.\begin{array}{l} G = G_c \sqrt{1-\left(\dfrac{p_1-p_c}{p_0^*-p_c}\right)^2} \\[3mm] \beta = \dfrac{G}{G_c} = \sqrt{1-\left(\dfrac{p_1-p_c}{p_0^*-p_c}\right)^2} = \sqrt{1-\left(\dfrac{\varepsilon_0-\varepsilon_c}{1-\varepsilon_c}\right)^2} \end{array}\right\} \tag{5-5}$$

则有

$$G = \beta G_c \tag{5-6}$$

式中　β——彭台门系数，又称为流量比，其值仅与压力比 ε_n 有关。

二、初压变化时喷嘴流量的变化

当喷嘴前、后蒸汽参数同时改变时，不论喷嘴是否达到临界状态通过喷嘴的流量均可按式（5-7）计算（变工况后的参数加下标"1"）：

$$\frac{G_1}{G} = \frac{\beta_1 G_{c1}}{\beta G_c} = \frac{\beta_1}{\beta}\sqrt{\frac{p_{01}^*}{v_{01}^*}\frac{v_0^*}{p_0^*}} \tag{5-7}$$

若视蒸汽为理想气体，并用状态方程 $pv=RT$，则式（5-7）可以写成

$$\frac{G_1}{G} = \frac{\beta_1}{\beta}\frac{p_{01}^*}{p_0^*}\sqrt{\frac{T_0^*}{T_{01}^*}} \tag{5-8}$$

若忽略级前蒸汽温度的变化，则式(5-8)可以写成

$$\frac{G_1}{G} = \frac{\beta_1}{\beta}\frac{p_{01}^*}{p_0^*} \tag{5-9}$$

如果变工况前、后喷嘴均为临界状态，则 $\beta_1=\beta=1$，故有

$$\frac{G_{c1}}{G_c} = \frac{p_{01}^*}{p_0^*} \tag{5-10}$$

此式表明，在喷嘴前温度变化不大时，通过喷嘴的临界流量与喷嘴前蒸汽的滞止压力成正比。运用以上诸式，可进行喷嘴的变工况计算，即由已知工况确定任意工况的流量或压

力。在实际计算中，大都采用图解法。

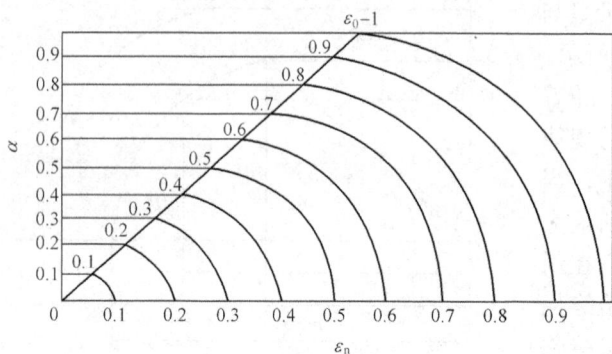

图 5 - 3　渐缩喷嘴流量网图

从图 5 - 2 中曲线 CBA 的绘制可以知道，在一定的初参数时，随喷嘴的背压变化可以求得一条曲线。每对应一个初压 p_0^* 就可以得到一条类似 CBA 的流量曲线，初压越小，流量曲线越靠近坐标原点。因此，选取不同的初压，改变背压，就可依次得到如图 5 - 3 所示的渐缩喷嘴流量与压力的变化关系曲线——流量网图。

在实际计算中，大都采用相对坐标。利用流量网图可以很方便地由三个参数 α、ε_0、ε_n 中的任意两个确定第三个参数。假定最大初压为 p_{0max}，其对应的最大临界流量为 G_{0max}，图中 $\alpha = \dfrac{G}{G_{0max}}$，$\varepsilon_0 = \dfrac{p_0^*}{p_{0max}}$，$\varepsilon_n = \dfrac{p_1}{p_{0max}}$。将动叶看作旋转的喷嘴，上述结论同样适用于动叶。

任务验收

（1）分析汽轮机发生变工况的主要原因。

（2）用流量网图计算：若渐缩斜切喷嘴压力由 $p_0 = 0.981\text{MPa}$ 降低到 $p_{01} = 0.883\text{MPa}$，而喷嘴后压力从 $p_1 = 0.686\text{MPa}$ 增加到 $p_{11} = 0.785\text{MPa}$，初温不变，则流经该喷嘴的过热蒸汽流量将改变多少倍？

任务二　级与级组的变工况分析

【任务描述】

　　分析流经喷嘴的蒸汽流量变化时，喷嘴及动叶前、后压力的变化规律；进而分析喷嘴及动叶前、后压力变化引起的级比焓降、反动度、效率、轴向推力等的变化。

能力目标

（1）会分析流量变化时级组中各级压力、比焓降、反动度的变化规律。

（2）能运用流量与压力的变化规律进行机组实际运行中的故障分析。

任务实施

一、变工况时级与级组中流量与压力的变化规律

（一）变工况时级前、后压力与流量的关系

1. 级在临界工况下工作

级中无论是喷嘴还是动叶达到临界状态，则称该级为临界状态。如果变工况前、后级均为临界状态，则通过该级的流量只与级前的蒸汽参数有关，而与级后压力无关。其关系可用

式（5-11）表示，即

$$\frac{G_1}{G_0} = \frac{p_{01}}{p_0}\sqrt{\frac{T_0}{T_{01}}}\qquad(5-11)$$

若忽略级前蒸汽温度的变化，则式（5-11）可以写成

$$\frac{G_1}{G_0} = \frac{p_{01}}{p_0}\qquad(5-12)$$

式（5-12）说明，级在变工况前、后均为临界状态时，通过该级的流量与级前压力成正比。

2. 级在亚临界工况下工作

变工况前、后，如果级均未达到临界状态，那么级前、后压力与流量的关系可以用式（5-13）表示，即

$$\frac{G_1}{G_0} = \sqrt{\frac{p_{01}^2 - p_{21}^2}{p_0^2 - p_2^2}}\sqrt{\frac{T_0}{T_{01}}}\qquad(5-13)$$

式中　G_0、p_0、p_1、T_0——设计工况下的级内流量、级前压力、级后压力和级前绝对温度；

G_1、p_{01}、p_{11}、T_{01}——变工况后的级内流量、级前压力、级后压力和级前绝对温度。

式（5-11）表明，级在变工况前、后均未达到临界状态时，流经该级的流量与级前、后压力的平方差的平方根成正比，与级前绝对温度的平方根成反比。若忽略级前蒸汽温度的变化，则式（5-13）可以写成

$$\frac{G_1}{G_0} = \sqrt{\frac{p_{01}^2 - p_{21}^2}{p_0^2 - p_2^2}}\qquad(5-14)$$

式（5-14）表明，除调节级外的任何一级，在变工况前、后均未达到临界状态时，流经级的流量与级前、后压力的变化规律。

（二）变工况时级组前、后压力与流量的关系

在多级汽轮机中，流通面积不随工况变化而发生改变，且流量相等的若干个相邻级的组合称为级组。每台多级汽轮机都可根据上述条件划分成若干个级组。由于级组中各级的流通面积保持不变，并且同一工况下各级的流量相等，因此，可把一个级组的变工况当做一个级的变工况来看待，图5-4就是一个由三个级组成的级组示意图。

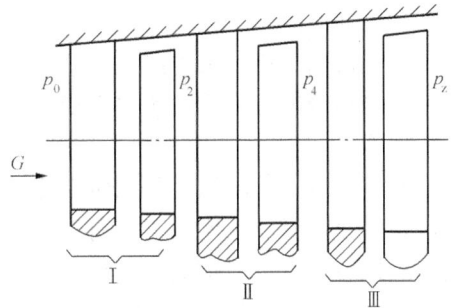

图5-4　级组示意图

1. 变工况前、后级组中所有级均未达到临界工况

上面讨论了级在变工况前、后未达到临界工况时，级前、后压力与流量之间的关系。因此，级组内各级在变工况前、后均未达到临界工况时，流量与级组前、后参数的变化关系可表示为

$$\frac{G_1}{G_0} = \sqrt{\frac{p_{01}^2 - p_{z1}^2}{p_0^2 - p_z^2}}\sqrt{\frac{T_0}{T_{01}}}\qquad(5-15)$$

若忽略温度变化的影响，则得

$$\frac{G_1}{G_0} = \sqrt{\frac{p_{01}^2 - p_{z1}^2}{p_0^2 - p_z^2}}\qquad(5-16)$$

式（5-16）就是级在变工况前、后均未达到临界上况时，级组前、后参数与流量之间的关系式，通常称为弗留格尔公式。利用该式计算时，在一个级组内可以取不同的级数。例如，要计算调节级后的压力时，可将所有非调节级取为一个级组；需要计算中间某级前的压力时，可从该级开始直到最后一级为止，取为一个级组（以上只适用于无可调节抽汽的汽轮机）。

2. 变工况前、后级组中某一级为临界工况

如图 5-4 所示，若级组内的第三级在变工况前、后均为临界状态，而前面各级均未达到临界状态，则通过该级的流量与级前压力成正比（忽略级前温度变化），即

$$\frac{G_1}{G_0} = \frac{p_{41}}{p_4} \tag{5-17}$$

因第三级前的级组汽流未达到临界状态，故第二级可写为

$$\frac{G_1}{G_0} = \sqrt{\frac{p_{21}^2 - p_{41}^2}{p_2^2 - p_4^2}} \tag{5-18}$$

则

$$\frac{p_{41}}{p_4} = \sqrt{\frac{p_{21}^2 - p_{41}^2}{p_2^2 - p_4^2}} \tag{5-19}$$

整理化简得

$$\frac{G_1}{G_0} = \frac{p_{41}}{p_4} = \frac{p_{21}}{p_2} \tag{5-20}$$

同理，可得到该级组前的压力与流量成正比的关系式，即

$$\frac{G_1}{G_0} = \frac{p_{01}}{p_0} = \frac{p_{21}}{p_2} = \frac{p_{41}}{p_4} \tag{5-21}$$

由此得出结论：级组内只要某一级在变工况前、后均为临界状态，则这一级以前各级中的流量均与级前压力成正比关系变化（忽略温度变化）。

3. 特例

对于凝汽式汽轮机，若把所有压力级视为一个级组（具有回热抽汽的机组中，因回热抽汽量与蒸汽流量成正比，若将所有压力级视为一个级组，得出的结论仍然足够精确），那么这个级组后的压力就是凝汽式汽轮机的背压 p_{co}，则式（5-16）可写为

$$\frac{G_1}{G_0} = \sqrt{\frac{p_{01}^2 \left[1 - \left(\frac{p_{co1}}{p_{01}}\right)^2\right]}{p_0^2 \left[1 - \left(\frac{p_{co}}{p_0}\right)^2\right]}} \tag{5-22}$$

由于凝汽式汽轮机的背压很低，当级组中的级数较多（一般在三级以上）时 $(p_{co1}/p_{01})^2$ 及 $(p_{co}/p_0)^2$ 的数值就很小，可忽略不计，则式（5-22）可简化成

$$\frac{G_1}{G_0} = \frac{p_{01}}{p_0} \tag{5-23}$$

从上式可看出，凝汽式汽轮机的中间级（除调节级和末三级）在工况变动时的一个重要规律，即凝汽式汽轮机中间各级的级前压力与流量成正比。图 5-5 为哈汽 600MW 反动凝汽式汽轮机非调节级级组级内压力与流量的关系曲线。由图可见，压力与流量的关系式可用许多通过原点的相应直线表示。证明了式（5-23）的正确性。

（三）压力与流量关系式的应用

式（5-23）不但形式简单，而且使用也方便。在汽轮机运行中可以用来做以下工作：

（1）监视汽轮机通流部分运行是否正常，即在已知流量（或功率）的条件下，根据运行时各级组前压力是否符合式（5-23）的关系，来判断级组内通流部分面积是否改变。

在运行中常利用调节级汽室压力和各抽汽口压力，来监视汽轮机通流部分的工作情况和了解级组的带负荷情况，并把这些压力称为监视段压力。如果在同一流量下监视段压力比原来数值增加了，则说明该监视段后通流面积减少，或者高压加热器停运、抽汽减少。多数情况是因叶片结垢而引起通流面积减少（有时也可能因叶片断裂、机械杂物堵塞造成监视段压力升高）。当压力增加值超过规定数值时，应考虑对汽轮机通流部分进行清洗。

（2）可推算出不同流量（功率）时各级的压差和比焓降，从而计算出相应的功率、效率及零件的受力情况。

【运行故障分析实例 1】某台一次再热超高压凝汽式汽轮机的功率突然下降 40%，此时机组无明显振动，机组参数变化如表 5-1

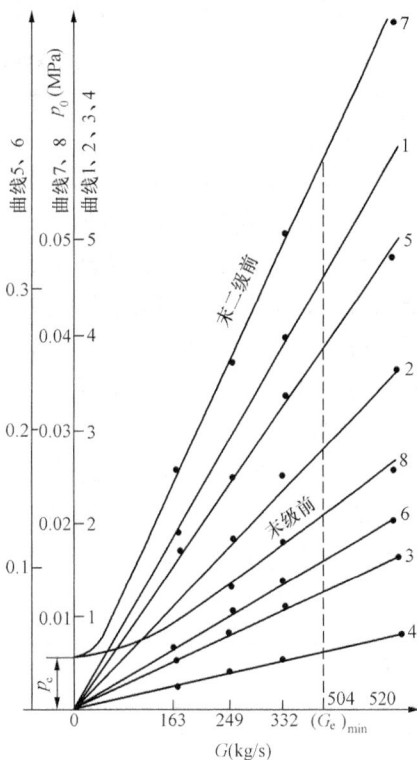

图 5-5　哈尔滨汽轮机厂 600MW 反动凝汽式汽轮机非调节级级组级内压力与流量的关系曲线

所示，负号表示降低。功率降低后，一些参数又基本稳定不变，各监视段压力近似成比例降低。

分析原因：调节级后压力和中间再热后压力降低，表明蒸汽流量变小，这由给水流量也相应变小而证实。由于各监视段压力与流量近似成正比，故可以认为各非调节级的工作是正常的，流量的突降是调节级或调节级之前的通流部分故障所致。

表 5-1　　　　　　　　　　　故障汽轮机参数变化表（一）

项目	负荷	给水流量	调节级后压力	中间再热后压力	中低压缸效率	高压缸效率
参数	−40%	−36%	−42%	44%	1.8%	0.4%

由于通流部分故障并未引起机组振动情况的改变，因而可以认为流量突降不是转动部分的机械损坏所致，调节级喷嘴、动叶损坏常使流量增大；调节级叶片断落可能使非调节级第一级喷嘴堵塞而使调节级后压力升高。但上述情况均与事实相反，因此，不大可能是调节级的损坏。

调节汽阀阀杆断裂将使汽阀一直处于关闭或近于关闭的位置。为了判断故障，移动油动机，提起阀杆，在第一调节汽阀应该开大的范围内，发现流量并不增大，表明这一阀门动作失灵。停机检查，结果是第一调节汽阀阀杆断裂。

【运行故障分析实例 2】一超高压汽轮机在运行 21 个月后发现功率不断下降，已持续了一、两个月。分析每天数据，发现功率是以不变的速率下降的，而不是突降的。与 21 个月前的运行数据相比，变化情况如表 5 - 2 所示。

表 5 - 2 故障汽轮机参数变化表（二）

项目	流量	功率	调节级后压力	高压缸效率
内容	−17.2%	−16.5%	+21.2%	−12.2%

分析原因：调节级后压力增加 21.2%，既然不是由于流量增加，那就只能是由于非调节级通流部分堵塞，由于这种堵塞是稳定增加的，故不是机械损坏所致，极大的可能是通流部分结垢所致。又因为高压缸效率大为降低，故可能是高压缸结垢。

开缸检查，结果发现高压缸通流部分严重结垢，喷嘴静叶结垢厚度从第一级的 1.04mm 到第七级的 2.36mm，动叶结垢厚度由第一级的 0.25mm 到第四级的 1.35mm，检查结果证明分析是正确的。

【运行故障分析实例 3】某汽轮机三年运行数据表明，在调节汽阀的同一开度下，功率是渐渐增加的，三年前后的同一调节汽阀开度下的运行数据之差如表 5 - 3 所示。在发现上述问题后，曾进行试验，证明在各个调节汽门的不同开度下，功率都变大。

表 5 - 3 故障汽轮机参数变化表（三）

项目	功率	调节级后压力	中间再热后压力	高压缸效率
内容	+11.0%	+11.0%	+10.2%	−1.8%

分析原因：功率增加，流量必然增加。从调节级后各处压力基本上正比于流量增加来看，调节级以后各级的工作是正常的，那么功率变大就可能是调节级或调节级之前通流面积增大所致。各个调节汽阀开度下功率（蒸汽流量）都变大，估计不应是调节汽阀的问题，因为不可能几个调节汽阀都同时发生问题。较大可能是调节级通流面积变大。这就有三种可能；①调节级喷嘴腐蚀；②调节级叶片损坏；③调节级喷嘴弧段漏汽。若是②③两种情况则高压缸效率要大大降低。但并未大大降低，故多半是调节级喷嘴腐蚀。

开缸检查，结果是第一、二、三喷嘴组的喷嘴出口边腐蚀严重，调节级动叶腐蚀较轻。

二、工况变动时，流量与各级比焓降的变化规律

汽轮机单个级的理想比焓降，若按理想气体考虑并忽略进口速度，则可以用式（5 - 24）表示，即

$$\Delta h_t = \frac{k}{k-1} p_0 v_0 \left[1 - \left(\frac{p_2}{p_0} \right)^{\frac{k-1}{k}} \right] = \frac{k}{k-1} R T_0 \left[1 - \left(\frac{p_2}{p_0} \right)^{\frac{k-1}{k}} \right] \tag{5 - 24}$$

式中 k、R——常数。

故总的理想比焓降仅与级前温度 T_0 和级前、后的压力比 p_2/p_0 有关。如果忽略工况变动时级前温度的变化，则级的理想比焓降的变化只取决于级前、后压力比的变化。下面将分别讨论工况变动时各级比焓降的变化情况。

（一）变工况前、后级组均为临界状态

以上面讨论的级组为例，当工况变动前、后级组均为临界状态时通过级组的流量与级组的初压成正比，即

$$\frac{G_1}{G_0} = \frac{p_{01}}{p_0} \tag{5 - 25}$$

由此得到

$$\frac{p_{01}}{p_0} = \frac{p_{21}}{p_2} \quad 或 \frac{p_2}{p_0} = \frac{p_{21}}{p_{01}} \tag{5-26}$$

式（5-26）说明：变工况前、后，第一级的压力比没有发生变化。

由式（5-24）可得

$$\frac{\Delta h_{t1}}{\Delta h_t} = \frac{\frac{k}{k-1}RT_{01}\left[1-\left(\frac{p_2}{p_0}\right)^{\frac{k-1}{k}}\right]}{\frac{k}{k-1}R_0T_0\left[1-\left(\frac{p_2}{p_0}\right)^{\frac{k-1}{k}}\right]} = \frac{T_{01}}{T} \tag{5-27}$$

当温度变化不大时，$T_{01} \approx T_0$，则

$$\frac{\Delta h_{t1}}{\Delta h_t} \approx 1 \tag{5-28}$$

即

$$\Delta h_{t1} \approx \Delta h_t \tag{5-29}$$

上式表明，变工况前、后级组中第一级的比焓降不变。同理还可证明，级组中其余各级的比焓降也不变。需要注意的是：这一结论不适用于末级，因为末级的级后压力，随工况变动很小，而级前压力是随流量变化的，因此末级的压力比是变化的。当流量增大时，末级的压力比减小，比焓降增大；反之，比焓降减小。

结论：如果变工况前、后，级组均为临界状态，则中间各级的比焓降基本不变（不论是凝汽式汽轮机还是背压式汽轮机）。

（二）变工况前、后级组均为亚临界状态

级组在亚临界状态下其流量与级前、后压力的关系式为

$$\frac{G_1}{G_0} = \sqrt{\frac{p_{01}^2 - p_{z1}^2}{p_0^2 - p_z^2}} \tag{5-30}$$

因此，工况变动后，第一级的级前压力为

$$p_{01}^2 = \left(\frac{G_1}{G_0}\right)^2 (p_0^2 - p_z^2) + p_{z1}^2 \tag{5-31}$$

工况变动后，第一级的级后压力为

$$p_{21}^2 = \left(\frac{G_1}{G_0}\right)^2 (p_2^2 - p_z^2) + p_{z1}^2 \tag{5-32}$$

若令 $p_{z1} \approx p_z$，则工况变动后级的压力比为

$$\left(\frac{p_{21}}{p_{01}}\right)^2 = \frac{\left(\frac{G_1}{G_0}\right)^2 (p_2^2 - p_z^2) + p_{z1}^2}{\left(\frac{G_1}{G_0}\right)(p_0^2 - p_z^2) + p_{z1}^2} = 1 - \frac{p_0^2 - p_2^2}{p_0^2 - p_z^2 + p_{z1}^2\left(\frac{G_0}{G_1}\right)^2} \tag{5-33}$$

式（5-33）表明了如下两点：

（1）变工况前、后级组均为亚临界状态时，级的比焓降随流量的变化而变化，其变化规律是：当流量减少时，即 G_0/G_1 值增大，压力比焓随之增大，级的理想比焓降相应减小；反之，比焓降增大。

（2）p_0 越大，流量变化对比焓降的影响就越小。所以，当流量变化时，各级的比焓降变化以级前压力最小的最末级为最大，越到高压级比焓降变化越小。

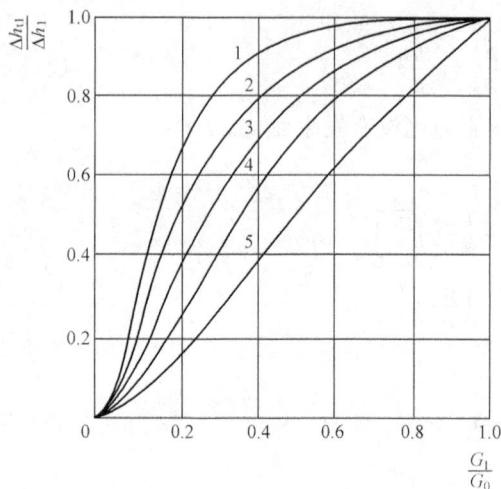

图 5-6　背压式汽轮机在变工况时各级比
熵降与流量的关系曲线

图 5-6 表示了一台五级背压式汽轮机在变工况时各级比熵降与流量的关系曲线。由该图可以看出，当工况变化发生在较高负荷时，则靠近级组前的级，其比熵降近似不变，后几级的比熵降变化也不大；但在低负荷时，后几级的比熵降则发生较大变化，且流量变化越大受影响的级数越多。

特例：凝汽式汽轮机的中间级。对于凝汽式汽轮机的中间级，由于在工况变动不太大的情况下，不论是否达到临界状态，其级前压力总是与流量成正比，因此，工况变动前、后各级的压力比保持不变，比熵降也不变。

三、比熵降变化时，级反动度的变化

汽轮机工况变动时，由于流量的变化引起了级压力比和级比熵降的变化，而级的比熵降变化时又要引起级的反动度产生相应的变化，下面分析其变化规律。

为讨论方便，略去喷嘴与动叶间隙中的漏汽，并假定蒸汽在喷嘴斜切部分不发生膨胀。设计工况下，汽流在动叶进、出口的速度三角形如图 5-7 中的实线所示。因流动是连续的，因此符合连续性方程，即

$$G_v = \pi d_n l_n c_1 \sin\alpha_1 = \pi d_b l_b w_1 \sin\beta_1 \tag{5-34}$$

由式（5-34）得

$$\frac{w_1}{c_1} = \frac{l_n \sin\alpha_1}{l_b \sin\beta_1} \tag{5-35}$$

当工况变化使级内比熵降减小时，喷嘴进、出口速度三角形如图 3-7（a）中的虚线所示，动叶入口相对速度变成 w_{11}，此时汽流的相对进汽角为 $\beta_{11} = \beta_1 + \delta$。但因动叶的进口角是按 β_1 制造的，所以蒸汽进入动叶的相对速度不是 w_{11} 而是它的分速度 $w_{11}\cos\delta$。这时在动叶进口将产生撞击损失 $\Delta h_{\beta 1} = \dfrac{(w_{11}\sin\delta)^2}{2}$。根据连续流动原理，此时仍应满足连续方程，即

$$\frac{w_{11}\cos\delta}{c_{11}} = \frac{l_n \sin\alpha_1}{l_b \sin\beta_1} \tag{5-36}$$

因此得

$$\frac{w_{11}\cos\delta}{c_{11}} = \frac{w_1}{c_1} \tag{5-37}$$

也就是说，要保证汽流连续流动，就必须满足这一关系式。但从图中的速度三角形可以清楚地看出

$$\frac{w_{11}\cos\delta}{c_{11}} < \frac{w_1}{c_1} \tag{5-38}$$

显然，上述关系式不能满足蒸汽连续流动的要求，也就是说 $w_{11}\cos\delta$ 的值比满足连续流动所需要的值偏小，不能使喷嘴中流出的汽流全部进入动叶，形成动叶入口槽道的阻塞，使喷嘴与动叶间的压力升高，从而使动叶前、后的压力差增大，故级的反动度增加。

　　同理可以分析得出，当工况变动使级的比焓降增加时，级的反动度将相应减小。比焓降增加时，动叶进口速度三角形的变化如图 5-7（b）所示。

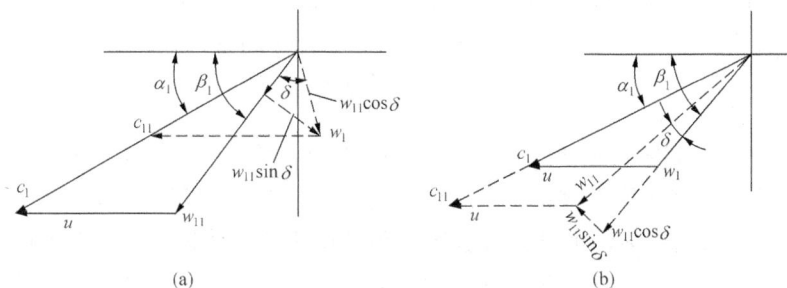

图 5-7　工况变动时叶片进口速度三角形的变化
(a) 工况变动前；(b) 工况变动后

　　由此得出如下结论：工况变动时，级的比焓降减小，则级的反动度增加；级的比焓降增加，则级的反动度减小。并且，级的比焓降变化越大，其反动度也相应变化越大。

　　需要指出的是：反动度的变化量不仅与比焓降的改变量有关，而且与设计工况下选取的反动度的大小有关。若设计工况下的反动度较小，工况变动时其反动度的变化就较大；反之，反动度的变化则较小。所以，反动式汽轮机变工况时其反动度的变化就很小，常可忽略不计。

四、工况变动时，级效率的变化

　　由汽轮机工作原理可知，级在最佳速度比下工作时，效率最高，偏离最佳速度比时，级的效率下降，速度比不变，级的效率也基本不变。而当汽轮机工作转速一定的情况下，比焓降的变化将引起级的速度比的变化，从而引起级效率的变化。由此可得出如下结论：对于凝汽式汽轮机，当其流量发生改变时，末级比焓降的变化较大，其速度比偏离最佳值较多，级的效率下降较大，而各中间级的比焓降基本保持不变，故其效率也基本不变。

任务验收

　　（1）分析通过级组中的流量与级组前、后压力的关系。
　　（2）在仿真机上识读汽轮机的监视段压力，并根据压力变化进行运行故障分析。
　　（3）试分析凝汽式汽轮机调节级、中间各级和末级的级前压力、比焓降随流量的变化规律。

任务三　不同调节方式的变工况运行

【任务描述】

　　分析凝汽式汽轮机采用节流调节、喷嘴调节及滑压调节时的变工况特性。

能力目标

　　会分析不同调节方式对运行的安全性、经济性的影响。

🌱 任务实施

电网中运行的汽轮机，其功率必须与外界负荷相适应，当外界负荷变化时，汽轮机必须相应调整自身的功率，使之与外界负荷相适应。汽轮机功率表达式为

$$p_{el} = \frac{D\Delta H_t \eta_{ri} \eta_m \eta_g}{3600} \qquad (5-39)$$

由式（5-39）可知：调节汽轮机功率，可以调节进入汽轮机的蒸汽量或改变汽轮机中蒸汽的比焓降（实际上，两个量的调节是相互牵连的，只是改变的程度不同）。现代大型汽轮机采用的调节方式，从结构上，可分为节流调节和喷嘴调节；从运行方式上可以分为定压调节和滑压调节。滑压调节运行方式在 20 世纪 60 年代以后，已得到普遍的推广和应用。在此，主要分析凝汽式汽轮机采用节流调节、喷嘴调节及滑压调节时的变工况特性。

汽轮机在定压运行时，功率的调节方式可分为节流调节和喷嘴调节。

一、节流调节

节流调节就是进入汽轮机的全部蒸汽都经过一个或几个同时启闭的调节汽阀，然后进入汽轮机的第一级喷嘴，如图 5-8 所示。这种调节方式主要是通过改变调节汽阀的开度来改变对蒸汽的节流程度，以改变进汽压力，使进入汽轮机的蒸汽流量和做功比焓降改变，从而调整汽轮机的功率。

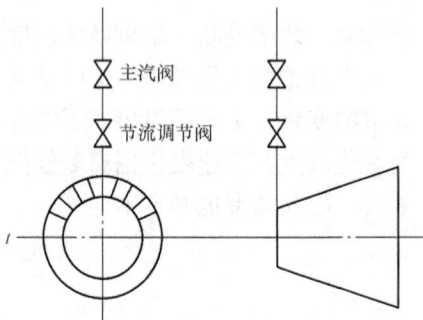

图 5-8 节流调节汽轮机示意图

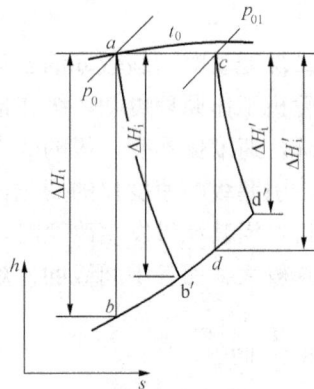

图 5-9 工况变动时节流调节
汽轮机的热力过程线

显然，这种调节方式当工况发生变化时，第一级的流通面积是不变的，因此在进行变工况分析时，第一级可以和其后的级视为一个级组。也就是说，采用节流调节的汽轮机没有单独的调节级，其第一级的变工况特性与中间级完全相同，即第一级的级前压力与流量成正比，比焓降、反动度、速度比和效率等在变工况时基本保持不变，只有最末级的比焓降随着工况的变化而变化。

节流调节汽轮机的热力过程如图 5-9 所示。在设计工况下，调节汽阀全开，汽轮机的理想比焓降 ΔH_t 达到最大，其热力过程如图中的 ab 线所示。当功率减小时，调节汽阀关小，对蒸汽产生节流，使第一级前的蒸汽压力由 p_0 降至 p_{01}，减少了进入汽轮机的蒸汽量，并使蒸汽在汽轮机中的理想比焓降由 ΔH_t 降至 $\Delta H_t'$，其热力过程如图中的 cd 线所示。

需要注意的是：节流调节时，改变汽轮机功率主要是通过改变对蒸汽的节流程度，使蒸

汽流量改变来实现的，而不是靠比焓降的改变。因此，这种调节方式在部分负荷时，汽轮机理想比焓降的减小并不很大，例如当蒸汽流量减小到 1/2 和 1/4 时，对高压凝汽式汽轮机来说，其理想比焓降只减少 7％和 13％。尽管如此，节流调节汽轮机，当流量减小时，总要使汽轮机的理想比焓降减小，造成汽轮机相对内效率下降，并且负荷越小，节流损失越大，相对内效率越低。

若汽轮机调节后的相对内效率为 η_i，节流效率为 η_{th}，则

$$\eta_i = \frac{\Delta H'_i}{\Delta H_t} = \frac{\Delta H'_t}{\Delta H_t} \frac{\Delta H'_i}{\Delta H'_t} = \eta_{th} \eta_{i'} \qquad (5-40)$$

式中　　$\eta_{i'}$——汽轮机不考虑节流损失时的相对内效率。

由式（5-40）可以看出，节流调节汽轮机当工况变动时，机组的效率主要取决于节流效率。显然只有在设计工况时，节流调节汽轮机的效率才最高。

节流调节汽轮机具有以下优点：结构简单，制造成本低；由于采用全周进汽，因而对汽缸加热均匀；与喷嘴调节相比较，在负荷变化时级前温度变化较小，对负荷变化的适应性较好等。其缺点是在部分负荷时，节流损失大，经济性较差。因此节流调节一般用于如下机组：

（1）小功率机组，使调节系统简单。

（2）带基本负荷的机组。

（3）超高参数机组，使进汽部分的温度均匀，在负荷突变时不致引起过大的热应力和热变形。

背压式汽轮机由于背压高，蒸汽在汽轮机中的理想比焓降较小。如果采用节流调节，负荷变化时节流损失将占较大比例，使汽轮机相对内效率显著下降。所以，背压式汽轮机不宜采用节流调节方式。

二、喷嘴调节

喷嘴调节是指新蒸汽经过自动主汽阀后，再经过几个依次启闭的调节汽阀通向汽轮机的第一级（调节级）。图 5-10 所示为具有四个调节汽阀的喷嘴调节汽轮机示意图。每个调节汽阀控制一组调节级的喷嘴，运行时调节汽阀是随负荷的增、减依次开启或关闭的，即在增负荷时调节汽阀逐一开启，前一个调节汽阀接近全开时，开启下一调节汽阀；反之，在减负荷时，各调节汽阀依次关闭，阀门的关闭顺序与开启顺序相反。需要说明的是，每一调节汽阀控制的流量不一定相同，一般是第一调节汽阀控制的流

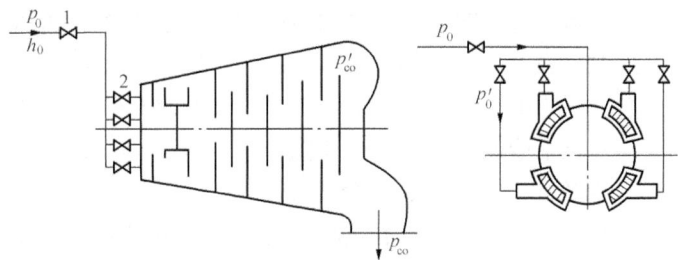

图 5-10　喷嘴调节示意图

量大些，而最末一个调节汽阀通常是在超负荷时才开启。由此不难看出如下几点：

（1）在部分负荷时，只有一个调节汽阀处于未全开状态，因此只有流经这一阀门的蒸汽受到节流作用，显然，在部分负荷时，喷嘴调节比节流调节效率高。

（2）喷嘴调节是通过改变第一级工作的喷嘴数来改变通流面积，从而改变蒸汽量、调整汽轮机功率的。当然，在部分开启的调节汽阀中，由于节流作用，也改变了蒸汽的比焓降，

但因其流量只占总流量的一小部分，故其比焓降变化对功率的影响较小。

（3）第一级的通流面积是随着负荷变化而变化的，而其后各压力级的通流面积是不随工况变动的。

综上分析，在讨论喷嘴调节汽轮机的变工况时，其第一级就不能和压力级（非调节级）视为一个级组，可将整台汽轮机分成两个部分，即调节级和所有的压力级。压力级的变工况特性与级组情况相同。而调节级的变工况特性与压力级有很大差别。下面分析调节级的变工况特性。

为了便于讨论，并能反映调节级变工况的主要特点，作如下假设：

（1）调节级的反动度在各个工况下均为零，$\Omega_m = 0$，因此，$p_1 = p_2$；

（2）主汽阀后的压力 p_0，不随流量改变；

（3）各调节汽阀的启闭没有重叠度，且调节汽阀全开时，无节流损失；

（4）不考虑调节级汽室温度变化。

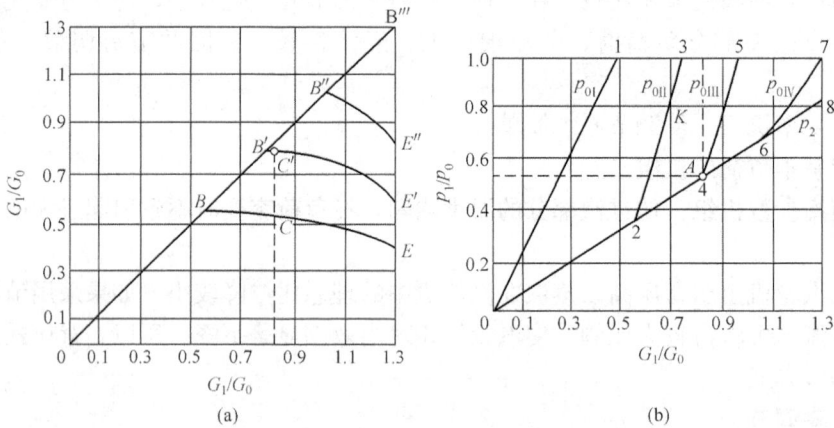

图 5-11 喷嘴调节时，调节级各喷嘴组的压力与流量变化图

（a）各喷嘴组流量分配曲线 （b）各喷嘴组前压力分配曲线

（一）压力与流量的关系

喷嘴调节时，调节级各喷嘴组的压力与流量变化如图 5-11 所示。

1. 调节级后（调节级汽室）压力 p_2 与流量的关系

把所有的压力级视为一个级组时，调节级后的压力即为该级组前的压力。因此，调节级汽室压力与流量成正比关系，如图 5-11（b）中 0-2-4-6-8 线所示。

2. 调节级前压力与流量的关系

调节级前压力即各调节汽阀后的压力，分别表示为 p_{0I}、p_{0II}、p_{0III}、p_{0IV}，其值取决于各阀门的开度，分析如下：

（1）第一调节汽阀开启过程中 p_0 的变化。

1）第一调节汽阀未开时，$p_{0I} = 0$。

2）在第一调节汽阀开启过程中（其余各汽阀完全关闭），由于调节级的通流面积为第一喷嘴组的通流面积，并保持不变，因此，可以把第一级和后面的压力级视为一个级组，p_{0I} 即为级组前的压力，所以 p_{0I} 随流量正比增加，如图 5-11（b）中 0-1 线所示。

3）第一调节汽阀全开后 $p_{0I} = p_0$，即图 5-11（b）中 1 点。在以后各调节汽阀依次开启时，$p_{0I} = p_0$，保持不变，如图 5-11（b）中 1-3-5-7 所示。

随第一调节汽阀的逐渐开启，通过第一喷嘴组的流量逐渐增大，如图 5-11（a）中 OB 线所示，当第一调节汽阀全开时，流过第一喷嘴组的流量达到最大值，即图中的 B 点。

（2）第二调节汽阀开启过程中 p_{0II} 的变化。

1）第一调节汽阀全开，第二调节汽阀未开启时，因为调节级汽室压力已经达到了第一调节汽阀全开时对应的压力 p_2，又因为喷嘴后的蒸汽压力对各喷嘴组都相同，均为 p_1（$p_1 = p_2$），且此时第二喷嘴组前、后压力相等，即 $p_{0II} = p_2$，如图 5-11（b）中的 2 点。

2）在第二调节汽阀开启的初始阶段，由于 $p_2/p_{0II} > 0.546$，即通过第二喷嘴组的汽流未达到临界状态，故 p_{0II} 随第二喷嘴组的流量增加而呈曲线关系增加，如图 5-11（b）中 2—3 线的 2—K 段所示；随着第二调节汽阀逐渐开大，第二喷嘴组前的压力 p_{0II} 逐渐升高，由于喷嘴后压力 p_2 升高较慢，因此，p_2/p_{0II} 逐渐减小；当 $p_2/p_{0II} < 0.546$ 时，通过第二喷嘴组的汽流达到了临界状态，即 p_{0II} 将随第二喷嘴组流量的增加而正比增加，如图 5-11（b）中 2—3 线的 K-3 段所示。

3）第二调节汽阀全开后，第二喷嘴组前的压力 $p_{0II} = p_0$，并且在以后各阀门的开启过程中保持不变，如图 5-10（b）中的 3-5-7 所示。

在第二调节汽阀开启过程中，进入汽轮机的总流量为第一、第二两个喷嘴组的流量之和，总流量由图 5-10（a）中的 B 点逐渐增加到 B' 点。

同理可以分析第三、第四调节汽阀在开启过程中，其对应喷嘴组前的压力 p_{0III}、p_{0IV} 的变化。由于在这两个阀门的开启过程中，调节级汽室压力 p_2 已经很高，故第三、第四喷嘴组始终处于非临界状态，p_{0III}、p_{0IV} 的变化曲线分别如图 5-11（b）中 4-5-7 线和 6-7 线所示。

以上着重分析了各调节汽阀在开启过程中调节级前压力的变化，那么各喷嘴组流量的变化又是怎样的呢？分析如下：

当调节级汽室压力 p_2 升高至 $0.546p_0$ 时，即图 5-11（b）中的 A 点，第一、二调节汽阀均全开，第三调节汽阀也部分开启，在第一、二两喷嘴组中，汽流速度刚好达到临界速度。在这之前，由于 p_2 始终低于临界压力，所以尽管 p_2 升高，也不会使第一、二喷嘴组中的流量下降，故图 5-11（a）中的 BC 及 $B'C'$ 均为水平直线。在这之后，只要第三调节汽阀的开度再增加，p_2 就将高于临界压力，于是这两个喷嘴组中的流量将随 p_2 的升高而下降。从上一任务可知，这时流量与背压的变化关系是椭圆形曲线，所以图 5-11（a）中的 CE、$C'E'$ 及 $B''E''$ 为椭圆形曲线。由此可得出如下结论：在调节汽阀的开启过程中，当 $p_2 < 0.546p_0$ 时，对应的喷嘴组流量保持不变，正在开启的调节汽阀所对应的喷嘴组流量增加；当 $p_2 > 0.546p_0$ 时，全开阀门对应的喷嘴组流量减小，正在开启的调节汽阀所对应的喷嘴组流量增加。显然，当某一调节汽阀刚刚全开（下一调节汽阀尚未开启）时，该调节汽阀所对应的喷嘴组流量达到最大。

（二）调节级比焓降的变化

工况变动时，对调节级比焓降变化情况分析如下。

在第一调节汽阀开启过程中，蒸汽在第一喷嘴组中的比焓降即为调节级的比焓降，虽然此时调节级的级前、级后压力都与流量成正比，但级前压力增长较快，而且由于调节级前的温度随调节汽阀的开启升高较多，因此，调节级的比焓降将从零逐渐增加。

第二调节汽阀未开启时,第二喷嘴组的前、后压力相等,比焓降为零。在第二调节汽阀的开启过程中,随调节汽阀节流作用的逐渐减弱,p_{0II} 的增加比 p_2 要快,因此,p_2/p_{0II} 逐渐减小,第二喷嘴组的比焓降从零逐渐增加,直至第二调节汽阀全开时,第二喷嘴组的比焓降达到最大。此时,第一、二喷嘴组的前、后压力相等,理想比焓降相等。需要注意的是:在第二调节汽阀的开启过程中,由于第一喷嘴组前的压力 $p_{0I}=p_0$ 保持不变,而调节级后压力 p_2 却随流量的增加而正比增大,故第一喷嘴组中的比焓降逐渐减小,也就是说,在第二调节汽阀的开启过程中,调节级的比焓降逐渐减小。

同理可以分析第三、四调节汽阀开启过程中调节级比焓降的变化。

通过上述分析可以得知:调节级的比焓降是随流量的变化而变化的,流量增加时,部分开启阀门所对应的喷嘴组比焓降增大,全开阀门所控制的喷嘴组比焓降减小。第一调节汽阀全开,第二调节汽阀尚未开启时,调节级的比焓降达到最大。

综合上述分析可知:调节级的最危险工况是在第一调节汽阀全开而第二调节汽阀尚未开启的工况,而不是在额定负荷时的工况。因为第一调节汽阀全开、第二调节汽阀尚未开启时,调节级比焓降达到最大,此时流经第一喷嘴组的流量也达到最大。由于蒸汽对动叶的作用力与流量及比焓降的乘积成正比,故这时位于第一喷嘴组后的调节级动叶的应力达到最大,因此最危险。这一点在运行中应充分注意。

调节级的比焓降变化,不但会引起反动度、速比和内效率的变化,而且调节级后的蒸汽温度也随之变化,并且变化幅度较大(参见图 5-12,图中 B、B_1、B_2、B_3、B_4、B_5 分别表示设计流量、最大流量、3/4 设计流量、1/2 设计流量、1/3 设计流量和 1/5 设计流量下调

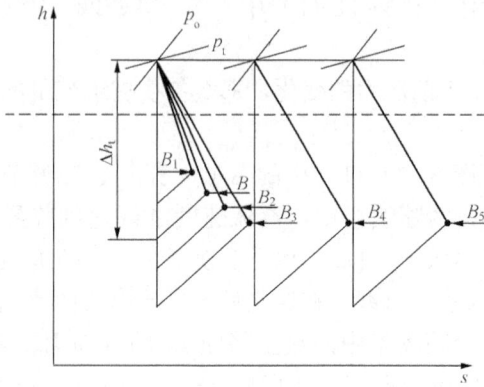

图 5-12　调节级后状态点的变化

节级后的蒸汽状态点),从而引起较大的热应力。因此,调节级汽缸壁的热应力常成为限制机组负荷变动速度的重要因素。采用节流调节的机组与此情况不同,各级温度随负荷变化幅度大体相同,而且变化较小。这是因为工况变动时,节流调节的热力过程线在 h-s 图上近似呈水平移动,所以节流调节适应负荷变动的能力高于喷嘴调节。

对节流调节和喷嘴调节进行比较可以看出:喷嘴调节的效率高,且较稳定。但在工况变动时,喷嘴调节汽轮机高压部分的金属温度变化较大,使调节级对应的汽缸壁产生较大的热应力,从而降低了机组对负荷的适应能力。

三、滑压调节

随着电网容量的日益增长,电网负荷峰谷差不断增大,过去采用的小机组调峰已不能满足需要,要求大功率机组参与调峰,为了保证发电成本低的核能发电机组和水力发电机组带基本负荷,电网调峰的任务主要依靠火力发电机组来完成,所以大容量火力发电机组也应设计为调峰机组,承担电网的调峰任务。

调峰机组的特点是负荷变化大、启、停频繁。因此,汽轮机运行所注意的问题不仅是效率的高低,还应使机组具有足够的负荷适应能力。在实际运行中,负荷适应能力与机组能否安全可靠运行有着直接关系,因而显得更重要。为适应这些特点,以及大功率机组均为单元

制的特点，大功率机组多采用滑压调节方式。所谓滑压调节是指单元制机组中，汽轮机所有的调节汽阀均全开的状态下，机组负荷的变化通过锅炉改变主蒸汽压力（主蒸汽温度保持不变）达到。

（一）滑压调节的特点

滑压调节与定压调节相比有如下特点。

1. 适应负荷迅速变化和快速启停的要求

滑压运行机组在部分负荷下，蒸汽压力降低，而温度基本不变，因此，当负荷变化时，汽轮机各金属部件的温度变化小，从而减小了汽缸和转子的热应力和热变形，从而提高了机组对负荷变化的适应性，缩短了机组的启停时间。

2. 提高了机组在部分负荷下的经济性

（1）部分负荷时，汽轮机的内效率提高。低负荷采用滑压调节，减小了蒸汽的节流损失；主蒸汽压力随负荷的减小而降低，而主蒸汽温度和再热蒸汽温度保持不变。虽然进入汽轮机的蒸汽质量流量减小，但容积流量基本不变，速比、比焓降也保持不变，而且蒸汽压力的降低，使末几级蒸汽湿度减小，使其损失减小，故汽轮机内效率仍可维持较高水平。

（2）给水泵耗功减少。大功率汽轮机多采用汽动给水泵，或采用电动给水泵的机组也在电动机和泵之间加装了无级变速液力耦合器，因此，在滑压运行时，锅炉给水流量和压力随负荷减小而减小，因而给水泵可以在低转速下运行，从而降低了给水泵的耗功量。而在大功率机组中，给水泵的耗功为汽轮机功率的 $2.5\% \sim 4\%$，给水泵耗功构成了目前火力发电厂厂用电的主要部分。采用滑压运行，给水泵耗功的减少提高了整个发电厂在低负荷时的热经济性。

（3）改善机组的循环热效率。低负荷时，喷嘴调节汽轮机高压缸的排汽比焓低于滑压调节，且随着负荷的降低，两者的差值增大。因此，滑压调节时，单位质量的蒸汽在锅炉中间再热器中所需要吸收的热量要比喷嘴调节时少。对于常用的锅炉结构形式，部分负荷时，滑压调节汽轮机的中间再热温度要比喷嘴调节时高。这不仅改善了机组的循环热效率，而且使末级的湿汽损失相对较小。

3. 改善工作条件，延长机组的使用寿命

滑压调节时，调节汽阀处于全开状态，可以保证汽轮机全周进汽，从而改善进汽部分的工作条件。同时，锅炉受热面、主蒸汽管道经常在低于额定参数下工作，提高了它们的可靠性，并延长了其使用寿命。

4. 高负荷区滑压调节不经济

当机组在较高负荷区运行时，由于阀门的开度较大，定压调节的节流损失不大，尤其是喷嘴调节的汽轮机，节流损失更小，若采用滑压调节，由于新汽压力的降低，使机组循环效率下降，故此时经济性比定压调节低。只有当负荷减小到一定数值时，定压调节将因节流损失增大而使调节级效率降低较多时，采用滑压调节才是有利的。也就是说，只有当循环热效率的降低小于汽轮机内效率的提高和给水泵耗功的减小以及再热蒸汽温度升高引起的热效率提高三者之和时，采用滑压调节才能提高机组的经济性。

（二）滑压调节方式

1. 纯滑压调节

即在整个负荷变化范围内，所有调节汽阀全开，完全靠锅炉改变出口压力和流量的方法来调节机组负荷。这种方法操作简单，具有较高的经济性。但是，从汽轮机负荷变化信号输入锅炉到新蒸汽压力改变，有一个时滞，不能快速适应负荷的变化。对于中间再热机组，由于再热容积存在，负荷变动时中低压缸功率有滞延现象，通常采用高压调节汽阀动态过开的方法来弥补中低压缸的功率不足，但此时由于高压调节汽阀已全开，故此种运行方式难以适应负荷的频繁变动。

2. 节流滑压调节

即机组负荷稳定时，调节汽阀不全开，对主蒸汽有一定的节流；当负荷突然增加时，立即全开调节汽阀，利用锅炉的蓄能，达到快速增负荷的目的；待锅炉调整燃烧工况使新蒸汽压力升高后，再把调节汽阀关小，恢复至原来的位置。因此，这种方式弥补了纯滑压调节负荷适应性差的缺点。但由于调节汽阀经常处于部分开启状态，存在节流损失，在一定程度上降低了其经济件。

3. 复合滑压调节

这种调节方法又称喷嘴—滑压调节。在高负荷区采用喷嘴调节，即用改变通流面积的方法调节负荷（定压），以保持机组的高效率；在低负荷区除 1 或 2 个调节汽阀处于关闭状态外，其余调节汽阀均全开，进行滑压调节；在极低负荷区域，为了保持锅炉的水循环工况和燃烧的稳定性，以及考虑给水泵轴系临界转速的限制，因而进行较低水平的定压调节，故这种调节方式又称为"定—滑—定"调节方式。它对负荷变化的适应性较好，可大大改善机组的经济性，较为实用。例如 WH 公司生产的 600MW 机组就采用了这种调节方式，当负荷在额定负荷的 41%～80% 区域内为滑压调节，而在 80% 以上和 41% 以下为定压调节。

四、变工况时轴向推力的变化

（一）蒸汽流量变化时轴向推力的变化

汽轮机轴向推力的变化在一般情况下主要取决于各级叶轮前、后压力差的变化，凝汽式汽轮机中间级动叶前、后的压力差是与流量成正比的，即工况变动时，虽然中间级的压力比、比焓降、反动度均不变，但其轴向推力却随流量的增加而增加。

对于采用节流调节的凝汽式汽轮机，当负荷变化时，比焓降变化主要在最末几级，但由于原设计反动度值较大，故反动度变化较小，可近似认为不变。但中间级各级前、后压力差随着流量的增大而正比增大，可认为整个汽轮机的轴向推力与流量是成正比变化的。

对于采用喷嘴调节的凝汽式汽轮机，变工况时各非调节级的轴向推力变化与节流调节时完全相同。至于调节级，当流量改变时，由于反动度、级前、后压力差及部分进汽都在发生变化，故轴向推力的变化较为复杂，但喷嘴调节凝汽式汽轮机的最大轴向推力也出现在最大负荷时。

综上所述，轴向推力是随机组流量增大而增大的。

（二）特殊工况下轴向推力的变化

1. 新蒸汽温度降低

此时整机理想比焓降减少，每一级比焓降随之减小，从而引起各级速度比增加和反动度增加，因此，轴向推力增加。

2. 水冲击

当汽轮机发生水冲击时，蒸汽温度降低，反动度增加；另外，当水进入较热的机体，水部分被蒸发，级中压力升高，所以轴向推力增大。

当大量水进入汽轮机后，在瞬间全部或部分地堵住了某一级通流部分，使被堵级前面的压力急剧增高，而级后压力又因蒸汽被吸入凝汽器而降低，因此，被堵级遭受了很大的轴向推力，直到蒸汽将所有的水推出为止，这个过程仅持续几分之一秒。

3. 负荷突增

当负荷突然增加时，汽轮机的轴向推力要比正常情况要大。这是因为此时蒸汽要向前面几级的金属传热而使温度降低，级内比焓降减小，以致使反动度增加。

此外，由于隔板与叶轮轮鼓相比，隔板受热较快，使汽封间隙增大，使叶轮前压力增高，致使轴向推力增加。

4. 甩负荷

甩负荷时若阀门卡涩，转速将瞬时上升，速度比增加而使反动度增大。但这种情况对反动式汽轮机影响较小。

5. 叶片结垢

汽轮机通流部分一般是动叶结垢比喷嘴严重，这主要是因为喷嘴中汽流速度较大，蒸汽中携带的盐分不易集聚下来。这就使结垢级的面积比（A_b/A_n）减小，因而该级反动度增大，轴向推力增加。此外，某级结垢，则该级的通道阻塞，该级前各级级前压力均增加，即使各级的比焓降和反动度均不变，也会使动叶前、后的压差增大，从而使轴向推力增加。

总之，当通流部分结垢而汽轮机的负荷不变时，汽轮机的轴向推力将增大。

由于工况变化时轴向推力的计算不仅非常复杂，而且也很难计算准确，而轴向推力的变化又可能危及汽轮机的安全运行，为此，在实际运行中，除装有轴向位移保护装置外，常采用测量推力轴承工作瓦块温升作为监视轴向推力变化的方法。

任务验收

（1）收集汽轮机常用调节方式的实用范围，分析其特点。

（2）分析调节级的危险工况和末级的最危险工况。

任务四　蒸汽参数变化的变工况运行

【任务描述】

运用汽轮机变工况知识，分析汽轮机进、排汽参数变化对汽轮机经济性和安全性的影响。

能力目标

（1）会分析进汽参数变化对汽轮机安全性和经济性的影响。

（2）会分析排汽参数变化对汽轮机安全性和经济性的影响。

任务实施

进入汽轮机的蒸汽流量变化，会引起汽轮机工作状况的变化，蒸汽参数的变化同样要引起汽轮机工作状况的变化。分析汽轮机进、排汽参数变化对汽轮机经济性和安全性的影响，对汽轮机运行具有重要意义。

一、蒸汽初温、排汽压力不变，初压变化的影响

（一）蒸汽初压升高

1. 采用节流调节的汽轮机

对于采用节流调节的汽轮机，当蒸汽初压升高时，若保持负荷不变，则需关小调节汽阀，以保证进入汽轮机第一级喷嘴前的蒸汽压力与设计值相等，这会使节流损失增加，但是各级内的工作状况并无变化，因此，不影响机组运行的安全性；如果蒸汽初压升高时，保持调节汽阀开度不变，则流量和比焓降都要增大，机组超负荷运行，将引起各压力级，主要是最末几级应力增大，甚至超过允许值（蒸汽初压升高超过允许值时），这是不允许的。

2. 采用喷嘴调节的汽轮机

从热工学理论可知，提高初压，可以提高循环热效率。下面主要分析初压升高对汽轮机安全性的影响。

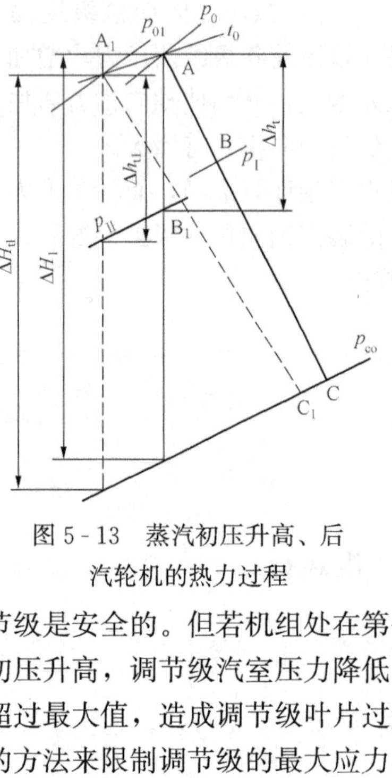

图 5 - 13 蒸汽初压升高、后
汽轮机的热力过程

图 5 - 13 为蒸汽初压升高后汽轮机的热力过程。可以看出，初压升高后，汽轮机的理想比焓降增加，即 $\Delta H_{t1} > \Delta H_t$。

如果维持负荷不变，并忽略机组效率的变化，则变工况后的流量 G_{01} 为

$$G_{01} = G_0 \frac{\Delta H_t}{\Delta H_{t1}} \qquad (5 - 41)$$

由式（5 - 41）可以看出，初压升高，保持负荷不变时，流量将减少。如果初压升高超过允许范围时，对汽轮机的安全将带来如下不利影响。

（1）初压升高后，若机组不超过额定负荷，则流量将小于额定值，调节级汽室压力降低，使调节级比焓降较额定参数时增大，但其数值仍将小于第一调节汽阀全开、第二调节汽阀未开时的调节级比焓降，故调节级是安全的。但若机组处在第一调节汽阀全开、第二调节汽阀未开的工况下运行时，由于初压升高，调节级汽室压力降低，使调节级比焓降超过最大值，流过第一喷嘴组的流量也要超过最大值，造成调节级叶片过负荷。长期超压运行的机组，可以采用增大调节汽阀重叠度的方法来限制调节级的最大应力，因为增大重叠度可以增加第一调节汽阀全开时流经汽轮机的流量，提高调节级后的压力，比焓降有所下降。当初压升高较多时，可让第一、二调节汽阀同时开启，以保证调节级的安全。

（2）初压升高，使最末几级蒸汽湿度增大，湿汽损失增加，并影响叶片寿命。

（3）初压升高，会导致主蒸汽管道、蒸汽室、法兰螺栓等承压部件及紧固部件的应力增加，对管道和阀门的安全不利。

（二）蒸汽初压降低

当初压降低时，若仍保持调节汽阀在额定开度，由于汽轮机理想比焓降减小，并且蒸汽流量随初压的降低而正比减小，使汽轮机的最大出力受到限制。此种情况下，机组相当于滑

压运行，是安全的，但经济性降低。如果初压降低后，机组仍然维持在额定负荷下运行，汽轮机流量将增加，从而大于额定流量，此时会引起非调节级各级的级前压力升高，使末几级比焓降增大，因此，各压力级尤其是末几级叶片应力增大，同时整台汽轮机的轴向推力增加，这对汽轮机的安全产生不利影响。

二、蒸汽初压、背压不变，初温变化的影响

（一）蒸汽初温升高

蒸汽初压和背压不变，初温度高时，蒸汽在汽轮机中的理想比焓降增加，排汽湿度下降，这不仅提高循环热效率，而且减小了汽轮机低压级的湿汽损失，使机组的相对内效率也有所提高。

但蒸汽初温升高，尤其是超过允许值时，将会使汽轮机主汽阀、调节汽阀、蒸汽室、前几级喷嘴和动叶、高压轴封等部件蠕变加快，即使初温升高不多，也可导致材料的许用应力大幅度降低。因此，在运行中，对超温都有严格限制。例如 N300－16.7/537/537 型汽轮机规定：汽轮机调节汽阀进汽连接管处的蒸汽温度平均值，在任何 12 个月的运行期间内应该不大于额定温度值，为保持这一平均温度值，蒸汽温度不应超过额定蒸汽温度 8.33℃。

由于不正常的运行情况，在汽轮机调节汽阀进口连接处的温度，每 12 个月运行期间内，超过额定温度 13.89℃ 的运行时间不大于 400h，超过额定温度 27.78℃ 的运行持续时间不超过 15min，这样的事故出现至少应相隔 4h。

（二）蒸汽初温降低

蒸汽初温降低时，蒸汽在汽轮机中的理想比焓降减少。若仍保持额定负荷运行，汽轮机流量将大于额定值。对喷嘴调节的调节级，由于其级后压力随流量的增加而增大，因此，该级比焓降减小，工作是安全的。但对各压力级，尤其是最末几级，其流量和比焓降同时增大，造成末几级叶片过负荷，同时汽轮机轴向推力一般也要增大。除此之外，蒸汽初温降低还会引起末几级蒸汽湿度增大，湿汽损失增加，对末几级叶片产生冲蚀。蒸汽初温急剧降低，还可能导致水冲击。为此，必要时可在初温降低的同时降低初压，以减小排汽湿度。当然，此时汽轮机的功率也就受到了限制。若发生水冲击，则应按规程规定进行处理。

三、蒸汽初压、初温不变，背压变化的影响

（一）背压升高

背压升高时，蒸汽在汽轮机中的理想比焓降减小，经济性下降。对于喷嘴调节的汽轮机，背压升高不大时，若保持调节汽阀开度不变，可认为蒸汽流量基本不变，主要是理想比焓降减小引起汽轮机功率下降，并且比焓降的减小主要发生在末几级，这对各级的动叶和隔板是安全的。但背压升高会引起排汽温度上升，当排汽温度上升较大时，还会产生下列不利影响。

（1）引起排汽缸及轴承座等部件受热膨胀，使机组中心发生变化，造成振动。

（2）使凝汽器温度升高，可造成冷却水管热胀过大而产生泄漏，破坏凝结水水质。

（3）推力轴承上产生过大的轴向推力，这是因为背压升高，最末几级比焓降减小，反动度增加，轴向推力增大。

（二）背压降低

背压降低时，蒸汽在汽轮机中的理想比焓降增加，循环效率提高，对经济性有利，因此，凝汽式汽轮机应尽量维持在较低背压下运行。但是背压降低过多又会带来如下不利影响。

（1）蒸汽在末级动叶或喷嘴外发生膨胀，造成能量损失，同时可能造成隔板和动叶过负荷。

（2）过分降低背压，需要增加循环水量，使循环水泵耗功增加，机组运行费用增大。因此，运行中应尽量维持凝汽器的最佳真空。

任务拓展

一、空冷机组的变工况运行

（一）空冷系统的设计背压及主要设计参数

1. 设计气温

空冷系统的热力计算采用的大气温度参数为大气干球温度。

在我国北方地区，随着季节的变化气温变化幅度很大，冬季最低气温可达 $-20 \sim -30℃$，夏季最高气温可达 $35 \sim 40℃$。而且在一月之内，气温变化幅度也较大，温差可达到 15℃ 左右。因此，设计气温的选择要考虑气温变化时对机组运行的影响。既要考虑在炎热的夏季机组能够尽量多带负荷，也要考虑严寒的冬季散热器的防冻、安全运行问题。另外，还要考虑建设投资、年运行费用、机组年发电量等各种因素。

空冷系统设计计算采用的气温单元为小时气温。即将典型年 8760h 的气温由高到低列出，制定典型年的小时气温统计表，绘制出典型年的小时气温历史频率曲线。设计气温的确定，目前我国尚无规范及标准可以遵循，采用较多的方法是按典型年小时气温统计表中 $+5℃$ 开始至最高气温值进行加权平均，取其平均值作为设计气温。

2. 初始温差

初始温差简称 TTD，是指进入主凝汽器的热介质温度与大气干球温度之差。对于间接空冷系统，即

$$TTD = t_{w1} - t_{a1} \tag{5-42}$$

式中　t_{w1}——进入散热器的冷却水温度，℃；

　　　t_{a1}——环境大气干球温度，℃。

循环冷却水出口温度，取决于汽轮机排汽温度与凝汽器端差，即

$$t_{w1} = t_c - \delta_t \tag{5-43}$$

式中　t_c——汽轮机排汽温度，℃；

　　　δ_t——凝汽器端差，℃。

对于直接空冷系统，则

$$TTD = t_c - t_{a1} \tag{5-44}$$

式中　t_c——直接空冷凝汽器装置进口蒸汽温度，即汽轮机排汽温度，℃。

由以上公式可知，当环境空气温度一定时，TTD 的大小取决于凝汽器的排汽温度。TTD 大，汽轮机排汽温度高，空冷凝汽器可以利用的传热温差大，所需散热元件减少，空冷系统投资可以减少，但汽轮机热效率降低，机组运行费用高。TTD 小，则要增加空冷凝汽器的散热元件，增大空冷系统的投资，但汽轮机热效率高，机组运行费用减少。

在火力发电厂空冷系统的设计中，TTD 的选择是根据电厂在电网中的性质、当地气象条件以及当地水、煤资源价格等综合因素，进行综合分析比较而确定的。由于空冷系统投资较湿冷系统大的多，因此，目前都趋向于采用较高背压的机组以降低系统初投资。在工程设

计中，*TTD* 值需要进行优化确定。

3. 设计背压

空冷机组的设计背压与大气干球温度、设计 *TTD* 值密切相关。当设计气温确定后，根据优选的 *TTD* 值，即可确定空冷机组的设计背压。对空冷机组而言，由于其背压随大气干球温度变化，且变化范围较大，因此，要求汽轮机的背压能有一个比较大的范围，既要保证在设计的最高满发背压下安全可靠地运行，又要在设计的背压运行范围内取得较好的经济效益。

（二）空冷机组的变工况运行特点

空冷机组的背压高，而且变化范围。间接空冷机组的背压变化范围为 5～30kPa，直接空冷机组的背压变化范围更大，多在 10～50kPa 之间，这对空冷机组的安全运行影响很大。

空冷机组的主要变工况特点如下。

1. 末级叶片容积流量变化大

气温低、背压低、负荷大时，汽轮机容积流量大。这将导致余速损失增大；由于蒸汽速度增大，作用力增加，使叶片弯曲应力增大；当背压过低，容积流量过大时，因马赫数增大，有可能在末级叶片通道内造成汽流阻塞，此时即使背压继续降低，机组功率也不能增加。只有采用降低空冷设备冷却性能的措施（如减少运行风机台数、运行功率或关闭百叶窗）来提高汽轮机背压、增加进汽量，也就是用降低机组运行的经济性来维持汽轮机的功率。因此，空冷机组不宜在排汽压力过低的工况下运行。

当气温高、背压高、负荷较小时，汽轮机末级叶片容积流量过小。叶片根部、顶部均会出现脱流现象，使得该处的蒸汽倒流。由于叶片的根部、顶部脱流易形成漩涡区，不仅对叶片有冲蚀作用，而且还形成了稳定的扰动源，激发叶片产生振动，严重时会引起叶片组的颤振。

2. 在威尔逊（Wilson）区运行的末级叶片有盐分沉积

威尔逊区就是蒸汽湿度为 2％～4％ 的区域，此时，蒸汽中的盐分将沉积于叶片上，造成对叶片的腐蚀。通常，空冷汽轮机末级叶片湿度的变化范围为 2％～8％，即汽轮机运行时，末级叶片要通过威尔逊区，盐分在末级叶片上沉积，产生腐蚀，从而降低了叶片材料的许用应力。

3. 低压缸排汽温度变化大

图 5-14 为某空冷汽轮机在不同背压下的膨胀过程。由于空冷汽轮机在不同工况下其背压变化很大，因此，排汽温度的变化也很大，致使低压缸各部分热膨胀产生差异。例如，当汽轮机轴承坐落在低压缸外壳时，轴承标高的变化将影响各轴承的负荷分配和轴系的稳定性；叶片根部紧固力的变化将影响叶片的振动频率；低压隔板、汽封套将发生相对位移，以上变化对汽轮机的可靠性和安

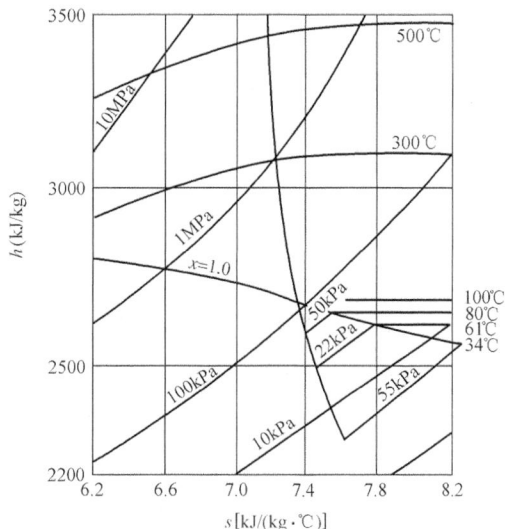

图 5-14　某空冷汽轮机在不同背压下的膨胀过程

全性会带来不利影响。

任务验收

（1）分析蒸汽初压高于或低于允许值时（其他参数正常），对凝汽式汽轮机的安全运行有何影响？运行中应如何监视与调整？

（2）分析蒸汽初温高于或低于允许值时（其他参数正常），对凝汽式汽轮机的安全运行有何影响？运行中应如何监视与调整？

（3）分析排汽压力升高时（其他参数正常），对凝汽式汽轮机的安全经济运行有何影响？运行中应如何监视与调整？

项目六　汽轮机的运行与维护

汽轮机的运行所涉及的问题非常广泛，就运行工况而言，有启动、停机、变负荷运行及正常运行等。此外，汽轮机的经济调度、事故处理及试验和维护等也属于运行所包含的工作内容。不同类型的汽轮机有各自不同的特点，即使是同一类型的汽轮机，其性能和特点也不尽相同，因此，必须根据机组的具体情况（如结构、参数、功率和热力系统等），制定每一台汽轮机的运行操作规程。运行人员的首要任务是以运行操作规程为指导，在保证机组安全运行的前提下，不断提高其运行的经济性。

任务一　汽轮机的热状态分析

【任务描述】

　　分析汽轮机热应力、热膨胀、热变形的产生原因、危害、影响因素和控制措施，为汽轮机安全运行打下坚实的基础。

能力目标

（1）认识热应力、热膨胀、热变形的产生原因、危害及影响因素。
（2）会分析胀差对汽轮机动、静间隙的影响。
（3）能根据运行中的实际情况控制汽轮机的热应力、热膨胀、热变形。

任务实施

汽轮机在从静止状态到工作状态的启动过程和从工作状态到静止状态的停机过程中，各零部件的工作参数都将发生剧烈变化，因此，可以认为启动和停机过程是汽轮机运行中最复杂的工况。这些工作参数中，对机组安全运行起决定作用的是各零部件金属温度的变化。例如，高参数汽轮机在冷态启动时，其进汽部分金属温度将由室温升高到500℃以上，所以启动过程实质上是对汽轮机金属的加热过程。由于各部件的受热条件不同，它们被加热和传热的情况也不同，从而使汽轮机各金属部件形成温度梯度，产生热应力和热变形。当热应力和热变形过大，超过金属部件的允许范围时，这些金属部件将产生永久变形，甚至造成更严重的损坏。

一、汽轮机的受热特点

在汽轮机的启、停过程中，蒸汽对汽轮机各零部件表面的热传导主要有两种方式，即当金属表面的温度低于蒸汽饱和温度时，蒸汽的热量以凝结放热的形式传导给金属表面；当金属表面的温度高于蒸汽饱和温度时，蒸汽的热量以对流方式传导给金属表面。

汽轮机冷态启动时，温度较高的蒸汽与冷的汽缸内壁接触，这时蒸汽的热量主要以凝结放热形式传给金属表面。由于凝结放热的放热系数很高，可达 62 800kJ/（M² · h · ℃）以上，且蒸汽压力越高，放热系数越大，传热量也就越多，汽缸内壁温度很快上升到该蒸汽压力下的饱和温度。当汽缸内壁的金属温度高于该蒸汽压力下的饱和温度时，蒸汽的凝结放热阶段就告结束，此后，蒸汽主要是以对流放热方式向金属传热。

蒸汽的对流放热系数远小于凝结放热系数，且是不稳定的，其大小取决于蒸汽的流速和比容（随压力和温度而改变）。在通常的流速范围内，蒸汽的流速越大，其放热系数越高。流速不变时，高压蒸汽和湿蒸汽的放热系数较大，而低压微过热蒸汽的放热系数是高压蒸汽的 1/10 左右。放热系数直接影响到汽缸内、外壁温差，放热系数大时，蒸汽传给汽缸内壁的热量大，反之传热量小。传热量过大将使汽缸内壁单向受热不均匀性加剧，使汽缸内、外壁温差增大。

汽轮机金属本身的换热过程是热传导过程，由于热量在金属内部的传导需要一定的时间，因而在金属中不可避免地会形成温差。例如，加热蒸汽接触汽缸内壁时，热量首先传给内壁表面，外壁的热量是由内壁通过金属热传导而获得的。由于汽缸内、外壁之间存在热阻，因此，内壁温度高于外壁温度而形成温差。对于汽轮机的转子，虽然其受热条件比汽缸好些，它的外周面和叶轮两侧均能与蒸汽接触，仅转子中心的热量仍然是由它的外周以热传导方式传递的。因此，转子沿半径方向也会出现温度梯度。

如果在金属温升过程中，加热蒸汽的温度以均匀速率上升，则金属的温差随着整个温升过程持续增大，经过一定时间后，该温差达到最大，此后，虽然金属温度随蒸汽温度的升高而升高，但汽缸内、外壁或转子表面与中心孔的温差保持最大值且不变化，通常称温差达到最大值的时刻为准稳态点。对于一般的汽轮机转子，当蒸汽温升率不变时，进入准稳态点的时间大约为 80～100min。但对于汽轮机的实际启动工况，由于蒸汽温度变化率不会是常数，因此，往往不会达到准稳态工况。当汽轮机启动结束后，转子内、外壁温差逐渐减小，经过一段时间后，如不考虑转子本身散热的影响，转子表面与中心孔的温度相等，且接近蒸汽温度，此时汽轮机进入稳定工况运行。

二、汽轮机的热应力

在汽轮机启动、停机或负荷变化过程中，其零部件由于温度变化而产生膨胀或收缩的变形，称为热变形。当热变形受到某种约束时，则要在零部件内产生应力，称为温度应力或热应力。应该指出，当温度变化时，若零部件内各点的温度分布均匀，且变形不受任何约束，则零部件只产生热变形而不产生热应力，如图 6 - 1（b）和图 6 - 1（d）所示。当此变形受到约束时，则在零部件内产生热应力。

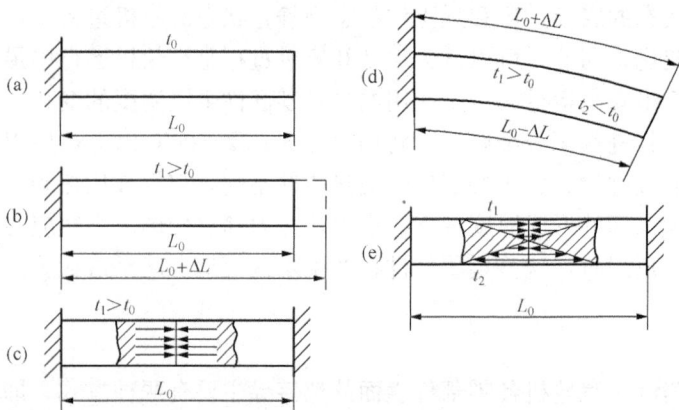

图 6 - 1 不同情况下金属棒内热应力示意图

当物体的温度变化不均匀时，即使没有外界约束条件，也将产生热应力。例如，对金属棒的上侧加热而对其下侧冷却，则金属棒的上侧温度高于下侧，在金属棒的内部产生了温差。这将引起金属棒内部膨胀、收缩不一致，金属棒的变形受到其内部各部分之间的相互约束，即温度低的部分阻止温度高的部分膨胀，而温度高的部分则阻止温度低的部分收缩。因此，温度高的部分将产生热压应力，而温度低的部分则产生热拉应力，如图 6-1（e）所示。这是由于温差的存在，而在物体内部产生了热应力，汽轮机中的热应力大多由此引起。

综上所述，热应力就是当物体温度变化时，它的热变形受到其他物体约束，或者受到物体内部之间的相互约束所产生的应力。热应力的变化规律是温度高的一侧产生热压应力，温度低的一侧产生热拉应力。汽轮机在启停或变负荷运行时，接触汽缸、转子各段的蒸汽温度变化引起汽缸、法兰、转子温度变化，因此，汽缸、法兰、转子等零部件内部都存在温差，使这些零部件内产生热变形和热应力。

热应力过大，可使零部件应力超过材料的许用应力；此外，热应力是交变应力，使零部件产生疲劳损伤，出现裂纹，降低使用寿命。运行中，减小热应力的途径是控制蒸汽的温度变化速度和变负荷速度，而降低蒸汽的温度变化速度和变负荷速度，又延长了启动时间，增加启停损耗，因此，应有一个最佳的变化速度和允许的热应力值。启停过程中的暖机虽可降低热应力，但增加了应力的波动，所以暖机不是控制热应力的最佳方法。

（一）转子热应力

启动时，转子外表面温度上升速度较中心孔快得多，从而产生温差。外表面产生压缩应力，内孔表面产生拉伸应力。若表面温升剧烈，压缩应力会使表面材料屈服，在负荷稳定后，转子表面会受持续残余拉伸应力影响。停机过程与启动时相反，外表面受拉伸应力，可能与启动中的残余拉伸应力叠加而使拉伸应力达到较大值。目前，把这种转子金属材料承受一次加热和冷却的过程称为一次温度循环（或热循环），由此而引起的疲劳则称为低周疲劳。这样的一次交变热应力虽然不一定立即造成宏观可见的缺陷，但是每一次较大的热应力交变，都会消耗转子的使用寿命，经多次积累，最终使转子出现宏观裂纹损坏。

热态启动时，如果新蒸汽温度没有保证调节级室汽温略高于金属温度，则使转子表面受到冷却，之后随着参数的提高，转子表面又被加热，因此，使转子表面先受到拉伸应力，后受到压缩应力；内孔壁承受的则先是压缩应力，后是拉伸应力。这样，一次启动就形成了一次交变应力的循环。

转子的形状比较复杂，可将转子视为空心圆柱体，并假定在启、停和变工况时，其内部金属温度只沿半径方向变化，且断面上温度分布对称于转子轴线。如果在启、停或负荷变化时转子沿径向的温度变化规律已知，则根据热弹性理论可分别计算出转子截面上任意点的径向、切向和轴向热应力。研究人员通常最关心最大热应力的值和发生部位。根据前面对热应力产生的原因分析可知，对转子的任意截面，最大热应力发生在转子的表面和中心孔处。由于转子内、外表面的径向热膨胀不受约束，故径向热应力为零；转子内、外表面的切向热应力与轴向热应力相等。

转子热应力的大小主要取决于内部的温度场。当蒸汽温度呈线性变化时，启动进入准稳态之后，转子外表面温度与体积平均温度之差和体积平均温度与内表面温度之差基本相等，称为体积平均温差。当转子的材料、结构一定时，转子的热应力主要取决于转子的最大体积平均温差，而温差的大小则取决于金属表面的温度变化率（或蒸汽温度变化率）。因此，在启停过程中，可通过改变蒸汽的压力、温度、流量和流速等办法来控制蒸汽对金属的放热量，以控制金属表面的温度变化率，从而达到控制热应力的目的。

　　实际启动时，蒸汽温度呈非线性变化。在这种情况下计算转子热应力有两种处理方法：一种是对蒸汽温度变化曲线用加权平均法求得等价温度变化率；另一种方法是使用应力分解法，对蒸汽温度变化逐段进行计算。

　　汽轮机在启、停和工况变化时，汽缸和转子各部位的热应力不同，我们关心的是最大热应力的部位和发生最大热应力的时刻。当蒸汽温升率一定，汽轮机进入准稳态时，转子表面与中心孔的温差接近该温升率下的最大值，因此，汽轮机进入准稳态时零部件的热应力值最大。

　　由于汽轮机转子各处的几何尺寸不一样，启停及变工况时各处的温度变化范围不同，产生的热应力也就不同，最大热应力发生的部位通常为高压缸调节级处和中压缸进汽处。这些部位蒸汽温度最高，变工况时温度变化范围大，引起的热应力也大。此外，这些部位还存在结构突变，如叶轮根部、轴肩处的过渡圆角及转子上的弹性槽等都存在较大的热应力集中现象，使得热应力成倍增加。

　　运行中很难监测转子的温度或应力，试验证明，转子表面的温度变化和调节级汽缸内壁的温度变化非常接近，只是稍有滞后，稳定工况下，两者基本相等。所以一般用监视和控制调节级汽缸内壁温度变化率的方法来控制转子的热应力。

（二）汽缸的热应力

　　与转子相同，也可将汽缸视为无限长空心圆柱体。在冷态启动时，由于汽缸内壁温度高于汽缸外壁温度，汽缸内壁承受压缩热应力，汽缸外壁承受拉伸热应力；停机时则相反。在同一时刻汽缸内壁的热应力绝对值大小约为外壁的两倍。

　　对某一汽轮机而言，汽缸壁产生的热应力与汽缸内、外壁温差 Δt 成正比。一般情况下，汽缸内、外壁温差变化 $1℃$，约能产生 $1.96MPa$ 的热应力。在启、停过程中应使热应力值不超过材料的许用应力，即严格控制汽缸内、外壁温差 Δt 在允许范围内。用传热学的理论分析得知：Δt 的大小与汽缸内壁的温度变化率（加热或冷却的速度）及汽缸厚度的平方成正比。汽缸内壁温度变化率的大小与汽轮机的启停速度有关。对于较大容量的汽轮机汽缸壁通常做得很厚，故需严格控制汽缸内壁温度变化率，使得启动时间比中小型的要长。

　　按照热弹性理论，若转子半径与汽缸壁厚度相等时，在同样的温升速度下，转子的最大体积平均温差为汽缸内、外壁最大体积平均温差的一半。因此，对转子半径与汽缸壁厚相差不大的单层缸高压汽轮机来说，启动中只要按照汽缸热应力来控制最大允许的温升速度，转子热应力就不会超过允许值。但对采用双层汽缸结构的大功率汽轮机来说，情况就不同了，这时限制启、停及负荷变化的主要因素是转子的热应力，而不是汽缸的热应力。其原因如下：

　　（1）大功率汽轮机转子直径大，而双层缸的采用使汽缸壁厚有所减薄，致使转子半径大于汽缸壁厚度。

　　（2）启动时，转子的受热条件优于汽缸。

　　（3）对大功率汽轮机结构的改进。

　　（4）启动时，转子的应力水平高于汽缸。

　　运行实践证明，汽缸出现裂纹，大多由拉应力所引起。因汽缸结构不同，不同的汽室换热情况不同，其中喷嘴调节汽轮机以高压缸调节级和中压缸进汽处蒸汽温度变化最大，热应力为最高，当温差消失后，残留的拉应力再加上蒸汽压差所引起的静拉力，很容易使汽缸产生裂纹。所以，在启停过程中要严格控制调节汽室蒸汽温度的变化率，且汽轮机的快速冷却比快速加热更加危险。例如，热态启动时若用低温蒸汽，将使汽缸内壁受到骤然快速冷却，是非常危险的。

（三）法兰热应力

对于大容量汽轮机的法兰，厚度通常很大，热阻很大，因此，在法兰处常常出现最大温差，是热应力影响较大的区域。将法兰视为无限大平板。根据热传导理论，平板单向不稳定缓慢加热时，可认为板内温度分布为一抛物线，如图 6-2 所示。在此基础上，根据热弹性理论，可推出法兰内、外壁的热应力公式。

法兰内壁热应力为

$$\sigma_2 = -\frac{2}{3}\frac{\alpha E}{1-\mu}\Delta t \qquad (6-1)$$

法兰外壁热应力为

$$\sigma_1 = \frac{1}{3}\frac{\alpha E}{1-\mu}\Delta t \qquad (6-2)$$

式中　α——金属材料的线膨胀系数；

　　　E——弹性模量；

　　　μ——泊桑系数。

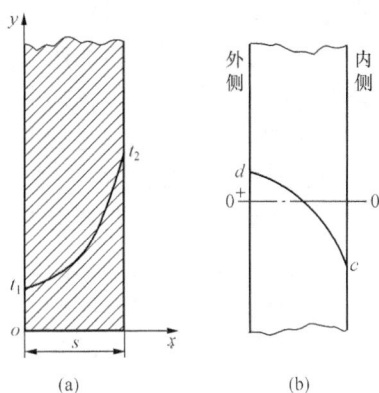

图 6-2　法兰单向受热时温度
分布和热应力分布
（a）温度分布；（b）热应力分布

由此可知：

（1）法兰内、外壁的热应力与内、外壁温差成正比，所以在启、停过程中控制第一级处法兰内、外壁温差实际上是控制该截面中最大热应力值。

（2）在冷态启动时，法兰内壁为压缩热应力，法兰外壁为拉伸热应力；在停机过程中，由于法兰受到蒸汽的冷却，所以热应力方向与启动时相反，即内壁受拉伸热应力，外壁受压缩热应力。由此可知，在启停过程中，法兰内的热应力也是交变的。

法兰本身除受热应力外，还要加上螺栓紧力和法兰与螺栓之间由于空气间隙存在产生温度差而引起的热应力。为了使法兰热应力与机械应力合成后的当量应力不超过许用应力，应限制热应力不超过某一数值，从而也限制了法兰内、外壁温差不超过规定值。对不同类型的汽轮机，法兰内、外壁温差的规定值是不同的，一般控制在 30～80℃ 范围以内。为防止热应力过大，在法兰上常常装有加热装置，合理使用法兰加热装置，就可以减小启、停过程中法兰内、外壁的温差。由于法兰内、外壁温差较汽缸内、外壁温差大，在很多场合这个温差可作为控制汽轮机启动速度的主要指标。

（四）螺栓的热应力

在汽轮机启动过程中，除汽缸、法兰内、外壁产生温差外，法兰与螺栓之间也存在温差，即法兰温度高于螺栓温度。由于法兰在厚度方向的膨胀使螺栓被拉长，这将使螺栓产生拉伸热应力，其大小与法兰螺栓之间的温差成正比。

实际上，汽轮机启动时螺栓除了承受热拉应力外，还要承受紧固时的拉伸预应力，以及汽缸内部蒸汽压力对螺栓产生的拉应力，如果三种拉应力之和超过了螺栓材料的强度极限，螺栓就会发生塑性变形甚至断裂。为了保证螺栓不致出现危险状态，在启动时必须使法兰与螺栓的温差在允许范围以内。一般规定法兰与螺栓温差的允许值是：中参数机组约为40～50℃，高参数大容量机组为20～35℃。对设有法兰螺栓加热装置的机组，在启停时正确使用该装置，就可减小法兰与螺栓之间的温差，使螺栓承受的热应力不超过允许值。

（五）热冲击

热冲击是指蒸汽与汽缸、转子等部件之间在短时间内进行大量的热交换，金属部件内温差迅速增大，甚至超过材料的屈服极限，严重时一次大的热冲击就能造成部件的损坏。汽轮机部件受到热冲击时产生的热应力取决于蒸汽和部件表面的温差和蒸汽放热系数。造成汽轮机热冲击的主要原因有以下几个方面：

1. 启动时蒸汽温度与金属温度不匹配造成的热冲击

启动时，为了保证汽缸、转子等金属部件有一定的温升速度，要求蒸汽温度高于金属温度，且两者应当匹配，相差太大就会产生热冲击。这时，在部件上产生的最大热应力主要取决于蒸汽和金属表面之间温差的大小。

启动时蒸汽与金属温度的匹配是以高压缸调节级处参数来衡量的，不同类型的机组对匹配温度要求不同。例如，河北唐山陡河电厂日立公司制造的250MW汽轮机给出的最佳匹配温度为28～55℃。总之，汽轮机冷态启动时，由于金属温度较低，要特别注意温度的匹配，避免大的热冲击。

2. 极热态启动时造成的热冲击

由于保护误动或机组出现小故障可能造成汽轮机短时间事故停机，如果在2～4h内汽轮机重新启动，此时高压缸调节级处金属温度极高，可达450℃左右，这种启动方式称为极热态启动。由于启动时不可能把蒸汽温度提高到额定值或提高蒸汽温度所需时间太长，往往在参数较低时即启动。蒸汽经过阀门节流、调节级喷嘴降压后，到调节级汽室时温度比该处金属温度低很多，因而在汽轮机转子和汽缸壁内产生较大的热应力，并且经过一次极热态启动过程，汽轮机转子将经受一次较大的拉—压应力循环，这对汽轮机的安全性极为不利，故应尽量减少极热态启动的次数。在极热态启动时，应尽可能提高蒸汽温度，如加强启动前的暖管暖阀，并在启动初期尽快提高汽轮机的负荷，加速蒸汽温度与金属温度的匹配，减轻热冲击。

3. 甩负荷时造成的热冲击

汽轮机在稳定工况下运行，如果发生大幅度甩负荷的工况，则由于汽轮机通流部分蒸汽温度的急剧变化，在转子和汽缸上产生很大的热应力。图6-3表示汽轮机甩负荷时在转子上产生的热应力。曲线1、2、3分别为带100％、80％、50％额定负荷时突然甩负荷，在汽轮机转子上产生的热应力。可以看出，负荷越大，甩负荷后引起的热应力越大；但机组甩掉全部负荷（至空转）所产生的热应力比甩掉部分负荷（带厂用电）还要小。从图6-3中可以看出，甩负荷至30％～40％额定负荷时，在转子上产生的热应力最大，因为此时甩负荷后调节级后蒸汽温度会有较大幅度下降，而流量仍然较大的低温蒸汽流过通流部分，造成转子和汽缸急剧冷却，从而产生很大的

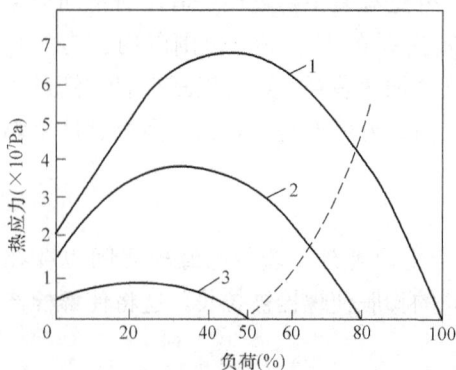

图6-3 甩负荷时热应力变化曲线
1—带满负荷甩负荷；2—带80％负荷甩负荷；
3—带50％负荷甩负荷

热应力。而甩掉全部负荷时虽然蒸汽温度下降更多，但由于流量很小，蒸汽很快被金属释放的蓄热加热，因此，对金属的冷却作用小，产生的热应力也较小。但甩负荷后长时间在空负荷状态下运行，鼓风摩擦效应会产生高热，也会引起较大的热应力。因此，大部分汽轮机厂家对甩负荷带厂用电及甩负荷空转工况要进行严格的时间限制，有的甚至不允许甩负荷带厂用电工况。

图 6-3 中虚线表示负荷突增时所产生的热应力。因为负荷突增时，不仅蒸汽与金属表面间的温差突然增大，蒸汽对金属表面的放热系数也突然增大，因此，所产生的热应力较甩负荷时要大。但对一般情况，负荷突增的速度不会比甩负荷快，产生的热应力也就不一定有这么大。

三、汽轮机的热膨胀

蒸汽参数或负荷发生变化时，汽缸内蒸汽温度相应变化，汽缸和转子被加热或冷却，使其产生膨胀或收缩。若热膨胀或收缩受阻，则产生热应力或热变形。为减小部件的热应力，在结构上要保证机组和部件能自由膨胀，又不破坏相对位置。因此要做到以下几个方面：

（1）相互组合的零件间留有膨胀间隙，用键定位，例如，隔板在隔板套槽中的装配。

（2）汽缸和轴承座放置在台板上，以纵销、横销和立销组成滑销系统定位；汽缸以滑销系统形成的绝对死点为基点，向四周膨胀，保持中心线不变。

（3）转子径向以支持轴承支撑、定位；轴向以推力轴承定位，使转子与汽缸同心；转子以推力轴承为相对死点，相对汽缸进行膨胀，留有轴向膨胀间隙。

（4）与汽缸相连的管道要有"U"形或"Z"形弯，或者伸缩节，尽可能减少作用在汽缸上的力，使之不影响汽缸膨胀。

（一）汽缸和转子的绝对膨胀

1. 汽缸的绝对热膨胀

金属受热后，其长、宽、高各个方向都要膨胀。高温高压汽轮机从冷态启动到带额定负荷运行，金属温度的变化很大，因此，汽缸轴向、垂直和水平方向的尺寸都有显著增大。汽轮机启、停和工况变化时，汽缸的膨胀、收缩是否自由，直接决定机组能否正常运行。滑销系统的合理布置和应用，就可以保证汽缸在各个方向能自由运动，同时保证汽轮发电机组各部件的相对位置正确，从而保证机组安全运行。

启动时，汽缸膨胀的数值取决于汽缸的长度、材料和汽轮机的热力过程。由于汽缸的轴向尺寸大，故汽缸的轴向膨胀成为重要的监视指标。汽缸沿轴向的膨胀是以死点为基准的，其数值大小可用式（6-3）计算，即

$$\Delta L_{cy} = \alpha_{cy} \Delta t_{cy} L_{cy} \tag{6-3}$$

式中　ΔL_{cy}——汽缸的轴向热膨胀值，mm；

α_{cy}——汽缸金属材料的线膨胀系数，1/℃；

Δt_{cy}——汽缸的平均温升，℃；

L_{cy}——汽缸的轴向长度，mm。

对于高压汽轮机来说，有的法兰厚度比汽缸壁厚度大得多，因此，汽缸的热膨胀往往取决于法兰各段的平均温升，即可用法兰的平均温升代替式（6-3）中的 Δt_{cy}。启动时，为了使汽缸得到充分膨胀，通常利用法兰加热装置将汽缸和法兰的温差控制在允许范围内。

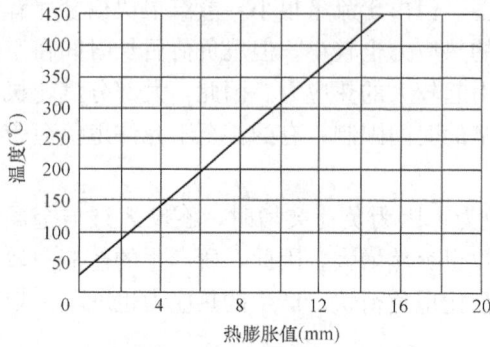

图 6-4 某 200MW 汽轮机调节级处法兰内壁
温度与汽缸膨胀量之间的关系

汽轮机正常运行时，各级金属温度沿轴向分布都有一定的规律，因此，可以测出汽缸上各点的金属温度与汽缸热膨胀值之间的对应关系，以便运行监督。汽轮机的轴向膨胀值，在汽轮机启停及正常运行中，要经常与正常值对照。当汽缸膨胀值在膨胀或收缩过程中有跳跃式增加或减小时，则说明滑销系统存在卡涩现象，应查明原因，予以处理。通常选择调节级处汽缸或法兰的金属温度作为汽缸轴向膨胀的监视点，图 6-4 为某 200MW 汽轮机调节级处法兰内壁温度与汽缸膨胀量之间的关系。在实际运行中，将法兰或汽缸的金属温度控制在适当范围内，就能保证汽缸的膨胀符合启动要求。

随着机组容量的增大，其轴向尺寸也随之增加，转子和汽缸的绝对膨胀往往会达到相当大的数值，如国产 300MW 汽轮机高、中压缸总膨胀可达近 40mm。所以在汽轮机启停及变工况过程中，要加强对汽缸绝对膨胀的监视。此外，对汽缸上进汽和抽汽管道的合理布置也应重视，以防止汽缸左、右两侧热膨胀不均匀，造成汽缸中心偏斜。

汽缸的膨胀量在远离绝对膨胀死点的轴承座两侧进行测量。

2. 转子的热膨胀

转子的受热条件不同于汽缸：转子高速旋转，汽缸相对静止；转子被蒸汽包围，汽缸与蒸汽单面接触，且外壁散热。虽然两者对应段的蒸汽温度相同，但其平均温度不同，膨胀或收缩量不同。转子在汽缸内以推力轴承为死点沿轴向膨胀。与汽缸的热膨胀原理相同，转子的热膨胀值可用同样的方法进行计算。

（二）转子与汽缸的相对膨胀（胀差）

转子与汽缸沿轴向的相对膨胀差值，称为胀差。转子膨胀量大于汽缸膨胀量，其差值为正胀差；反之，为负胀差。蒸汽温度变化越快，加热或冷却速度越快，转子和汽缸的温度差别越大，胀差也越大。

1. 相对膨胀产生的原因

汽轮机启、停及工况变化时，汽缸和转子都沿轴向膨胀或收缩，但由于下述原因，会引起转子和汽缸之间产生胀差。

（1）转子和汽缸的金属材料不同，它们的线膨胀系数不同。

（2）大型汽轮机具有又厚又重的汽缸和法兰，相对而言汽缸质量大而接触蒸汽的面积小，转子质量小而接触蒸汽面积大。

（3）由于转子是转动的，蒸汽对转子的放热系数比对汽缸的放热系数大。

由于上述原因，在启动过程中，转子的温升速度比汽缸的温升速度快，轴向膨胀值比汽缸的轴向膨胀值大，从而两者产生了轴向的膨胀差值。图 6-5 为一台单缸汽轮机转子与汽缸的相对膨胀示意图，汽缸受热膨胀时，以死点 5 为基准向高压端伸长，推动轴承座向前移动，由于推力轴承的作用，转子也随着向前移动；转子受热膨胀时，以推力轴承 3 为基准向低压端伸长。若转子和汽缸某一截面至推力轴承的距离为 L，假定汽缸和转子金属材料的线

膨胀系数均为 α，则膨差为

$$\Delta L_{\text{rel}} = \alpha L(\Delta t_{\text{ro}} - \Delta t_{\text{cy}}) \quad (6-4)$$

由式（6-4）可以看出，胀差是由于转子和汽缸沿轴向的平均温升存在差值而引起的。

实际上，转子与汽缸的胀差沿轴向各段是不同的。若将汽轮机沿轴向分成若干段，每段的胀差可由该段的长度及其平均温升差值求出，置于低压缸后的胀差指示器读数是各段胀差值的代数和。胀差在转子远离推力轴承的一端测量。

2. 胀差变化对汽轮机工作的影响

胀差的大小意味着汽轮机动、静部分轴向间隙相对于静止时的变化，正胀差表

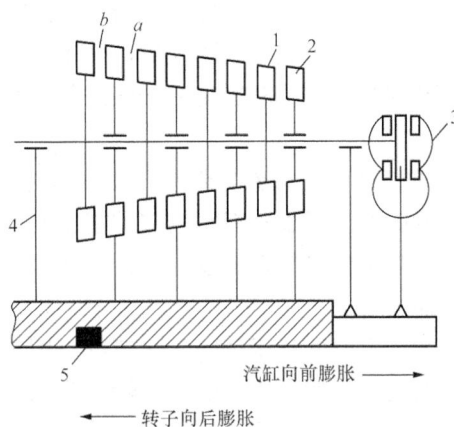

图 6-5 单缸汽轮机转子与汽缸的相对膨胀示意图
1—动叶；2—喷嘴；3—推力轴承；4—汽缸；5—死点；
a—级内间隙；b—级间间隙

示级内间隙 b 增大（见图 6-5），级间间隙 a 减小；反之，负胀差表示级内间隙 b 减小，级间间隙 a 增大。显然，任何一侧的轴向间隙消失，都会引起动、静部分发生摩擦，造成转子弯曲和机组振动。因此，在汽轮机运行中，尤其在启停过程中，应注意监视胀差的变化，并将其控制在允许范围内。

需要注意的是：为了减小汽轮机内部漏汽损失，通常级内间隙 b 要比级间间隙 a 小一些，因此，胀差负值比正值更危险，这也是汽轮机快速冷却比快速加热更危险的原因之一。

对于多缸汽轮机，尤其是采用双层缸结构的汽轮机，其胀差的变化较单缸汽轮机复杂得多，但其分析方法与单缸汽轮机相同。图 6-6 为东汽 600MW 汽轮机的膨胀原理图，该机组各横销连线和纵销连线的交点为汽轮机外缸膨胀死点，推力轴承为转子的相对死点。由于汽缸采用了反向布置，胀差的变化更为复杂。但不难看出，高压缸和 1 号、2 号低压后缸的动静间隙变化规律相同，即正胀差时，级内间隙增大，级间间隙减小；中压缸和 1 号、2 号低压前缸的动静间隙变化规律相同，即正胀差时，级内间隙减小，级间间隙增大。因此，该机组动静间隙设计和单缸汽轮机不同，即中压缸和 1 号、2 号低压前缸的级内间隙大于级间间隙。要特别指出的是，对于这种双层缸结构汽轮机，胀差表指示值是外缸和转子的胀差值，而动静间隙的变化是由内缸与转子的胀差值决定，且外缸和内缸的胀差值又不同，所以胀差指示值和动、静间隙的关系比较复杂，但其分析方法与单层缸相同。

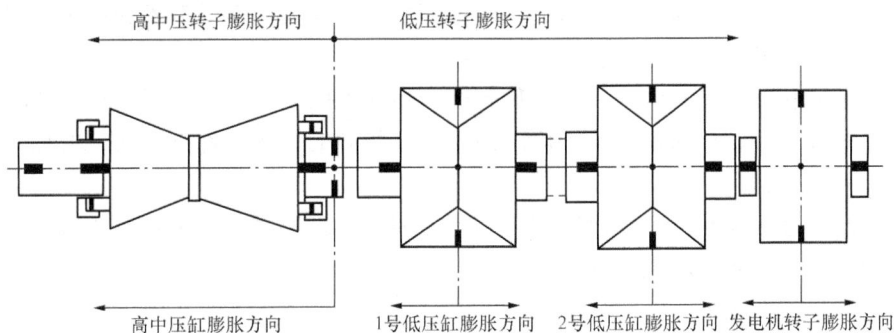

图 6-6 东汽 600MW 汽轮机膨胀原理图

监视胀差是机组启、停和工况变化时的一项重要任务。目前，汽轮机均设置胀差指示器，但它只指示测点处的胀差值，而不能准确反映其他各个截面处的情况。因此，还应根据机组不同的结构，了解通流部分胀差的变化规律，以能正确分析和判断通流部分动、静间隙的变化。

3. 影响胀差的因素及控制胀差的措施

影响胀差的因素及控制胀差的措施有以下几个方面。

（1）汽轮机滑销系统畅通与否。运行中应注意经常往滑动面之间注油，保证滑动润滑及自由移动。

（2）蒸汽温度和流量的变化速度。因为产生胀差的根本原因是汽缸与转子间存在温差，蒸汽的温度或流量变化速度大，转子与汽缸温差也大，引起胀差就大。因此，在汽轮机启停过程中，控制蒸汽温度和流量变化速度，就可以达到控制胀差的目的。

（3）轴封供汽温度及供汽时间。由于轴封供汽直接与汽轮机大轴接触，故其温度变化直接影响转子的伸缩；而轴封体嵌在汽缸的两端，其膨胀对汽缸轴向长度几乎没有影响。因此，根据工况变化，适时投入不同温度的轴封供汽汽源，可以控制汽轮机的胀差。例如冷态启动时，为了不使胀差正值过大，应选择温度较低的汽源，并尽量缩短冲转前向轴封供汽的时间；热态启动时应合理使用高温汽源，防止向轴封供汽后胀差出现负值；停机过程中，如果出现负胀差过大，可向轴封送入高温蒸汽以减小负胀差。需要注意的是，不允许采用提高轴封供汽温度来调整胀差。

（4）汽缸和法兰螺栓加热装置。汽轮机在启停过程中使用汽缸和法兰螺栓加热装置，可以提高汽缸法兰和螺栓的温度，有效减小汽缸内/外壁、法兰内/外壁、汽缸与法兰、法兰与螺栓之间的温差，加快汽缸的膨胀或收缩，起到控制胀差的目的。

（5）摩擦鼓风损失。在机组启动和低负荷阶段，蒸汽流量小，仅在高压级内做功，而中、低压缸内就产生较大的鼓风摩擦损失，损失产生的热量被蒸汽吸收，使其温度升高。由于叶轮直接与蒸汽相摩擦，使得转子温度比汽缸温度高，故出现正胀差。随着转速升高，转子摩擦鼓风损失的热量相应加大，但此时由于流量增加，产生鼓风损失的级数相应减小。因此，每千克蒸汽摩擦鼓风损失产生的热量先随转速升高而增大，使中、低压缸正胀差增大，后又随转速升高而相应减小，对胀差的影响逐渐减小。

（6）排汽温度。由于排汽缸对应的转子轴端露在汽缸外，因此排汽温度变化主要影响排汽缸的膨胀量。随着排汽温度升高，排汽缸的膨胀量比对应转子轴段膨胀量大，使低压缸的正胀差减小。如于排汽温度的升高主要是由凝汽器内压力升高而引起的，为了保持机组的转速或功率不变，进汽量相应增加，从而引起高压缸胀差增大。但一般不允许采用提高凝汽器压力的办法来调整各汽缸的胀差。

（7）转子回转（泊桑）效应。转子旋转时产生很大的离心力，转子材料在离心力作用下沿径向产生弹性伸长，从而使轴向长度缩短，故在相同的加热条件下，转子的轴向膨胀量较静止时小。

（8）汽缸保温和疏水。由于汽缸保温不好，因此汽缸温度分布不均且偏低，从而影响汽缸的充分膨胀，使汽轮机胀差增大。

四、汽轮机的热变形

汽轮机启动、停机和负荷变化时，若转子或汽缸周向温度不均、膨胀量不同，会产生热变形，严重的热变形可能导致设备损坏。热变形的规律是：温度高的一侧向外凸出，温度低的一侧向内凹进，即"热凸冷凹"。

1. 上、下缸温差引起的热变形

汽缸的上、下缸存在温差，将引起汽缸的热变形。汽轮机在启动、停机及负荷变化过程中，上缸温度高于下缸温度，因而上缸变形大于下缸变形，引起汽缸向上拱起，发生热翘曲变形，上、下缸温差引起的汽缸拱背变形如图 6-7 所示，又称拱背变形。汽缸的这种变形使下缸底部径向

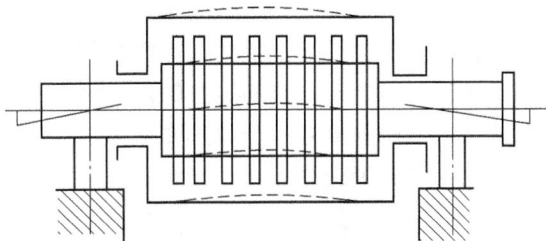

图 6-7　上、下缸温差引起的汽缸拱背变形

动、静间隙减小甚至消失，造成动、静部分摩擦，尤其当转子存在热弯曲时，动、静部分摩擦的危险性更大。汽缸发生拱背变形后，还会出现隔板和叶轮偏离正常时所在的垂直平面的现象，使轴向间隙发生变化，进而引起轴向摩擦。

引起上、下缸温差的主要因素有以下几点：

（1）上、下汽缸具有不同的质量和散热面积。下缸布置有回热抽汽管道，不仅质量大，散热面积也大，又受零米冷气流冲刷，且保温条件差，在同样的加热或冷却条件下，下缸加热慢而散热快，所以上缸的温度要高于下缸温度。在停机后或启动冲转时，汽缸内蒸汽自然对流，温度高的蒸汽向上流动，温度低的蒸汽向下流动，出现上、下缸温差，使汽缸产生向上拱曲的变形。水冲击会造成很大的上、下缸温差。

（2）汽缸内蒸汽上升，其凝结水流至下缸，在下缸形成一层水膜，使下缸受热条件恶化。在周围空间，运转平台以上的空气温度高于运转平台以下的空气温度，气流从下向上流动，造成上、下缸的冷却条件不同，使上缸的温度高于下缸。

（3）汽轮机在空负荷或低负荷下较长时间运行时，因部分进汽仅有上部调节阀开启，也促使上、下缸温差增大。

（4）下缸保温不良。由于保温材料的自重及运行中的振动、热膨胀不均等原因，下缸的保温易脱落或剥离，使保温层与汽缸之间有间隙，空气冷却下缸，使下缸温度低于上缸。

（5）在汽轮机启动过程中，汽缸疏水不畅；停机后有冷蒸汽从抽汽管道返回汽缸，都会造成下缸温度突降。

上、下汽缸的温差沿轴向是不一样的，其最大值通常出现在调节级区域内，因此，上汽缸最大拱背和下汽缸动、静之间间隙最小处出现在调节级附近。停机之后，这一区域有些向后扩展。对于几种类型的机组，经试验确定，调节级处上、下汽缸温差每增加 10℃，该处的动静间隙约减少 0.1～0.15mm，而隔板汽封的径向间隙通常为 0.4～0.7mm，因此，一般规定上、下汽缸温差不得超过 35～50℃，以免造成动、静部分摩擦。大型汽轮机的高压转子一般是整锻的，一旦发生动、静摩擦，将引起大轴弯曲，发生振动，如不及时处理，可能扩大成永久变形。上、下缸温差过大，常常是发生大轴弯曲事故的首要因素。

为了减小上、下汽缸温差，防止汽缸拱背变形，应该改善下缸的疏水条件，防止疏水在下汽缸内积存；也应该在下汽缸上采用较合理的保温结构和使用效果良好的保温材料，根据情况加厚保温层，并加装挡风板以减少空气对流；严格控制温升速度；高、低压加热器与汽轮机同时启动等。有些机组使用有蒸汽或电加热下汽缸的装置，这样可更有效地控制上、下

汽缸温差，但是使用这种装置时必须加强监视，防止对下汽缸加热过度，使下缸温度高于上缸温度。

2. 汽缸法兰内、外壁温差引起的热变形

随着汽轮机容量的不断增大，汽缸和法兰的壁厚也越来越大，在启动、停机和负荷变动时，如果控制不当，汽缸和法兰的内、外壁会出现较大的温差，不仅产生较大的热应力，而且使其在水平和垂直方向产生热变形。由于法兰的壁厚比汽缸的壁厚要大得多，所以汽缸的热变形主要取决于法兰的内、外壁温差。

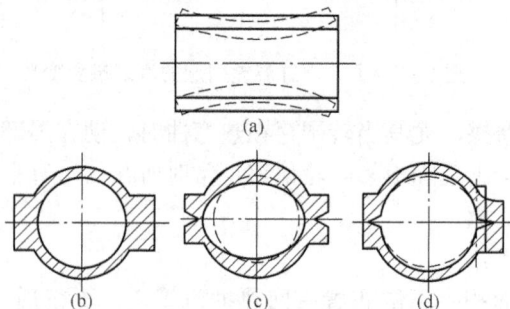

图 6-8　法兰内壁温度高于外壁温度时的热变形示意图
(a) 俯视图；(b) 变形前；(c) 前、后两端变形；
(d) 中间段变形

当法兰内壁温度高于外壁（冷态启动）温度时，法兰内壁金属伸长较多，法兰外壁金属伸长较少，使法兰在水平面内产生热变形（热翘曲），其变形情况如图 6-8 所示。法兰的变形使汽缸中间段横截面变为立椭圆，使水平方向两侧动、静部分之间的径向间隙减小，此时该段的法兰结合面将出现内张口；而汽缸前、后两端横截面变为横椭圆，使垂直方向上、下动静部分之间的径向间隙减小，此时的法兰结合面将出现外张口。出现上述两种情况，都可能造成动静部件的摩擦。

汽缸法兰内、外壁温差也会引起垂直方向的变形。当法兰内壁温度高于外壁温度时，内壁金属的伸长增加了法兰结合面的热压应力，如果该热压应力超过材料屈服极限，金属就会产生塑性变形，当法兰内、外壁温差消失后，结合面将发生永久性内、外张口，这是运行中法兰结合面漏汽的原因之一。同时，还将使螺栓拉应力增大，导致螺栓拉断或螺母结合面压坏等事故发生。

对于大容量汽轮机，法兰比较厚，为了减少热变形，有的机组设置了法兰螺栓加热装置，以达到减少上述变形的目的。但是当法兰螺栓加热装置使用过度，以及汽轮机在停机冷却过程中，法兰内、外壁产生相反的温差，都将出现与上述相反的变形。

汽缸法兰产生上述变形的根本原因是内、外壁有温差，汽缸的变形量与汽缸法兰内、外壁的温差成正比。因此，在汽轮机运行中，必须将汽缸法兰内、外壁温差控制在规定范围内。由于法兰厚度比汽缸壁厚度大得多，一般情况下法兰内、外壁温差大于汽缸内、外壁温差，所以，在汽轮机运行中，只要将调节级处法兰内、外壁的温差控制在允许范围内就可以了。对使用法兰螺栓加热装置的汽轮机，其法兰内、外壁的温差通常控制在 $30℃$ 左右；对于没有法兰螺栓加热装置的汽轮机，其法兰内、外壁温差要控制在 $100℃$ 以内。

3. 转子的热弯曲

启动和停机后由于上、下汽缸存在温差，转子上、下部分也存在温差，在此温差作用下，转子要发生热弯曲。如果转子中心孔存在液体，在运转过程中也会发生热弯曲。变工况时，转子金属温度的变化可能导致液体的蒸发或凝结，从而使转子产生局部过冷或过热而引起热弯曲。转子表面发生局部摩擦也会使转子产生热弯曲，严重时可能造成转子永久性弯曲。此外，水冲击或盘车装置使用不当，都会造成转子弯曲。

转子弯曲最大的部位一般在调节级前、后。对于多缸机组的高压转子和背压机组的转子，约在其中部；对于单缸机组，则稍偏转子的前端。

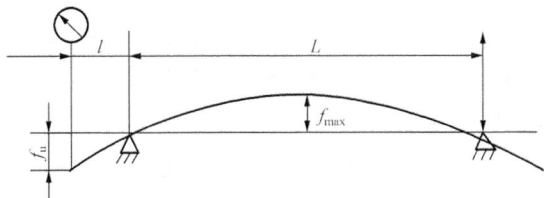

图 6-9　用千分表测定转子的弹性弯曲

通常通过监视转子的晃动度来监视转子的热弯曲。这时一般把晃动表插在轴颈或轴向位移发送器处轴的圆盘上进行测量，如图 6-9 所示。

根据所测得的晃度数值，可以用式 (6-5) 计算转子的最大热弯曲度，即

$$f_{max} = 0.25 \frac{L}{l} f_u \qquad (6-5)$$

式中　f_u——弯曲度，即千分表所测得的转子的晃动值的一半，mm；

　　　L——两轴承间转子的长度，mm；

　　　l——千分表与轴承间的距离，mm。

设置并正确使用转子的晃度表，是防止汽轮机在启动中发生强烈振动以及防止偏摩擦而使转子产生塑性弯曲的有效方法。当晃度表指示不正常时，绝不能启动汽轮机。

转子发生热弯曲后，不仅会使机组产生异常振动，还可能造成汽轮机动、静部分摩擦。为了防止或减小大轴热弯曲，启动前和停机后必须正确使用盘车装置。冲转前盘车时间应足够长；停机后，应在转子金属温度降至规定温度以下方可停止盘车。

任务验收

（1）分析汽缸、转子、法兰在启停过程中的热应力特点。

（2）分析在运行中如何控制热应力不超过允许值。

（3）分析胀差产生的原因及其影响因素。

（4）分析上、下汽缸温差使汽轮机产生怎样的变形和危害及其控制措施。

（5）分析转子热弯曲产生的原因及其危害。

任务二　汽轮机的启动

【任务描述】

以典型凝汽式机组为例，对比不同启动方式的特点，分析冷态滑参数启动、热态启动、中压缸启动的主要操作步骤和注意事项，认识启动操作的程序和原则。

能力目标

（1）会判断各种启动类型。

（2）能操作汽轮机冷态滑参数启动。

（3）能操作汽轮机热态启动。

（4）能操作汽轮机中压缸启动。

任务实施

汽轮机的启动过程是指转子由静止或盘车状态加速到额定转速，并将负荷逐步加至额定负荷的过程。启动过程是汽轮机零部件被剧烈加热的过程，从传热学的观点来说，这是一个非稳态的导热过程。汽轮机零部件不可避免地会产生热应力、热膨胀、热变形。大型汽轮机的启动，其电能和燃料的消耗是相当可观的。因此，合理的启动不但应保证机组的安全可靠，而且还要使启动时间最短。

一、汽轮机启动方式分类

根据机组启动时所处的状态及启动条件的不同，可采用不同的启动方式，以便获得最佳的启动效果和较高的经济效益。通过对汽轮机不同启动状态的划分，可确定不同方式下的启动参数、暖机时间、转速变化率及启动中应注意的问题等。

1. 按启动过程中主蒸汽参数分

按启动过程中汽轮机主汽阀前的主蒸汽参数是否变化，可分为额定参数启动和滑参数启动。

(1) 额定参数启动。整个启动过程中，自动主汽阀前的主蒸汽参数始终保持额定值，通过调整调节汽阀的开度来适应机组启动中不同阶段的要求。这种启动方式的缺点是蒸汽与汽轮机金属部件之间的初始温差大，冲转流量小，调节阀节流损失大，调节级后温度变化剧烈，零部件受到较大的热冲击；为了设备安全必须延长升速和暖机时间，增大了燃料的损耗，热经济性差。因而它一般适用于采用母管制供汽的汽轮机，大容量单元制机组不宜采用这种启动方式。

(2) 滑参数启动。启动过程中，自动主汽阀前的主蒸汽参数随机组转速或负荷的变化而逐渐升高，汽轮机定速或并网后，调节阀处于全开状态，完全靠调整蒸汽参数来适应机组启动中不同阶段的要求。这种启动方式的特点是热经济性好，零部件加热均匀，并且金属零部件温度随蒸汽温度的逐步升高而升高，不会受到强烈的热冲击，有利于设备安全。现代大型单元制机组已广泛采用滑参数启动方式。

根据汽轮机冲转时主汽阀前的压力大小，滑参数启动可分为真空法启动和压力法启动。

1) 真空法启动。锅炉点火前，从锅炉汽包到汽轮机调节级喷嘴前蒸汽管道上的所有阀门（包括主汽阀、调节汽阀）全部开启，机组热力系统上的空气阀、疏水阀全部关闭，汽轮机盘车状态抽真空一直抽到锅炉汽包，然后锅炉点火，产生一定量的蒸汽后就冲动汽轮机转子，此时主汽阀前仍处于真空状态，随后汽轮机升速和带负荷均由锅炉调整控制。从理论上讲，真空法启动可以最大限度地减少蒸汽对汽轮机的热冲击，且操作简单。但在锅炉控制不当时，可能使过热器内的疏水进入汽轮机造成水冲击事故；此外，需要抽真空的系统庞大，不易控制转速。因此，大容量机组广泛采用压力法启动。

2) 压力法启动。锅炉点火前，汽轮机主汽阀和调节汽阀处于关闭状态，只对汽轮机抽真空，锅炉点火后，主汽阀前蒸汽参数达到一定值时冲动转子，逐渐开大调节汽阀来控制汽轮机冲转、升速，而蒸汽参数不变，并网后全开调节汽阀，此后，随主蒸汽参数提高逐渐增加负荷。

2. 按启动前汽轮机金属温度水平分

汽轮机启动冲转前的金属温度，取决于停机方式、停机后的持续时间和机组的保温条件。按启动前汽轮机金属温度（内缸或转子表面）水平，可分为冷态、温态、热态和极热态启动。启动前金属的温度水平越高，启动过程中金属零部件的温升越小，启动所需的时间就越短。由于不同汽轮机的转子材料和结构不同，区分其冷、热态启动的温度值并不完全相同。

（1）冷态启动。金属温度低于 150～180℃ 或停机一周及以上，为冷态启动。

（2）温态启动。金属温度在 180～350℃ 之间或停机 48h，为温态启动。

（3）热态启动。金属温度在 350～450℃ 之间或停机 8h，为热态启动。

（4）极热态启动。金属温度在 450℃ 以上或停机 2h，为极热态启动。

3. 按汽轮机冲转时的进汽方式分

对于中间再热式汽轮机，根据启动进汽的通路可分为高、中压缸联合启动、中压缸启动和高压缸启动。

（1）高、中压缸联合启动。冲转时高、中压缸同时进汽，对高中压合缸的机组，这种方式可以使分缸处均匀加热，减少热应力，并能缩短启动时间。对于大容量机组，因中压缸蒸汽稳定度较高，一般采用高、中压缸联合启动。

（2）中压缸启动。冲转时高压缸不进汽，只有中压缸进汽冲动转子，待转速升至2300～2500r/min 或并网后，才逐步转向高压缸进汽。

（3）高压缸启动。冲转时蒸汽进入高压缸冲动转子，中压缸不进蒸汽，待定速或并网后，才逐步转向中压缸进汽。

4. 按控制汽轮机进汽流量的阀门分

（1）调节汽阀启动。启动时自动主汽阀全开，进入汽轮机的蒸汽流量由调节汽阀控制。

（2）自动主汽阀或电动主汽阀启动。启动前调节汽阀全开，进入汽轮机的蒸汽流量由自动主汽阀或电动主汽阀控制。这种方式易使自动主汽阀磨损，因此，较常用的是用电动主汽阀的旁路阀来启动，既可保护自动主汽阀，又比较容易控制转速。

一台汽轮机采用哪种方式启动，应根据各国汽轮机的结构和运行经验确定。例如，日本较多采用中参数启动；法国较多地采用中参数中压缸启动；我国对于中间再热机组则广泛采用滑参数压力法、高中压同时进汽的启动方式，启动控制则采用主汽阀调节、全周进汽或主汽阀全开、调节汽阀控制的方式。根据机组启动前的状态，选择合理的启动方式，是汽轮机安全经济运行的重要保证。

二、压力法冷态滑参数启动

（一）启动条件的确定

1. 冷态启动冲转参数的选择

启动参数的选择，主要是考虑到金属部件的热应力，而热应力的大小主要取决于蒸汽与金属部件之间的温差和放热系数，选择适宜的启动蒸汽温度对汽轮机的合理启动具有决定意义。为了减缓冲转时产生的热冲击，以减小热应力，所以要求蒸汽放热系数要小些，而低压微过热蒸汽的放热系数较小，在相同条件下仅为高压蒸汽的 1/10，所以冲转时采用低压微过热蒸汽的温度水平对汽轮机部件的加热较安全。同时，在保证允许的金属温度变化率的条件下，低参数蒸汽将有较大的流量，使得机组可以很快达到并网带负荷的条件，节约启动时间和启动用燃料。此外，为了保证汽轮机内不致过早出现湿蒸汽区，一般要求主蒸汽有50℃ 以上的过热度。

对于中间再热机组，原则上也要求再热蒸汽的温度至少有 50℃以上的过热度。但因为冲转时再热器内压力极低，有时甚至是负压，所以有些机组规定一个比主蒸汽温度略低的温度，而对过热度没有要求。值得注意的是，随着汽轮机旁路系统的普遍使用，再热蒸汽压力的可控范围增大，如果低压级旁路开得小，或为了避免再热系统有漏空气现象而影响真空，往往使再热蒸汽建立正压，这时不能忘记 50℃以上过热度的蒸汽温度要求。另外，进行启动操作时，希望蒸汽压力能满足通过临界转速，到达额定转速的要求。满足这一要求，在汽轮机启动过程中，就不必要求锅炉进行调整，也不需要调整旁路系统，就可以简化操作。

综合上述原则，国产中间再热机组启动汽压一般为 1~1.5MPa，启动主蒸汽温度为 250~320℃。例如，某亚临界 600MW 机组冲转参数大致为：主蒸汽压力为 4.0MPa 左右，主蒸汽温度为 320℃左右，再热蒸汽温度为 280℃左右。美国 GE 公司生产的 660MW 汽轮机的冲转参数的选择如下：冷态启动时主蒸汽温度为 304℃，主蒸汽压力为 6.89MPa；热态启动时主蒸汽温度为 454℃，主蒸汽压力为 8.27MPa。法国阿尔斯通公司（GECAL-STHOM）生产的 600MW 亚临界机组冷态启动时，冲转参数为：主蒸汽温度为 410℃（最高不超过 430℃），主蒸汽压力为 4.6MPa，再热蒸汽温度为 320~380℃（最高不超过 430℃），再热蒸汽压力为 1.6MPa。启动时应尽可能做到蒸汽参数与金属温度相匹配，注意转子内部热应力的分布，随时调整升速率，使热应力尽可能小，避免过大热冲击。

2. 凝汽器的真空

凝汽式汽轮机启动时都要求建立必要的真空。启动时维持一定的真空，可使转子转动时与蒸汽的鼓风摩擦损失减小；另外，也可增大进汽做功的能力，减少汽耗量，并使低压缸排汽温度降低。如果启动时真空过低，冲转时大量蒸汽进入汽轮机，可能使凝汽器内出现正压，造成真空破坏并向大气排出蒸汽，或者造成凝汽器的铜管膨胀过大，严重时使胀口松脱而漏水。启动时，真空也不需要过高。如果真空过高，建立真空需要时间长，且在相同转速下，蒸汽流量比低真空时要小，因此，延长了暖机时间，增加了启动时间。所以应选择好冲转时的真空，一般来说以 60~73.3kPa 较为适宜。

3. 大轴晃动

对于大轴晃动度，不仅要监视其绝对值，而且还要注意其相对值。当机组大轴弯曲超过规定值时，应禁止汽轮机启动。机组热弯曲多数情况下为弹性热弯曲，可通过延长连续盘车时间的方法来消除。如果确认转子发生永久性热弯曲，则须进行直轴处理。

4. 油压和油温

为了保证调节系统工作可靠和轴承润滑，润滑油压应达到 0.096~0.124MPa，抗燃油压应达到 12.4~14.6MPa。冷油器的出口油温就是轴承的进油温度，应保持在 35~45℃，以保证有一定的黏度，使轴承中形成良好的油膜。

（二）启动过程

机组的启动包括启动前的准备、暖管、冲转、升速暖机、并列接带负荷等几个阶段。汽轮机在各阶段的启动操作中有许多共同问题，下面介绍主要的启动步骤。

1. 启动前的准备工作

做好充分的准备工作，是安全启动和缩短启动时间的重要保证。准备工作完成后应使各种设备处于预备状态，以便能随时投入运行。

机组启动前，首先要对设备、系统和测量仪表进行全面的检查和试验。确认主、辅机设备及系统检修维护工作结束，设备完好，系统阀门开或闭的位置正确，仪表齐全完好，试验热工信号装置良好，保护装置和自动调整装置良好。开启压力表、流量表和水位计测量管路上的阀门；通知热工和电气人员准备送电；投入监测仪表、自动控制装置、保护、连锁和信号系统；做好汽轮机转子轴向位移、相对胀差、晃度、汽缸膨胀量和各部分金属温度的原始记录，并校对其正确性；确认油质化验合格、油箱油位正常，电气设备接地完好、绝缘合格、各电机靠背轮连接完好、旋转方向正确。

按规程规定启动辅助设备及相应的系统，主要包括以下方面：

（1）启动循环系统。

（2）油循环及试验。润滑油温的提升，是靠油的循环来实现的。当油温达到规定范围时，可进行调节系统的静态特性试验，有不正常现象应设法消除。做调节系统静态特性试验前，应先投入启动油泵（高压交流油泵），停止交流润滑油泵，投入连锁开关。调节系统试验完毕，可向冷油器通水。

（3）投入发电机密封油系统。

（4）投入抗燃油系统。

（5）投入盘车装置。对设有顶轴油泵的机组，启动盘车前应启动顶轴油泵。启动盘车后，记录盘车电流，测听声响，测大轴偏心率不大于规定值，检查各轴瓦金属温度正常。

（6）投入发电机定子冷却水系统。

（7）进行旁路系统试验。

（8）投入凝结水系统。

（9）联系启动锅炉或邻机送汽至辅助蒸汽母管，暖管结束后投入辅助蒸汽系统运行。

（10）投入除氧器。暖管结束后，投入辅助蒸汽系统运行。

（11）锅炉上水。应锅炉要求，在给水含氧量合格时，向锅炉上水。

（12）凝汽器抽真空。关闭真空破坏阀，启动抽气器，使凝汽器建立真空。

（13）投轴封系统。用辅助汽源向轴封供汽。

（14）开启蒸汽管道和汽轮机本体疏水阀。

（15）通知锅炉点火。当真空满足要求，旁路系统处于备用状态，除氧器水温、水位正常，疏水系统符合启动条件时，可通知锅炉点火。

（16）DEH 操作盘及 ETS 盘面检查。

（17）检查 TSI 系统和报警指示正常。

以上各项准备工作可穿插进行，以缩短启动时间，降低燃料消耗。但必须遵守以下规则：发电机充氢一定要在密封油系统维持正常运行而盘车装置尚未投入时进行；顶轴油系统正常后才允许启动盘车装置；盘车装置启动后才允许向轴封送汽；锅炉点火之前必须完成主汽门、中压截止阀、高/中压调节汽阀的静止试验，凝汽设备和盘车装置投入并正常运行。

2. 暖管

冷态启动前，主蒸汽管道、再热蒸汽管道、自动主汽阀到调节汽阀之间的导汽管、电动主汽阀、自动主汽阀、调节汽阀等的温度接近室温。锅炉点火后利用所产生的低温蒸汽对上述设备和管道进行预热，称为暖管。暖管的目的是减小温差引起的热应力和防止管道水击。对法兰螺栓加热装置、轴封供汽系统、汽动油泵和蒸汽抽气器的管道应同时进行暖管。对高参数汽轮机，暖管时温升速度一般不超过 $3 \sim 5 \, ℃/min$。

　　锅炉点火、升压和汽轮机暖管是同时进行的。这时锅炉至汽轮机电动主汽阀之间的蒸汽管道上所有阀门均应在全开位置，电动主汽阀及其旁路阀在全关位置。为了达到充分暖管的目的和尽快达到冲转参数的要求，当锅炉升压后就可投入旁路，使蒸汽通过快速减温减压装置和中间再热器排至凝汽器。暖管的同时应疏水。如果不及时排出暖管产生的凝结水，当高速汽流通过时便会发生水冲击，引起管道振动，如果这些疏水被带入汽轮机，还会发生水冲击事故。此外，通过疏水还可以较快地提升蒸汽温度，加快暖管。暖管过程中的疏水通过疏水扩容器送往凝汽器，加上旁路系统的排汽，这时凝汽器已带上热负荷，因此，必须保证循环水泵、凝结水泵和抽气设备的可靠运行。如果这些设备发生故障而影响凝汽器真空时，应立即停止旁路设备，关闭送往凝汽器的所有疏水门，开启排大气疏水。为将排汽室温度维持在 $60\sim70℃$ 范围内，可投入排汽缸喷水装置。主蒸汽暖管时，法兰加热装置和汽封供汽系统也应暖管。主汽阀和调节汽阀在暖管时应关闭，稍开电动主汽阀的旁路阀暖管，暖管 $10\sim15min$ 后，全开电动主汽阀并关闭其旁路阀。暖管后，可向汽轮机轴封送汽，调整轴封压力和低压轴封供汽温度，并密切监视盘车运行情况。

　　大容量机组的自动主汽阀和调节汽阀体积大且形状复杂、壁厚变化大，往往因为效应力而发生裂纹，国外某些机组采用了预热调节汽阀的措施。

　　3. 冲转、升速与暖机

　　当具备冲转条件、调节保护系统整定完毕且已投入时，即可打开调节汽阀进行冲转。转子一旦冲动，应立即关闭调节汽阀，可以在断流的情况下用听针等设备检查汽轮机内部有无动、静摩擦，然后重新开启调节汽阀，提升转速到 $400\sim600r/min$，对汽轮发电机组进行全面检查，并进行低速暖机。暖机的目的是防止各部件受热不均产生过大的热应力和热变形。

　　低速检查后，按所规定的升速率将汽轮机升到中速（$1000\sim1400r/min$），并在此停留进行中速暖机，中速暖机时要避开临界转速，有些机组还要考虑避开低压缸长叶片的共振频率。中速暖机完毕应注意汽缸各点金属温度、各对应点金属温差、汽缸膨胀、胀差、机组振动等值是否符合要求，否则应查明原因，必要时应适当延长暖机时间。

　　中速暖机后，通常以 $100\sim150r/min$ 的速度提升至额定转速。在通过临界转速时要迅速而平稳。当转速接近 $2800r/min$ 时，注意调节系统动作是否正常，并将汽轮机转速切换为调节汽阀控制；确认主油泵工作正常后即可停止高压油泵运行。在转速为 $3000r/min$ 时，根据汽缸和法兰的温差、胀差值及机组的振动情况决定暖机还是并网接带负荷。升速过程中应注意检查机组振动情况，如有异常，应查明原因并进行处理。在一阶临界转速以下，如果汽轮机轴承振动值达 $0.04mm$，必须打闸停机；在临界转速时，汽轮机轴承振动值一般不应超过 $0.1mm$，严禁硬闯临界转速或降速暖机。

　　下面对采用 DEH 控制系统的汽轮机冲转升速过程进行介绍。

　　（1）选择主汽轮机的运行控制方式。主汽轮机可以三种方式启动和运行，即汽轮机自动程序控制（ATC）、操作员自动（OPER AUTO）和手动操作（TURBINE MANUAL），其中操作员自动（或称运行人员自动操作）是汽轮发电机组的基本控制模式。

　　（2）选"转速投入"（SPEED IN）回路，将控制器装置置于"操作员自动"方式。按"挂闸"按钮，并保持 $2s$ 以上，显示盘"挂闸"灯亮，"脱扣"灯灭，检查"阀门画面"，此时再热主汽阀开启。检查"阀位限制极限"，选"阀位限制升高"键，使其数值达 120%，此时调节汽阀全开。按"主汽阀（TV）控制"键，灯亮。

（3）所有准备工作及"进汽前的启动程序"操作完成后，在冲转条件已满足的情况下，汽轮机可进汽冲转。输入目标转速，选定升速率，按"进行（GO）"键。DEH控制器打开主汽阀内旁通阀，汽轮机开始升速。当汽轮机转速大于盘车转速时，盘车装置应自动退出。转速达目标转速，"进行"灯灭，保持汽轮机在此转速下运转，进行低速暖机，以便对汽轮机设备和监控指示值进行全面检查，倾听机组声音应正常，上、下汽缸的温差、胀差、缸胀、转子轴向位移以及转子的弯曲度、振动值等都应在规定范围内。

（4）经检查确定一切正常后，可进行升速暖机。输入新的目标转速和升速率，按"进行"键，机组开始升速，当达到选择的给定转速时，汽轮机在该转速下定速暖机。暖机时间及暖机过程中的操作、应注意的问题按规程规定进行。

（5）当转速至2700～2800r/min时，检查主油泵出口压力正常，则停止交流高压油泵运行，投入各油泵连锁。当机组转速升高到2900r/min左右时进行阀门切换。在进行阀门切换前，应确保主蒸汽温度符合要求，以保证调节级汽室为过热蒸汽，其内壁金属温度应高于蒸汽压力对应的饱和温度。当机组达到切换转速且稳定后，按下"TV-GV切换"键，此时通过CRT主控画面可观察到从主汽阀控制切换到调节汽阀控制。切换完成后，主汽阀全开，汽轮机的转速由调节汽阀控制。

（6）阀门切换后，输入目标转速3000r/min，升速率为100r/min，升速至3000r/min。在额定转速下空转时汽轮机再热蒸汽温度和真空符合要求。汽轮机定速后，按规程规定进行检查和试验。汽轮机在空负荷下不应长时间运行，否则会使低压排汽缸过热，从而导致汽轮机中心线破坏并产生振动。

4. 并网带负荷

确认各种保护均投入，经检查一切正常后，并按规定进行各项试验正常，联系电气将机组并入电网。如果用自动同步器将机组并入电网，汽轮机转速在（3000±50）r/min时，按下"自动同步（AUTO SYNC）"键，灯亮，汽轮机转速即切换为自动同步器控制。此时，借助于"升/降"触点闭合输入信号，改变机组转速，当机组转速逼近同步转速时，使机组同步并网。发电机主开关合闸后，发电机在线指示灯亮，即表示已并网。

机组并入电网后，自动带初始负荷。在发电机主开关合闸后，DEH将显示出以兆瓦为单位的初始功率数值，正常条件下为额定负荷的5%。为防止机组出现逆功率，此时机组的控制方式自动回到"操作员自动"的控制模式。在初始负荷下，至少保持30min低负荷暖机时间，在此期间，联系锅炉，尽量稳定蒸汽压力和蒸汽温度，若主蒸汽温度变化，则应相应增加暖机时间。如国产亚临界600MW机组规定：主蒸汽温度每变化1.67℃，则应增加1min暖机时间。同时，应全面检查汽缸上、下温差、转子振动、胀差、轴向位移和轴承油温、油压是否正常。

初始负荷暖机结束，经检查一切正常，可联系锅炉参照"冷态滑参数启动曲线"升温、升压，机组逐步升负荷。在"操作员自动"的控制模式下，由运行人员输入目标负荷和升负荷率，控制机组逐步加负荷。升负荷率由升负荷过程调节级汽室内壁的温升量和预定的寿命损耗确定。若采用"ATC"控制模式，机组并网后，汽轮机自动控制程序提供了负荷控制的能力。根据机组情况，可适当安排暖机。负荷到达额定值前，汽轮机的进汽参数应先达到额定值。600MW汽轮机高中压缸冷态滑参数启动曲线如图6-10所示。

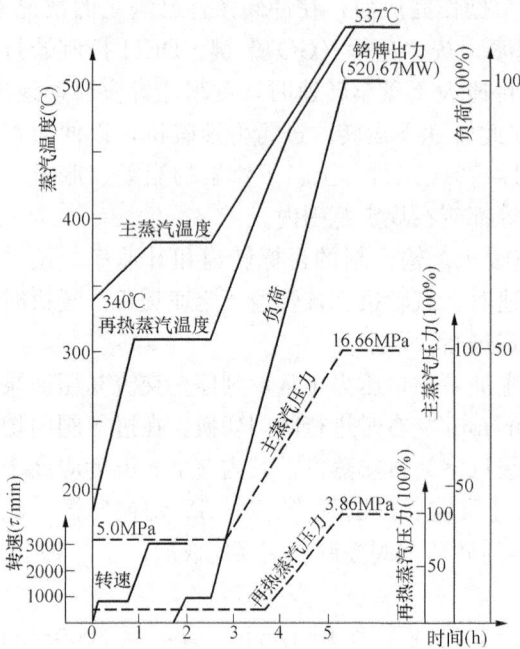

图 6-10　600MW 汽轮机高中压缸冷态滑
参数启动曲线

（三）启动过程中的注意事项

在机组冷态滑参数启动过程中，应加强监视，并注意以下事项。

（1）汽轮机遇到下列情况，应采取措施设法消除，否则，禁止汽轮机启动和投入运行。

1）任一停机保护失灵；

2）调节系统不能维持汽轮机空转或机组甩负荷后不能维持转速在危急保安器动作转速以内；

3）任一主汽阀、调节汽阀、抽汽止回阀卡涩或关闭不严；

4）油系统（包括抗燃油）故障或顶轴盘车装置失常；

5）主要仪表失灵，包括转速表、挠度表、振动表、热膨胀表、胀差表、轴向位移表、各轴瓦乌金及回油温度表、润滑油压表及金属温度表等，在集控室无法监控；

6）主要调节及控制系统失灵，包括除氧器水位及压力自动调节、旁路系统保护及自动调节、电动给水泵控制系统等；

7）盘车时汽轮机内部有明显的金属摩擦声或盘车电流明显增大；

8）汽轮机转子弯曲度超过规定值；

9）油质不合格，油箱油位或油温低于规定值；

10）汽轮机各系统有严重泄漏，设备保温不合格或不完整；

11）高中压上、下外缸温差超过 50℃，上、下内缸温差超过 35℃。

（2）为了保证汽轮机顺利启动，防止由于加热不均而使金属部件产生过大的热应力、热变形以及由此引起的动、静摩擦，应按规定控制好蒸汽温升率、金属温升率、上/下缸温差、汽缸内/外壁温差、法兰内/外壁温差、胀差、机组振动等指标。

（3）关于加热器的投入。通常低压加热器随汽轮机启动，高压加热器则在负荷带到一定值或抽汽压力达到一定值后投入。

（4）调节方式切换。当负荷达到 80％额定负荷时，汽轮机金属温度水平已接近额定参数下额定负荷工况下的金属温度水平。此时，可根据需要切换汽轮机的调节方式，由单阀调节（节流调节）切换为顺序阀调节（喷嘴调节）。

（5）升负荷过程中，监视发电机氢、油、水系统的工作情况应正常，调整发电机进口风温在 40℃左右，密封油控制站油氢差压阀、平衡阀动作灵活，维持密封油压高于氢压 0.03～0.05MPa。其他辅助设备及系统的切换、停用按规程规定进行。

（6）若需做超速试验，需要带 10％负荷左右运行 3～4h 后，减负荷到零，解列后进行。目的是使转子能充分预热到脆性转变温度以上。

三、热态启动

启动前金属温度高于 150～180℃时，统称为热态启动。这时高、中压转子的中心孔温度已达脆性转变温度以上，因此，在升速过程中就不必暖机，只要操作能跟上，应尽快达到对应于该温度水平的冷态滑参数启动工况。

热态启动主要是汽轮机停机不久或是夜间停机后的启动。由于汽轮机在短时间停机期间未完全冷却，加上各金属部件的冷却速度又不相同，所以存在一定的温差，其结果将造成动、静间隙变化，给热态启动带来困难。汽轮机组的一些大事故，如大轴弯曲，动、静部分摩擦等，往往是由于热态启动不当造成的。因此，在启动前应测试各部分金属的温度，并采取一些相应措施，以使汽轮机顺利启动，尽快接带负荷。

1. 热态启动应具备的条件

（1）上、下缸温差在允许范围内。

（2）大轴晃度不允许超过规定值。大轴晃度是监视转子弯曲的一项重要指标。转子没有残余热弯曲状态是汽轮机热态启功的关键条件。热态启动时，汽轮机会很快升到额定转速，不能期待在升速过程中矫正转子的残余热挠曲。因此，热态启动前必须检查确认转子没有热挠曲，即大轴晃度不超限。汽轮机停机后若能正确使用盘车装置，可以避免转子产生过大的热弯曲。

（3）启动参数的匹配。汽轮机热态启动时，各部件的金属温度都很高，为避免汽轮机进汽时引起金属部件产生冷却，一般都采用正温差启动，规定新蒸汽温度高于调节级汽室上缸内壁温度 50～100℃，过热度不低于 50℃。要求再热蒸汽温度与主蒸汽温度相近。但锅炉在低负荷下再热蒸汽温度常低于主蒸汽温度，特别是旁路容量较小的机组，更难使再热蒸汽温度与主蒸汽温度相近，因此，通常允许再热蒸汽温度比主蒸汽温度低 10～20℃。对于极热态启动，由于汽轮机金属温度在 450℃以上要求正温差启动就有困难，所以不得不牺牲寿命损耗指标采用负温差启动，但要密切监视机组的膨胀、胀差、振动等，并尽量较快地提高蒸汽温度。

（4）润滑油温度不低于 35～40℃。

（5）胀差应在允许范围内。

2. 热态启动程序

与冷态启动相比，汽轮机热态启动应注意以下几点：

（1）汽轮机的热态启动是在盘车连续运行前提下先送轴封汽，后抽真空。因为汽轮机在热态下，高压转子前、后轴封和中压转子前轴封金属温度均较高，仅比调节级后温度低 30～50℃。如果不先向轴封供汽就开始抽真空，则大量的冷空气将从轴封段被吸入汽缸内，使轴封段转子收缩，胀差负值增大，甚至超过允许值。另外，还会使轴封套内壁冷却，产生松动及变形，缩小了径向间隙。因此，热态启动时要先送轴封蒸汽，后抽真空，以防冷空气漏入汽缸内。

轴封供汽温度应根据转子表面和汽缸温度水平及胀差确定。汽缸金属温度在 150～300℃以内时，轴封用低温汽源；汽缸金属温度高于 300℃时，应投高温汽源，为此，热态启动时要使用高温轴封蒸汽。轴封蒸汽应有温度监视设备，投入时要仔细地进行暖管疏水，切换汽源时要缓慢，防止蒸汽温度骤变。

（2）热态启动时应加强疏水，防止冷水冷汽进入汽缸，真空应适当保持高一些。

（3）热态启动时，法兰螺栓加热装置的投入，要根据汽缸的温度水平而定。

（4）根据高压缸调节级金属温度，在热态启动曲线上确定汽轮机冲转参数、初始负荷、5%额定负荷保持时间、升速率，注意汽轮机高压缸调节级蒸汽温度与其金属不匹配度须在−56～+111℃之间。某600MW机组的热态启动曲线如图6-11所示。

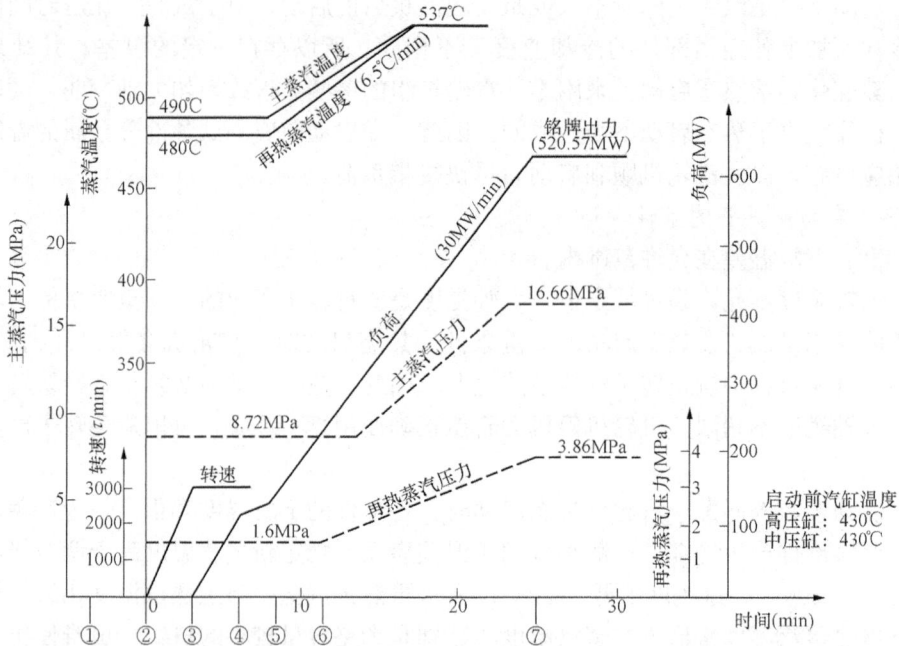

图6-11 某600MW机组的热态启动曲线

①—锅炉点火；②—汽轮机冲转；③—并网；④—低压旁路阀关闭；
⑤—高压旁路阀关闭；⑥—中压调节阀全开；⑦—铭牌出力

（5）热态启动在锅炉点火前的操作与冷态启动相同。

（6）主蒸汽温度要在过热度至少为50℃的情况下向汽轮机送汽，并且新蒸汽温度高于调节级汽室上缸内壁温度50～100℃，而再热蒸汽温度可以比主蒸汽温度低10～20℃。

（7）热态启动的冲转及带负荷方式与冷态启动相同，但要求顺利迅速地进行。冲转后，可以200～300r/min的升速率升至2900r/min，在由主汽阀控制切换到调节汽阀控制正常后，用100r/min的升速率升至3000r/min。因此，由冲转到额定转速的时间大为缩短，一般为10min左右。升速过程中，当汽轮机转速达400～600r/min时，应停留足够的时间，进行全面检查，确认机组运行正常，各蒸汽管道无水击现象后，方可升速。

转速达3000r/min全面检查正常后，将机组同步并网，按照热态启动曲线中的规定迅速带到初始负荷以防止汽缸和转子收缩，按要求进行暖机。然后通知锅炉升温升压，依据所选定的升负荷率将负荷升至额定负荷。机组升负荷过程中的各项操作与冷态启动相同。

在机组升负荷过程中，要密切注意主蒸汽温度、胀差、缸胀和机组的振动情况。主蒸汽温度的剧烈变化对汽轮机的一切运行状态都可能造成严重后果，在热态启动中就更加不允许。

四、中压缸启动

随着机组容量的增大，汽轮机采用了多种启动方式来满足机组快速启动的要求，以满足电网调峰的需要。为了能尽量简化机炉操作、降低热冲击、能够快速启动带负荷，现在相当数量的机组采用中压缸启动，例如法国 300、600MW 机组。

（一）中压缸启动的意义

由于锅炉的结构特点，锅炉点火后，再热蒸汽温度始终滞后于主蒸汽温度，一般相差 100℃左右。由于再热蒸汽压力低、中压缸进汽量少以及再热蒸汽温度远比主蒸汽温度低，因此，冲转后中压缸升温速度慢，汽缸膨胀迟缓。例如，某国产 200MW 机组，按常规冷态启动，尽管中速暖机时间长达半小时，中压缸温度水平也只有 60～70℃，当汽轮机转速达 3000r/min 时，中压缸金属温度才达到 80℃左右，直到机组带 10MW 负荷时，中压缸金属温度才达到 90℃，中压缸才开始膨胀。

如何使再热蒸汽温度跟上主蒸汽温度，并使中压缸在启动过程中及早胀出，是冷态启动中的关键问题。采用中压缸启动，可以较好地解决这个问题。中压缸启动是汽轮机启动时，关闭高压调节阀、开启中压调节阀，利用高、低压旁路系统，先从中压缸进汽，启动后切换为高、中压缸联合运行的启动方式，旨在加快中压缸暖机速度，缩短启动时间。

（1）中压缸启动可以充分加热汽缸，加速热膨胀。中压缸启动冲转前，高压缸倒暖，利用盘车时间，高压缸缸温可以升到一定水平，中压缸冲转后，相同条件下蒸汽量增大，利于汽缸加热，利于中压缸暖机。高压缸在冲转、暖机至升初负荷时，利用高压缸内鼓风作用对高压缸进行加热，但必须调整隔离真空门，不得使高压转子过热损坏。从冲转至切换负荷，总体时间可比原来联合启动方式大大缩短。

（2）中压缸启动在热态启动时，可以缩短锅炉点火至冲转时间，利于机组调峰运行。热态启动时要求参数高，主蒸汽参数要想满足要求，所需时间较长。而采用中压缸启动方式，主蒸汽加热后，经高压旁路进入再热器继续加热，中压缸冲转条件可提前满足，缩短锅炉点火升温时间。

（3）中压缸启动可以解决热态启动参数高，造成机组转速摆动而不易并网的问题。利用中压缸启动，启动参数相对降低，冲转蒸汽量增加 2～3 倍，可以使调节系统工作在一个稳定区域。解决调节系统大幅度摆动而造成的轴向位移较大变化，即轴向推力的较大变化，并利于并网操作，缩短时间，尽快达到机组温度水平对应状态，减小机组热态启动冷却作用，延长寿命。

（4）启动初期，低压缸流量增加，减少末级鼓风摩擦，提高了末级叶片的安全性。

（5）对特殊工况有良好的适应性，主要体现在空负荷和极低负荷运行方面。

机组启动并网过程中，有时会遇到故障等待处理或在并网前要进行电气试验或其他试验时，就常常遇到要在额定转速下长时间空负荷运转的情况，在采用高、中压缸联合启动时，即使是冷态启动，也会带来很多问题，比如高压缸超温。然而采用中压缸启动方式，只要关闭高压缸排汽止回阀，维持高压缸真空，汽轮机即可安全地长时间空负荷运行。同样地采用中压缸进汽方式，只要打开旁路，隔离高压缸，汽轮机就能在很低的负荷下长时间运行。在单机带厂用电的情况下，也可以采用该方式运行，这样一旦事故排除后，就能迅速重新带负荷。

（二）中压缸启动系统

在中压缸启动方式下，汽轮机主要需解决高压缸摩擦鼓风的问题。调节系统上考虑了中压启动阀，热力系统上考虑了高压缸抽真空和高压缸排汽止回阀加旁路阀作为高压缸倒暖阀。为实现汽轮机的中压缸启动，其热力管道布置与常规电厂不同，图 6-12 画出了中压缸启动汽轮机的系统配置图。

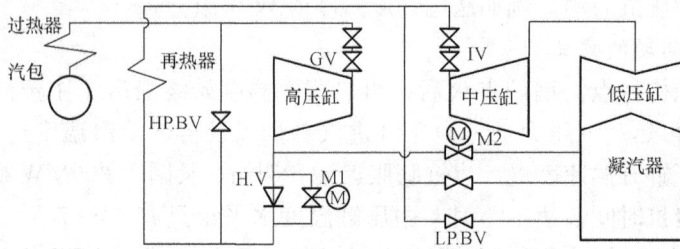

图 6-12 中压缸启动汽轮机的系统配置图

M1—暖缸阀；M2—高压缸抽真空阀；GV—高压调节阀；TV—中压调节阀；
HP、BV—高压旁路阀；LP、BV—低压旁路阀；H.V—高压缸排汽止回阀

图 6-12 中各主要装置的作用如下。

（1）高、低压旁路系统的作用。停机过程中，大型汽轮机的热惯性远远大于锅炉。锅炉的冷却速度较快，这是因为锅炉用于热交换的面积很大，在重新启动前还必须放水排污。600MW 汽轮机达到完全冷却大约需要 7 天时间，锅炉的冷却却只要 50h 左右即可，而此时汽轮机的汽缸温度仍可达 350℃ 左右。因此，短时间停运后接着再启动，转子和汽缸仍然处于热态，这时汽轮机在启动期间必须供给温度较高的蒸汽，目的是不致使汽轮机冷却。采用高、低压旁路系统后既满足了汽轮机对蒸汽温度的要求，又保护了再热器，同时，使锅炉的燃烧调整变得相当灵活。

（2）高压缸抽真空阀的作用。高压缸抽真空阀在汽轮机负荷达到一定水平之前、完全切断高压缸进汽流量之前用于对高压缸抽真空，以防止高压缸末级因鼓风而发热损坏。在冲转及低负荷运行期间切断高压缸进汽以增加中、低压缸的进汽量，有利于中压缸的加热和低压缸末级叶片的冷却，同时，也有利于提高再热蒸汽压力，因为再热蒸汽压力过低将无法保证锅炉的蒸发量，从而无法达到所需要的蒸汽温度参数。

（3）暖缸阀（又称高压缸排汽止回阀的旁路阀）的作用及高压缸的预热。暖缸阀就是在冷态启动时用于加热高压缸的进汽隔离阀。汽轮机启动冲转的第一阶段，中压缸内的蒸汽压力很低，热量的传递也很慢，在这一阶段，中压转子和汽缸的温度上升较慢，因此尽管蒸汽与金属之间有温差，它们都不会产生过高的热应力。汽轮机高压缸的情况则不同，由于再热器压力已调整到一定的数值，所以蒸汽一进入汽缸，汽缸内的压力就升高了。为此，高压缸在进汽前必须先经过预热。

在启动的最初阶段，当锅炉出口蒸汽温度达到一定值时，就可以进行汽轮机的预热。为了使蒸汽能进入高压缸，就需打开暖缸阀。此时，高压缸内的压力将和再热器的压力同时上升，高压缸金属温度将上升到相应的再热汽压力下的饱和温度。例如，北仑港电厂 2 号机启动冲转参数再热蒸汽压力为 1.5MPa，高压缸可以预热到 190℃。这样的预热方式在汽轮机冲转过程可以继续一段时间（直至升速到 1000r/min），当高压缸内的金属温度达到 190℃ 时，暖缸阀自动关闭，同时打开高压缸抽真空阀，使高压缸处于真空状态。高压缸预热过程决不会干扰或延长启动过程，因为锅炉冷态启动时升温升压所需的时间就足以使高压缸得到充分的预热。北仑港电厂 2 号机的运行实践证明，当机组蒸汽温度、蒸汽压力具备冲转条件时，高压缸的预热正好或早已结束。由于高压缸暖缸过程的电动阀控制是自动的，且当机组

冲转时高压缸暖缸已经结束，这就产生了用中压缸启动机组的又一优点，即无论是冷态还是热态启动，对运行人员的操作程序和步骤总是相同的。

中压缸启动阀开有两个油口，串联接在高压调节汽阀三次脉动油压管路上。中压缸启动时，打开中压缸启动阀油口，泄掉高压调节汽阀三次脉动油压，高压调节汽阀保持关闭位置。负荷切换时，关闭中压启动阀油口，建立高压调节汽阀三次脉动油压，打开高压调节汽阀，保持高中压缸联合运行。

高压缸抽真空系统，有两路从高压缸抽出，一路是从高压缸排汽止回阀前管道上引出，另一路是一段抽汽止回阀前管道上引出，两路汇合后一并送入凝汽器喉部。高压缸倒暖阀装在高压缸排汽止回阀旁路上，用于在高压缸闷缸时，倒暖高压缸。

(三) 中压缸启动运行

1. 启动操作

中压缸启动的主要步骤有锅炉点火，投入旁路系统，提高主蒸汽及再热蒸汽温度，汽轮机进行盘车，维护锅炉参数稳定，高压缸抽真空，中压缸冲转、升速、并网和带负荷，切换到高压缸进汽等。

图 6-13 为某 600MW 汽轮机中压缸启动曲线。机组启动前检查及其他工作与冷态启动相同。操作中压缸启动阀，关闭高压调节汽阀，锅炉点火后，打开倒暖阀或高压缸排汽止回阀，投入高压缸倒暖阀，达到冲转参数后，可冲动转子，到中速暖机结束后，关闭高压缸排汽止回阀或倒暖阀，高压缸开始隔离，然后用抽真空阀调整高压缸金属温升率。机组并网与冷态启动相同。升负荷至 5%~7% 左右时进行切换，关闭抽真空阀，打开高压调节汽阀，

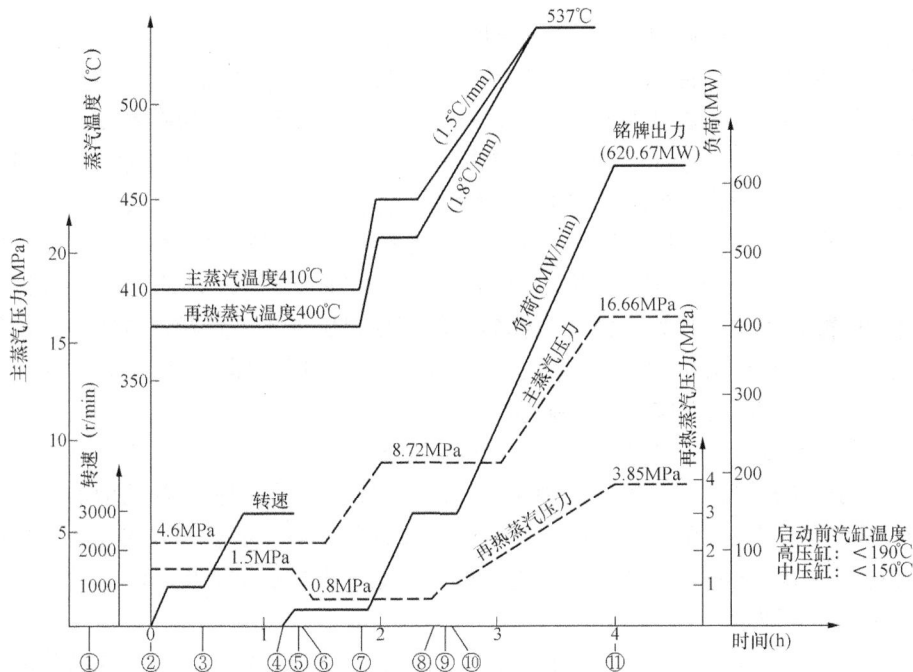

图 6-13　600MW 汽轮机中压缸启动曲线

①锅炉点火；②汽轮机启动；③高压缸；④并网；⑤低压旁路阀关闭；⑥高压旁路阀关闭；
⑦增大蒸汽流量，高压/低压；旁路阀再次打开；⑧中压调节阀全开；
⑨低压旁路阀再次关闭；⑩高压旁路阀再次关闭；⑪铭牌出力

挂起高压缸排汽止回阀，机组进入联合启动状态。切换时，高压缸金属温度应达到320～340℃，切换时注意主蒸汽温度匹配，其后操作与机组正常启动相同。

2. 中压缸启动的几个问题

（1）冲转蒸汽参数的选择。300MW及600MW机组中压缸启动的冲转参数如表6-1所示。

600MW机组选择表6-1中的冲转参数，是基于以下几点考虑：

表6-1　　　　　　　300MW及600MW机组中压缸启动时的冲转参数

蒸汽参数	300MW机组	600MW机组
主蒸汽压力（MPa）	2.94～3.43	5.0～8.73
主蒸汽温度（℃）	330～350	380～400
再热蒸汽压力（MPa）	0.686～0.784	1.54
再热蒸汽温度（℃）	300～330	≤380

1）可保证机组平稳过临界转速及定速3000r/min的需要。

2）选择再热蒸汽压力为1.54MPa，进行中压缸进汽冲转带负荷，若维持此再热蒸汽参数，全开中压联合汽门，中、低压缸可带最大负荷80MW左右。若在45MW负荷工况切换为高、中压缸联合进汽，切换前保证主蒸汽压力达5MPa，再热蒸汽压力维持不变，切换后机组可带负荷约150～180MW。这样，就可使机组在定速后，顺利完成并网、切换和升负荷过程。

3）值得注意的是，冲转后应保持主蒸汽温度逐渐滑升。

（2）高压缸的隔离温度。冷态启动时，锅炉点火后即可投高压缸倒暖，即蒸汽依次经过主蒸汽管道、高压旁路和高压缸排汽止回阀进入高压缸，一般情况下高压缸倒暖温度与再热蒸汽压力下的饱和温度一致，高压缸温度可加热到170～190℃，即当高压缸加热到170～190℃时隔离高压缸。高压缸隔离期间，由鼓风摩擦热量继续加热高压缸，通过调整抽真空阀的开度来控制高压缸的温升率。到5%～7%负荷切换前，高压缸温度可加热到300℃左右，相当于机组带20%～30%负荷的汽缸温度水平，在此基础上，应保证主蒸汽参数与高压缸温度的合理匹配，以避免切换后因主蒸汽参数低而使机组带不上负荷，造成高压缸的汽缸温度大幅度下降，产生较大的热应力。需要指出的是，在高压缸隔离期间，禁止使高压缸的汽缸温度升至380℃，否则，应立即打闸停机。

（3）切换负荷。切换负荷是指当中、低压缸带负荷至该值时切换为高、中压缸进汽的负荷。一般来说，切换负荷越高，越能体现中压缸启动的优越性，但切换负荷的增加又受到旁路容量、轴向推力等诸多因素的限制。有些机组不是在带负荷后切换启动方式，而只是在机组中速暖机或定速后切换为高、中压缸联合进汽方式，这种方式也称为中压缸启动，其目的是满足机组快速启动的要求。

（4）切换时的中压缸温度。为了避免机组在切换前、后中压缸温度出现大幅度波动，切换前中压缸的汽缸温度应控制在合理的范围内。如果切换前中压缸的汽缸温度过高，一方面因切换后允许接带负荷或高压缸的汽缸温度水平限制不能及时升到对应汽缸温度下的负荷点，或再热蒸汽温度降低，将引起中压缸的汽缸温度不必要冷却，另一方面会因切换前中压缸的温升量大，增加机组冷却启动的消耗。因此，切换前使中压缸温度控制在360℃左右，高压缸温度控制在 300℃左右。选择合适的切换参数，这样在切换后既可使机组负荷增加，又不会引起中压缸温度降低。

任务验收

（1）收集我国主力机组启动方式的相关资料。

（2）在仿真机上进行压力法冷态滑参数启动操作。

（3）在仿真机上进行热态滑参数启动操作。

（4）分析某 600MW 超临界机组的中压缸启动系统和启动中的问题。

任务三　汽轮机的停机

【任务描述】

认识不同类型停机的特点。完成滑参数停机的主要操作，分析滑参数停机过程中的注意事项；完成不同类型事故停机的操作，分析事故停机过程中的注意事项。认识停机后机组快速冷却的形式。

能力目标

（1）能根据实际情况判断选择停机方式。

（2）能完成滑参数停机的操作。

（3）能完成事故停机的操作。

（4）能识读机组空气快速冷却系统图。

任务实施

汽轮机停机是指机组由带负荷运行状态到卸去全部负荷、发电机从电网中解列、切断汽轮机进汽到转子静止进行盘车的全过程。汽轮机停机过程是金属部件逐渐冷却的过程。随着温度的下降，机组各零部件将因冷却过快或不均匀而产生较大的热应力、热变形，出现负胀差。

停机过程是启动的逆过程，一般经历降负荷、解列、惰走（降速）、停机后的处理等四个阶段。不同的停机过程有不同特点。

一、汽轮机停机方式的分类

汽轮机停机过程按目的进行分类，通常分为正常停机和事故停机两大类。

正常停机是根据机组或外负荷的需要，有计划的停机，它又分为调峰停机和维修停机。调峰停机是指在电网低负荷时按需要进行的短时停机，当电网负荷增加时，机组很快再启动带负荷。为实现调峰机组快速再启动，多采用滑压停机，即在停机过程中逐步降低进汽压力，尽可能维持蒸汽温度不变，以使机组金属温度在停机后保持较高的水平。维修停机是机组需进行大修或小修而进行的停机，多采用滑参数停机，即在停机过程中逐步降低进汽压力和温度，以尽量降低汽轮机高温部件的金属温度，使机组尽快冷却，以便缩短检修的等待时间。

事故停机是指机组监视参数超限、保护装置自动动作或运行人员根据机组状态操作"停机"按钮（手动打闸），主汽阀、调节汽阀迅速关闭切断汽轮机进汽，机组从运行负荷瞬间降至零负荷，发电机与电网解列，进入惰走阶段的停机过程。它属于被迫保护性停机，随机性很大。事故停机根据事故的严重程度又分为故障停机和紧急停机，其主要区别在于机组解列时是否立即打开真空破坏阀。紧急停机在发电机解列时停主抽气器，立即打开真空破坏阀，破坏凝汽器真空，使其内压力迅速升高到大气压力，以加大摩擦鼓风损失，使转子转速迅速降到零。但是在破坏凝汽器真空时，大量冷空气进入凝汽器和低压缸，对其产生"冷"冲击，这对凝汽器冷却水管应力和胀口均不利，而且使低压缸热应力增大，有时还会使机组振动增加。而故障停机的惰走过程与正常停机相同，在低转速或凝汽器真空为零时，才打开真空破坏阀。

二、正常停机

正常停机按停机过程中蒸汽参数是否变化，可分为额定参数停机和滑参数停机两种方式。根据停机的目的不同，可以选择不同的停机方式。

额定参数停机是指停机时主蒸汽参数不变，依靠关小调节汽阀逐渐减负荷到零，直至转子静止的过程。其优缺点为：能保持汽缸处于较高的温度水平，便于下次启动，热应力小，负胀差较小；但依靠调节汽阀节流，使得汽轮机各部分的降温速度较慢，温度也不均匀，停机后要等较长时间才能检修，并且不能利用锅炉余热。大功率汽轮机正常情况下一般不采用额定参数停机。如果停机时间很短，停机后作为热备用或消除设备缺陷后马上启动，则停机后要求保持一定的汽缸温度，以利于下次启动时能够较快地并网接带负荷，这时往往采用额定参数停机或复合滑压停机。

滑参数停机就是在调节汽阀全开（或接近全开位置）并保持开度不变的情况下，采用逐渐降低主蒸汽和再热蒸汽参数的方法来减负荷，降低转速直至停汽停机。滑参数停机普遍用于单元制系统的机组。用这种方式停机的目的是，停机后汽缸的金属部件均匀冷却，金属温度降低到较低的水平，以便可以提前停盘车和油系统，能够提前进行检修，缩短检修工期。机组按计划大小修前的停机或其他原因需要停机后尽快停用盘车运行的停机，往往采用滑参数停机。

（一）滑参数停机

滑参数停机的步骤主要包括停机前的准备工作、减负荷、解列和转子惰走几个阶段。

1. 停机前的准备工作

停机前的准备工作是机组能否顺利停机的关键。停机前，运行人员首先要对汽轮发电机组设备、系统做一次全面的检查，分析有没有影响停机操作的设备缺陷；其次要根据设备特点和具体运行情况，预想停机过程中可能出现的问题，制定具体措施，做好人员分工，准备好记录及操作用具，并做好下列具体准备工作。

（1）油泵的试转。对停机中需要使用的油泵，如交/直流润滑油泵、密封油备用泵、顶轴油泵等必须进行试转，确保其可靠。

（2）启停辅助蒸汽的准备。在停机过程中，除氧器汽源、轴封汽源都将切换成辅助汽源，应预先准备好，备用蒸汽管道应先暖好，做到需要时即可切换汽源。

（3）空负荷试验盘车电动机正常。盘车电动机可以空转试验的机组应空转试验，对于这一点，有些电厂不太重视，一旦转子停下，盘车电动机不能启动时将会手忙脚乱。

（4）对机组启、停用的电动给水泵的热备用状态进行全面检查，其油泵运行应正常。

（5）氢冷发电机空气侧密封油正常运行时使用汽轮机油的机组，停机前还要空负荷试验发电机空侧直流密封油泵，正常后切换成空侧密封油泵运行，直流密封油泵置联动备用状态。

（6）检查汽轮机高、低压旁路系统投用"自动"备用。有关减温水源正常，减温水隔离门在开足位置。

2. 减负荷

滑参数停机开始时，通知锅炉运行人员，按机组滑参数停机曲线降温、降压，机组降负荷。滑参数停机是分阶段进行的，每减到一定负荷值稳定后，保持汽压不变，降低主蒸汽温度，当汽缸金属温度下降缓慢，且主蒸汽温度的过热度接近 50℃ 时，可降低主蒸汽压力，滑减到所需的负荷，再降温，这样交替进行。某 660MW 超临界压力机组滑参数停机过程中的主要控制参数如表 6-2 所示。

表 6-2　　　　　　　　　某 660MW 超临界压力机组滑参数停机过程中的主要控制参数

负荷 （MW）	主蒸汽压力 （MPa）	主蒸汽温度 （℃）	降温速率 （℃/min）	分离器进口温度 （℃）	时间 （min）
660 ↘ 550	25 ↘ 14.0	600 ↘ 530	1.5	430 ↘ 345	80
550 ↘ 500	14.0	530 ↘ 500	1	345	120
500 ↘ 350	14.0 ↘ 8.9	500 ↘ 450	1	345 ↘ 275	90
350	8.9	450	1	275	90
350 ↘ 150	8.9 ↘ 8.5	450 ↘ 430	1	275 ↘ 270	60
150	8.5	430	1	275 ↘ 270	30
150 ↘ 50	8.5	430	1	275 ↘ 270	10
50	解列操作				10

注　总的滑停时间为 9～14h。

减负荷过程中，对具有 DEH 调节系统的机组，可分阶段设定目标负荷和负荷变化率，逐步降至目标负荷进行暖机。注意机、炉加强联系、配合。降负荷过程中，注意轴封供汽的切换、辅助蒸汽压力稳定，各参数正常，除氧器切换为辅助汽源，运行人员要确认高、低压旁路系统的工作，进行汽动给水泵与电动给水泵的切换，注意高、低压加热器水位控制正常，高压加热器按规程规定由高至低依次停用，按规程规定开启各部疏水（有些机组在规定负荷时自动启动，运行人员应注意检查），确认低压缸喷水阀自动投入。

在整个减负荷过程中，应注意监视的参数有主、再热蒸汽压力、温度，轴振动，胀差，上、下缸温差，低压缸排汽温度，轴向位移及轴承金属温度，并注意各水室水位应正常，轴封汽源应倒为辅助蒸汽供给。

图 6-14 为某 600MW 汽轮机的滑参数停机曲线。

3. 机组脱扣和解列

当机组的负荷减少到一定程度或减少到零时，汽轮机就可以脱扣停机。国外也有另一种做法，即把负荷减到 10% 或更高一些时脱扣机组，这样可以减少机组在低负荷运行的时间，降低高压缸排汽温度和低压缸排汽温度。汽轮机脱扣的方法有多种，国内习惯用手动脱扣停机或控制室电动脱扣停机，国外习惯用逆功率保护动作停机，以确认逆功率保护动作的准确

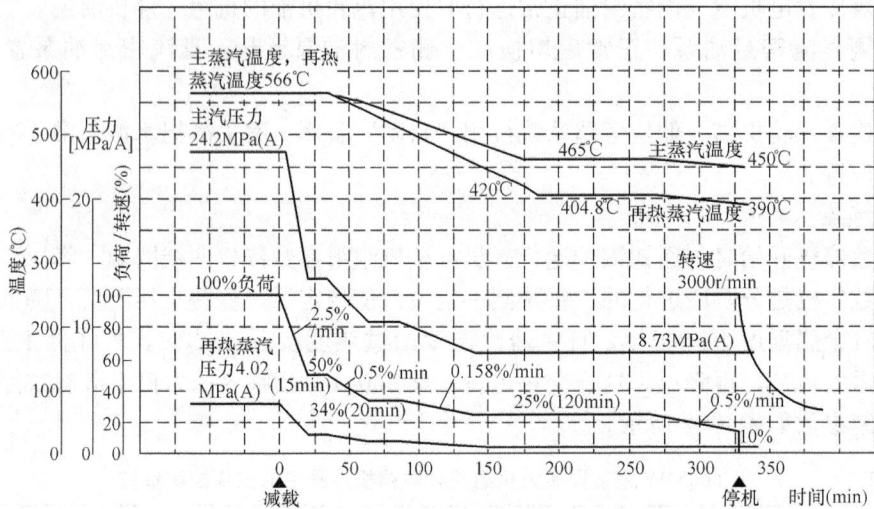

图 6-14 600MW 汽轮机的滑参数停机曲线

性，如果逆功率保护不动作，应立即手动脱扣汽轮机。若要求汽轮机在发电机解列后仍维持额定转速，可以手动解列发电机而不脱扣汽轮机。

汽轮机脱扣后，高/中压主汽阀、调节汽阀、各抽汽止回阀、抽汽电动阀应关闭。锅炉熄火后停除氧器供汽，停给水泵。高、低压旁路关闭后，停抽气器。脱扣后开始记录转速的变化。

随着转速降低，润滑油压降低，交流润滑油泵和密封油备用泵应自动启动，否则，手动启动，确保润滑油压正常。调整通往冷油器的冷却水量，以保持冷油器出口油温在规定的范围内。转速降至 600r/min 时，启动顶轴油泵，低压缸喷水自动退出，转子振动测量转为偏心测量。转速降至零，迅速投入盘车运行，顶轴油泵最好随同运行，记录惰走时间，并绘制惰走曲线。

机组真空的变化对汽轮机惰走时间有较大影响，降速过程中真空破坏阀的操作和凝汽器真空的下降应执行制造厂和有关运行规程的规定。一般规定使用旁路系统时不要破坏真空，要在汽轮机转速下降到 400r/min 左右或盘车已投运，当汽包压力降至 0.2MPa 时，破坏凝汽器真空，停止真空泵运行。停转前应检查主蒸汽疏水阀已全关闭。真空到零后，停止轴封供汽，开启轴封疏水，停轴封加热器风机，防止冷空气被吸入汽缸。

盘车装置在停机以后要连续正常运行，当汽缸温度降至规定值时可停止盘车，停交流润滑油泵、顶轴油泵。

4. 惰走曲线

汽轮发电机组打闸解列后，转子依靠自己的惯性继续转动的现象称为惰走。从打闸停机到转子完全静止的这段时间称为惰走时间，惰走时间内转速与时间的关系曲线称为惰走曲线。

转子惰走曲线的形状如图 6-15 所示。从图中可以看出，惰走曲线分为三

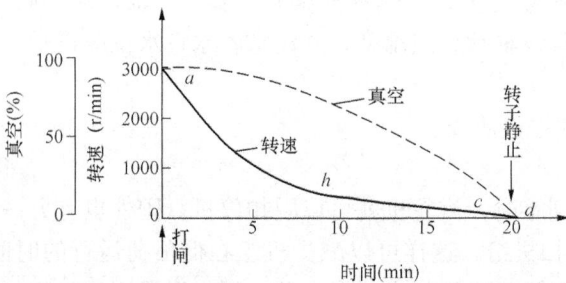

图 6-15 转子惰走曲线

个阶段：第一阶段（ab），转速下降较快，这是由于在此阶段转速仍很高，而鼓风摩擦损失与转速的三次方成正比；第二阶段（bc），此阶段转子的能量损失主要消耗在主油泵、轴承等部位的摩擦阻力上，这比高转速下的鼓风摩擦损失要小得多，故此阶段中转速下降较慢；第三阶段（cd），是转子即将静止阶段，由于此阶段中油膜已破坏，轴承阻力迅速增大，故转子的转速迅速下降。

惰走时间的长短和惰走曲线的形状与转子的惯性力矩、转子的鼓风摩擦损失及机组的机械损失有关。这些因素在机组正常时不会发生变化，因此，每次停机，若真空按同一规律下降，则惰走时间和惰走曲线应该不会发生变化。如果转子惰走时间急剧减小，可能是轴瓦已经磨损或机组发生了动、静摩擦；若惰走时间增长，则说明可能汽轮机主、再蒸汽管道阀门不严或抽汽管道阀门不严，使有压力的蒸汽漏入机内。

5. 滑参数停机过程中必须注意的问题

滑参数停机必须严格控制蒸汽降温速度，这是滑参数停机成败的关键。若降温速度过快，会出现不允许的负胀差值。控制蒸汽温度的标准是首级蒸汽温度低于首级金属温度。主蒸汽温度下降过大或发生水击时，高压缸推力增加，汽轮机转子可能出现负向位移，推力盘向非工作瓦块方向窜动，甚至导致中压缸第一级轴向间隙消失。再热蒸汽温度将随主蒸汽温度的降低和锅炉燃料的减少而自然下降，其降温速度比主蒸汽慢。减负荷时应等到再热蒸汽温度接近主蒸汽温度时，再进行下一次降压，以防止滑参数停机结束时，中压缸温度还较高。

（1）滑停时，最好保证蒸汽温度比该处金属温度低 20～50℃ 为宜。过热度始终保持 50℃，低于 50℃ 时，开疏水门或旁路门。

（2）控制降温、降压速度。新蒸汽平均降温速度为 1～2℃/min，降压速度为 19.7～29.4kPa/min，当蒸汽温度低于高压内上缸的内壁温度 30～40℃ 时，停止降温。

（3）在不同的负荷阶段，新蒸汽参数的滑降速度不同。较高负荷时，蒸汽温度、蒸汽压力的下降速度可快些；低负荷时则应慢一些。

（4）正确使用法兰螺栓加热装置，以减小法兰内、外壁的温差和汽轮机的胀差。停机时，转子冷却得比汽缸快，法兰冷却的滞后限制了汽缸的收缩，这时可以利用法兰加热装置来加速法兰的冷却。要控制法兰加热联箱的蒸汽温度，使它低于法兰金属温度 100～120℃。

（5）滑停时不准做汽轮机的超速试验，以防发生水冲击。

（6）在滑停过程中，须保证新蒸汽和再热蒸汽两者温差不宜过大。此外，应适时正确地投入旁路系统，以保持高、中压缸进汽均匀，防止出现无蒸汽运行。

（二）复合滑压停机

复合滑压停机时，首先保持主蒸汽温度和高压调节汽阀开度不变，汽轮机负荷随主蒸汽压力的下降而滑落，待负荷降到某一负荷后，则保持主蒸汽压力和温度基本不变，通过关小高压调节汽阀和中压调节汽阀使汽轮机负荷进一步减小，汽轮机负荷接近零时，解列发电机，脱扣汽轮机，停机。

复合滑压停机不但可以减少汽轮机的热应力和热变形，易于控制负胀差的发展，而且可以使汽轮机停机后仍能保持较高的金属温度，特别适用于短时间停机后的再启动。汽轮机正常停机时，只要不急于揭缸检修或停用油系统和盘车，一般都建议采用这种方式。采用复合滑压停机不仅安全可靠，而且明显缩短了停机和再次启动过程的时间，通常的减负荷过程不超过 30min。

三、事故停机

（一）事故停机处理原则

事故的处理，应以保证人身安全，不损坏或尽量减少设备的损坏为原则。机组发生事故时，应立即停止故障设备的运行，并采取相应措施防止事故扩大，必要时应保持非故障设备的运行。事故处理应动作迅速、判断准确、处理果断。保存好事故发生前和发生时仪器、仪表所记录的数据，以备事后分析原因，提出改进措施时参考。事故消除后，运行人员应将观察到的现象、当时的运行参数、处理经过和发生时间进行完整准确的记录，便于分析事故原因时参考。

（二）故障停机

1. 机组故障停机的条件

（1）蒸汽参数超限。主蒸汽或再热蒸汽温度超过限值，15min 内不能恢复；主蒸汽压力超过限制值，不能立即恢复。

（2）主蒸汽或再热蒸汽管道或主给水、凝结水管道破裂。

（3）机组胀差超限但机内无摩擦声。

（4）调节系统摆动不能维持正常运行。

（5）发电机断水超过 30s，不能恢复，保护拒动。

（6）其他保护动作条件出现，而保护拒动。

2. 机组故障停机的操作

当机组遇到故障，不能迅速消除，机组运行参数已接近保护动作限值时，应减负荷停机。故障停机时，减负荷速率可达 20～30MW/min，同时，锅炉必须相应减少燃料和给水量，快速将负荷减到零。故障停机时，原则上不立即手动破坏真空，真空维持到什么时候，可根据故障情况而定。若未破坏真空，应检查轴封供汽联箱的连通阀是否开启，在真空降至零之前应保持向轴封供汽，以防止轴封段被空气急剧冷却。

机组发生缺陷需要停机处理，但不需要揭缸进行大修时，应根据机组运行状态，快速停机，保持参数，做好重新启动的准备。若机组发生缺陷需要揭缸进行大修处理时，在条件允许的情况下，应尽可能降低参数，对机组进行冷却，以利于尽快消除缺陷。机组故障停机后，应做好重新启动的准备工作。

机组不需揭缸时，故障停机可按正常停机的操作步骤进行，根据事故情况应加快降负荷速度，在不投燃油的最低负荷下打闸。机组需要揭缸时，故障停机可按大修停机的操作步骤进行，根据事故情况应尽可能以较低的降负荷速度降负荷。

凡属人员误碰、保护误动引起跳闸，跳闸原因明确，应立即开始启动。跳闸原因一时查不清时，可以边查原因，边做启动准备。跳闸后设备故障影响启动时，值长应尽力组织有关人员抢修，努力创造条件，尽早并网。

（三）紧急停机

1. 机组紧急停机的故障

（1）汽轮机的机械故障。机组任一轴承振动突增；推力轴瓦磨损，转子轴向位移超过极限值而轴向位移保护拒动，汽轮机动、静部分摩擦；汽缸内有异常声音；转子弯曲度超限；轴承断油，轴瓦温度或回油温度超过限值；转子严重超速而危急保安器拒动；汽轮机发生水冲击。

（2）油系统故障。润滑油压低于限值，且无法恢复；油系统大量漏油，主油箱油位超出限值且无法恢复；发电机密封油压低于氢压；密封油泵损坏或断开，密封油箱油位下降至最低位置。

（3）发电机故障。发电机冒烟、着火或氢气爆炸。

（4）意外灾害。火灾无法扑灭；破坏性地震；厂用电中断且无法立即恢复。

2. 机组紧急停机的操作

机组紧急停机时，进行的操作及处理过程如下：

（1）在集控室手动按下"紧急停机"按钮或就地手拉汽轮机跳闸手柄，确认发电机解列，汽轮机转速下降；检查确认高/中压主汽阀/调节汽阀、高压缸排汽止回阀、抽汽止回阀关闭，通风阀和排泄阀打开，转速下降。同时停主抽气器，启动顶轴油泵。

（2）同时停真空泵，打开真空破坏阀，并闭锁；关闭至凝汽器所有疏水和低压旁路。

（3）检查汽轮机本体及主/再热蒸汽管道、抽汽管道疏水阀开启，锅炉联动 MFT，一次风机及制粉系统、炉前燃油系统已停运。

（4）检查给水泵、疏水泵是否停止运行；高、低压加热器的疏水应切换至凝汽器。

（5）当转子转速为零时，应及时投入盘车装置，进行连续盘车。若因条件限制，无法进行连续盘车，也应手动进行间断盘车，以防止转子产生永久性弯曲。

其他操作过程和注意事项与正常停机相同。

停机过程中应注意机组的振动、润滑油温、密封油氢差压正常。转子惰走期间运行人员应到现场仔细倾听机组内部有无摩擦声，当内部有明显的金属撞击声或转子惰走时间明显缩短时，严禁立即再次启动机组。

（四）机组发生事故时的注意事项

（1）机组事故停机时，应特别注意转子的惰走时间。停机过程中严密监视机组的各种参数，转速下降时，应到现场倾听汽轮机转动声音。

（2）汽轮机转速降到零后，必须立即投入盘车，注意盘车电动机电流，防止其超功率保护动作。

（3）机组运行时出现任何报警，都应及时发现，检查、分析原因，并做出判断，决定是紧急停机还是故障停机，尽早采取措施。

（4）事故停机后，应查找原因。若确认汽轮机部件有可能损坏或盘车电流超限，或者惰走时间大大缩短，不查处原因加以处理，不允许再次启动机组。

（5）事故停机后，盘车投不上，不允许强行投盘车，但油系统应正常运行，保证轴承供油。过一段时间，手动试盘，盘得动，应先翻转180°，过10min，再翻转180°，直到盘车投入连续运行。

（6）事故停机过程中，若轴封供汽因故停止，应立即破坏真空。

三、停机后的快速冷却

随着机组容量的增加，汽缸金属容积也在不断增加，机组保温效果也在不断完善。汽缸温度在停机初期平均降温速度可达 4℃/h，而到后期平均降温速度不足 1℃/h。因此，额定参数下停机到允许停盘车的冷却时间一般需要 7 天，滑参数停机的冷却时间也需要 4 天左右，在这段时间内汽轮机处于连续盘车状态，无法对汽轮机的本体及轴承等设备进行检修工作，且增加了电厂的能量损耗（盘车、润滑油系统、滑参数停机时的燃油消耗）。这直接影响了检修工期的充分利用和机组的投运率。有的检修工作，如漏油的消除等，只需几小时，而等待冷却汽缸后，停止盘车就需 4～5 天的时间。为了及早进行机组检修工作，提高机组可用系数，缩短机组停运时间，汽轮机广泛采用快速强制冷却，简称快冷。

快冷是指通过强迫方式快速冷却汽轮机内部部件，其作用是尽可能快地使汽轮机冷却，以便尽早停用盘车，缩短汽轮机冷却时间，有效提高机组可用性。大容量单元制机组的冷却方法主要有蒸汽强制冷却和空气强制冷却两种。一般来说，无论是采用压缩空气或蒸汽，只要温度、流量控制合适，都可以达到快速冷却的目的，具体采用哪种冷却介质，应根据电厂的条件来定。

1. 蒸汽强制冷却

在相同流速、相同管径的条件下，蒸汽冷却的对流放热系数为空气的 3 倍以上，从传热观点来说，采用蒸汽冷却速度大于空气冷却速度，而且不需要增加设备，系统改动也不大。蒸汽冷却有两种形式：①用本机自身的蒸汽，降参数来冷却汽轮机；②用邻机低参数蒸汽来冷却汽轮机。

第一种方法机组冷却效果最明显。这是因为蒸汽比热容大，强制对流放热系数也大，引入大量逐渐降温的蒸汽导致了汽轮机的快速冷却。采用该方法冷却时，必须详细规定并严格控制以下指标：

（1）法兰沿宽度的逆温差。

（2）蒸汽恒温时的降负荷率。

（3）主蒸汽温度和再热蒸汽温度的降温速度。

（4）高、中压缸负胀差。

该方法冷却到后期时，冷却汽量减小，温度降低，锅炉控制困难，另外，小流量冷却效果不明显，因此，该方法不可能将汽轮机汽缸温度降到所需要的数值（150℃）。一般控制参数压力为 5.0～6.0MPa，温度为 300～330℃时，汽缸温度仍有 350～400℃，还必须采用其他方法继续降温。

第二种方法在机组停运后，用相邻汽轮机的抽汽或辅助汽源再次将机组冲动，以维持机组转速在 100～200r/min，逐步降温。采用该方法需严格控制冲动条件，全面检查高压缸和中压缸金属温差、大轴晃动度是否正常，利用来汽总阀控制高压缸金属降温速度小于 1℃/min。该方法用于金属温度不超过 350℃的后期冷却阶段。

2. 空气强制冷却

空气强制冷却是应用最为广泛的汽轮机冷却方法，它是利用空气流经汽轮机通流部分进行冷却。此时空气量及放热系数都远小于蒸汽，因而热冲击基本没有危害，容易控制，没有相变换热，而且一般电厂都有检修用的空气压缩机，压力为 0.8MPa，流量为 20m³/min 左右，可以满足快速冷却的需要。用空气冷却停机后的汽轮机比较安全，空气加热作为冷却介质对机组的防腐保护也是有益的。空气冷却有以下两种不同的进汽方式。

（1）借助抽气器或真空泵在凝汽器内建立真空，空气自然流进汽轮机，排向低压缸。冷却方向分为顺流和逆流。顺流时，空气经过主蒸汽管上大气疏水阀（或锅炉侧）进入高压缸，再进入再热器而后进入中压缸，排向低压缸；逆流时，空气由高压缸排汽管道上的空气阀或法兰进入高压缸，通过主汽阀前、后的疏水管道排向凝汽器。汽缸金属温度低于 300～

350℃、机组连续盘车状态下，用此方法冷却汽轮机。冷却过程中，汽轮机凝汽器真空维持在 10～20kPa，通过控制真空达到调整汽缸降温速度的目的，一般可以达到 8～12℃/h 的降温速度，比自然冷却可缩短 30～40h。

（2）采用压缩空气经电热器加热后送入汽缸，对汽缸通流部分进行冷却，该方式与（1）中方式相比，有如下优点：

1）冷却空气可以进行温度控制。

2）满足汽缸壁温各种状态下的冷却。例如，机组紧急停机后，汽缸温度很高时，可以加大冷却空气，冷却速度可达 20～30℃/h。

顺流冷却空气自高温区引入，传热温差大，比逆流冷却有较大的热冲击风险；但由于是全周进气，对转子、汽缸冷却比较均匀，进气区原来就有的金属温度监视测点可以利用，便于监视和控制冷却速度。逆流冷却虽然进口传热温差小，在汽轮机处于高温阶段冷却时受热冲击的风险比顺流冷却小；但因不具有顺流冷却均匀的优点及进气区无现成的金属温度监视测点，因此不便及时监视及调节。理论论证和实践证明，顺流冷却比较方便，而汽缸的热冲击风险因空气已在阀门及导汽管中吸热，温度已升高，因此，只要控制得当是完全可以防止的。目前，国内电厂快速冷却采用压缩空气加热后顺流冷却，高、中压缸并联分别进汽，冷却效果较好，操作也比较方便。

为了防止汽轮机冷却开始阶段在空气引入处产生热冲击，在空气引入前设置电加热器，预先将冷却空气加热到 250℃ 左右。随着汽缸温度的不断下降，空气温度也随之下降，同时，流量不断增大。

图 6-16 为某 660MW 超临界压力汽轮机空气强制冷却系统。自然冷却直到高压外缸金属温度下降至 350℃ 以下，开始对汽轮机进行快速冷却。停用轴封蒸汽，打开位于高压主汽阀及高压调节汽阀之间的阀门（或闷头），打开位于中压主汽阀及中压调节汽阀之间的阀门（或闷头），确认并打开高压缸排汽通风阀，利用

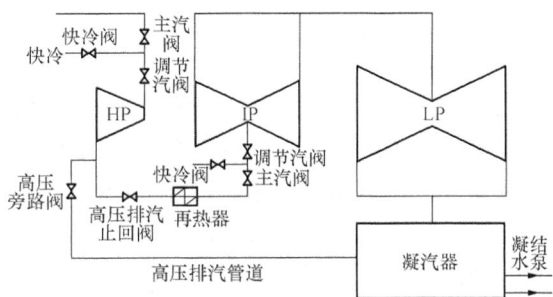

图 6-16　某 660MW 超临界汽轮机空气强制冷却系统

大气及凝汽器真空来实现对汽轮机的快速冷却。当汽缸及转子最大温度下降至 120℃ 以下时，停用真空泵及汽轮机盘车。

机组停运后，如不马上进行检修或根本就没有检修项目，则应按制造厂的要求，对汽轮机及其附属系统作必要的防护、保养措施，以防止因较长时间停机而引起设备或系统损坏，如金属部件锈蚀、润滑油（油脂）老化或因冰冻而造成的损坏。

任务验收

（1）在仿真机上完成滑参数停机的主要操作。

（2）收集复合滑压运行的生产案例。

（3）在仿真机上完成紧急停机的主要操作。

（4）分析停机后机组快速冷却的形式特点。

任务四 汽轮机的正常运行与维护

【任务描述】

认识正常运行时运行值班人员的基本工作任务，分析正常运行维护的重点监视参数。认识运行中巡回检查的项目。完成正常运行的定期试验及主要辅机的切换操作。

能力目标

(1) 认识正常运行时运行值班人员的基本工作任务。

(2) 能完成汽轮机运行重点参数的监视与控制。

(3) 认识运行中巡回检查的项目。

(4) 能完成正常运行的定期试验及辅助设备的切换操作。

任务实施

汽轮机启动完毕，各部件的温度分布基本均匀，机组开始转入正常运行状态。汽轮机带负荷以后的正常运行是电力生产过程中最重要的环节之一，运行值班人员应高度负责，认真、仔细、正确地执行规程，随时监视，定期巡回检查，认真操作，合理调整，对运行于备用中的设备要进行定期试验和切换。机组在正常运行中，值班人员需对各个运行参数进行监视，掌握其变化趋势，分析其变化原因，及时进行调整，避免各参数超限，同时还要力求在经济工况下运行。另外，还要通过对设备的定期巡查，掌握运行设备的健康状况，及时发现威胁设备安全运行的隐患，做好事故预想，避免设备损坏。运行值班人员在定期巡回检查中，应按规定的路线和内容进行检查，做到认真细致、不漏项。现代机组的仪表及保护装置虽已有很大发展，但还不能完全代替现场检查。

汽轮机运行中日常维护的工作内容如下。

(1) 通过监盘、定期抄表、巡回检查、定期测振等方式监视有关设备仪表，进行仪表分析，检查运行经济安全情况。

(2) 调整有关运行参数和运行方式，贯彻负荷经济分配原则，尽可能使设备在最佳工况下运行，降低热耗率和厂用电率，保证设备长期安全经济运行。

(3) 加强对缺陷设备、故障系统和特殊运行方式下设备的监视，预防事故的发生和扩大，提高设备利用率，保证设备长期安全运行。

(4) 定期进行各种保护试验及辅助设备的正常试验和切换工作。

简而言之，汽轮机运行的日常维护任务是保质保量，安全经济，不断地向用户或电网提供所要求的电能。

一、汽轮机正常运行时值班人员的基本工作

运行人员在值班中必须集中精力，通过眼观、耳听、手摸和鼻嗅等手段，对全部仪表、信号、设备、系统进行监视、检查，分析判断其工作是否正常，同时进行合理、必要的调整。若发现仪表、信号、设备、管阀等出现缺陷和异常，应及时联系有关人员，检修处理，恢复其正常工作。运行值班人员的基本工作有以下几个方面：

（1）通过监盘，定时抄表（一般每小时抄录一次或按特殊规定时间抄录），对各种表计的指示进行观察、对比、分析，并做必要的调整，保持各项数值在允许变化范围内。

（2）定时巡回检查各设备、系统的严密性；各转动设备（泵、风机）的电流、出口压力、轴承温度、润滑油量、油质及汽轮机振动状况；各种信号显示、自动调节装置的工作；调节系统动作是否平稳和灵活；各设备系统就地表计指示是否正常；保持所管辖区域的环境清洁，设备系统清洁完整。

（3）对汽轮机进行听声检查，特别是在工况变化时，更应仔细进行听声检查。

（4）运行中应根据设备的具体情况定期检查，或者联系检修人员清扫安装在汽、水、油系统上的滤网。

（5）按运行规程的规定或临时措施，做好保护装置和辅助设备的定期试验和切换工作，保证它们安全、可靠地处于备用状态。

（6）填写好运行日志，全面详细地记录值班中出现的问题。

二、汽轮机正常运行中各主要参数的监视和控制

汽轮机运行中，对设备进行正确的维护、监视和调整，是实现安全、经济运行的必要条件。为此，机组正常运行时要经常监视主要参数的变化情况，并能分析其产生变化的原因。对于危害设备安全经济运行的参数变化，根据原因采取相应措施调整，并控制在规定的允许范围内。机组正常运行时监视的主要参数如下：

（1）蒸汽参数。主蒸汽、再热蒸汽的压力和温度，调节级汽室、高压缸排汽口和各段回热抽汽的蒸汽压力和温度，排汽压力和排汽温度。

（2）汽轮机状态参数。机组的转速和功率，转子轴向位移和相对胀差，转子的振动和偏心度，高、中压缸及其进汽阀门金属温度，旁路管道金属温度，汽缸的内、外壁和法兰内、外壁温差，上、下缸温差，各支持轴承和推力轴承的金属温度。

（3）油系统参数。压力油和润滑油供油母管压力，冷油器后油温和轴承回油温度，调节系统控制油的压力和温度，密封油压、油/氢压力差，各油箱的油位和油质。

（4）各辅机的运行状态。加热器和水泵的投入和切除，给水、凝结水、循环水的压力和温度，各水箱的水位。

在正常情况下，以上各参数之间是有一定的内在关系的。当某一参数发生变化时，应检查与其相关的参数变化是否正常，判定该参数的变化本身是否属于正常变化，以及该项参数变化引起的连锁反应是否正常。

某 660MW 超临界机组正常运行监视的主要参数如表 6-3 所示。

表 6-3　　　　　　　　某 660MW 超临界机组正常运行监视的主要参数

项目		单位	正常值	报警值	跳闸值
主蒸汽	压力	MPa	25		
	温度	℃	600		
再热蒸汽	压力	MPa	5.587		
	温度	℃	600		
凝汽器背压		kPa	4.9	20	28
低压缸排汽温度		℃	32.5	90.0	110.0

续表

	项目	单位	正常值	报警值	跳闸值
	转速	r/min	3000		3300
轴承温度	汽轮机径向轴承	℃		115	130
	推力轴承	℃		115	130
	发电机及励磁机径向轴承	℃		115	130
振动	汽轮机轴承座	mm/s		9.3	11.8
	发电机及励磁机轴承座	mm/s		9.3	14.7
	轴向位移	mm		±0.5	±1.0
	汽轮机润滑油压力	kPa	550	<250	<230
汽轮机润滑油温度	冷油器出口	℃	49		
	汽轮机邮箱内油温	℃	65		
	汽轮机轴承内润滑油温升	℃	20	25	
	控制油压力	MPa	15		
	控制油温度	℃			75
上、下缸温差	高压缸中部	℃		±30	±55*；±45**
	中压缸中部	℃		±30	±55*；±45**
低压缸排汽温度保护	低压缸 A 排汽温度	℃		>90	>110
	低压缸 B 排汽温度	℃		>90	>110
	轴封蒸汽母管压力（大气压以上）	MPa	0.035		
发电机冷氢温度	冷氢温度高	℃		>45	>50
	冷氢温度低	℃		<5	<0
	励磁机热风温度	℃		>75	>80
	定子冷却水温度	℃		>50	>55
	发电机内氢气纯度	%	>96		
	发电机内氢气压力	MPa	0.5		

* 空负荷运行。

** 带负荷运行。

列举几个主要参数进行分析。

1. 负荷与主蒸汽流量的监视

机组负荷变化的原因有两种：一种是根据负荷曲线或调度要求由值班员或调度员主动操作；另一种是由于电网频率变化或调速系统故障等原因引起。

负荷变化与主蒸汽流量变化的不对应一般由主蒸汽参数变化、真空变化、抽汽量变化等引起。遇到对外供给抽汽量增大较多时，应注意该段抽汽与上一段抽汽的压差是否过大，避免因静叶隔板应力超限及静叶隔板挠度增大而造成动、静部件相碰的故障。

当机组负荷变化时，对给水箱水位和凝汽器水位应及时检查和调整。随着负荷的变化，各段抽汽压力也相应变化，由此影响到除氧器、加热器、轴封供汽压力的变化，所以对这些设备也要及时调整。轴封压力不能维持时，应切换汽源，必要时对轴封加热器的负压也要及时调整。负压过小，可能使油中进水；负压过大，会影响真空。增、减负荷时，还需调整循环水泵运行台数，注意给水泵再循环阀的开关或调速泵转速的变化、高压加热器疏水的切换、低压加热器疏水泵的启停等。

2. 主蒸汽参数的变化

一般主蒸汽压力的变化是锅炉出力与汽轮机负荷不相适应的结果，主蒸汽温度的变化，则是锅炉燃烧调整、减温水调整、直流锅炉燃水比不当、汽包锅炉给水温度因高压加热器运行不正常发生变化等所致。主蒸汽参数发生变化时，将引起汽轮机功率和效率变化，并且使汽轮机通流部分某些部件的应力和机组的轴向推力发生变化。汽轮机运行人员虽然不能控制蒸汽压力、蒸汽温度，但应充分认识到保持主蒸汽初参数合格的重要性。当蒸汽压力、蒸汽温度的变化幅度超过制造厂允许的范围时，应要求锅炉恢复正常的蒸汽参数。

3. 再热蒸汽参数的监视

再热蒸汽压力是随着蒸汽流量的变化而变化的。再热蒸汽压力的不正常升高，一般由中压调节汽阀脱落或调节系统发生故障而使中压调节汽阀或自动主汽阀误关引起，应迅速处理，设法使其恢复正常。

再热蒸汽温度主要取决于锅炉的特性和工况。再热蒸汽温度变化对中压缸和低压缸的影响类似于主蒸汽温度的变化。

4. 真空的监视

真空是影响汽轮机经济性的主要参数之一，运行中应保持真空在最有利值。真空降低，即排汽压力升高时，汽轮机总的比焓降将减小，在进汽量不变时，机组的功率将下降。如果真空下降时继续维持满负荷运行，蒸汽量必然增大，可能引起汽轮机前几级过负荷。真空严重恶化时，排汽室温度升高，还会引起机组中心变化，从而产生较大的振动。因此，运行中发现真空降低时，必须查找原因并按规程规定进行处理。末级长叶片对允许的最低真空也有严格规定。

真空下降的原因如下：

（1）循环水系统故障。如循环水泵跳闸、凝汽器循环水进/出口阀误关及循环水母管破裂等。

（2）汽轮机（包括给水泵汽轮机）轴封供汽不正常。

（3）真空泵故障或其工作水温过高，水位不正常。

（4）凝汽器热水井水位过高。

（5）真空系统泄漏。

（6）凝汽器补充水箱缺水，凝结水回收水箱水位低。

（7）凝汽器循环冷却水管污脏或循环水二次滤网堵塞。

5. 胀差的监视

汽轮机正常运行过程中，由于汽缸和转子的温度已趋于稳定，一般情况胀差变化很小，但必须加强监视。机组运行中蒸汽温度或工况大幅度快速变动时，胀差变化有时也是较大的，如机组参与电网调峰时负荷变化速率较大。主蒸汽、再热蒸汽温度短时内有较大的变化，汽缸夹层内由于导汽管泄漏有冷却蒸汽流动，因此，汽缸下部抽汽管道疏水不畅等都将引起胀差的变化。特别是在高压加热器发生满水，使汽缸进水时，胀差指示很快就会超限，应引起注意。

三、运行中的巡回检查

巡回检查是了解设备、系统的运行情况，及时发现隐患、缺陷，以保证设备、系统安全运行。因此，运行值班人员必须认真仔细地做好检查，如发现异常情况，要分析、判断，找出原因，及时予以消除；不能及时消除的，要采取措施，防止事态扩大，并及时汇报，做好记录交代。巡回检查的主要内容如下：

1. 汽轮机本体的检查

（1）汽轮机调节系统的工作情况，如油动机位置、调节汽阀开度、推力瓦温度、振动等情况。

（2）汽缸前/后轴封泄漏状况、机组运转声音、排汽缸温度及振动。每当负荷变化和交接班时，必须进行听声检查。

（3）各轴承的温度、振动、轴瓦的回油温度及回油量，各油挡是否漏油。

（4）发电机、励磁机进/出口氢气温度，氢冷器的水压及进/出口水温。

（5）发电机定子冷却水流量、压力等参数。

（6）主表盘各种仪表、信号、自动装置、联动装置的工作状况，表管有无泄漏和振动。交接班时必须试验热力信号的灯光、音响，联系主控制室共同试验联络信号。

2. 一般运行泵的检查

电动机应检查的内容包括电流、出口风温、连锁装置的工作状况与振动、运转声音，电动机外壳接地线是否良好，地脚螺栓是否牢固等。

四、正常运行中的定期试验及辅助设备切换

为了保证机组安全，必须要求其保护装置及辅助设备安全可靠，避免因保护装置或辅助设备问题造成机组损坏或停机，所以必须进行以下工作：

（1）定期活动汽门。经常带固定负荷的汽轮机，应定期对负荷做较大范围的变动，防止调节汽阀门杆卡涩；应定期进行自动主汽阀、中压联合汽门的活动试验，防止主汽阀卡涩。

（2）各回热抽汽管道的水（汽）压止回阀、调整抽汽管道上的止回阀和安全阀均应按规程规定定期进行试验校正。当某一止回阀或安全阀存在缺陷时，应立即消除或采取相应措施。

（3）应定期做备用事故油泵及其自启动装置的试验。

（4）每天应进行油位计活动试验，定期放出油箱底部积水。

（5）各种自动保护装置，包括音响、灯光信号在运行中可以试验时均应定期进行试验。

（6）定期进行高压加热器保护装置试验。

（7）定期进行真空系统严密性试验。

（8）每日定期进行辅助设备切换试验。包括主抽气器、真空泵、凝结水泵、凝升泵、疏水泵、工业水泵等。经常监督备用水泵（设备）电动机绝缘状况，防止紧急启动时电动机损坏而扩大事故。

总的来说，汽轮机正常运行中日常工作是很多的，运行人员只有加强责任心，认真做好这些工作，才能使汽轮发电机组保质保量、安全经济地向电网供电。

任务验收

（1）分析正常运行中主要参数变化带来的相应调整。

（2）在仿真机上完成正常运行的定期试验及辅助设备的切换操作。

任务五　汽轮机典型事故的处理

【任务描述】

认识汽轮机事故处理的原则，分析汽轮机典型事故的发生原因及处置防范措施。

能力目标

（1）认识汽轮机事故处理的原则。

（2）能分析汽轮机典型事故的发生原因及处置、防范措施。

任务实施

大型汽轮机具有高温、高压、高转速和结构动静部分间隙小等特点，特别是在启动、停机、负荷突变等变工况过程中，动、静部分膨胀、收缩都将引起胀差的变化及动、静部分间隙的变化，热应力引起的变形和推力的变化、蒸汽容积时间常数大、转子飞升时间常数小等都将严重威胁汽轮机设备的安全运行。

一、事故处理的原则

机组发生故障时，各值班人员应坚守岗位，根据故障征象及时查清故障原因、故障范围，及时进行处理并向值长汇报。当故障危及人身或设备安全时，值班人员应迅速果断地解除人身或设备危险，不要有侥幸心理，要有保人身、保设备、保发电的安全意识，事后立即向值长汇报。

（一）事故发生时的处理要点

（1）根据仪表显示及设备的异常现象判断事故发生的部位。

（2）迅速处理事故，首先解除对人身、电网及设备的威胁，防止事故蔓延。

（3）必要时应立即解列或停用发生事故的设备，确保非事故设备正常运行。

（4）迅速查清原因，消除事故。

（5）故障发生时，所有值班人员应在值长统一指挥下及时正确地处理故障。值长应及时将故障情况通知非故障机组，使全厂各岗位做好事故预想，并判明故障性质和设备情况，以决定机组是否可以再次启动，恢复运行。

（6）非当值人员到达故障现场时，未经当值值长同意，不得私自进行操作或处理。当确定危及人身或设备安全时，处理后应及时报告当值值长。

（7）当发生相关规程规定范围外的特殊故障时，值长及单元长应依据运行知识和经验在保证人身和设备安全的原则下进行及时处理。

（8）在故障处理过程中，接到命令后应进行复诵，如果不清，应及时问清楚，操作应正确、迅速。操作完成后，应迅速向发令者汇报。值班人员接到危及人身或设备安全的操作指令时，应坚决抵制，并报告领导。

（9）故障处理时，值班人员应及时将有关参数、画面和故障打印记录收集备齐，以备故障分析。

（10）发生事故时，值班人员外出检查和寻找故障点时，集控室值班员在未与其取得联系之前，无论情况如何紧急，都不允许将被检查的设备强行送电启动。

（11）当事故危及厂用电时，应在保证人身和设备安全的基础上隔离故障点，尽力设法保住厂用电。

（12）在交接班期间发生事故时，应停止交接班，由交班者进行处理，接班者应协助交班者处理事故，并由当值值长统一指挥，事故处理告一段落后再进行交接班。

（13）事故处理过程中，可以不使用操作票，但必须遵守有关规定。

（14）事故处理期间，值班人员要头脑清醒，保持镇静，分析、判断要正确，处理要果断、迅速。

（15）事故发生后，报警信号只许确认，不许复归，待报警信号详细记录后，方可复归。

（16）事故处理期间禁止无关人员在现场逗留。

（17）若出现机组突然跳闸情况，事故处理完后，事故原因已查清并消除，应尽快恢复机组运行。事故原因未查明或未消除故障前，严禁再次启动机组或设备。

（18）事故处理的每一阶段都要迅速汇报值长，以便及时汇报网、省调度中心，正确地采取对策，防止事故蔓延。

（19）事故处理完毕，应将事故发生的时间、地点、现象、处理经过等详细记入值班记录。

（二）处理事故时各级人员之间的关系

（1）发生事故时，应立即通知值长报告调度。

（2）若值长的命令直接威胁人身或设备的安全，可拒绝执行，但必须向发令人申述理由，而后将详细情况向发令人的领导汇报并记入记录簿内，然后按发令人的领导或总工程师的指示执行。

（3）值长是处理事故的直接领导人，值班人员在工作过程中所发生的一切不正常现象，均应向值长及单元长汇报。

（4）处理事故时，必须按值长的命令执行任务。

（5）值班人员要服从值长和单元长的领导，不允许对值长（或单元长）的操作命令有拖延。如果认为值长的命令有错误，应说明理由，当值长确定自己的命令是正确的，值班人员应立即执行。

（6）处理事故时，生产部门领导可直接参加事故处理，并可以对运行人员发出必要的指示，但这些指示不得与值长的命令相抵触，否则应按值长命令执行。

二、汽轮机的部分典型事故分析和处理及防范措施

（一）汽轮机超速事故

汽轮机转动部件均按一定的转速进行强度设计、校核。在汽轮机运行中发生严重超速时，各转动部件可能发生断裂，造成设备损坏和机组强烈振动，甚至会造成汽轮机飞车，机组轴系断裂，整台机组报废。汽轮机超速一般发生在发电机与系统解列、运行中发电机甩负

荷及超速试验等情况下。目前，大型汽轮机一般都配多重防超速保护措施，如电超速保护、机械超速保护及超速限制；另外，调节系统都采用电调，迟缓率小，这些措施都有效地防止了汽轮机超速。

1. 汽轮机超速的原因

汽轮机发生超速的主要原因是调速保护系统故障或设备缺陷，使系统工作不能正常起到控制转速的作用。另外，和运行维护也有着直接关系。

（1）调节系统故障。不能维持机组空转或速度变动率、迟缓率过大等。

（2）汽轮机油质不良。油净化系统不按规定投入运行，油中有杂质或带水时，使调速和保安部件锈蚀和卡涩。

（3）蒸汽品质不良，自动主汽阀和调速汽阀门杆结垢卡涩或拒动。

（4）超速试验时，操作不当，升速过快，造成汽轮机超速。

（5）汽轮机超速保护系统动作不正常。危急保安器卡涩、行程不足，或者超速保护动作转速偏高，附加保护装置（如电超速保护）拒动、定值不当。

（6）抽汽止回阀、高压缸排汽止回阀卡涩或关闭不到位。

2. 防止超速的措施

为避免汽轮机超速事故发生，要求汽轮机调节系统有良好的静态和动态特性。另外，运行中须加强预防。

（1）对调节保安系统的一般要求。各超速保安装置均应完好并正常投入；主汽阀、调节汽阀应能迅速关闭严密、无卡涩，主汽阀及调节汽阀关闭时间，对电调系统应小于 0.15s，液调系统应小于 0.5s；机组在任何一种工况下运行时，调节系统都能保持机组稳定，并能在甩部分或全负荷后良好地工作，将机组转速控制在危急保安器动作转速以下。调节系统速度变动率应小于 5%，迟缓率应小于 0.2%。

（2）加强油质监督，汽轮机油及抗燃油油质应合格。油质不合格严禁机组启动。

（3）定期进行油质化验分析，油净化装置要正常投入运行，防止油中带水和有杂物，以免造成调节和保安部件锈蚀和卡涩。

（4）加强汽水品质监督，防止蒸汽带盐使汽阀阀杆结垢，造成卡涩。

（5）汽轮机的各抽汽止回阀、排汽止回阀及供热抽汽止回阀应严密，连锁动作可靠，并具备快速关闭功能，防止抽汽倒流，引起超速。

（6）定期进行调节保安系统试验，检查该系统是否处于良好状态、在异常情况下是否能迅速准确动作。该试验是防止机组严重超速的主要手段之一。

汽轮机大修后、危急保安器或调节系统在解体或调整后、连续运行 2000h 后、甩负荷试验前及停机一个月后再启动时，应进行超速试验。危急保安器动作转速正常且两次动作转速差不应超过 0.6%，若其动作转速偏高或偏低，均应进行调整。

（7）阀门严密性试验和关闭试验。为避免汽轮机在甩全负荷或紧急停机时出现超速，以及在低速时能有效地控制转速，应定期做阀门严密性试验。同时，应检查抽汽止回阀的严密性。

（8）定期进行主汽阀及调速汽阀活动试验。

（9）停机时，采用汽轮机先打闸，发电机逆功率解列方式。

3. 案例分析

实例：抽汽止回阀不严，汽轮机超速。

(1) 事件经过。1999 年 2 月 25 日 1 时 37 分，某电厂 3 号发电机—变压器组（简称发变组）发生污闪，使 3 号发电机组跳闸，功率从 41MW 甩到零。汽轮机抽汽止回阀连锁保护动作，各段抽汽止回阀关闭。转速飞升到 3159r/min 后下降。司机令副司机到现场检查自动主汽阀是否关闭，并确认转速；后又令另一副司机启动交流润滑油泵检查。汽轮机车间主任赶到 3 号机组检查正常，认为是污闪造成机组甩负荷，就命令副司机复位调压器，自己去复位同步器。赶至 3 号机组控制室的汽轮机车间副主任，在看到 3 号控制屏光字牌后（控制盘上光字牌显示"发电机差动保护动作"和"自动主汽阀关闭"），向司机询问有关情况后同意维持空转。开启主汽阀，并将汽轮机热工连锁保护总开关切至"退除"位置。随后副主任又赶到 3 号机组机头，看到副司机正在退中压调压器，就令其去复位低压调压器，自己则复位中压调压器。副司机在复位低压调压器时，出现机组加速，机头颤动，汽轮机声音越来越大等异常情况（事后调查证实是由于低压抽汽止回阀不起作用，造成外管网蒸汽倒流，引起汽轮机超速）。汽轮机车间主任看到机组转速上升到 3300r/min 时，立即手打危急遮断器按钮，关闭自动主汽阀，同时将同步器复位；但机组转速仍继续上升，又数次手打危急遮断器按钮，但转速依然飞速上升，在转速达到 3800r/min 时，下令撤离。另一副司机在撤退中，看见的转速为 4500r/min。约 1 时 40 分左右，3 号机组发生超速飞车，随即一声巨响，机组中部有物体飞出，保温棉渣四处散落，汽轮机下方及冷油器处起火。电厂领导迅速赶至现场组织事故抢险，并采取紧急措施对电厂的运行设备和系统进行隔离。4 时 20 分将火扑灭。此时，汽轮机本体仍继续向外喷出大量蒸汽，当将 1.27MPa 抽汽外网的电动门关闭后，蒸汽喷射随即停止。

(2) 事故原因。

1) 供热 1.27MPa 抽汽止回阀阀碟铰制孔螺栓断裂使阀碟脱落，抽汽止回阀无法关闭，是机组超速飞车的主要原因。

2) 运行人员在发电机差动保护动作后，应先关闭抽汽电动门后解列调压器；但依据制造厂资料编制的规程有关条款模糊不清，未明确上述操作的先后顺序，造成关闭抽汽电动门和解列调压器的无序操作，是机组超速飞车的原因之一。

3) 在事故处理中，司机在关闭抽汽电动门时没有确认阀门关闭情况，低压抽汽系统实际处于开启状态，使之与阀碟脱落的低压蒸汽止回阀形成通道，1.27MPa 抽汽倒流是汽轮机飞车的另一原因。

(二) 汽轮机大轴弯曲事故

汽轮机大轴弯曲是汽轮机恶性事故中最典型的一种，这种事故多数出现在高参数大容量汽轮机中，主要发生在机组热态启动、滑停过程和停机之后。大轴弯曲分为弹性热弯曲和永久性弯曲。弹性热弯曲指转子内部温度不均、转子受热膨胀不均或膨胀受阻造成的转子弯曲。永久性弯曲指转子局部受到急剧加热或冷却，受热（冷却）部位的膨胀（收缩）受到约束，产生很大的热应力，超过转子材料在该温度下的屈服极限而产生塑性变形。当转子温度均匀后，该部位塑性变形不能消失，形成永久弯曲。

1. 引起大轴弯曲的主要原因

(1) 动、静部分摩擦使转子局部过热。停机后在汽缸温度较高时，由于某种原因使冷汽、冷水进入汽缸，引起高温状态下的转子局部骤然冷却，出现很大的上、下温差而产生热变形，造成大轴弯曲。据计算结果，当转子上、下的温差达到50～200℃时，就会造成大轴弯曲。转子金属温度越高，越易造成大轴弯曲。

（2）转子的原材料存在过大的内应力，在较高的工作温度下经过一段时间的运转后，应力逐渐得到释放，从而使转子产生弯曲变形。

2. 防止大轴弯曲的措施

（1）制订出机组在各种状态下的典型启动曲线（冷态、温态、热态滑参数启动）和停机曲线（滑参数停机和中参数停机的降温降压曲线、停机后汽缸主要金属温度的下降曲线、正常停机惰走曲线和紧急破坏真空停机过程的惰走曲线等），编入运行规程。

（2）滑参数停机过程中，专业技术人员应根据特殊情况，制订出滑参数停机的具体方案和防范措施并严格执行。如烧空煤粉仓滑停时，要制订防止下粉不均、燃烧不稳、爆燃等异常情况，造成蒸汽温度大幅度波动的反事故技术措施等。

（3）机组监测仪表必须完好准确，并定期进行校验，尤其是大轴弯曲表、振动表和汽缸金属温度表，应按热工监督条例进行统计考核。

（4）发生下列情况之一，应立即打闸停机。

1）机组运行时，主、再热蒸汽温度在10min内突然下降50℃。

2）高压外缸上、下缸温差超过500℃，高压内缸上、下缸温差超过350℃时。

3）机组在启动过程中，转速在1200r/min以下，轴承振动超过0.03mm，过临界转速时轴承振动超过0.1mm或相对轴振动值超过0.25mm，应立即打闸停机，严禁强行通过临界转速或降速暖机。

4）机组运行中要求轴承振动不超过0.03mm或相对轴振动不超过0.08mm，超过时应设法消除，当相对轴振动大于0.25mm应立即打闸停机。当轴承振动变化0.015mm或相对轴振动变化0.05mm，应查明原因设法消除。当轴承振动突然增加0.05mm（或振动突然增加虽未达到0.05mm，但机组声音异常，机内有异音时），应立即打闸停机。

（5）汽轮机启动前必须符合运行规程中的启动条件，否则禁止启动。

3. 案例分析

实例：汽轮机进水，导致大轴弯曲。

（1）事件经过。1998年6月17日4时08分，某电厂7号机由于锅炉高温段省煤器泄漏进行临检，用给水泵向锅炉上水进行水压试验。4时30分时，压力升到14.5MPa，锅炉过热器安全门动作，立即关闭给水阀停止给水泵运行。6月18日1时，冲转汽轮机。1时45分，升速到1400r/min时，汽轮发电机组发生强烈振动，高压缸前、后轴封处冒火，运行人员立即关调节汽阀，降转速至700r/min时，汽轮机轴向位移保护动作，汽轮机跳闸。后多次强行启动，均不成功。开缸检查，汽轮机转子从高压第2～11级的动叶围带被汽封片磨出沟道，最深达3mm，汽封片磨损严重，大轴弯曲值达0.58mm。

（2）事故原因。汽轮机进水，加上运行的一系列错误操作，导致汽轮机大轴永久性弯曲。具体原因为：锅炉水压试验时，虽然汽轮机电动主汽阀已关闭，但没有手动关紧，汽轮机自动主汽阀前压力曾上升到11MPa未引起足够重视，造成汽轮机进水；运行人员没有执行规程规定，达到紧急停机条件时未紧急停机，而是采用了降速暖机的错误方法。

（3）暴露的问题。运行人员工作失职，责任心不强，没有及时发现、分析自动主汽阀前压力升高问题。另外，值班人员技术水平及处理事故的能力有待加强。

（三）轴承损坏事故

汽轮机轴承损坏主要是推力轴承和支持轴承的轴瓦损坏。

1. 轴承损坏的原因

（1）汽轮机发生水冲击或蒸汽品质不良，叶片结垢等造成汽轮机轴向推力增大，推力轴承过负荷。

（2）润滑油压降低，油量偏小或断油。

（3）润滑油油质不合格，油系统进入杂质，使轴承油膜破坏。

（4）润滑油油温过高。

（5）机组发生异常振动，油膜破坏使轴瓦乌金研磨损坏。

（6）汽轮机转子接地不良，轴电流击穿油膜。

（7）运行中油系统切换时发生误操作，使轴承断油烧坏。

（8）厂用电中断等原因引起油泵工作失常。

2. 轴承损坏的事故象征和危害

（1）轴承轴瓦乌金温度、润滑油回油温度明显升高甚至轴瓦冒烟。

（2）汽轮机轴向位移增大。

（3）机组振动增大，严重时伴随有不正常的响声、噪声。

轴瓦乌金烧毁可能造成转子轴颈损坏，并将造成汽轮机动、静部分发生接触摩擦，严重时损坏汽轮机设备。

3. 防止轴承损坏的措施

（1）确保轴承润滑油系统供油正常。

1）运行人员应经常监视润滑油压力、温度及回油量，并保证油净化系统正常工作，以保证轴瓦不断油。

2）润滑油泵的电源必须安全可靠。

3）防止油系统切换时发生误操作。

4）汽轮机运行时，轴封系统应正常工作，防止润滑油带水。

5）严格执行设备定期试验轮换制度，及时对交、直流润滑油泵、顶轴油泵进行定期试验。

（2）汽轮机轴承应装有防止轴电流的装置，确保机组转子接地良好。

（3）轴瓦乌金温度及润滑油系统内各油温测点指示准确可靠。轴瓦乌金温度超过 90℃、任一轴承回油温度超过 75℃或突然连续升高至 70℃时，应立即打闸停机。

（4）防止汽轮机发生水冲击和汽轮机通流部分动、静接触摩擦等，以防止轴向推力过大或转子异常振动。

4. 案例分析

实例：启动过程中烧瓦。

（1）事件经过。2002 年 10 月 16 日，某电厂 5 号机组小修后按计划启动。13 时 05 分，机组达到冲转条件，13 时 43 分达到额定转速。司机在查看高压启动油泵电动机电流从冲转前的 280A 降到 189A 后，于 13 时 49 分盘前停高压启动油泵，盘前光字牌发"润滑油压低停机"信号，机组自动跳闸，交流润滑油泵连启。运行人员误认为油压低的原因是就地油压

表一次门未开，造成保护动作，机组跳闸，因此再次挂闸。14 时 11 分，在高压启动油泵再次达到 190A 时，机组长再次在盘前停高压启动油泵。盘前光字牌再次发"润滑油压低停机"信号，由于交流润滑油泵联启未复归，交流润滑油泵未能联启，汽轮机再次跳闸。机组长就地检查发现 5 号瓦温度高，油挡处冒烟，司机盘前发现 6 号、7 号瓦温度高至 90℃，立即破坏真空，紧急停机。事故后检查发现 2 号、5 号、6 号、7 号瓦乌金有不同程度烧损。5 号瓦处低压轴封轻微磨损，油挡磨损。解体检查高压启动油泵出口止回阀时，发现门板无销轴。

（2）事故原因。此次事故是一起由误操作引发的恶性事故。

1）两次停高压启动油泵时，均未严格执行运行规程的规定：检查高压启动油泵出口止回阀前油压达到 2.0MPa 后，缓慢关闭高压启动油泵出口门后再停泵（实际运行泵出口止回阀不严）。同时，在停泵过程中未严密监视转速、调节油压和润滑油压的变化，异常情况下未立即恢复高压启动油泵。

2）在第二次挂闸前对高压启动油泵和交流润滑油泵的连锁未进行复归操作，造成低油压时交流润滑油泵不能连启。

3）高压启动油泵出口止回门板无销轴，造成门板关闭不严，主油泵出口门经该门直接流回主油箱，使各轴承断油。

4）机组启动过程中现场指挥混乱，各级管理人员把关不严也是此次事故的重要原因。

（3）暴露的问题。

1）当值运行人员操作中存在严重的违章操作情况，有章不循，盲目操作，责任心不强。

2）操作指挥中违反制度、职责不清、程序不明。

3）部分运行人员对系统不熟，对主要测点位置不清楚。

4）检修工作中对设备隐患不摸底，设备检修验收制度执行不严谨。

（四）油系统着火事故

油系统着火，一般是由于油系统漏油接触到高温部件引起。处理不及时极易酿成火灾。油系统着火时，往往来势凶猛不易控制，如果不能及时切断着火油源、热源，火势将迅速蔓延扩大，以至烧毁设备及厂房，危及人身安全。

1. 油系统着火的处理

运行中发现油系统着火，值班人员应启动消防应急预案，迅速果断处理；通知消防人员，并主动设法灭火。灭火时应采取湿布或干燥性灭火剂等，不允许用水或砂。灭火时，必须设法切断油源和故障设备的电源。如着火不能立即扑灭，威胁到机组安全时，应破坏真空，紧急停机，并打开事故放油门，将油放到事故油坑内。另外，还应防止火势蔓延到邻近机组。

2. 防止油系统着火的措施

（1）防止油系统漏油。

1）从设计、安装方面考虑，汽轮机油系统管道应尽可能装在蒸汽管道下方，管道的连接少用法兰、螺栓，尽可能使用焊接，油系统阀门禁止使用铸铁阀门。管道的布置应充分考虑管道受热或冷却后的收缩量。应尽可能采用高压油管在内，润滑油回油管在外的套装结构。事故排油阀应设两个钢质截止阀，其操作手轮应设在距油箱 5m 以外的地方，并应有两个以上的通道；操作手轮不允许加锁，应挂有明显的"禁止操作"标志牌。

2）运行维护方面，运行人员应认真进行巡回检查，注意监视油压、轴承回油、轴承挡油环处是否正常。当调节系统大幅度摆动或机组油管振动时，应及时检查油系统管道是否漏油，发现漏油应及时处理。

（2）隔绝热源。汽轮机油的燃点最低的只有 200℃ 左右，调节系统的液压部件，如油动机滑阀及油管道等应远离高温热体；对油系统附近的主蒸汽管道或其他高温汽水管道，在保温层外应加装铁皮或铝皮。另外，厂区内应禁止流动吸烟；在油系统周围禁止明火作业；汽轮机运行中应防止大轴弯曲，避免轴封处动、静摩擦，产生火花。

（3）完善消防设施。

1）汽轮机厂房内应配置足够的消防器材，并放置在明显的位置，其附近不得堆放杂物，保持厂房内通道畅通。

2）在油箱等管道密集区的上方，应装设感烟、感温报警探测装置和消防喷嘴，以便发生油系统着火时，能自动报警和向火源处喷洒灭火剂。另外，运行人员应定期进行防火灭火的反事故演习。

3. 案例分析

实例：汽轮机油系统漏油起火被迫停机。

（1）事件经过。2008 年 1 月 13 日 4 时 45 分，某电厂 1 号机组巡检人员抄表发现 2 号轴承处着火，立即回控制室报告司机，司机马上向上级汇报，同时组织人员进行灭火。因火势很大，现场灭火器材数量有限，无法控制，报告值长请求 119 支援。4 时 55 分，打闸停机，降低润滑油压至 0.08MPa。5 时 17 分，转速到零，投盘车，盘车电流 7A，转子惰走正常，惰走时间 22min。5 时 21 分，真空到零，停轴封，停射水泵。期间主油箱补油一次。5 时 25 分，2 号轴承着火扑灭。此次 2 号轴承处着火前，无油烟等异常先兆，且来势迅猛。4 分 30 分，1 号机组值班人员到密封油箱处调整油位一次，未发现异常情况；4 时 35 分，班长从 1 号机组集控室出门，经过 1 号机组 10mm 平台、0m、2 号机组 0m 巡检签字，均未发现异常情况。

（2）事故原因。

1）2 号瓦进油管处漏油喷溅到附近的中压调节汽门保温处引起了火灾。

2）1 号机组润滑油系统以前存在间歇性振动，虽经处理已基本正常，但由于油系统振动造成的油管焊缝及连接部位的泄漏隐患没有全部消除。

（五）汽轮机叶片损坏事故

汽轮机叶片损坏事故包括叶片裂纹、断落、水蚀、围带飞脱、拉筋开焊或断裂等。叶片损坏是电厂常见的一种设备损坏事故。

1. 叶片损坏的象征

（1）单个叶片或围带断落飞出时，会发生金属撞击声。

（2）调节级围带飞脱时，如果堵在下一级叶片上或调节级后某级叶片断落时通流部分堵塞，将使调节级汽室压力或某些抽汽压力升高。

（3）低压末级叶片或围带飞脱落入凝汽器时，在凝汽器内有碰击声，若打坏凝汽器铜管，将会使凝结水硬度和电导率突增，热水井水位增高，凝结水过冷却度增大。

（4）当叶片不对称脱落较多时，使转子不平衡，引起机组振动明显增大。

2. 汽轮机叶片损伤和折断的原因

造成叶片损坏事故的原因是多方面的，它与设计、制造、安装、检修工艺、运行维护等因素有关。如机组启、停过程中操作不当，发生水冲击，叶片过负荷、超负荷、低电网频率运行或其他事故造成叶片的机械损伤等，都容易发生叶片断裂事故。

3. 防止叶片损伤的措施

（1）电网应保持正常频率运行，避免低频率运行，以免叶片处于共振范围内工作。

（2）汽轮机的初终蒸汽参数及抽汽压力超过规定范围时，应适当减负荷运行。

（3）长时间在仅有一个调节汽阀全开的工况下运行。

（4）当汽轮机内部发出撞击声，而且机组振动突然增大时，应立即停机检查，防止事故扩大。

（5）在机组大修时，应全面检查通流部分损伤情况。叶片存在缺陷要及时处理，进行叶片测频，若振动特性不合格时，要进行调频处理。

4. 案例分析

实例：低压叶片断裂。

（1）事件经过。2008 年 6 月 22 日 18 时 28 分，某电厂 2 号汽轮机（200MW 机组，三缸三排汽）振动大，保护动作，停机，锅炉熄火，发电机"程序逆功率"保护动作解列。2 号汽轮机跳闸原因系汽轮机 2 号轴振突然增大，保护动作（保护值为 0.26mm，故障时振动最大为 0.499mm），1 号、3 号、4 号、5 号轴振均有不同程度瞬间增大，汽轮机其他主要参数变化不大，转子惰走 37min，汽轮机转子静止后投盘车，转子挠度为 0.07mm。6 月 27 日，揭中、低压上缸，中、低压转子吊出，发现中压末级动叶 2 片断裂；26 片撞伤较严重；末级上隔板静叶 5 片较严重撞伤，隔板进汽边 8 处撞伤；次末级动叶 1 片断裂，4 片较严重撞伤。叶片断裂如图 6-17 所示。

图 6-17　低压叶片断裂

（2）事故原因。

1）故障的直接原因为中压次末级动叶断裂，飞脱的断片在气流作用下通过末级隔板静叶后撞击末级叶片，造成末级叶片 2 片断裂，致使转子质量不平衡，引起汽轮机振动大，跳机。

2）次末级叶片断口为故障的原始断口。叶片进汽侧表面进行过强化处理，强化处理区是由含钨的高硬度材料喷熔在叶片基体表面上形成，强化处理区的表面喷熔材料层与叶片基体母材间形成过渡区。过渡区由于喷熔材料灼伤基体母材造成空洞缺陷形成裂纹，并在运行过程中由进汽侧向出汽侧扩展，直至其剩余部位强度不足，发生突然断裂。过渡区产生的小裂纹是叶片发生断裂的直接原因。

（3）暴露的问题。

1）机组在通流改造时，没有认真执行合同，在工程建设管理上存在漏洞。机组通流改造完毕后，没有严格执行电力工程建设验收规范。

2）在机组 A 级检修时，没有严格执行检修质量管理的相关规定。在检修过程中，对设备检修的质量控制和技术监督检验执行不力。

（六）汽轮机真空下降故障

汽轮机真空的高低，直接影响到机组的安全性和经济性。汽轮机真空下降，使蒸汽的可用焓降减小，机组经济性下降；真空下降，汽轮机排汽温度升高，使排汽缸受热膨胀增加，与低压缸一体的轴承座被抬高，排汽温度过高时会引起汽轮机转子中心改变，产生振动；排汽温度过高还可能引起凝汽器铜管受热膨胀而松弛变形，破坏严密性，使冷却水漏入汽侧，凝结水质恶化；凝汽器真空下降，要维持机组负荷不变，就要增大汽轮机的进汽量，使汽轮机轴向推力增大及叶片过负荷。因此真空下降时，除按规定减负荷外，必须查明原因，及时处理；如果真空持续下降，达到汽轮机允许极限值时，应停机。

真空下降表现为急剧下降和缓慢下降两种情况。

1. 真空缓慢下降的原因

（1）循环水入口温度升高或循环水量不足。在相同的负荷下，若凝汽器循环水进、出口温升增大，说明循环水量减少，应对循环水系统进行检查，如循环水泵的工作情况、备用泵是否倒转、循环水系统阀门状态、循环水滤网有无堵塞等。

（2）凝汽器水位过高。凝汽器水位升高，往往是由于凝结水泵运行不正常或故障，使水泵出力下降所致。另外，凝结水泵再循环门泄漏或备用泵倒转，也会引起凝汽器水位升高。若凝结水硬度不合格，则可能为凝汽器管束破裂引起水位升高。

（3）汽轮机或给水泵汽轮机轴封供汽压力不足，空气从汽轮机的低压端轴封进入凝汽器。

（4）防进水保护误动或凝汽器热负荷过大。

（5）真空系统少量泄漏。

（6）抽气器工作不正常或效率下降。对于水环真空泵，应检查分离器水位及工作水温是否正常。对于射水抽气器，应检查水池水温、射水泵工作情况等。对于真空系统进空气，可做真空严密性试验判定。

2. 真空急剧下降的原因

（1）循环水中断。循环水泵故障、电源中断或循环水系统阀门误关、凉水塔水位到零。

（2）轴封供汽中断。轴封压力调整失灵、供汽汽源中断等，使大量空气从低压缸轴端汽封漏入低压缸，造成真空急剧下降。

（3）凝汽器满水。凝汽器管束的大量泄漏及凝结水泵的故障造成凝汽器满水，使真空下降。

（4）真空系统大量漏气。例如，真空系统的阀门误开或管道破裂等。

（5）真空泵故障。

3. 真空下降的处理

发现真空下降，应对照真空表、低压缸排汽温度及凝结水温度确认真空下降；同时，迅速查明原因，进行有针对性的处理。真空下降的同时，应根据规定减负荷，启动备用真空泵。

4. 案例分析

实例：凝汽器满水，真空下降。

（1）事件经过。2008 年 11 月 9 日 8 时 10 分，某电厂 3 号机组真空由 91.8kPa 直线下降至 63.9kPa，负荷由 250MW 减至 138MW，经查射水泵、凝结水泵、循环水泵运行正常，而凝汽器电触点水位计全红并闪烁，凝汽器就地玻璃管水位计内气泡窜动，看不清水位，判断为凝汽器水位高，即停一台除盐泵，停止向凝汽器补水，开启 5 号低压加热器出口门前放水门。8 时 32 分，真空开始恢复。9 时 10 分，真空正常，负荷加至 250MW。

（2）事故原因及暴露问题。凝汽器水位计故障后，热工人员责任心不强，没有到现场及时处理，只做口头交代。当日 7 时 06 分，3 号机组凝汽器电触点水位计指示灯闪烁，热工值班员讲"如果表坏了，等白班处理"，当时 CRT 上水位指示也不准，致使机组运行中凝汽器水位无法监视。

运行人员在凝汽器电触点水位计故障情况下，没有利用其他表计和其他手段监视凝汽器水位，导致凝汽器满水降真空。7 时 55 分，值班人员启动 3 号除盐水泵向凝汽器补水。8 时 25 分，才发现凝汽器满水，凝结水温度由 7 时 36 分的 31℃下降至 8 时 19 分的 15.8℃，过冷度达 15.2℃。

除上面分析的汽轮机典型事故及常见故障实例外，汽轮机典型事故及常见故障还有轴系断裂事故、轴承损坏（烧瓦）事故、通流部分摩擦事故、水冲击事故、轴承振动大故障、油系统着火事故及胀差异常等。而汽轮机辅助设备常见故障有阀门及管道故障，泵与风机故障，加热器、凝汽器及除氧器故障等。此外，汽轮机热力系统和辅助系统也会出现异常。

任务验收

（1）熟记事故处理原则。
（2）收集汽轮机典型事故及常见故障实例，分析事故原因及处理措施。
（3）在仿真机上完成真空下降故障的处置操作。

任务六　汽轮机振动的监督

【任务描述】

分析汽轮机发电机组振动的产生原因及对安全的直接影响，认识运行中振动监督的重要意义。

能力目标

（1）认识振动的测量方法和评价指标。
（2）能分析处理简单的振动故障。

任务实施

汽轮发电机组的振动非常有害。振动过大，会使轴承乌金脱落，油膜被破坏而发生烧瓦；会使动、静部分发生摩擦而损坏设备；会使轴端汽封和转子发生摩擦而造成大轴弯曲；会造成动、静部件的疲劳损坏，会造成某些固定件的松动甚至脱落等严重故事。不但如此，振动还会影响汽轮发电机组的经济性，当动、静部分发生摩擦后，动、静间隙将增加，因此，漏汽量将增加，最终导致汽轮机的热耗增加。为此，在运行中必须掌握振动规律，将汽轮发电机组的振动水平维持在振动标准的规定之内。

一、机组振动的原因

汽轮发电机组的振动是由多方面因素引起的。转子在高温、高压蒸汽介质和强电磁场中高速运转。转子由滑动轴承支撑，轴承座放置在基础台板上并由联轴器将机组的各转子连成轴系。转子、联轴器、轴承及轴承座、基础台板及基础、密封（汽封、油封等）等部件的任何缺陷或故障，以及蒸汽参数波动和电网扰动，均会不同程度地诱发激振力，产生多种多样的振动形式。汽轮发电机组出现振动故障的主要部件和故障源，如图 6-18 所示。振动的机理比较复杂，限于篇幅我们只做简单的分析。

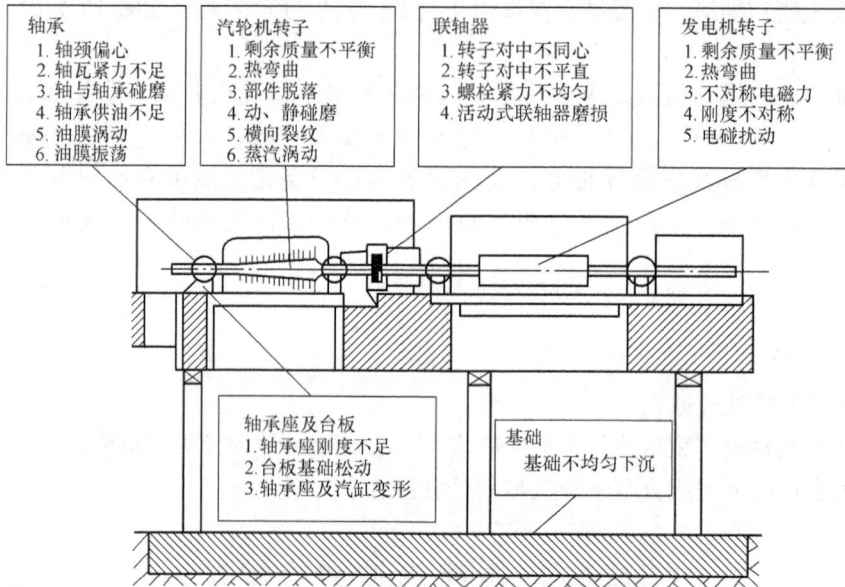

图 6-18　汽轮发电机组振动故障的主要部件和故障源

（一）转子质量不平衡

由于转子的质心不在旋转中心线上，转子旋转时就产生了不平衡的离心力。这种离心力以转子旋转的频率周期性地作用在转子上，使机组运行时产生振动。转子质量中心线偏离旋转中心线，可能是由于冷态时就存在静不平衡和动不平衡，也可能是运行中因转子沿圆周受热不均，产生热弯曲所致。运行中的汽轮机也有可能由于转子残余应力及材料不均匀，以致在温度变化时振动增大，这就需要在高温即带负荷状态下找动平衡。平衡状态好的转子，一般不会发生较大的振动，同时，运行中的噪声也会低些。汽轮机在运行中出现动叶片和拉金断裂、动叶不均匀磨损、蒸汽中携带的盐分在叶片上不均匀沉积等，会使转子产生静不平衡和动不平衡。汽轮机在大修时拆装叶轮、联轴节、动叶等转子上的零部件或车削转子轴颈时加工不符合要求，也会使机械不平衡增大。所以，要使机组振动达到良好状态，必须从制造、安装、运行等各个方面予以保证。另外，发电机转子有效段的不均匀加热或不均匀冷却也会引起转子的热不平衡。

（二）联轴器缺陷及转子不对中

刚性联轴器的缺陷一般有两种：一种是联轴器端面不垂直于轴中心线，即所谓瓢偏；另一种是联轴器孔中心不位于靠背轮的中心。当使用具有上述缺陷的联轴器连接转子时，将产生静变形（挠度），如图 6-19 和图 6-20 所示。静变形在旋转时将产生旋转的强迫振动，并且在转子旋转时由此静变形还要产生动挠度。转子找中心有缺陷时的影响与联轴器有缺陷时的影响完全不同。对于刚性联轴器和半挠性联轴器，由于它们具有对中的止口配合部分或配合螺栓部分，所以即使转子找中心略有不正，当拧紧螺栓后，转子将会自动同心。联轴器上、下开口差只是意味着轴承负载的变化，左、右开口差将促使轴颈偏向轴瓦的一侧。但当这些变化量不大时并不会引起油膜的振荡，也不会使得某个轴承脱空而导致临界转速明显降低，所以也不会产生新的干扰力与振动。

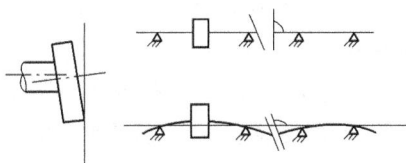

图 6-19　联轴器瓢偏连接　　　　图 6-20　联轴器中心有偏移的连接

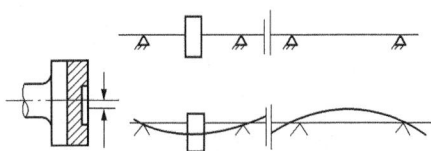

（三）电磁激振力引起的振动

（1）发电机转子绕组匝间短路。当发电机转子绕组中大量的匝间短路集中出现在一个极上时，则磁通量沿着定子内孔圆周上的均匀分布可能受到极大歪曲，这时会出现沿着电极的曲线方向，把转子单边地拉向定子的力。单边的电磁吸引力可使转子及轴承产生频率为转子工作转速的正弦波振动。振动的特点是：励磁电流一改变，振幅即随之变化，励磁电流和振动之间在时间上不存在任何滞后现象。如果切断励磁电流，此种振动即行消失。

（2）发电机定子铁芯在磁力作用下发生激烈的振动。由于在发电机定子内孔的空气间隙圆周上的磁通量分布呈正弦规律，在旋转的转子和定子间产生相互作用力，此作用力在圆周上变化幅值为 $\pm 33\%$，因此，在这一周期性力的作用下，在定子铁芯中将出现双转速频率（2ω）的振动。设计时应该避免固有频率与双转速频率共振。

（3）发电机转子及定子间隙的不均匀性而引起的发电机转子的振动。当发电机转子在其自重作用下形成静态挠曲，以及旋转时转子在轴承中浮起等原因，使发电机转子轴线与定子内孔中心线之间总是存在着一些移动，造成定子及转子之间的空气间隙在圆周上分布不均匀。这样，当转子在发电机定子中偏心旋转时，就有周期性电磁力作用在转子上，并激发起双转速频率的振动。此外，若发电机转子产生热弯曲，同样会导致发电机振动。

（四）振动系统的刚度不足与共振

当汽轮发电机组转子受到激振力的作用而产生振动时，振动通过轴承、汽缸、台板一直传到基础上。这种整个振动系统的状态对振动有很大影响。强迫振动的振幅与系统的静刚度成反比，系统静刚度的不足又会引起系统共振频率降低。当振动系统的静刚度不足时，一方面，直接使振幅增加；另一方面，如果原先的系统工作在接近但小于共振转速时，由于共振转速的降低，使得工作转速更接近于共振转速，致使振动振幅相应急剧增加。系统静刚度不足，除了设计上的原因外，还有轴承座与台板、轴承座与汽缸、台板与基础之间的连接不够牢固等原因。由系统刚度不足产生的振动与由质量不平衡产生的振动是类似的。当因系统静刚度不足产生共振时，一般共振发生在刚度不足的方向上。例如，当轴承座与台板间有部分上、下脱空时，这时在垂直方向的刚度有所降低，因而轴承振动主要是在垂直方向有所增加，但在水平方向则几乎不发生变化。

（五）轴承油膜振荡

油膜振荡是使用滑动轴承的高速旋转机械出现的一种剧烈振动现象，其产生机理和防止措施已在项目二的任务六中介绍。机组发生油膜振荡时有以下特点：

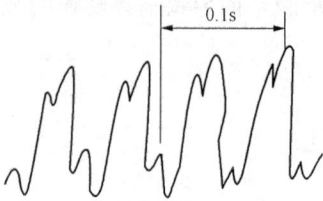

图 6-21　低频振荡的波形

（1）发生油膜振荡时，振动的波形突然发生变化，并且振动波形中除 50 Hz 的正弦波外，还出现低频谐振，使振动波形发生畸变，低频振荡的波形如图 6-21 所示，低频谐波频率约为机组工作频率的 1/2。

（2）随着轴承振幅的突然增大，机组的声音也发生异常，好像在抖动一样，在轴承附近往往可听到"咚咚"的金属撞击声。

（3）油膜振荡一旦发生，涡动速度就将始终保持等于一阶临界转速，而不再随转速的升高而升高，这种共振状态能够在一较宽的转速变动范围内保持，称为油膜振荡的惯性效应。所以，油膜振荡是不能用提高转速的办法来消除的。

（六）轴的扭转振动

长轴系的汽轮发电机组，轴系两端若分别受到方向相反的扭转力作用，轴系就会发生扭转变形，在轴的弹性限度内，当一端的扭转力撤销后，轴截面就会在顺时针和逆时针方向来回扭转，这就是扭转振动。越靠近受扭转力的点，截面来回扭转的角度就越大。扭转振动将损伤大轴和螺栓，缩短它们的使用寿命。因此，应采取有效措施，避免发生扭转振动。在机组设计时，应注意轴系扭振固有频率的计算值要有一定的安全强度。对轴系扭矩冲击和引起谐振的主要干扰源有汽轮机调节系统带负荷摆动、发电机出口相间短路、线路单相接地短路、自动重合闸失败、发电机失步、发电机不同期并网、线路串联补偿电容造成次谐波谐振及由负序电流产生高交谐波等。

二、机组振动的安全性评价

汽轮发电机组在运行时，始终存在着振动现象，振动过大，即超过允许范围，将会危及机组的安全。因此，衡量机组的振动安全性，就需用振动的允许值作为评价标准。同时，振动的评价标准本身也反映了这个国家或厂的制造和运行水平。

评定机组振动状况时，可以用振动位移或振幅来表示，也可用振动速度或振动加速度来表示，但从振动对机组的主要危害考虑，用振幅来表示，更直观些。此外，对振动的测量方法又有两种，可以测量轴承座的振动值，也可以测量转轴的振动值。目前，我国一般多采用测量轴承座的振动值方法来评价机组的运行状况，同时也开始直接测量转轴的振动。国外的大机组，较多的是测量转轴的振动。

在电力工业法规中规定，评定机组振动以轴承垂直、水平、

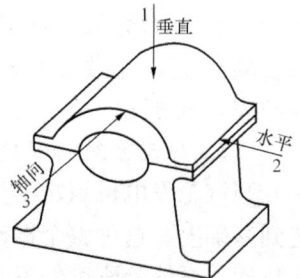

图 6-22　轴承的三个方向振动测点的位置

轴向三个方向振动中最大者作为评定的依据。这三个方向在轴承座上的测量位置如图 6-22 所示，即轴承垂直振动测点是在轴承座顶盖上正中位置；水平振动测点是在轴承座中分面正中位置，平行于水平面，垂直于转子轴线；轴向振动测点是在轴承盖上方与转子轴线平行。

1969 年国际电工委员会（IEC）推荐了汽轮发电机组振动数值的要求，如表 6-4 所示。

表 6-4　　　　　　　　　　　　　　　　　IEC 振动标准

项目	参数					
转数（r/min）	1000	1500	1800	3000	3600	6000 以上
轴承振动（μm）	75	50	42	25	21	12
转轴振动（μm）	150	100	84	50	42	25

随着汽轮发电机组的单机容量不断增加，对机组的安全运行标准也在不断提高。表 6-5 所列的轴承和轴振动标准为我国征求意见稿中的推荐数据之一。

表 6-5　　　　　　　　　　　　　　　轴承和轴的振动评价标准

评价		优	良	正常	合格	须重找平衡	允许短时运行	立即停机
全振幅（μm）	轴承	<12.5	<20	<25	<30	30~58	<50	50~63
	轴	<38	<64	<76	<89	102~127	—	152

表 6-6 为某网局根据自己的运行经验对国产 300MW 机组总结的评价机组振动的标准，由该表可见，当测量振动时，被测量的部位不同，控制的限值也不同。

表 6-6　　　　　　　　某网局的振动安全性能控制数据（双峰振幅，μm）

轴承编号	1 号、2 号	3 号~9 号
轴承	≤18	≤33
轴	≤54	≤66

当然，在轴承上测量一般比较方便，所需要的测量仪表也比较简单。但由于各种形式机组的转子质量、转子刚度、支承动刚度、油膜刚度、基础动刚度、动/静间隙等因素不同，在同样的轴承振幅条件下，振动对机组引起的危害将不同。随着振动测试技术的发展，已陆续投用了直接测量转轴振动的仪器，所以在表中分别列出了针对轴承和轴的限值。在同一个轴承处，转轴的振幅一般比轴承的大，但两者之间在数值上没有固定的对应关系。从上面所取的限值中还可以看出，在同一个机组中，各个轴承的限值也不一样。这是因为被测部位的振动幅值不仅与转轴本身在该处所受的动力负荷有关，而且还与"转子—支承"系统（包括机组基础、轴承箱及轴承体等）的刚度、参振质量及轴系振型等有关。由此还可以推测，不同型号的机组也不应采用同一个标准。不论在哪一个范围内制定的振动标准，在执行时，还应注意以下几点。

（1）同一台机组在不同转速下，它的振动限值也不一样。随着转速的增加，转子受到的动力负荷也随之增加，所以在低速和中速暖机时所控制的限值要比该机组在额定转速时的限值低。如果机组在启动过程中，就已经超过当时转速下的正常值，则在继续升速的过程中要引起注意，或者及早采取对策。

（2）机组在通过临界转速时的振动要比非共振区稳定运行时的振动激烈，其激烈的程度与升速率及不平衡质量引起的离心力等决定的放大因素有关。根据积累的经验，要预先对共振值作出估计，以便在跟踪系统进行报警时采取正确的判断。如果机组在越过临界转速时出现过大的振动，则即使在工作转速时的振动值未超过规定标准，机组的振动状态也不能认为是合格的，因为机组往往在这时发生事故。

（3）在监视机组运行时，不仅要用已执行的标准评价运行状态，而且还要与该机组过去的常态值比较。例如，某机组一个轴承的双峰振幅为 0.015mm，按标准是在允许范围内的，但如果过去的常态值是 0.01mm，现值比原值超出 50%。从而可以判定，该机组内已有了异常状态。

三、典型振动故障分析

【振动故障分析实例 1】

某国产 200MW 机组，空负荷时各瓦振动不大，带 100MW 负荷后，3 号～5 号瓦的振动明显增大，特别是 3 号瓦的垂直振动达到 80um，而且负荷减少时，振动并不明显减小。经检查，3 号～5 号瓦的连接之间的振动差别小于 5um，可说明连接刚度正常。因此，引起轴振动不是轴瓦支承刚度低，而是激振力增大所致。在转速为 3000r/min 时，轴承的振动不大。可以说明轴系平衡较好，振动是在并网后逐渐增大的。而且去掉励磁电流，振动并不能立即减小，可以说明转子不存在不均匀的电磁力。在空负荷时振动不大，带负荷后振动增加，过临界转速时，中压转子的两个轴瓦，即 3 号、4 号瓦的振动最大，达到 45um 和 150um，从而可确定中压转子发生了转子质量不平衡，很可能是由于热弯曲引起的。从该机 72h 试运行和带满负荷运行的情况看，振动没有明显地增大，经多次启动后带负荷运行时振动才增大。根据这种现象，首先可以排除转子材质不均、套装叶轮之间轴向间隙不足、套装零件在转轴处不对称轴向漏汽、轴向传热热阻值分布不均。其次，可以排除转轴与水接触、转轴径向碰磨等故障。最后判断是转子中心孔进油或进水。

中心孔进油的原因是孔的堵头不严或中心孔与外界直接沟通。机组带负荷运行时，孔内气体膨胀而溢出，停机后转子被冷却，孔内形成负压。当沟通处有油或水时，会被吸入，由于中心孔的几何中心与转子旋转中心不重合或因转子挠曲等原因，在高速下孔内液体贴向孔壁，液膜厚度径向分布不均，由此引起转子的不均匀热交换，使转子产生了热弯曲。这种热弯曲随机组有功功率的加大而加大，而且在某种温度情况下，转子热弯曲可能随进油量的增大而加大。

根据这种故障形成的机理及机组振动的主要特征，可进一步推理出，因机组调整轴系平衡和后来调整轴系对中，转子多次冷却和加热，造成孔内积油逐渐增多，从而随着调整轴系次数的增多，振动越来越大。根据这一推论，将长轴拆下，发现中压转子中心孔堵头上有一个小孔，已碳化的油从孔中流出，后将堵头拔下，发现中心孔内还存油约 400g。从油碳化并不严重和孔壁锈蚀及油垢沉积不明显来分析，中心孔进油时间不长。清除积油后，封好堵头，再次启动机组带负荷，直至满负荷，各瓦振动均小 40um。

【振动故障分析实例 2】

某机组停运一周后正常开机，在中速暖机时发生了振动过大现象，其中 1 号、3 号、4 号瓦水平振动和 2 号瓦垂直振动明显增大，分别达 100、120μm，但该机组原中速暖机对轴瓦振动状况良好。经过多次打闸停机，再次启动，机组均未升至 3000r/min。通过对轴承动刚度的测试，排除了轴承座连接刚度和共振的影响变化因素后，说明这次启动中存在的振动变化是由转子平衡变化引起的。根据中速暖机时振动增大存在较小的时滞，而且不是每次升至相同转速都发生相同的振动（幅值和相位），即说明振动与转速无明显的相关性。当通过汽轮机高、中压转子的临界转速时，1 号～3 号瓦振动较启动时有显著的增大，其中 2 号瓦垂直振动达到 $150\mu m$，降速至盘车转速时测量大轴弯曲，其指示值增大至 0.15～0.25mm。盘车 1.5h 后，弯曲指示值恢复正常值 0.06mm。由此证明，启动中汽轮机转子出现了临时热弯曲。而引起汽轮机转子热弯曲有两个因素：一是转轴碰磨；二是转轴与水接触。机组再次启动后，经检查和观察，当转速一定时，振幅和相位较为稳定，与转轴早、中期碰磨特征不符。对低压缸疏水系统进行检查，发现 3 号瓦汽封疏水管堵塞。经过修复，再次启动至中速暖机，振动值正常，升速至 3000r/min 和带负荷下各瓦振动均正常。

任务验收

（1）收集机组振动的相关案例，分析机组振动的原因。

（2）完成机组振动的测量。

参 考 文 献

[1] 赵常兴. 汽轮机组技术手册 [M]. 北京：中国电力出版社，2007.

[2] 胡念苏. 国产 600MW 超临界火力发电机组技术丛书：汽轮机设备及系统 [M]. 北京：中国电力出版社，2006.

[3] 华东六省一市电机工程（电力）学会. 600MW 火力发电机组培训教材 [M]. 北京：中国电力出版社，2000.

[4] 望亭发电厂. 660MW 超超临界火力发电机组培训教材 [M]. 汽轮机分册. 北京：中国电力出版社，2011.

[5] 张磊，马明礼. 超超临界火电机组丛书：汽轮机设备与运行 [M]. 北京：中国电力出版社，2008.

[6] 广东电网公司电力科学研究院编. 1000MW 火电机组技术丛书：汽轮机设备及系统 [M]. 北京：中国电力出版社，2011.

[7] 肖增弘，徐丰. 汽轮机数字式电液调节系统 [M]. 北京：中国电力出版社，2003.

[8] 降爱琴，郝秀芳. 大型火电机组控制技术丛书：数字电液调节与旁路控制系统. 北京：中国电力出版社，2006.

[9] 陈去恶. 汽轮机设备及运行 [M]. 北京：中国电力出版社，1997.

[10] 孙为民，杨巧云. 电厂汽轮机. 2 版. [M]. 北京：中国电力出版社，2010.

[11] 朱新华，江运汉，张延峰. 电厂汽轮机 [M]. 北京：中国电力出版社，1993.

[12] 赵素芬. 汽轮机设备. 2 版. [M]. 北京：中国电力出版社，2006.

[13] 李建刚. 汽轮机设备及运行 [M]. 北京：中国电力出版社，2006.

[14] 吴季兰. 300MW 火力发电机组丛书：汽轮机设备及系统 [M]. 北京：中国电力出版社，2006.

[15] 国电湖南宝庆煤电有限公司. 大型火力发电机组事故处理及案例分析 [M]. 北京：中国电力出版社，2010.